HISTOIRE
DE
CHARLES IX.
Par le Sieur VARILLAS.

TOME SECOND.

A PARIS,

Chez CLAUDE BARBIN, au Palais, fur
le fecond Perron de la fainte Chapelle.

AVEC PRIVILEGE DV ROY.

M. DC. LXXXV.

ARGUMENT
du fixiéme Livre.

*LA Cour de Rome entreprend de mettre en inter-
dit les Etats de Jeanne d'Albret, Reine de Navarre. Elle en eft détournée par d'Oifel, Ambaffadeur de France, qui luy remontre que bien loin de
tirer aucun avantage de ce qu'elle pretend, elle r'al-
lumera infailliblement entre la France & l'Efpagne,
une guerre dont les feuls Heretiques profiteront. La
Reine d'Angleterre demande Calais, & on luy ré-
pond par une fin de non-recevoir. Elle ne laiffe pas
de traiter avec la France; mais fe voyant depuis
recherchée par les Calviniftes, elle renouvelle fa
Propofition, en menaçant la Cour de les affifter, fi
on ne luy rend Calais. Le Chancelier de Lhôpital
negocie avec les Ambaffadeurs de cette Princeffe, &
montre l'avantage qu'il a fur eux pour l'intrigue du
Cabinet. Le paffage de l'Armée du Duc d'Alve en
France, donne occafion au Prince de Condé de demander la Lieutenance generale. La Reine, pour s'en
défaire, le met aux prifes avec le Duc d'Anjou, qui
le querelle. Le Prince, pour s'en vanger, excite la
feconde guerre civile. Il eft fur le point d'enlever le*

Roy à Meaux ; mais la resolution de six mille Suisses arrivez trois heures auparavant, garantit sa Majesté. Les Calvinistes, aprés avoir manqué de surprendre la Cour & Paris, combattent à S. Denis, & perdent la Bataille. Le Connêtable y meurt, & la Reine est ainsi délivrée du dernier des Triumvirs.

CHARLES IX.

LIVRE SIXIE'ME.

OÙ L'ON VOIT LES CHOSES LES plus mémorables arrivées sous son Regne, durant les années 1564. 1565. 1566. & 1567.

A Cour de Rome ne demeura pas longtemps sans tirer avantage de la justice qu'elle avoit renduë à la France, en luy conservant la Préséance sur l'Espagne; & l'on vit incontinent aprés afficher au Champ de Flore, deux Actes presque également injurieux au Roy Trés-Chrêtien. Le premier estoit une Commission adressée aux Juges de l'Inquisition, pour faire le procés à six Evêques François, soupçonnez d'hérésie: Odet de Coligny Cardinal de Châtillon, Evêque de Beauvais; Jean de Saint-Chaumont dit de Saint-Romain, Archevêque d'Aix; Jean de

1564.

Montluc, Evêque de Valence; Jean Antoine Caracciol, Evêque de Troyes; Jean de Barbançon, Evêque de Pamiers, & Charles Guillard, Evêque de Chartres. Le second estoit un Ajournement personnel à la Reine de Navarre, pour comparoître devant sa Sainteté dans six mois, afin de se justifier du Calvinisme, à faute dequoy elle étoit dégradée, & ses Etats mis en interdit.

Mais Henry Clutin Seigneur d'Oisel, Ambassadeur de France à Rome, arrêta d'abord ces deux procédures judiciaires, en représentant au Pape sur la premiere. Que la liberté la plus ancienne & la plus indispensablement conservée par l'Eglise Gallicane, êtoit que ses membres, & sur tout ses Evêques ne pouvoient estre attirez, sous

Dans la remontrance d'Oysel au Pape. quelque cause ou pretexte que ce fût, devant des Tribunaux étrangers; & que le procés ne leur pouvoit être fait que par douze Prelats de leur Province, ou des plus proches, si elle n'êtoit point assez grande. Il ajoûta que les Papes ne s'êtoient jamais dispensez d'observer cette Loy, & que Boniface premier n'avoit pas crû dans le Decret d'Yves de Chartres, que Maxime Evêque de Valence, fût déchû de ses privileges, quoyqu'il eût esté convaincu d'une infinité de crimes.

Oysel remontra sur la seconde procédure, que Jeanne d'Albret devoit estre considerée, ou en qualité de Reine de Navarre, & Princesse Souveraine de Bearn, ou comme possedant les belles & riches Seigneuries d'Albret, de Foix, d'Armagnac, de Cominge & de Bigorre; Qu'en la premiere qualité, elle estoit reconnuë par tous les Princes de la Chrêtienté, pour ne relever que de Dieu, & que par consequent elle n'estoit point obligée de rendre compte de ses actions au saint Siege: Et qu'en la feconde, elle eftoit Vaffale de la Monarchie Françoife, trop intereffée à fouffrir qu'on expofaft en proye au premier occupant, des Fiefs confiderables qui luy devoient eftre réunis : Que le Roy ne pouvoit eftre difpenfé d'affifter de toutes fes forces fon Alliée, fa Vaffale, fa proche Parente, & la Veuve, & la Mere des deux premiers Princes de fon Sang; & que fi le Pape ne révoquoit fa procedure, il ne trouvât point étrange que la France eût recours aux moyens dont elle s'eftoit autrefois fervie avec tant de fuccés, lorfque le faint Siege avoit entrepris fur l'autorité de fes Rois.

Voila ce que dit Oyfel de la part de fon Maître; mais il ajoûta de fon chef, comme s'il eût voulu faire une efpece de confidence à fa Sainteté : Qu'il fembloit qu'elle fût tout-à-fait mal confeillée d'ataquer les fix Prelats, & la Reine de Navarre, dans la conjonĉture prefente, & que bien loin d'exercer la Jurifdiĉtion indireĉte qu'elle pretendoit fur les Teftes couronnées, elle hazardoit celle qui luy avoit efté donnée direĉtement dans l'Eglife, en fourniffant à l'Herefie les moyens de s'infinuer dans les Eftats Catholiques, où elle n'eftoit pas encore entrée : Que la derniere guerre entre la France & l'Efpagne avoit commencé pour le même fujet dont il s'agiffoit, c'eft à dire pour rétablir Henry d'Albret, pere de la Reine de Navarre, fur le Trône dont ont avoit pris pretexte de le priver, à l'occafion de la Bulle de Jules II. qui mettoit la Navarre en interdit : Qu'il n'y avoit point d'autre Prince en Europe que le Roy Catholique, à la bienféance duquel, fuffent les Eftats de la Reine de Navarre; & qu'il n'auroit pas plûtôt entrepris d'executer la Bulle de fa Sainteté, aux mêmes conditions que Ferdinand

1564. fon bifayeul, avoit ftipulées de Jules II. pour executer
la fienne, qu'il trouveroit une prodigieufe différence
entre la conjonèture d'alors & celle-cy : Car Ferdinand
avoit trouvé le Roy de Navarre défarmé pour fon malheur, & civil jufqu'à faire entrer luy-même dans fes Eftats ceux qui l'en dépoüillerent, fans tirer l'épée ; au lieu
que les Etats de la Reine de Navarre eftoient pleins des
Soldats les plus hardis, & des plus experimentez Capitaines de l'Europe, qui n'avoient accepté la Paix qu'à
regret, & ne l'obfervoient que par force ; qui ne demeuroient chez eux que faute d'employ, & qui de l'humeur qu'ils eftoient, ne pouvoient fouhaiter rien de
plus agreable que de porter la guerre au de-là des Pyrenées : Qu'ils y feroient excitez par les deux plus puiffans motifs dont ils pouvoient eftre touchez ; leur anti-
pathie naturelle contre l'Efpagne, & le defir d'y multiplier le Calvinifme : Que s'ils y faifoient des progrés,
comme il y avoit à craindre, les femences de l'erreur
qu'ils y laifferoient, feroient d'autant plus dangereufes
que le génie des Efpagnols eftoit de fe piquer de fermeté, ou pour mieux dire d'inflexibilité pour leurs fentimens, quand ils les avoient une fois embraffez : Que
l'Italie feroit encore moins exemte de cette contagion,
s'il arrivoit une rupture entre les deux Couronnes, puis
que la France n'auroit qu'à laiffer agir les Heretiques de
Provence & de Dauphiné, pour leur voir mettre fur pié,
fans qu'il luy en coûtât rien, une Armée de vieux Soldats
commandez par de vieux Capitaines, qui pafferoient les
Alpes avec d'autant plus de facilité, que les Habitans des
Vallées de Pragelas & d'Angrogne eftoient de leur Religion. Que la principale raifon qui avoit empêché les
                                                    François

François de conserver leurs conqueſtes d'Italie, avoit eſté leur negligence à s'attirer l'inclination des peuples, à quoy il y avoit d'autant plus d'apparence qu'ils reüſſiroient preſentement, que ces peuples eſtoient extraordinairement las de la domination des petits Princes, qui ſuçoient le plus pur de leur ſubſtance, & que le Calviniſme tendoit à la Democratie. Que le ſeul attrait de ſe mettre en liberté, ſuffiroit pour les diſpoſer en un moment à recevoir l'Evangile nouveau, & que ſa Sainteté ne le verroit pas plûtôt prendre racine en Piémont & dans le Milanois, qu'elle apprendroit à ſes dépens que ſes propres Sujets en ſeroient infectez.

Le Pape Pie IV. qui avoit plus de prévoyance pour l'avenir, dans les matieres où il y avoit ſujet de craindre, que dans celles ou il y avoit lieu d'eſperer, ſe rendit auſſi-tôt à la remontrance d'Oyſel ; & ſi d'abord il ne luy en témoigna rien, ce ne fut que pour ne pas donner des marques que le S. Siege eût rien entrepris à la legere. Il ne répondit autre choſe, ſinon qu'il y penſeroit ; mais on ſçut depuis que le procés des ſix Evêques avoit eſté ſuſpendu pour toûjours, & que l'Acte de l'Ajournement de la Reine de Navarre, avoit eſté ſupprimé avec tant de ſoin, qu'il n'en reſta point de copie.

Dans l'Ambaſſade de l'Oiſel.

Le Pape, après avoir donné cette ſatisfaction à la France, crut eſtre bien fondé de la preſſer de recevoir le Concile de Trente, pour la diſcipline. Il en fit prier le Roy par les Ambaſſadeurs des Princes Chrêtiens qui l'avoient accepté ; & le Cardinal de Lorraine rentré dans la confidence de ſa Sainteté, en fit de ſi vives inſtances à la Cour, que l'affaire fut miſe en déliberation dans le Conſeil d'Etat.

Mais le Chancelier de Lhôpital y remontra avec sa vigueur ordinaire, que la plus grande marque d'ignorance & de lâcheté que pouvoient donner les François, seroit de sacrifier les libertez de leur Eglise, à l'ambition de la Cour de Rome : Que ses libertez estoient de telle importance, qu'il n'y avoit point de vray François qui ne fût obligé de répandre jusqu'à la derniere goute de son sang pour les maintenir ; & que les Rois precedens ne seroient jamais excusez d'en avoir laissé perdre un des principaux Articles, qui estoit le droit de nommer à la Papauté, si justement acquis par les assistances de Pepin & de Charlemagne, reçûës dans des conjonctures où le S. Siege alloit infailliblement tomber sous l'esclavage des Lombards : Que les Calvinistes recommenceroient la guerre, aussi-tôt qu'on publieroit des Articles arrêtez sans la participation des Evesques de France, lesquels Articles sapoient tous les fondemens de la Paix concluë avec ceux de la Religion Pretenduë Reformée : Qu'il estoit étonnant que l'homme de France qui avoit fait la perte la plus irreparable dans la derniere guerre, fût le plus enclin à la recommencer ; & qu'il sembloit que le Cardinal de Lorraine ne connût pas assez le prix du sang du défunt Duc de Guise son frere : Que s'il l'ignoroit, il donnât au moins aux autres le moyen de reparer leurs Eglises brûlées, leurs biens dissipez, leurs maisons abatuës, & leurs santez alterées ; & qu'il se souvînt que la plus grande inhumanité estoit de replonger sa patrie dans un abîme d'où elle ne venoit de sortir que par une espece de miracle : Que si ceux qui parloient avec tant de hardiesse & d'insensibilité, de renouveller les divisions civiles, estoient obligez de les démêler l'épée à la main, on les verroit peut-eftre changer de langage.

Le Cardinal de Lorraine prit pour luy tout ce que venoit de dire le Chancelier, & repartit avec un vifage enflâmé de colere, Qu'au moins ne luy pouvoit-on point imputer d'avoir efté l'auteur ou la principale caufe de la guerre, comme l'avoit efté le Chancelier, en dreffant l'Edit de Janvier, qui avoit tellement augmenté l'infolence des Calviniftes, qu'elle eftoit devenuë infupportable à tous les bons Catholiques.

Le Chancelier ne manqua pas de repliquer auffi-tôt, Que le Cardinal pouvoit monter un peu plus haut, & jufqu'à l'Edit de Juillet, dont il fe glorifioit comme de fon ouvrage : Qu'on luy en cedoit volontiers l'honneur, s'il y en avoit ; & qu'il n'y auroit jamais d'homme de bien qui fût d'humeur à le luy difputer, puifqu'on fçavoit que cét Edit avoit mis les armes à la main aux Calviniftes, en les réduifant au defefpoir.

Le Cardinal, violent de fon naturel, repartit d'une maniere fi peu fupportable, que la prefence de leurs Majeftez n'empêcha ny le Cardinal, ny le Chancelier de paffer de la conteftation aux reproches, des reproches aux injures, & des injures aux démentis. L'un & l'autre fe tûrent neàntmoins au moment qu'on leur impofa filence, & la plûpart des Confeillers d'Etat qui opinerent aprés, ayant fuivy l'avis du Chancelier, il fut arrêté qu'on ne recevroit des décifions du Concile de Trente, que celles qui regardoient la Foy.

Le foin que prirent leurs Majeftez de reconcilier leurs deux principaux Miniftres, affoupit pour un temps leur querelle, mais ne l'appaifa pas entierement, puifque le Cardinal ne laiffa pas de profiter de la premiere occafion

B ij

qui s'offrit de faire ôter les Sceaux au Chancelier, les injures que pretendent avoir reçûës ceux qui approchent le plus prés des Rois, n'estant pas plus aisées à pardonner que celles qu'on fait à leurs Maîtres.

Le Chancelier ne s'embarrassa pas trop du ressentiment de son ennemy, & travailla comme auparavant, à corriger les abus. La diversité des dattes en introduisoit un notable dans la Justice, en ce qu'il y avoit des Jurisdictions qui commençoient l'année à la S. Martin, d'autres à Noël, le plus petit nombre s'attachoit au premier jour de Janvier, & le plus grand, à la Fête de Pâques. Surquoy l'on ordonna que tout le monde commenceroit désormais à compter l'Année par le premier Janvier.

La Reine étendit aussi sa vengeance jusqu'aux choses inanimées : Elle crut devoir à la memoire de Henry II. son mary, la démolition du Palais des Tournelles, où il avoit reçû le coup mortel. Elle le fit razer jusqu'aux fondemens ; & pour éloigner autant qu'elle pourroit de sa vûë un lieu si funeste, elle se fit bâtir un Palais aux Tuilleries.

Il ne tint point aux Catholiques zelez qu'ils ne poussassent aussi loin leur dépit contre le Jurisconsulte du Moulin. L'amour que ce grand personnage avoit toûjours eu pour sa patrie, ne s'estoit relâché, ny pour avoir souffert de longues persecutions, ny pour avoir esté abandonné par ceux qui estoient les plus obligez à le soûtenir. Il s'estoit attiré la haine de la Cour de Rome, comme on a remarqué dans l'Histoire de Henry II. pour avoir écrit contre les petites dattes ; & si la Cour de France, dont il avoit pris si hautement les interêts, ne l'avoit abandonné au reſſentiment du Pape Jules III. elle avoit au moins enduré qu'on l'inquietât à cette occaſion, juſqu'à le contraindre de ſe bannir luy-même du Royaume. Cependant lors qu'il vit la brigue des zelez Catholiques aſſez forte pour aſpirer ouvertement à faire recevoir le Concile de Trente dans toute ſon étenduë, il crut que connoiſſant mieux que nul autre le préjudice que le Royaume en recevroit, il devoit communiquer ſes lumieres au public. Il écrivit un Livre des nullitez de ce Concile, dans lequel il pretendoit montrer le tort qu'en recevoit la Monarchie Françoiſe. Ceux qui tenoient le Concile pour legitime, ne pouvant ſouffrir ce Livre, & ne ſe ſentant peut-eſtre pas aſſez habiles pour y répondre, tournerent leur chagrin contre l'Auteur. Ils remüerent avec tant d'animoſité & d'obſtination les intrigues qu'ils avoient dans le Parlement, qu'ils obtinrent enfin un Decret de priſe de corps contre du Moulin, ſous pretexte qu'il avoit écrit des Hereſies, & qu'il tendoit à troubler le repos public. Le Decret fut executé avec tout l'emportement où le zele eſt ſujet, lors qu'il n'eſt accompagné ny de moderation, ny de lumiere : Mais les amis qu'il eut à la Cour, obtinrent par leurs ſollicitations qu'il ſortît de priſon, & que la connoiſſance de ſon affaire fût interdite au Parlement, à condition qu'il ne feroit plus rien imprimer ſans une permiſſion expreſſe de leurs Majeſtez.

La Paix ſe maintint dans le Royaume contre l'opinion des Etrangers, quoyqu'elle ne fût pas ſi univerſelle que les particuliers ne luy donnaſſent atteinte en pluſieurs lieux. Gilbert Filher Seigneur de la Curée, Gouverneur de Vendôme, qui avoit commandé l'Arriere-

1564. garde du Prince de Condé à la Bataille de Dreux , fut
aſſaſſiné à la chaſſe : Et l'inimitié declarée de celuy-cy
avec Charles d'Angenes, Evéque du Mans, fit ſoupçonner aux Calviniſtes que ce Prélat avoit eu part au meurtre. D'ailleurs les Catholiques & les Calviniſtes diffe-
roient avec une égale obſtination d'executer le Traité
dans les Villes des Provinces éloignées où ils eſtoient les
plus forts , & la ſeule preſence de leurs Majeſtez eſtoit
capable de les y contraindre.

Ce fut donc autant par neceſſité que par curioſité,
qu'elles entreprirent la viſite du Royaume , & qu'elles
commencerent par la Ville de Sens, d'où elles allerent à
Troyes. La négociation y fut achevée entre le Chancelier de Lhôpital & Trockmarton, Ambaſſadeur d'Angleterre, aprés que l'on eût ſurmonté, ou pour mieux dire
éludé l'extrême difficulté qui l'avoit longtems ſuſpen-
duë. La France pretendoit que les Anglois renonçaſſent
à Calais & au Païs reconquis, ſur ce que s'eſtant obligée
par la Paix de Câteau-Cambreſis, à leur faire raiſon de
cette Place dans huit ans, pourvû qu'ils vécuſſent durant
cét intervale en bonne intelligence avec elle, ils eſtoient
entrez nonobſtant à main armée dans le Royaume, &
s'eſtoient ſaiſis du Hâvre-de-grace , d'où ils n'avoient
eſté chaſſez que par un Siege régulier. Les Anglois ſoûtenoient au contraire, que leur entrée en France & leur
nantiſſement du Hâvre, ne devoit point empêcher que
Calais ne leur fût rendu dans le terme préfix, puiſqu'ils
n'avoient paſſé la Mer qu'à la priere du ſecond Prince
du Sang, & pour délivrer le Roy mineur, & captif, du
Triumvirat : Que ce Prince leur avoit en effet livré le
Hâvre-de-grace ; mais qu'en y entrant, ils avoient de-

claré à la Regente, qu'ils seroient toûjours prêts de le restitüer au moment qu'on leur rendroit Calais. Aucune des deux parties ne s'estant voulu relâcher, l'expedient que le Chancelier inventa, fut qu'elles conserveroient leurs pretentions, & que nonobstant elles vivroient en paix. Trockmarton l'accepta, parce qu'il ne l'obligeoit point à ceder positivement Calais : Mais la France y trouvoit beaucoup mieux son compte que l'Angleterre, en ce que d'un côté, elle s'exemtoit d'executer l'Article de Câteau-Cambresis ; & de l'autre, elle faisoit insensiblement changer de nature la pretention des Anglois, en la rendant indéfinie, & en la reduisant au terme de devenir un jour surannée, comme il est arrivé.

La Cour débarrassée du soin d'entretenir des Garnisons sur les côtes de Picardie & de Normandie, s'en éloigna plus aisément, & passa par le Bar-le-Duc. Le Roy tint sur les Fonds de Batême le Fils aîné de Henry Duc de Bar, Fils de Charles Duc de Lorraine. Il prit de-là sa marche par Dijon, par Châlons & par Mâcon, & vint à Lyon, où le dessein estoit formé de bâtir une Citadelle. Les fondemens en furent jettez, & parce que François d'Agoult, Comte de Saux, qui en estoit Gouverneur, panchoit trop visiblement du côté des Calvinistes, on l'en tira pour mettre à sa place Jean Seigneur de Losses, Capitaine des Gardes du Corps. On travailla plus utilement encore à les affoiblir par la publication d'un Edit, dont le sens estoit, Que le Roy, après avoir renvoyé de-là la Mer les anciens ennemis de sa Couronne, & conclu la Paix avec eux, n'avoit rien tant à cœur que d'affermir le repos de l'Etat : Que sa Majesté, pour arracher toutes les semences des troubles, ordonnoit que toutes

1564. les Fortifications des Villes, faites à l'occafion de la derniere Guerre, fuffent inceffamment rasées, nonobftant les
oppofitions des intereffez, afin que chacun pût vivre dans
fa profeffion fans crainte & fans autre fauvegarde que celle
des Loix.

On dépêcha fous ce pretexte Cipierre, pour faire démolir les Fortereffes d'Orleans ; mais on luy donna des
Ingenieurs pour vifiter en même temps la Place, & pour
prendre les allignemens d'une Fortereffe que l'on vouloit
bâtir prés de la Porte par où l'on fortoit pour aller à
Paris. La Cour examina depuis l'importance de cette
Ville ; & pour des confiderations particulieres qui n'ont
point eu de lieu fous les Regnes fuivans, on aima mieux
donner alors à l'aîné des Freres du Roy, le Duché d'Anjou en appanage, que celuy d'Orleans.

L'on abattit enfuite les nouvelles Fortifications de
Montauban, de Valence, de Cifteron. On défendit aux
Calviniftes d'avoir des Ecoles publiques, & l'on obligea
leurs Miniftres à loger auprés de leurs Temples. On leur
interdit les Affemblées par tout où la Cour fe trouveroit,
& fous pretexte d'interpreter plus amplement le Traité
de Paix, le Roy ordonna par fon Edit du fixiéme Aouft

Dans l'E-
dit du 6.
Aouft.

1564. Qu'il ne fût permis aux Gentilshommes de recevoir
dans leurs Prêches que leurs vaffaux ; & ne voulut plus
que les Calviniftes s'affemblaffent fous pretexte de tenir
des Synodes, ny qu'ils exigeaffent entr'eux aucune con-
tribution par têtes. On rompit les Mariages contractez
par des perfonnes facrées, ou engagées dans des Vœux
publics ; & l'on rappella dans les Eglifes & dans les Cloî-
tres, les Prêtres, les Moines & les Religieufes que l'in-
continence en avoit tirez.

Le

Le Prince de Condé s'en plaignit inutilement, comme d'une fraction au Traité, qui ne pouvoit eſtre plus évidente ; & ceux de l'un & de l'autre party admirerent également la prudence du Chancelier, qui jugeant l'héreſie trop puiſſante pour eſtre ruinée par les voyes directes, luy portoit indirectement le coup mortel par cét Edit, en ôtant à la plûpart des Calviniſtes la commodité d'aller au Prêche ; ce qui r'allentiroit infaillibement leur zele dans la ſuite du temps, en leur retranchant les moyens d'avoir un treſor public, en décourageant les Miniſtres par le retranchement d'une ſubſiſtance certaine, & en puniſſant les Apoſtats par le ſupplice qu'ils apprehendoient le plus.

Dans le même tems qu'on faiſoit perir par cét artifice ceux qui animoient davantage les Calviniſtes, le Roy pourſuivit ſa route par Valence, Montelimar, Orange, Avignon, Aix & Marſeille, d'où il revint à Avignon, & y paſſa le Rône pour entrer en Languedoc. Il viſita Nîmes, Montpellier, Beziers, Narbonne & Carcaſſonne, où les neiges l'arréterent juſqu'au quinziéme Janvier 1565. qu'il y reçut la nouvelle du differend ſurvenu à Paris entre le Cardinal de Lorraine & le Maréchal de Montmorency.

Le Cardinal, au retour du Concile de Trente, voulut éprouver ſi la mort du Duc de Guiſe & du Grand Prieur ſes freres, n'avoit rien diminué de l'affection des Pariſiens pour ſa Maiſon. Il avoit obtenu la permiſſion d'avoir des Gardes, à cauſe de la haine ſinguliere des Calviniſtes pour ſa perſonne ; mais le Brevet que Jacques Bourdin, Seigneur de Villaines, Secretaire d'Etat, en avoit expedié, précedoit l'étroite défenſe (contenüe dans l'Edit du

Tome II.   C

6. d'Aouſt, dont on a parlé) à toutes ſortes de perſonnes de porter les armes, & ſur tout, d'entrer dans les
Villes en équipage de guerre. Le Cardinal n'avoit pas
crû qu'il fût beſoin de faire renouveller ſon Brevet, &
eſtoit allé fort accompagné à Joinville, viſiter la Ducheſſe ſa mere. Il paſſe de-là par Soiſſons, où il eut avec
le Prince de Condé des entretiens ſi ſecrets, que l'on
n'en a rien ſçû de certain ; tout ce qui s'en eſt dit,
n'ayant eſté que par conjecture.

Le Duc de Guiſe ſon neveu, & le Duc d'Aumale ſon
frere, le joignirent à Nanteüil, & les Gentilshommes qui
devoient l'accompagner par honneur, l'attendirent à S.
Denis. Le Marêchal de Montmorency, ſon ennemy déclaré, eſtoit Gouverneur de Paris, & la Cour l'avoit obligé durant ſon abſence d'y demeurer, afin de prévenir
par ſa modération, & d'empêcher par ſa préſence les
déſordres que l'averſion invincible de la Bourgeoiſie
pour les Calviniſtes, pouvoit exciter dans cette grande
Ville. Il s'imagina que le Cardinal avoit deſſein de le
braver, & ſe prépara pour l'en empêcher : Mais avant
que d'en venir à la violence, il eut la précaution d'aller
au Parlement, & d'y remontrer qu'il venoit d'apprendre
qu'il y avoit des perſonnes aſſez hardies pour vouloir
entrer armées dans Paris, au préjudice de l'Edit, & au
mépris des Magiſtrats : Que ſa Charge & ſon Serment
l'obligeoient à s'y oppoſer ; & que comme il ne le pouvoit faire ſans bruit, il avoit crû devoir en donner avis
à la Compagnie.

Le Parlement, aprés l'avoir remercié, mit l'affaire en
délibération, & la ménagea de ſorte, que le Marêchal
conſentit que le Cardinal entrât en armes, pourvû qu'il

luy montrât auparavant fon Brevet. Le Cardinal s'en
excufa, fur ce que c'eftoit une déférence qu'il n'eftoit
point obligé de rendre à fon ennemy, & qui dans la
conjonéture prefente pafferoit pour une lâcheté ; mais
qu'il devoit fuffire au Maréchal, de fçavoir d'une maniere à n'en pouvoir douter, que le Brevet avoit efté
obtenu. Les amis communs travaillerent enfuite avec
une égale chaleur à l'accommodement, & Jean Hurault
de Boiftaillé, depuis Maître des Requeftes, & auparavant Ambaffadeur à Conftantinople & à Venife, le plus
confiderable d'entr'eux par fa Négociation avec l'Empereur, où il avoit acquis beaucoup de reputation, preffa
le Cardinal de donner cette fatisfaction au Maréchal de
Montmorency. Il luy reprefenta que le Maréchal n'en
pourroit tirer aucun avantage, puifqu'elle regarderoit
feulement fa qualité de Gouverneur, & non pas fa per- *Dans la Relation de ce de- meflé.*
fonne : Mais le Cardinal, au lieu de répondre, fe mit
en colere, reprocha à Boiftaillé le bien qu'il luy avoit
fait, le congédia avec des injures, & fe mit en chemin.
Il rencontra devant la grande Croix le Prevôt de l'Ifle
de France, qui luy porta l'ordre de Montmorency de
pofer les armes. A quoy il n'eut point d'égard. Il divifa
neantmoins fa Troupe en deux bandes, parce qu'en éfet
elle paroiffoit trop groffe. Son frere le Duc d'Aumâle,
qui en conduifoit une, entra par la Porte S. Martin, &
il mena l'autre avec tant de diligence à la Porte S. Denis,
qu'il prévint fon ennemy qui s'eftoit propofé de la luy
fermer au nez.

Le Maréchal de Montmorency & la troupe des Gentilshommes qui le fuivirent, ne l'atteignirent que devant
l'Eglife des Innocens, & chargerent fes gens avec tant

C ij

1565. de furie, qu'ils les mirent en fuite. On ne fçait fi la ti-
midité naturelle du Cardinal, l'empêcha d'executer la
refolution qu'il avoit prife de fe défendre jufqu'à l'extremité, ou fi la peur d'engager mal-à-propos le jeune
Duc de Guife fon neveu, qui n'avoit pas quinze ans,
l'emporta fur fon obftination ; mais il eft conftant qu'il
fe mit d'abord en feureté dans une maifon prochaine,
fous pretexte ou à deffein d'y refugier fon neveu.

Le Marêchal fatisfait de ce que le champ de bataille
luy eftoit demeuré, empêcha fes gens de pourfuivre les
fuyards, & fe retira enfuite dans l'Hôtel de Ville. Le
Cardinal fe retira auffi dans l'Hôtel de Cluny, où il demeura enfermé jufques au lendemain que la querelle fut
terminée, à condition que le Cardinal montreroit fon
Brevet au Parlement, & que le Marêchal confentiroit
immediatement aprés, qu'il fortît le lendemain en armes
pour aller à Mets.

Ceux qui jugerent fainement de l'action, donnerent
le tort aux deux parties. Au Cardinal, pour avoir ha-
fardé temerairement fa famille & fa perfonne dans un
danger où il n'y avoit ny caufe, ny occafion de s'engager : Et au Marêchal, pour avoir fi mal-à-propos irrité
de terribles ennemis, & pour s'eftre contenté de les in-
fulter, lorfqu'il luy eftoit aifé de les opprimer. Surquoy
le Prince de Condé, tout fon amy qu'il eftoit, luy manda
que s'il n'avoit eu deffein que de fe joüer, il en avoit
trop fait ; mais que s'il avoit agy ferieufement, il n'en
avoit pas fait affez.

Le Parlement employa plus de temps à juger le procés de l'Univerfité contre les Jéfuïtes. Ils avoient obtenu
en l'année 1560. à la follicitation du Cardinal de Lorraine,

des Lettres Patentes qui leur permettoient de s'etablir dans Paris, & d'y enseigner la Jeuneffe. Guillaume du Prat, Evêque de Clermont, fils du Chancelier du Prat, les avoit mis dans le College que fes prédeceffeurs Evêques de Clermont, avoient fondé à Paris. Il leur avoit même légué plus de trente-fix mille écus d'or, à condition d'enfeigner la Jeuneffe dans deux Villes de fon Diocefe, Billon & Mauriac : Et ce fut en confequence de cette difpofition teftamentaire, qu'ils prefenterent en 1554. des Lettres au Parlement, pour y eftre verifiées. Le Parlement ordonna qu'elles feroient communiquées auparavant à l'Evêque & à la Faculté de Theologie de Paris. La Faculté déclara qu'elle eftoit fcandalifée de ce que les Jéfuïtes avoient pris le nom de Comgagnie de Jefus, comme s'il ne luy eftoit pas commun avec les autres Ordres Religieux, & même avec tous les Chrêtiens : De ce qu'ils recevoient entr'eux toutes fortes de perfonnes : De ce qu'ils ne fe diftinguoient des Séculiers, ny par l'habit, ny par les ceremonies, ny par la maniere de vivre, comme les autres Religieux : De ce qu'ils avoient obtenu une infinité de privileges en ce qui regardoit l'adminiftration des Sacremens, au préjudice des Ordinaires, des Univerfitez & des Seigneurs des lieux où ils s'établiffoient ; & de ce qu'ils s'eftoient exemtez des abftinences régulieres, de la Jurifdiction Ecclefiaftique, & de faire le Service divin en public.

Cette déclaration fit appercevoir aux Jéfuïtes, que le tems ne leur eftoit pas favorable. Ils fufpendirent leurs pourfuites durant fix ans, jufques en l'annnée 1560. que le Cardinal de Lorraine leur protecteur, preffa Euftache du Bellay, Evêque de Paris, de donner fon avis par écrit

1 5 6 5.

*Dans l'a-
vis d'Euf-
tache du
Bellay.*

sur la reception ou sur l'exclusion des Jésuïtes. Ce Prélat, qui s'en estoit toûjours excusé, ne pouvant plus
differer, répondit qu'il avoit longtems medité sur une
si importante matiere, & qu'il luy sembloit que si à parler en general, il estoit dangereux d'introduire de nouveaux Ordres Religieux dans un Etat, il y avoit des
raisons particulieres contre celuy des Jésuïtes dans la
conjoncture presente : Que ses Constitutions & ses Privileges estoient contraires au Droit commun ; & que
puisque le S. Siege l'avoit autorisé pour aller prêcher
l'Evangile aux Infideles, il estoit à propos qu'il ne pensât à s'établir que sur les frontieres du Christianisme, à
l'exemple des Chevaliers de Malthe.

Les Jésuïtes ayans sujet de n'estre satisfaits ny de la
consultation de Sorbonne, ny du sentiment de l'Evêque
de Paris, s'adresserent au Conseil d'Etat, où le Cardinal
de Lorraine leur fit obtenir un Arrest du vingt-cinquiéme d'Avril 1560. qui ordonnoit au Parlement d'enregi-
strer les Lettres patentes accordées aux Jésuïtes, sans
avoir égard aux Avis de l'Evêque de Paris, & de la Sorbonne, & même, nonobstant l'opposition de l'un & de
l'autre. Les Jésuïtes qui prévoyoient assez le chagrin que
cét Arrest donneroit au Parlement, tâcherent de l'adoucir, en presentant une Requeste dont le sens estoit, Qu'ils
offroient de se soûmettre au Droit commun, de renoncer aux Privileges que le Pape Paul III. leur avoit accor-
dez, en ce qui y seroit contraire ; de dépendre à l'avenir
des Evêques, des Chapitres, des Curez, des Universitez
& des Assemblées du Clergé, & d'executer à leur égard
les Transactions passées entre le S. Siege & les Rois Très-
Chrétiens.

Mais le Parlement qui ne vouloit ny déferer à l'Arreſt du Conſeil, ny choquer le Cardinal de Lorraine, cher-cha à ſe tirer d'affaire, en les renvoyant au Concile ge-neral, ou Nationnal. Les Jéſuïtes prirent à leur avantage le mot de Concile Nationnal, & ſuppoſerent deux ans aprés, en 1562. que la Conférence de Poiſſy en eſtoit un. Ils gagnerent le Cardinal de Tournon qui y préſidoit, & trouverent tant d'amis auprés des autres Prélats, dont elle eſtoit compoſée, qu'enfin ils y furent approuvez le vingt-ſixiéme Septembre, à condition qu'ils ne feroient point d'autre Corps que celuy des Colleges en particu-lier, & qu'ils ne paſſeroient point pour un Ordre nou-veau; qu'ils quitteroient le nom de Compagnie de Jeſus; qu'ils ſeroient ſoûmis auſſi bien que les autres Prêtres, à la Juriſdiction des Evêques des lieux où ils ſe trouve-roient; qu'ils ne pourroient rien entreprendre ſur l'au-torité, ny ſur les fonctions des Evêques, des Chapitres, des Colleges, des Univerſitez, des Curez & des autres Ordres; qu'ils renonceroient ſincerement à leurs Privi-leges, & que s'il leur arrivoit jamais de ſe faire diſpenſer de ce qu'ils promettoient preſentement à l'Aſſemblée, ou d'obtenir du S. Siege de nouveaux Privileges, l'ap-probation qu'on leur accordoit, ceſſeroit d'elle-même, ſans qu'il fût beſoin d'une autre revocation.

Les Jéſuïtes ne s'inquieterent pas beaucoup de ces conditions, quoyqu'aſſez rigoureuſes; car outre qu'ils ne les regardoient que comme des acceſſoires à l'égard du principal, qui conſiſtoit à enſeigner publiquement, ils eſperoient qu'on ne les aſſujettiroit pas toûjours à les obſerver régulierement, ou qu'ils obtiendroient de la Cour, qu'elles fuſſent moderées. Ils ouvrirent ainſi leurs

1 5 6 5. Ecoles, & pour y attirer un plus grand nombre d'Auditeurs, ils firent venir à Paris les plus habiles & les plus
fameux Professeurs qu'ils eussent. Jean Maldonat Portugais, fut de ce nombre ; & comme il l'emportoit sur tous
ceux qui enseignoient la Philosophie & la Theologie, il
rendit l'Université déserte, soit que les Etudians cou-
russent après la nouveauté, ou que les subtilitez de Maldonat, & ses expressions passablement Latines, n'entras-
sent point en comparaison avec la barbarie des Bache-
liers & des Docteurs.

 Il n'est rien que les Docteurs supportent avec moins
de patience, que le mépris. L'Université de Paris estoit
dans une longue possession de passer pour la plus sçavante
de toute la Chretienté. Il y avoit plusieurs siecles que
personne n'avoit osé luy contester cette qualité ; & Luther même l'avoit d'abord choisie pour estre l'Arbitre
de ses differends avec la Cour de Rome. C'estoit donc
l'attaquer par l'endroit le plus délicat, que de luy disputer l'avantage en matiere de Doctrine, & elle ne con-
cevoit point de plus grande ignominie, que d'estre contrainte de ceder à une Compagnie qui ne venoit que de
commencer. Ainsi les éfforts qu'elle fit pour recouvrer

Dans la troisiéme Requeste des Jsuites au Parlemt. ses Ecoliers, furent tels, que les Jésuites troublez par une
infinité de voyes dans la permission d'instruire qu'ils
avoient obtenuë avec tant de peine, s'adresserent au
Parlement.

 La Requête qu'ils luy presenterent, tendoit à l'engager dans leur conservation. Ils remontroient, qu'ils
avoient obéy à son Arrest, en se soûmettant à l'Assemblée de Poissy, & en acceptant sans murmurer, les conditions qu'elle leur avoit imposées, quoy qu'il fût im-
            possible

possible d'en imaginer de plus rudes : Au lieu que l'U-
niverfité ne déferoit aux Arrefts, qu'autant qu'ils luy
étoient favorables, & les violoit en toutes occafions,
pour peu qu'ils luy fuffent contraires. La Requefte ne
fut pourtant répondüe que par un *Viennent les parties* :
Et l'Univerfité informée des follicitations fecretes, qui
fe faifoient en faveur des Jéfuïtes, apuya fon droit par
une confultation du célebre du Moulin, qui répondit
qu'elle êtoit bien fondée à intenter une action nouvelle
contre les Jéfuïtes, afin de les empêcher d'inftruire la
jeuneffe, fur ce qu'ils formoient un nouveau Corps
dans l'Eglife, & qu'enfin il y avoit de l'injuftice, auffi
bien que de l'irregularité, à fouffrir au milieu de l'Univerfité, un College indépendant & fans aucune liaifon
avec elle.

Les deux plus célebres Avocats du Barreau, Eftienne
Pafquier, & Pierre Verforis, plaiderent la caufe ; & Verforis dit pour les Jéfuïtes, Que comme la nature ne laiffe
fortir les Serpens de leurs repaires, pendant le Printems,
qu'aprés avoir produit la fleur du Frefne, qui doit fervir d'antidote à leur venin, & ne la referre à la fin de
l'Automne, qu'aprés avoir renfermé les mêmes Serpens :
Ainfi la Providence divine n'avoit permis les Héréfies
de Luther, & de Calvin, qu'en eftabliffant dans fon
Eglife la Compagnie de Jefus, qui les devoit combattre,
& ne cefferoit pas de les multiplier, jufqu'à ce qu'elles
fuffent entierement détruites : Que pour montrer qu'elle êtoit miraculeufe dans fon origine, & dans fon progrés, il n'y avoit qu'à remarquer qu'elle avoit êté inftituée par un homme de guerre. Ignace de Loyola, Gentilhomme de la Province de Bifcaye, qui cherchant à

se désennuyer pendant qu'il êtoit retenu au lit, par une dangereuse blessure qu'il avoit reçeuë au siege de la Ville de Pampelune, s'êtoit fait apporter un Livre de la Vie de Jesus-Christ, & des Saints, & avoit été touché de l'esprit de penitence en le lisant : Qu'il avoit commencé à la pratiquer par le pelerinage du Mont-sarrat, où aprés avoir changé ses habits contre ceux d'un Pauvre, & fait ensuite les voyages d'Italie, & de la Terre Sainte, où il avoit resolu d'employer ce qui luy restoit de vie, au service des Pélerins, un Cordelier luy avoit fait entendre que la volonté de Dieu étoit, qu'il retournât en Espagne, pour y vacquer à l'étude : Qu'il avoit commencé de cette sorte, à aprendre les Lettres humaines, à l'âge de trente-deux ans ; & qu'ensuite, il étoit allé étudier en Philosophie, & en Théologie à Paris, où la compassion des Ames engagées en l'Europe, dans l'Hérésie, & aux Indes, dans l'Idolatrie, luy inspira le dessein de former une Societé qui travaillât sans cesse à la conversion des Hérétiques, & à l'instruction des Payens. Qu'il attira neuf personnes qui le suivirent à Venise, à dessein de s'embarquer avec luy ; mais que la rupture survenuë entre les Venitiens & les Turcs, les contraignit de demeurer en Italie : Qu'ils demanderent au Pape la confirmation de leur Compagnie, qui ne l'accorda d'abord que pour soixante personnes, mais que cette limitation ayant esté levée, les Jésuites se multiplierent d'une maniere si prodigieuse, que quinze ans aprés leur Institution, il y eut douze Provinces de leur Ordre, establies dans le vieux & dans le nouveau Monde : Qu'il en falloit atribuer la cause à l'utilité que les Peuples en tiroient par l'instruction

gratuite de leurs enfans, & qu'il n'y avoit rien à craindre d'un Ordre qui renonçoit par un vœu exprés, aux
principales dignitez de l'Eglise.

Pasquier soûtint au contraire, que la Societé des
Jésuïtes étoit une Communauté, qui sous prétexte de
piété, aspiroit à gouverner les Etats en général, & les
Familles en particulier : Qu'elle avoit esté conceüe en
Espagne, enfantée en France, élevée à Venise : Que le
secret qu'elle avoit trouvé, de faire un Vœu particulier
d'obeïssance aveugle au Saint Siege, avoit excité le Pape à luy donner de si grands Privileges, qu'ils renver-
soient le droit commun : Que l'Evéque, & la Faculté
de Theologie de Paris, l'avoit censurée : Et que ne luy
restant plus d'autre azile pour se mettre à couvert de
l'une & de l'autre, que l'instruction de la Jeunesse, elle y
avoit présentement recours, comme à la seule voye de
s'insinuër dans les Maisons, & d'en découvrir le fort &
le foible. Il conclut en adressant son discours aux Juges,
& leur prédit, que s'ils favorisoient les Jésuïtes, ils s'en
repentiroient à loisir, lorsqu'ils verroient toute la Chrêtienté troublée par une Compagnie, dont on ne connoissoit ny les artifices, ny les desseins.

L'Avocat General du Mesnil, pretendit aussi, que les
Jésuïtes fussent exclus, mais par une autre raison, il la
tira du Serment particulier qu'ils avoient fait à leur General Espagnol, & remontra les inconveniens qui arri-
veroient, si la Jeunesse Françoise estoit instruite au gré
des Etrangers : D'où il conclut qu'il falloit employer en
aumônes, la somme que l'Evesque de Clermont avoit
léguée. Mais le Parlement persuadé que les maux dont
on menaçoit le Royaume, de la part des Jésuïtes, estoient

D ij

1565.

*Dans le
Plaidoyé
de Pas-
quier.*

*Dans le
Plaidoyé
de du
Mesnil.*

imaginaires, ou du moins tellement éloignez, qu'il auroit le temps d'y remédier avant qu'ils arrivassent, jugeant que la France avoit besoin alors d'une Compagnie
qui sembloit estre née pour faire la guerre aux Heretiques, remit à un autre temps la décision du fond de
de l'affaire, & permit cependant aux Jésuites d'enseigner
en public.

La Cour en reçût des nouvelles à Toulouse, où elle
étoit allée, après s'estre débarassée des neiges de Carcas-
sonne. On y changea le nom d'Alexandre, Duc d'Anjou, en celuy de Henry ; & d'Hercules, Duc d'Alençon,
en celuy de François : Et Montluc s'y purgea des crimes
dont les Calvinistes l'accusoient. De Thoulouse, leurs
Majestés allèrent à Bordeaux, & leur Entrée y fut extraordinairement magnifique. La Bourgeoisie Calviniste
y presenta une Réqueste, pour avoir la liberté de chanter les Pseaumes de Marot, chacun en sa maison, &
d'acheter publiquement les Livres dont on usoit au Pres-
che ; pour estre dispensez de contribuër au Pain-benir,
& aux autres charges des Paroisses Catholiques, sans en
excepter celles de tendre de la Tapisserie devant leurs
maisons, le jour & l'Octave de la Feste-Dieu ; pour
travailler sans trouble, les jours de Feste, les Boutiques
fermées ; pour n'estre point obligés à jurer sur le Bras
de saint Antoine, avec tant de rigueur, que s'ils le re-
fusoient, on s'en rapportoit au serment de leurs parties,
& pour estre reçûs aux Dignités de la Ville, indiférem-
ment avec les Catholiques. Le Roy acorda la Requeste,
mais il fut impossible d'obliger le Parlement à la verifier.
Sa Majesté avoit fait négocier en Espagne par Saint Sulpice, son Ambassadeur, que la Reine Catholique, sa sœur,

Ceremo-
nie qui se
pratique à
Bordeaux

Iean d'E-
brardbarō
de S. Sul-
pice Che-

viendroit fur la Frontiere de deux Royaumes ; & s'avança pour la recevoir jufqu'au Mont de Marfan. Il y fut averty d'une efpece de ligue formée entre le [a] Duc de Montpenfier, le Vicomte de [b] Martigues, le Duc [c] d'Etampes, l'Evefque [d] du Mans, & [e] Chavigny, pour ôter l'exercice du Calvinifme dans leurs Terres ; & l'on apporta toutes les précautions neceffaires, pour l'étouffer dans fon berceau , & pour empefcher à l'avenir, qu'il ne s'en formât d'autres.

La Cour ne partit pour Bayonne, qu'aprés le retour du Courier, qui luy rapporta que la Reine d'Efpagne eftoit arrivée dans la Province de Guipufcoa. Le Duc d'Anjou alla au devant de cette Princeffe, jufqu'au de-là de faint Sebaftien, & la conduifit fur le bord de la riviere de Marquecy, où elle trouva la Reine fa Mere, & apperçût le Roy fon Frere, qui l'atendoit à l'autre bord. Il luy préfenta la main pour l'aider à defcendre de bateau, & la mena à Bayonne.

La Reine-Mere s'eftoit propofé dans cette conjoncture , de porter la magnificence Françoife jufqu'au plus haut degré où elle pouvoit arriver. La Cour en general, & chacun des Courtifans en particulier, y firent d'exceffives dépenfes en Tournois, en Courfes de bague, en Combats à la barriere, en Feftins, en Comedies, en Ballets & en Mafcarades. Ceux qui les blâmerent, foûtinrent qu'elles fe faifoient à contre-temps, au fortir d'une guerre civile, & à la veille d'y rentrer : Qu'il y avoit de l'indifcretion à ne pas ménager ce qui reftoit de bien à la Nobleffe Catholique, qui venoit de fervir à fes dépens, parceque fi les Calviniftes remüoient, elle ne feroit plus en eftat de monter à Cheval : Et qu'enfin la

valier de l'Ordre.
[a] Loüis de Bourbō, Duc de Montpenfier.
[b] Sebâtien de Luxêbourg.
[c] Iean de Broffe, dit de Bretagne.
[d] Charles d'Angennes.
[e] François le Roy Gouverneur d'Anjou, &c.

1565. Cour vivant alors d'emprunt, on ruïnoit de gayeté de cœur une infinité de Familles, pour divertir les ennemis de la Couronne. Ceux qui les exécuterent, disoient qu'il estoit nécessaire de persuader aux Espagnols par cette voye, que la France n'estoit pas tellement épuisée, qu'elle ne pût agir au dehors, avec la mesme vigueur qu'auparavant, si elle y estoit obligée ; & que si elle sacrifioit des sommes immenses au divertissement, elle en reservoit beaucoup davantage pour le besoin : Que c'estoit le secret de faire estimer, & redouter en même temps la Noblesse Françoise, que de faire une égale montre de ses richesses, & de sa valeur en tout sortes de combats ; & que puisque la division des François, sur le fait de la Religion, réduisoit leur Monarchie à subsister beaucoup plus par sa reputation, que par ses forces, la conjoncture dont il s'agissoit, estoit de celles, où qui dépense plus, dépense moins.

Le Duc d'Albe estoit venu avec la Reine d'Espagne, sous prétexte de porter aux Roy le Collier de la Toison d'Or ; & quoyque les journées entieres s'employassent en festes, la présence de ce Duc, que l'on sçavoit estre le principal Ministre d'Espagne, fit soupçonner qu'il y avoit du mistere dans l'entrevûë. Il eut beau prendre, ou

Loüise de Bourbon, depuis Abbesse de Farmoutier.

feindre de l'amour pour la plus jeune des filles du Duc de Montpensier, & divertir les deux Cours, par les irrégularitez veritables ou apparentes, ausquelles la passion pour une Princesse de douze ans, portoit à l'âge de soixante-deux ans, le plus serieux & le plus sévere des hommes. Au travers de tout cela, les curieux ne laisserent

Dans l'entrevûë de Bayonne.

pas d'observer qu'on avoit bâty un Palais pour la Reine d'Espagne, qui communiquoit par une longue Gallerie

à l'Apartement de la Reine-Mere, qui eſtoit logée à l'Evêché. Que le Duc d'Albe s'y trouvoit toûjours, & que le
temps qu'ils eſtoient enſemble, faiſoit juger qu'on y né-
gocioit des affaires importantes.

Les principaux Calviniſtes s'eſtoient excuſés du voyage de Bayonne, ſur la dificulté que feroient des Eſpagnols, de converſer avec eux, de peur de donner ateinte
à leur qualité de Catholique : mais ils y entretenoient
des eſpions ſi portés à la défiance, & ayans une telle
envie de l'inſpirer, qu'ils écrivirent à l'Amiral, que l'on
y avoit conclu entre la France & l'Eſpagne, une ſainte
Ligue pour maintenir l'ancienne Religion, & pour ruiner la nouvelle ; & qu'il y avoit eu des Articles ſecrets,
du ſecours que les deux Couronnes ſe donneroient mu-
tüellement, pour nettoyer d'Heréſie leurs Etats. Il eſt
impoſible de décider ſi le bruit qui s'en repandit par
toute l'Europe, eſtoit vray, ou ſans fondement, parce
que toutes les Conférences ſe paſſerent entre les deux
Reines, & le Duc d'Albe ; & que ces trois perſonnes n'en
firent point de confidence à une quatriéme : Que rien
n'y fut écrit, & qu'aucune des deux parties n'accuſa depuis l'autre, de luy avoir manqué de parole, quoyque
l'Eſpagne ſe plaignît que la France bien loin de l'aſſiſter
contre les Calviniſtes de Flandres, les avoit apüiés contre elle, & que la France reprochât à ſon tour à l'Eſpagne, que les Troupes qu'elle luy envoyoit, n'eſtoient
capables que d'entretenir la guerre civile, bien loin de
la terminer.

Cependant, comme on eſt porté à croire que les en-
trevûës des Grands ne ſe peuvent faire par un principe de
pure galanterie, la ſaint Barthelemy qui n'arriva que ſept

ans aprés, passa presque generalement pour une execution du Traité secret de Bayonne. Les motifs qui deter-
minerent à cette opinion, estoient tirés de ce que l'entrevûë n'avoit d'abord esté proposée que par la Cour de
Rome, & ne s'estoit enfin resoluë qu'à la sollicitation
de ses Nonces. : Que le Pape avoit écrit de sa propre main
au Roy Catholique, pour le conjurer de s'y trouver :
Que la Reine-Mere, qui auparavant avoit témoigné tant
d'aprehension de la guerre, & d'inconstance dans le party
Catholique, en fut depuis le plus ferme apuy : Que le
le Duc d'Albe n'avoit pû s'empescher de dire, en parlant
des derniers troubles arrivés en France, que les bons
Pescheurs ne s'amusoient point aux Ecrevisses, & qu'ils
tendoient leurs filets à dessein de prendre les plus gros
Saumons ; Et qu'enfin, si la Tragédie ne s'estoit point
joüée à l'Assemblée de Moulins, qui se tint aprés l'Entrevûë, ç'avoit esté parceque les Calvinistes n'y avoient
pas assisté en assés grand nombre.

Les autres moins défians, publierent qu'on n'y avoit
parlé que d'ôter aux Calvinistes la liberté des Presches,
dans les Villes frontieres ; à quoy l'Espagne avoit interest,
parce qu'elle avoit découvert que les Sujets de Biscaye
& des Provinces Valonnes, y alloient travestis : Que la
Reine-Mere ne leur osa jamais accorder cét Article, de
peur de donner pretexte au Prince de Condé de recommencer la guerre, & que Sa Majesté estant demeurée in-
flexible, les Espagnols qui sous cette couleur, avoient
déja obtenu de Rome, que les Pays-bas fussent souftraits
de la Jurisdiction de l'Archevesque de Rheims, obligerent encore une fois le saint Siege, à sequester de l'E-
vesché de Bayonne, les Provinces de Biscaye, & de
Guipuscoa.

Guipuscoa. Quoy qu'il en soit, l'Entrevuë de Bayonne 1 5 6 5.
eut le mesme succés que celles qui l'avoient precedée, *Dans les*
les deux partis, bien loin d'en tirer aucun avantage, y *Bulles de*
perdirent presque également ; & celuy qui y perdit le *ces nou-*
moins, fut plusieurs fois sur le point d'être tout à-fait *velles ére-*
ruïné. *ctions.*

Les Calvinistes de France qui se reposoient sur la
bonne foy du Traité, reveillés par le bruit qui couroit
d'une Ligue, que les deux Couronnes faisoient contre
eux, chercherent à se précautionner par une contre-
Ligue, traiterent avec les Anglois, les Escossois, les
Suisses, & les Protestans d'Alemagne, s'assurerent des
troupes reglées qu'ils en pouvoient tirer en cas de besoin;
& les mesures qu'ils prirent avec tous ces Etrangers, leur
donnerent la hardiesse d'entreprendre d'enlever le Roy
à Meaux, ce qui fut si proche du succés, qu'il s'en falut
peu. D'ailleurs, les Calvinistes Flamans fortement per-
suadés que le complot de les exterminer avoit esté fait
à Bayonne, prirent des resolutions de se mettre à couvert de l'orage, plus conformes à leur humeur, & par
consequent plus fermes. Ils passerent comme par degrés,
des contraventions pretenduës à leurs privileges, jusqu'aux mécontentemens publics ; des mécontentemens,
à la desobeissance; de la desobeissance aux liaisons secretes,
& de ces dangereuses associations, à la revolte. Ils allerent
chercher soixante & dix mil Etrangers, pour leur donner
proïe en leur Patrie. Ils réduisirent l'Espagne à n'avoir dans
les Pays-bas que la seule Ville de Namur, qu'elle leur enleva par surprise; & formerent dans ses Etats, en dépit
d'elle, la Republique des Provinces-Unies.

La Noblesse de France qui avoit suivy la Cour, eut

1565. congé de s'en séparer, & se divisa en trois Troupes, pour aller en autant de lieux, au secours de la Chrêtienté attaquée par les Infidelles. Le Duc de Guise mena la premiere, au secours de l'Empereur, qui pretendoit faire lever le Siege que Soliman en personne, avoit formé devant Sigeth, principale Place de la Hongrie : Et Timoleon de Cossé, Comte de Brissac, se mit avec le jeune Philippes Strozzi, à la tête de la seconde Troupe, & la mena au secours de l'Isle de Malthe, attaquée par le Bassa Mustafa. Il y avoit en celle-cy, plus de trois cens Gentils-hommes qualifiez, & plus de huit cens Soldats choisis. Les plus illustres estoient deux Freres de la Maison de a Clermont-Tallart, en Dauphiné, autant de celle de b Clermont d'Amboise, de c Bordeille, de d Carman, de e Sainte-Souline & f d'Ambres : le Baron de g Montesquiou, qui tua depuis le Prince de Condé ; trois Freres de la Maison d'Anglure, h Jonzac, i Tilladet, le k Cadet la Mole, le Comte Martinengue, refugié en France pour un meurtre commis à Verone, l d'Epaux, m Saint-Goüard, la n Guiche, depuis Grand Maistre de l'Artillerie, de o Lussan, d'Aymar, du Bourdet, de p Boufflers, de Villemagne, & les Capitaines Brignoles, & la Riviere, celuy-cy mena cinquante Arquebusiers à ses dépens.

On n'avoit point encore vû une Troupe auxiliaire si belle, & les Etrangers l'admirerent sur toutes les autres de l'Armée Chrestienne. Les Turcs qui n'avoient plus à prendre que la Ville neuve, & l'avoient presque réduite à l'extremité, se retirerent en désordre ; & le Grand Maistre de Valete

a Henry & Claude de Clermont.
b Antoine & Antoine de Clermont dits d'Amboise.
c Andre Vicomte de Bordeil
d Loüis de Plusquellec, dit de Carman, Seigneur de Garmã, en Bretagne.
e Ioseph d'Oineau, Seigneur de S Souline, en

Poitou. f François de Voisins, Baron d'Ambres, Ere Languedoc. g François Baron de Montesquiou en Armagnac. h Alain de S. Maure Seigneur de Ionzac en Angoumois. i Bernard de Cassaguet Seigneur de Tilladet en Guienne. K Ioseph de Boniface Seigneur de la Mole en Provence. l Nicolas de Lions, Vicomte d'Epaux, en Champagne. m Iean de Vivonne, depuis Marquis de Pisani, & Chevalier des deux Ordres n Philbert Seigneur de la Guiche. o Iean Paul d'Eparbés, Seigneur de Lussan pere ou Marechal d'Aubterre. p Adrien Seigneur de Boufflers en Ponthieu, depuis Chevalier de l'Ordre, & Baillif de Beauvoisis.

Parifot, aprés avoir extraordinairement loüé&remercié fes liberateurs, crut ne pouvoir mieux temoigner fa reconnoiffance, qu'en écrivant leurs noms dans les Regiftres de l'Ordre.

Ils revinrent en France par Rome, où des Calviniftes d'entr'eux ayans mangé de la viande la veille de l'Affomption, l'Inquifition voulut proceder contr'eux: mais le Pape arrefta la pourfuite, fous couleur que les gens de guerre eftoient excufables d'ignorer les Jeûnes. La moderation de fa Sainteté luy fut utile deux jours aprés, car la Flotte des Turcs s'eftant prefentée devant Oftie, les François y acoururent & preferverent la Place de la furprife qu'elle ne pouvoit autrement éviter.

La derniere Troupe fuivit le Capitaine Peyrot, dans une expedition qui ne pouvoit eftre plus avantageufe à la Religion, ny plus honorable à fa Patrie. Il fçavoit que la maniere dont les Efpagnols s'eftoient fervis, pour introduire la Foy Catholique dans les Indes Occidentales, & les Portugais dans les Orientales, en affujétiffant ces vaftes Etats, n'eftoit pas conforme à l'efprit de l'Evangile ; & il s'eftoit propofé de faire inftruire par des voyes plus douces, ceux de la côte de Malabar en Afrique. Son deffein n'eftoit que de demander à un des Rois de ces païs une retraite affurée pour le commerce de la Nation Françoife ; & la chofe n'eftoit pas alors fi dificile à obtenir, qu'elle l'a efté depuis. Les Miffionnaires s'y fuffent eftablis & les François n'euffent plus efté reduits à trafiquer fous le nom des Portugais.

Peyrot avoit équipé trois bons Vaiffeaux, & il s'embarqua avec douze cens hommes, outre les Mariniers. La tempefte le jetta contre l'Ifle de Madére, que tenoient

Pierre Bertrand de Moutluc, fecond fils de Blaife de Montluc.

E ij

les Portugais ; & la neceſſité de radouber ſes Vaiſſeaux, le contraignit d'en demander la permiſſion.

L'Alliance qui n'avoit jamais eſté violée entre la France & le Portugal, donnoit lieu d'eſperer cette grace : Cependant, les Portugais ne ſe contenterent pas de la refuſer, ils menacerent encore de tirer ſur ceux qui mettroient le pied dans leur Iſle, & l'executerent avec la même brutalité qu'ils l'avoient reſolu. Peyrot qui manquoit d'eau, ne pût s'empeſcher d'envoyer les plus hardis des ſiens, à la Fontaine qu'il voyoit, quoyqu'elle fût proche de la Ville, & les Portugais ſortirent à l'inſtant, pour les tailler en pieces. Peyrot & les ſiens décendirent pour

Fabien de Montluc. les ſoûtenir, & durant que l'eſcarmouche s'échaufoit, il detacha ſon jeune frere avec trois cens hommes, pour couper les Ennemis par un détour qu'il obſerva. Les Portugais engagez entre les deux freres furent défaits, & Peyrot profitant de la Victoire & de la conſternation des Portugais, força la Ville ; mais il fut tué ſur le haut de la Fortereſſe, dont il achevoit de ſe rendre Maiſtre, & ſon deſſein manqua par ſa mort.

Au retour de Bayonne, la Cour trouva l'Envoyé de Soliman dans la Ville de Dax, où il l'atendoit pour renouveller les anciennes Alliances. Elle le renvoya chargé de preſens, & rêtablit dans Nerac, la Religion Catholique, d'où la Reine de Navarre l'avoit bannie. La guerre Cardinale y fut auſſi terminée. C'eſt ainſi qu'on

Pierre Salcéde Eſpagnol. appelloit un leger different ſurvenu entre le Cardinal de Lorraine, & Salcede, Lieutenant de Roy dans l'Eveſché de Mets, ſur ce que le Cardinal qui en eſtoit Eveſque, avoit pris des Lettres de Sauvegarde de l'Empire, & Salcéde empeſchoit de les publier dans les Villes où il eſtoit le plus fort. L'accommodement ſe fit à condition que

le Cardinal fuprimeroit les Lettres, & que Salcéde n'a-
giroit deformais dans l'Evêché du Cardinal, que de concert avec luy.

Enfuite, la Cour paffa par Agen, Perigueux, Angoulême, Niort, Thoüars, Poitiers, Angers, Saumur,
Tours, & Blois, où la plûpart des grands Seigneurs qui
l'avoyent accompagnée, furent congediés jufqu'à l'Affemblée des Notables, qui fe devoit tenir à Moulins,
au commencement de l'Année fuivante 1566.

Le pretexte de la convocation, fut de remedier aux
maux dont le Roy avoit reconnu dans fon voyage de deux
ans, que les Provinces eftoient afligées, & la veritable caufe eftoit que Cipierre en mourant avoit reprefenté au   *Philbert*
Roy, qu'il ne pouvoit s'aquiter par un avis plus falutai-   *de Mar-*
re, de l'honneur qu'il avoit eu d'eftre fon Gouverneur,   *cilly, Sei-*
qu'en luy difant que la divifion generale de fon Royau-   *gneur de*
me, venoit principalement de la querelle particuliere qu'il *Cipierre.*
y avoit entre la Maifon de Guife, & celles de Montmorency & de Coligny ; & qu'il faloit commencer par la
particuliere, fi l'on pretendoit appaifer la generale.

Les premiers Prefidens des Parlemens y furent invités,
& s'y trouverent. Le Roy en fit l'ouverure par un difcours
dont le fens eftoit, Qu'aprés avoir vifité les Peuples que
la Providence divine luy avoit foûmis, & aprés avoir
écoûté leurs plaintes, il prioit l'Affemblée, & luy commandoit en même temps, de luy donner les confeils
qu'elle jugeoit les plus propres pour affermir la tranquilité de l'Etat, mettre les confciences en repos, foulager
fes Sujets, & rétablir la Juftice dans fon ancienne integrité.

Le Chancelier de Lofpital ajoûta qu'il ne pouvoit fe

1566. difpenfer d'appeller les chofes par leur nom , puifque
la Majefté les avoit connuës avec tant d'évidence, qu'il
eftoit deformais inutile de luy rien deguifer : Qu'on
s'eftoit plaint par tout , de l'extorfion, & de l'avarice
des Juges , comme fi les Charges dont ils eftoient pour-
vûs , ne leur euffent efté données que pour remplir leurs
bourfes : Que la calamité publique ne pouvoit , & ne
devoir point fervir d'excufe à la malignité des hommes,
puifqu'il n'y avoit point de conjonctures où les Magiftrats fuffent difpenfez de rendre la Juftice, comme il n'y
en avoit pas où les Prelats fuffent difpenfés d'inftruire

*Dans la leurs Peuples : Que les excés où les Juges s'eftoient portés,
Harägne venoient de leur multiplication, & que par confequent,
du Chan- il eftoit à propos de les réduire à leur ancien nombre :
celier à Qu'il faloit fuprimer les Préfidiaux, & trouver un fond
Moulins. pour augmenter les gages des Officiers qui refteroient,
afin qu'ils n'euffent plus la liberté de rien exiger des parties, non pas mefme fous pretexte d'épices : Qu'on avoit
diminué le luftre du Parlement, par la même voye d'aug-
mentation, & qu'il feroit peut-eftre également avantageux aux Etats & aux particuliers, de le rétablir am-
bulatoire, comme il avoit efté fi long-temps, & de mettre
dans tous les Tribunaux du Royaume, de nouveaux Juges, toutes les deux ou trois années.

L'Affemblée travailla les mois de Janvier & de Février,
à la reformation de la Juftice, & dreffa l'Ordonnance
de Moulins, divifée en quatre-vingt fix Articles, dont
les principaux eftoient, Que ceux qui feroient condam-
nés à payer, y fuffent contraints par corps quatre mois
aprés la Sentence renduë, fi ce n'étoit qu'ils fiffent ceffion : Que dans les conteftations où il s'agiroit de plus de

cent livres, on ne recevroit des preuves que par contrats, ou par billets, celles des témoins estant retranchées, pour éviter une infinité de chicanes qui venoient de cette source : Que les substitutions à l'infiny qui mettoient la Noblesse à couvert de ses creanciers, & la dispensoient ainsi de payer ses dettes, seroient limitées au quatriéme degré, n'auróient lieu que quand elle seroient insinuées au Greffe Royal, le plus proche des lieux où les biens que l'on pretendoit substituër, seroient situés : Que les Donations mutuelles entre-vifs à titre onereux, ou par contrat de Mariage, n'auroient point de force qu'aprés avoir esté insinuées dans les quatre mois, à compter du jour qu'elles auroient esté faites : Que les Parens & les Tuteurs auroient droit d'intenter action, & de redemander ce que leurs Mineurs auroient perdu au jeu ; & que les Confreries sous pretexte de Religion, les Festins qu'on y faisoit, & les Assemblées secretes, seroient deformais interdites, sur peine de la vie, parcequ'elles ne servoient qu'à augmenter la defiance des Calvinistes.

Les Notables travaillerent ensuite à la reconciliation de la Maison de Guise avec celles de Montmorency, & de Coligny : & ne réussirent ny en l'une ny en l'autre, pour avoir negligé une circonstance qui paroissoit alors inutile, & que l'on reconnut depuis avoir esté la plus importante de l'afaire. On se contenta de tirer parole de la Duchesse Doüairiére de Guise, & du Cardinal de Lorraine, qu'ils remettoient leurs interests à l'Assemblée, en consideration du bien public ; & la reconciliation de ce Cardinal avec le Maréchal de Montmorency, fut d'autant plus aisée que le Mareschal avoit l'ame trop belle pour garder aucun sentiment de vengeance. Il y

Anne d'Este.

1566.

Iacques Seigneur de Charry en Nivernois. Mestre de Camp du Regiment des Gardes.

Henry de de Lorraine.

eût plus de formalitez obſervées à l'égard des Châtillons, le meurtre de Charry ſervant de conviction qu'ils ne pardonnoient pas auſſi volontiers que leur couſin germain ; L'Amiral fut obligé de ſe purger par ſerment, & de declarer que non ſeulement il n'avoit point eſté l'auteur de l'aſſaſſinat du Duc de Guiſe, mais qu'il n'en avoit meſme rien ſçû, & le Roy leur commanda d'oublier le paſſé, & de s'embraſſer.

Perſonne n'ignoroit que le jeune Duc de Guiſe eſtoit le principal intereſſé dans l'affaire. Il revenoit de la guerre de Hongrie, où il avoit donné des marques évidentes de ce qu'il ſeroit un jour. L'affection que les François avoient euë pour ſon pere, commençoit à ſe changer pour luy en une eſpece d'idolatrie. Sa naiſſance, & le merite de ſes Anceſtres, ne ſervoient qu'à faire admirer davantage ſes belles qualités. Il eſtoit vif à concevoir, prompt à reſoudre, ardent à executer, judicieux à prendre ſon party, & toûjours plus intrepide, à proportion que croiſſoit le danger. Son humeur eſtoit obligeante ; ſa converſation enjoüée, ſon adreſſe à gagner les cœurs, ſurprenante, & ſa generoſité plus haute, que ne demandoit la condition d'un particulier. Il avoit l'eſprit ſouple, diſcret, même envers les Dames, impenetrable pour le ſecret, agiſſant, reſervé & tout à fait conforme au genie de ſon ſiecle. Pour les qualitez du corps, jamais Héros de l'Antiquité ne les euſt ſi propres à ſeconder celles de l'Ame. Il avoit le teint beau, les yeux perçans, le front ſerain, le viſage riant, la taille haute & admirablement proportionnée, la demarche ferme dans ſa gravité, & le port animé de cét air majeſtueux, qui ne ſe pouvoit ny exprimer ny contrefaire.

trefaire. On remarquoit dans toutes fes actions une 1566. douceur meflée de hardieffe, qui infpiroit le refpeſt, & la crainte à ceux qui le regardoient. Il eſtoit infatigable au travail, & de complexion fi robuſte, que rien n'alteroit fa fanté. Il mangeoit peu, & cependant fa difpofition pour les armes eſtoit jointe à une force & une agilité fi prodigieufe, que les fonctions de la guerre les plus penibles des fimples Soldats, ne l'incommodoient point; & durant la Paix, il prenoit plaifir à nager armé de toutes pieces, contre le courant d'une riviere rapide. Sa foupleffe n'avoit point d'égale à la Lutte, à la Paûme, aux Tournois, & aux Combats à toutes fortes d'armes. Mais il avoit auffi pour contrepoids, une ambition cachée, une maniere d'agir imperieufe, une promptitude à fe jetter dans le peril qui paffoit pour temerité, & un mepris d'autant plus grand pour les perfonnes fuperieures, & pour les égales qu'il afeſtoit un extrême complaifance pour les inferieures.

Il eſtoit prefent à la reconciliation de fa mere, & de fon oncles, avec les Châtillons; mais il n'avoit pas encore feize ans acomplis: Et foit que les Notables s'amufaffent trop aux maximes de la Jurifprudence, qui le fupofoient incapable à cét âge, de toutes les actions civiles, ou qu'ils l'eſtimaffent trop foûmis à fes proches, pour defavoüer un jour, ce qu'ils avoient promis en fon nom, ils ne s'aviferent point de luy demander fa parole, & ne le reduifirent point par confequent, à la neceffité de la donner. Pour luy il fit de fon coſté tout ce qui fervoit à les confirmer dans cette negligence. Il s'aida de toute la diffimulation dont il eſtoit capable; & quoy qu'il ne contredit ny à fa mere, ny à fon oncle, les plus

Tome II. F

1 5 6 6. éclairez ne laifferent pas de juger à fa mine, qu'il ne fe
tenoit point obligé d'obferver l'accommodement , &
qu'il fe vangeroit à la premiere occafion qui luy feroit
prefentée par la fortune, ou par l'imprudence de fes ennemis.

　　La Ducheffe Doüairiere de Guife n'eut pas pluftôt
fatisfait à ce qu'elle croyoit devoir à la memoire de fon
mary, qu'elle penfa à de fecondes nôces. Tout le monde luy deftinoit le Duc de Nemours , par cette confideration, que la plus belle & la plus fpirituelle Princeffe
de l'Europe, devoit époufer le Prince le plus accomply
de fon fiecle ; & l'inclination des parties fecondoit affez le defir public. Le feul obftacle qui le traverfoit, venoit de Mademoiffelle de Rohan, qui montroit un écrit
de la main du Duc, par lequel il convenoit de l'avoir
époufée par paroles de prefent, & pretendoit ainfi qu'il
fût fon mary. Le Duc ne difconvenoit pas de l'écrit,
mais il ne vouloit pas reconnoiftre pour femme Made-
moifelle de Rohan ; & elle n'avoit rien omis de ce qui
fervoit à l'y contraindre. Le feu Roy de Navarre s'ê-
toit declaré pour elle, parce qu'elle eftoit coufine ger-
maine de fa femme ; & le Duc arrefté par le credit
d'un protecteur fi puiffant, avoit efté contraint de fuf-
pendre fes pourfuites. Mais après la mort du Roy de
Navarre il les recommença en Cour de Rome. Les amis
qu'il y trouva, & le peu d'égard qu'on y eut pour Made-
moifelle de Rohan , parce qu'elle eftoit Calvinifte,
furent les principales caufes de la Sentence qui inter-
vint contr'elle : & auffi-toft qu'elle luy eût efté fignifiée,
le Duc époufa la Ducheffe Doüairiere de Guife.

　　Ces nôces furent fuivies de celles du Prince Dauphin,

*Iacques
de Savoie*

*Dans le
procés
pour la
diffolutio
de ce
mariage.
Françoife
de Rohan.*

*Comme
fille de Re-
né Vicom-
te de Ro-
han , &
d'Ifabelle
d'Albret,
fœur
d'Henry
d'Albret
Roy de
Navare
Pere de la
Reyne*

Fils unique du Duc de Montpenſier, avec l'heritiere de la maiſon de Mezieres, baſtarde de celle d'Anjou.

Les rejouïſſances redoublées de la Cour, à l'occaſion de ces deux mariages, furent interrompuës par l'effronte-rie d'un ſcelerat. Simon du May, Cabaretier ſur le grand chemin de Chaſtillon, eſtoit ſoupçonné d'égorger les Hoſtes que la nuit ou le mauvais temps attiroit dans le logis qu'il avoit choiſi fort écarté des autres à ce deſſein. L'Amiral fut averty que ce méchant homme avoit eſté ſuborné pour l'aſſaſſiner, il le fit prendre, & inſtruire ſon procez ſur d'autres crimes dont il trouva des preu-ves. Du May perſuadé qu'il ne pouvoit éviter le ſuplice que par un atentat nouveau, dépoſa que l'Amiral luy avoit offert de l'argent pour tuer la Reine. Par ce moyen, ſa cauſe devint fameuſe; mais ce fut à ſes depens. Les Ju-ges n'eurent point d'égard au témoignage d'un coupable qui cherchoit à ſauver ſa vie par une calomnie atroce, & le condamnerent à expirer ſur la roüe. Cét acte de juſ-tice fut ſuivy d'une diſpoſition des Loix plus impor-tante.

Le droit Romain attribuoit aux meres la ſucceſſion de leurs enfans, fondé ſur la raiſon que le public avoit in-tereſt de les conſoler de leur perte, par cette innocente voye, afin qu'elles paſſaſſent plus gayement à de ſecon-des nôces.

Comme il n'eſt point icy-bas de Loy dont le contre-coup ne ſoit injuſte, en tout ou en partie, les Provinces de Dauphiné, de Provence, de Languedoc, de Guienne, de Lion, de Breſſe & de Mâcon, avoient reconnu dans la ſuite du tems, par une infinité de funeſtes experiences, que le Droit Romain qu'elles ſuivoient en tout, de-

1566. voit eſtre abandonné ſur cét article, parce qu'il ruinoit ſans reſſource les plus illuſtres Familles du Royaume, lorſque l'aîné de la Maiſon qui en poſſedoit preſque tous les biens, mouroit & laiſſoit des enfans qui ne luy ſurvivoient pas long-tems : Car alors la veuve en ſe remariant, portoit dans une maiſon eſtrangere, l'heritage qu'elle venoit de recueïllir. Il eſtoit donc de la prudence du Roy d'y remedier ; mais les Reglemens les plus generaux ont preſque toûjours eû pour but ou du moins pour occaſion, une utilité particuliere ; & ſi nous ne la connoiſſons pas toûjours, il en faut imputer la faute à l'Hiſtoire, qui ne s'eſt donné que rarement la peine de la chercher. Tout le monde eſtoit perſuadé de l'abus qui s'eſtoit gliſſé dans les ſucceſſions, en les faiſant remonter des enfans aux meres, & neanmoins perſonne ne ſe mettoit en devoir de le corriger, lors que Montluc, qui avoit quatre garçons tous dignes de luy, après avoir vû mourir au Siege d'Oſtie, ſon aîné Marc Antoine, qui n'eſtoit point marié, perdit encore le Capitaine Perrot ſon ſecond, à la ſurpriſe de l'Iſle de Madere. Celuy-cy ne laiſſa qu'un fils mal ſain, & la jeune veuve penſoit à ſe remarier.

Montluc ayeul de l'enfant, avoit pour le bien, l'attachement ordinaire à ceux qui eſtant nés pauvres, ont couru une infinité de dangers, en amaſſant de grandes richeſſes. Comme il eſtoit âgé de plus de ſoixante & dix ans, il y avoit aparence qu'il mourroit bien-toſt, & que ſon petit-fils ne pouvant pas luy ſurvivre long-temps ; en ce cas, ſon troiſiéme & ſon quatriéme fils demeuroient partagez en ſimples Cadets de Gaſcogne, avec l'épée, & la cape, & ſa Brû devenoit ſon heritiere univerſelle. La crainte qu'en avoit Montluc, euſt eſté capa-

Blaiſe de Montluc Maréchal de France Charles de Montluc. Margue-rite de Caupéne. Dans les cauſes de l'Edit des meres. Iean de Montluc depuis E-vêque de Condom. Fabien de Montluc Seigneur de Monté-quiou.

ble de hâter fa morr, fi l'Evêque de Valence fon frere 1 5 6 6.
ne luy euſt promis d'employer fon credit, pour obtenir
de la Cour une Ordonnance dirogatoire au Droit Romain, fur les cas dont il s'agiſſoit. Ce Prélat preſſa la
Reine, & la Reine folicita le Roy, qui fit dreſſer l'Edit
par le Chancelier, avec un temperament reſpectueux
pour la Juriſprudence Romaine ; car encore qu'il oſtât
aux meres la fucceſſion aux biens immeubles de leurs
enfans, il leur en laiſſoit la moitié de l'uſufruit durant
leur vie. Il leur ajugeoit tous les meubles, & ne les fruſ-
troit pas des fucceſſions que les enfans avoient recüillies
par une autre voye qu'en heritant de leurs peres. Cét
Edit fut verifié avec un aplaudiſſement general au Parlement de Paris, le vingt-neuviéme de Juillet 1567. Cependant il fut impoſſible d'obliger les autres Parlemens
à le recevoir, & celuy de Paris a depuis jugé, en reglant
la fucceſſion de Tournon échüe à la Ducheſſe de Van-
tadour en 1644. que l'Edit des meres ne s'eſtendoit point
aux ayeuls.

Les Rejoüiſſances & les Reglemens que l'on vient de repreſenter, eſtoient interpretés d'une maniere toute dife-
rente. Les Catholiques n'y entendoient point de fineſſe,
& les Calviniſtes s'imaginoient au contraire, que la Cour
n'avoit autre deſſein que de les amuſer, en attendant
qu'elle puſt les détruire, fans mettre encore une fois l'E-
tat au hazard. Ils fe perſuaderent fi fortement qu'il y
avoit du miſtere dans le loiſir qu'on leur donnoit de
penſer à leurs affaires, qu'ils y travaillerent avec autant
d'application, qu'en auroient les meilleures Troupes à
reparer une breſche. L'Angleterre eſtoit la plus feure,
& la plus proche de leurs reſſources, mais ils s'en êtoient

1 5 6 7. privés par une faute qui leur fembloit irreparable. Ils avoient efté plus ardens à recouver le Havre de Grace, que les Catholiques qui l'avoient mis entre les mains de la Reine Elifabeth ; & cette Princeffe indignée d'un procedé fi bizare , les accufoit tantoft d'inconftance , tantoft d'ingratitude ; & comme elle fe piquoit des deux vertus contraires , il eftoit à craindre que fon mépris pour leur conduite ne dégeneraft en une averfion invincible pour leur party. L'opinion qu'ils en avoient conçüe , & la honte d'implorer une feconde fois le fecours qu'ils avoient fi mal reconnu , les en euft infailliblement empêchés , fi la neceffité plus forte que la honte , ne les euft portés à fe faire une extrême violence en ce point. Ils s'adrefferent donc à la Reine d'Angleterre , fans preffentir auparavant s'ils feroient bien reçus ; & le malheur de leur Patrie voulut qu'ils fuffent plus favorablement écoutés qu'ils ne le meritoient.

Elifabeth eftoit vindicative au de-là de tout ce que l'on peut s'imaginer , & la mort de la Reine d'Ecoffe , à qui elle fit trancher la tête , ne le prouve qu'avec trop d'évidence : mais elle eftoit encore plus politique que vindicative ; & quoique la plufpart des paffions impetueufes la dominaffent tour à tour , elles cédoient pourtant toutes dans fon Ame , au defir de recouvrer Calais. Elle ne le pouvoit par la voye des armes , car outre que les François êtoient alors plus aguerris que les Anglois , elle n'avoit garde de faire paffer la mer à ce qu'elle avoit de Troupes , de peur que les Catholiques qu'elle oprimoit en Angleterre , ne fe foûlevaffent lors qu'ils verroient ce Roïaume dégarny des forces des Calviniftes. Il ne reftoit donc que deux voyes , l'une eftoit celle de la négociation, l'autre d'apuïer les mécontens en France. On les avoit déja inutilement tentez pour des caufes particulieres, qui n'ayant pas réüffi la premiere fois, pouvoient pour d'autres raifons reüffir la feconde. Il y avoit apparence que le Confeil du Roy connoîtroit mieux dans la fuite la neceffité de facrifier un Port aux Anglois, pour les empêcher de donner protection aux rebelles, d'ailleurs il n'eftoit pas moins vray femblable que le Prince de Condé & ceux de fon party, convaincus de la faute qu'ils avoient faite de traiter fans la participation des Anglois, & touchez de la generofité d'une Reyne qui ne laiffoit pas de les affifter aprés une telle ingratitude, ménageroient dans les Traitez fuivans, les interefts de cette Princeffe, avec autant d'application que les leurs propres. La feule démarche qu'Elifabeth avoit à faire pour y parvenir, eftoit d'ébloüir le Confeil de France, par la montre d'une liaifon particuliere des Anglois avec les Calviniftes fujets du Roy ; & pour cela elle témoigna qu'elle feroit bien aife de voir le Cardinal de Châtillon. On connut affés par l'évenement, que fon intention n'eftoit pas de conclure avec le Prince de Condé un nouveau Traité, qui l'euft infailliblement embaraffée dans une rupture avec le Roy, ce qu'elle vouloit éviter : Elle ne tendoit qu'à donner de la jaloufie au Confeil de France ; & ce fut là le but de l'accueil, & des careffes extraordinaires qu'elle fit au Cardinal de Châtillon, aprés qu'elle eut à fon avis, joüé fon perfonnage affés finement pour fe faire craindre, elle dépefcha au Roy une Ambaffade extraordinaire, dont eftoient Chefs, les Milords Thomas Smith, & Edoüard Norray. Le Roy les renvoya à fon Confeil, où ils demanderent suivant l'inftruction écrite de la propre main de leur Reine, la reftitution de Calais, en vertu de la Paix concluë à Câteau-Cambrefis. Ils éluderent enfuite par une voye artificieufe & bien recherchée, la fin de non-recevoir que le Chancelier leur oppofa, fondée fur leur entrée en armes dans le Havre, d'où l'on n'avoit pû les chaffer que par un Siege. Ils repartirent, que s'il y avoit eu de la contravention de leur part, les François n'en avoient pas efté exemts, puifqu'ils avoient

Du Roy Henry VIII. & d'Anne de Boulen. perfuadé la Reine d'Ecoffe, de prendre le Nom & les Armes d'Angleterre, fous pretexte que la Reine Elifabeth eftoit fortie d'un Mariage illegitime, & qu'on avoit intercepté plufieurs Lettres des François portans les armes en Ecoffe, qui temoignoient qu'on ne les y avoit pas tant envoyez en qualité d'auxiliaires, que pour entreprendre fur l'Angleterre, s'ils en trouvoient l'occafion. D'où les Ambaffadeurs concluoient, que la mauvaife foy fe trouvant à peu prés égale des deux coftez, l'une devoit paffer pour l'autre, & l'affaire devoit reprendre la même forme qu'elle avoit euë immediatement aprés le Traité de Câteau-Cambrefis.

Le Chancellier les remercia de leur fincerité à s'avoüer coupables ; mais il les avertit que la France ne pouvoit les imiter fans trahir la verité, & que quand elle le feroit, il y auroit toûjours une extreme diference de leur condition à la noftre, en ce qui regardoit la contravention du Traité ; parce que la Reine d'Ecoffe ne s'eftoit point portée pour heritiere d'Angleterre, pendant fon mariage avec le Roy François II. & ce n'avoit efté qu'aprés la mort de ce Prince, que cette jeune Princeffe eftant maîtreffe de fes droits, avoit pretendu que la Couronne

ne d'Angleterre luy appartenoit ; ce qui eſtoit auſſi indi-
ferent à la France , que ſi Eliſabeth euſt pretendu au
Sceptre de Dannemarc : Que la France à la verité avoit
envoyé des Troupes auxiliaires en Ecoſſe ; mais qu'elle y
avoit eſté forcée par la neceſſité de défendre une Couronne qu'on luy avoit apporté en dot : Que les Ambaſſadeurs en réveillant cette querelle aſſoupie, le faiſoient
ſouvenir d'une contravention qu'il n'avoit encore oſé
reprocher aux Anglois.

En achevant ce mot, il fit ſigne à l'Evêque de Valence
de parler : l'Evêque ſoûtint que depuis le Traité de Câteau-Cambreſis, il avoit eſté témoin oculaire, en qualité d'Ambaſſadeur de France en Ecoſſe, que les Anglois
avoient excité à la revolte la Nobleſſe Ecoſſoiſe, & l'y
avoient maintenuë auſſi long temps que la Reyne Marie
Stuart avoit eſté mariée avec le Roy François ſecond.

Les Ambaſſadeurs d'Angleterre honteux d'avoir ſi mal
réuſſi, en s'expliquant avec un peu trop de ſincerité, reprirent leur premiere diſſimulation, & ſe tenant aux termes de leur inſtruction, ſoûtinrent que ce qu'ils avoient
fait à Roüen & dans le Havre, bien loin de les fruſtrer
de la reſtitution de Calais, y devoit obliger la France :
Que leur Reyne par amitié, & par droit de voiſinage,
n'avoit pû ſervir plus avantageuſement le Roy dans ſa
minorité, qu'en jettant des Troupes dans Roüen, & recevant le Havre des mains des Calviniſtes ; car ſi elle eût
refuſé de leur prêter de l'argent ſur un gage ſi precieux,
ils ſe fuſſent adreſſez à quelque Prince Proteſtant d'Al-
lemage, qui eût diſpoſé du gage à ſa fantaiſe, & s'en
fût peut-eſtre accommodé avec la Maiſon d'Aûtriche :
Qu'en ce cas il eût eſté facile aux Eſpagnols qui en eſ-

Tome II. G

toient si proches, à cause des Pays-bas, de munir la Place,
d'y mettre une puissante Garnison, & d'y entretenir une
Flote, dont les deux funestes effets eussent esté de fermer la riviere de Seine, & de ravager les côtes d'Angleterre : Que la Reyne Elisabeth, qui ne laissoit rien échaper à sa prevoyance, avoit dû prevenir ce double inconvenient ; mais que pour témoigner combien ses intentions estoient saintes & éloignées de toute ambition,
elle avoit publié en même temps un Manifeste, qui portoit une promesse solemnelle de conserver fidellement
le Hâvre au Roy, & de le restituër en temps & lieu.

Dans le manifeste d'Angleterre, pour le Hâvre.

Le Chancelier avoüa ce que les Anglois disoient du
Manifeste, & il leur aprit même que leur Reine avoit fait
dire par son Ambassadeur au Roy, ce qui y êtoit contenu,
mais il ajoûta que cette Princesse ne s'êtoit plus souvenüe
de sa promesse, après la guerre civile, alors qu'il avoit
esté question de l'accomplir ; & que Sa Majesté Tres-
Chrestienne l'en ayant pressée, aussi-tost que les Calvinistes s'êtoient reünis avec les Catholiques, non seulement
elle avoit refusé de luy rendre la justice dont elle se piquoit en apparence, mais encore elle avoit chassé du Hâvre tous les François, & jetté dans la Place une Garnison
assez forte pour donner lieu de croire que l'Angleterre
avoit dessein d'avancer ses conquestes en Normandie :
Que les Armes du Roy n'avoient recouvré le Hâvre,
que par la force ; & que cependant les Anglois réduits
à la derniere necessité, au lieu d'être passés au fil de l'épée,
avoient esté renvoyés de-là la Mer, avec toute la civilité
imaginable, en consideration de leur Reine : Que bien
loin de rendre le réciproque à la France, ils ne s'estoient
pas seulement mis en devoir de renvoyer au Roy les

Transfuges François, quoy qu'Elizabeth s'y fût expresse- 1 5 6 7.
ment obligée par les derniers Traités, & l'on n'avoit rien
oublié de ce qui servoit à conserver en France les semences de la guerre civile, afin de les faire éclore une seconde fois.

D'où le Chancelier conclut, que si les Anglois n'a-
voient pas laissé d'entretenir les troubles entre les Sujets
du Roy, lors qu'ils en estoient separés par un bras de Mer,
la France en leur rendant Calais, s'exposeroit à une guerre d'autant plus inévitable, qu'elle recevroit dans son
sein ses plus dangereux ennemis : Que le Ciel l'avoit assez
favorisée en permettant qu'ils se privassent eux-mêmes
de la faculté de rentrer dans cette Place qui leur estoit
ouverte par le Traité de Câteau-Cambresis; & que ce seroit
trop mal reconnoistre une grace si peu commune, que
de ne s'en pas prévaloir dans toute son étenduë.

Les Ambassadeurs d'Angleterre reconnurent par la fermeté avec laquelle ces dernieres paroles furent prononcées, qu'il seroit inutile de s'amuser plus long temps à
pretendre la restitution de Calais. Ils rompirent la Conference, & l'on tâcha d'adoucir leur mécontentement, par
la valeur des Présens qu'on leur fit.

Leur retour en Angleterre, hâta la conclusion d'un second Traité entre la Reine Elizabeth, & les Calvinistes
de France : Mais il ne fut pas de même nature que celuy
qui l'avoit precedé. Elizabeth retenüe par le scandale
que sa déclaration trop ouverte pour des Rebelles, avoit
causé dans la Chrétienté, prit d'autres mesures, & se
contenta de les assister en secret à l'avenir ; & cependant
les assurances qu'elle donna au Prince de Condé furent
si positives, que l'ambition de ce Prince en redoubla.

G ij

1567. On a déja vû que l'attrait le plus éficace dont la Reine Mere s'estoit servie pour exciter le Prince de Condé à signer la Paix, en l'absence de l'Amiral, avoit esté de luy promettre la Lieutenance Generale, vacante par la mort du Roy de Navare : Et que cette Princesse n'avoit pas trouvé d'autre expédient pour se dispenser de luy tenir parole, que de faire declarer Majeur le Roy son Fils. Cette défaite avoit eu le succés ordinaire à celles qui sont trop subtiles : Elle avoit bien osté au Prince, le pretexte de prétendre pour lors à la Lieutenance, mais elle ne luy en avoit osté ny la volonté, ny le soin de chercher les occasions propres à la redemander. Il s'en présenta une des plus favorables qu'il eust sçeu désirer ; & si ce fut un piége que la fortune luy dressa, l'on peut dire qu'il n'y en eut jamais de si subtil, ny de plus inevitable.

Dom Pédro Alvarés de Tolede.

Fernand Gonsalve.

Le Duc d'Albe estoit le plus grand Capitaine que l'Espagne eust produit depuis le fameux Gonzalve, à qui elle donne ce nom par excellence. Il avoit heureusement commandé en Hongrie, en Alemagne & en Italie ; & quoy qu'il semblât avoir échoüé dans le Piémont, d'où s'estant vanté de chasser en une campagne le Marêchal de Brissac, il n'avoit pû seulement reprendre le Village de Saint'ya, fortifié à la hâte, il avoit neanmoins rétably

Charles de Cossé.

sa reputation dans le Royaume de Naples, qu'il avoit défendu de l'attaque du Duc de Guise ; & maintenant il

Dans la vie du Duc d'Albe.

alloit punir les séditieux des Païs-bas, avec l'Armée la plus belle que l'on eust vûe dans les derniers siécles. Elle n'estoit composée que de dix mille vieux Soldats, mais c'estoit la fleur de ceux qui depuis trente ans se signaloient dans l'Europe : Il y avoit dix-neuf Enseignes du Regiment de Naples, sous le Mestre de Camp Sanche

de Léve, dix du Régiment de Sicile, fous Julien Romé-
re, dix du Regiment de Sardaigne, fous Gonzales de
Bracamonté, & dix du Regiment de Lombardie, fous Sanche de Londogno. La Cavalerie qui n'eſtoit que de quatorze Compagnies de Lances, & de quatre d'Arquebuſiers à cheval, obëiſſoit à Dom Fernand, Fils naturel du
General, qui le préferoit à ſes enfans legitimes, à cauſe
de ſa vertu : Et Chapin Vitelly, fameux dans les dernieres
guerres de Toſcane, eſtoit Meſtre de Camp general,
ſon mérite extraordinaire l'ayant emporté ſur l'averſion
naturelle aux Eſpagnols, d'obëir à un Etranger. Les armes des Soldats êtoient preſque toutes dorées ou gravées,
& chaque Fantaſſin avoit un Valet robuſte, qui luy portoit ſon mouſquet hors des factions militaires. On les
euſt pris pour autant de Capitaines, & leur marche en
ce ſuperbe équipage ayant alarmé les Etats voiſins, le
Prince de Condé prit l'occaſion d'une jalouſie ſi univerſelle, pour repreſenter à la Reine, que la maxime du bon
Gouvernement, ne pouvoit ſouffrir que la France fût dé-
ſarmée à la vüe des Eſpagnols ſi puiſſamment armés. Son
intention eſtoit de demander la Lieutenance Generale,
auſſi-toſt que la reſolution ſeroit priſe de lever des Troupes, parce qu'il en auroit alors le pretexte.

Mais la Reine qui eſtoit ſans comparaiſon plus penetran-
te que luy, devina dans le même inſtant ce qu'il avoit dans
l'ame, & prit des meſures pour tirer tout l'avantage qu'elle
pourroit de ſon ambition, ſans luy accorder aucune choſe.
Elle luy témoigna en des termes tout à fait magnifiques,
l'obligation éternelle que luy auroit le Royaume, pour un
conſeil ſi ſalutaire, & le quita en feignât d'aller ſur le champ
travailler à l'execution de ce qu'il propoſoit. Comme elle

avoit connu par sa propre experience la necessité où étoit le Roy, de demeurer armé, & que rien n'avoit empesché de retenir la plûpart des Troupes licenciées aprés la guerre, que la crainte de donner de la jalousie aux Calvinistes, elle envoya ordre à l'Ambassadeur de France, auprés des Cantons, de lever promtement six mil Suisses des plus aguerris, dont elle donna la conduite au Colonel Fifer, qu'elle connoissoit pour un homme tres-habile, & sur tout ennemy irréconciliable des Calvinistes ; & elle promit des pensions aux Officiers subalternes. Ensuite, elle fit expedier des Commissions aux Officiers François reformés, dont l'attachement particulier à leurs Majestés luy estoit connu ; & toutes les Provinces se trouverent en un moment remplies de gens de guerre, sous pretexte de les envoyer sur les Frontieres par où l'Armée Espagnole devoit passer. Le Prince ravy de voir le commencement de son entreprise si heureux, fit sa brigue pour obtenir la Lieutenance generale ; & se servit avec tant d'adresse, du credit que les Châtillons avoient recouvré auprés du Connêtable leur oncle, que ce premier Officer de la Couronne consentit contre ses propres interests, que le Prince obtint ce qu'il demandoit.

La Reine fut d'autant plus surprise de la condécendance du Connêtable, qu'il y avoit eu moins de lieu de prévoir qu'un homme aussi jaloux que luy de l'independance & des autres priviléges de sa Charge, se voulût soûmettre de gayeté de cœur, non seulement à demeurer sans aucune fonction, mais encore à recevoir les ordres du Prince, luy qui avoit eu autrefois l'honneur de commander au Roy Henry II. lors qu'il n'estoit que Dauphin. Elle n'en témoigna rien neantmoins, ny au Prince, ny au

Connêtable ; mais elle trouva à point nommé le meilleur expedient que l'efprit humain pouvoit inventer pour éluder la vanité du premier, & la foibleffe du fecond. Le Duc d'Anjou fon fecond Fils, Prince qui promettoit beaucoup, n'avoit alors que feize ans, & neantmoins fon corps & fon efprit êtoient auffi faits que s'il en eût eu vingt-cinq. Sa taille êtoit belle, & quoy que fa complexion ne fût pas des plus robuftes, il y avoit tant de majeté dans fa mine, qu'encore que les Loix de l'Etat l'euffent reduit à fe contenter d'un Appanage mediocre, il fembloit pourtant êtrené pour poffeder plus d'une Couronne. Il eftoit doux, agreable, civil, complaifant; & cette derniere qualité luy atiroit autant d'amis, que la rudeffe du Roy fon Frere, en rebutoit. Il tenoit de fa Mere, les qualités fpirituelles des Italiens, & de fon Pere, l'agreable exterieur des François. Il aimoit l'Etude, il eftoit né le plus éloquent des hommes, il avoit des fentimens proportionnés à fa Naiffance, mais il fubtilifoit fon raifonnement par la lecture de Machiavel; & l'on prenoit pour marque de la conformité de fon genie avec celuy du Duc de Guife, leur liaifon fi étroite qu'ils ne pouvoient vivre l'un fans l'autre. La Reine témoignoit beaucoup plus d'affection pour luy, que pour fes autres Enfans, foit qu'elle ne fift que fuivre à cét égard le mouvement que la nature luy infpiroit, ou que fa tendreffe fût interreffée, & qu'elle penfaft déja à fe maintenir dans les affaires, en oppofant le Duc d'Anjou au Roy, comme on luy reprocha depuis, d'avoir fait boucler du Duc d'Alençon, contre le Duc d'Anjou, aprés que celuy-cy fut monté fur le Trône. Mais fi elle ne portoit pas fes penfées fi avant dans l'avenir, elle confideroit au moins le Duc d'Anjou comme propre à déconcerter l'intrigue du Prince de Condé ; & fur ce fondement, elle luy reprefenta qu'il eftoit temps d'acquerir de la gloire par la voye des armes, & que s'il negligeoit l'occafion prefente, il feroit contraint, quoy qu'il pût faire, de paffer le refte de fa vie dans l'obfcurité : Que ceux de fa naiffance devoient eftre Capitaines fans avoir efté Soldats, & qu'il luy feroit auffi honteux, qu'il eftoit glorieux aux autres, d'apprendre le mêtier de la guerre : Qu'il fe voyoit reduit à la dure neceffité de n'aller point à l'Armée ou de la commander ; & que pour peu qu'il attendît, il ne luy feroit plus libre de faire ny l'un ny l'autre : Que le Prince de Condé pretendoit la Lieutenance generale, & qu'il faloit fe hâter de le prévenir : Qu'il avoit pris de fortes mefures avec le Connêtable pour l'obtenir ; & que s'il la demandoit, dans l'état où il s'eftoit mis, elle ne voyoit pas que le Roy la pût refufer, fans hazarder fa Couronne : Qu'il feroit alors inévitable au Duc d'Anjou de vieillir à la fuite de la Cour, & d'y perdre dans les delices, les admirables talens que Dieu luy avoit donnés, pufqu'il ne les pourroit exercer que fous un homme qui luy êtoit inferieur.

Le dépit & l'indignation que ces paroles infpirerent au Duc d'Anjou, ne parurent que trop par la rougeur qui monta fur fon vifage, & par fon filence ; mais la Reine qui connut affés par ces deux fignes qu'elle avoit reüffi, ne dit plus rien à fon Fils, & le congedia comme pour le laiffer en liberté de feconder avec toute l'impetuofité d'un Fils de Roy, les mouvemens jaloux qu'elle luy avoit infpirés.

Le Duc en trouva le foir même l'occafion au fouper de la Reine, dans la Salle Abbatiale de S. Germain des

Préz,

Prez, où, pendant que les Courtisans environnoient la
table, le Duc joignit le Prince, & le dégageant insensiblement de la foule, le mena dans un coin, où peu de
gens les pouvoient voir, & personne ne pouvoit les entendre. Là, changeant de visage, il luy dit d'un ton fier
& méprisant, qu'il venoit d'apprendre la témerité qu'il
avoit de pretendre à une Charge qui luy estoit deüe.
Il ajoûta, sans luy donner le temps de s'excuser, ny mesme de répondre, qu'il luy pardonnoit sa faute, parce
qu'il présuppofoit qu'il l'avoit fait sans dessein, mais que
s'il luy arrivoit de la continüer, il l'en feroit repentir,
& l'abaisseroit à proportion du vol qu'il vouloit prendre.

Ceux qui regardoient de loin l'un & l'autre, avoüerent qu'ils n'avoient jamais apperceu une mine si haute
que celle du Duc d'Anjou, ny une contenance moins
assurée que celle du Prince de Condé. Le Duc portoit
quelquefois la main sur le pommeau de son épée, &
feignoit d'autres fois de chercher sa dague. Il enfonçoit
tantost son bonnet, tantost il le rehaussoit ; & quoy qu'il
témoignât d'estre tout-à-fait en colere, on ne laissoit pas
de remarquer qu'il estoit encore maistre de ses paf-
sions.

Le Prince, au contraire montroit, ou pour mieux
dire, affectoit de montrer au dehors plus de tranquilité
qu'il n'y en avoit au dedans : Il fut toûjours découvert durant l'entretien : Il repartit avec autant de
retenuë que s'il eût parlé au Roy. Il ne s'excusa ny
sur ce que la Lieutenance generale luy avoit esté
promise, ny sur ce que son Frere l'avoit exercée, ny
sur ce que le Duc de Guise, qui estoit inferieur aux
Princes du Sang, en avoit esté pourvû : Il avoüa d'estre

Tome II.   H

1567. coupable, puisque le Duc le jugeoit tel, & protesta qu'à l'avenir on n'auroit plus lieu de luy reprocher rien de semblable.

Mais les passions aussi bien que les arbres, jettent de plus profondes racines, à mesure que l'on retranche de leurs excreffences. Le Prince qui s'estoit fait une si prodigieuse violence, qu'il est estonnant qu'il n'en mourût, avoit deviné d'abord que la Reine luy suscitoit cette querelle, & cette opinion avoit achevé d'éfacer dans son ame ce qui luy restoit de respect pour cette Princesse : Mais son ressentiment contre le Duc n'en avoit point esté ralenty. Il l'avoit hay dans le mesme instant, avec autant d'excez que si son aversion n'eust point esté déja épuisée par son redoublement de haine pour la Reine ; & l'on ne connut jamais mieux qu'alors, que la malice du cœur humain tient de l'infiny, en ce qui regarde l'inimitié.

Le Prince ne demeura à la Cour qu'autant qu'il falut pour feindre que l'insulte qu'il y avoit receüe, ne l'obligeoit pas d'en sortir, & se retira incontinent après à

Françoise d'Orleans Longueville.

Noyers, Terre que sa seconde Femme luy avoit apportée en mariage. Il y fut bien-tost visité par les mécontens de son party, qui luy representerent la juste défiance qu'ils concevoient de l'armement qui se faisoit dans le Royaume. Ils la fonderent sur le peu d'apparence qu'il y avoit que les Troupes du Duc d'Albe luy servissent de motif, puisque la Cour de France s'estoit assurée de ce Duc à l'entreveuë de Bayonne ; & qu'il faloit par consequent, que ce fût pour executer le dessein formé durant cette Entrevûe, que l'Espagne leveroit une Armée pour châtier les rebelles des Païs-bas, & que la France en mettroit sur pied une autre en même temps, sous pre-

texte d'obſerver la marche de celle d'Eſpagne ; qu'elles
ſe côtoyeroient l'une l'autre ſur la Frontiere, & qu'en ſe
ſeparant, l'Eſpagnole fondroit ſur les Calviniſtes de Flandres, & la Françoiſe trouvant déſarmés les Calviniſtes
de France, les accableroit tout d'un coup.

Le Prince voyant ſes amis dans une erreur qui luy
eſtoit avantageuſe, n'eut garde de les détromper, en
leur diſant que c'eſtoit luy qui avoit donné à la Reine
le conſeil d'armer ; au contraire, il augmenta leur jalouſie, en exagerant les contraventions à la Paix, multi-
pliées dans tous les Edits qui l'avoient ſuivie, & le meurtre des plus zelés Calviniſtes en general, & ſur tout, celuy de la Curée en particulier, dont on avoit pourſuivy
inutilement la punition par les voyes de la Juſtice : Mais
il n'y avoit aucune apparence de prendre une derniere
reſolution, ſans conſulter l'Amiral qui eſtoit l'ame du
party ; & l'on s'adreſſa d'autant plus volontiers à luy,
que l'on jugeoit que comme il s'eſtoit oppoſé avec plus
d'obſtination que les autres Calviniſtes, à la concluſion
de la Paix, il auroit auſſi plus de diſpoſition à la rompre. On ſe trompa neantmoins dans cette conjoncture,
car outre que l'Amiral croyoit avoir regagné l'eſprit de
la Reine, il avoit d'autant plus d'intereſt que le Prince,
à ménager ſa reputation, qu'il ne doutoit point que les
gens de bien ne luy imputaſſent plûtoſt qu'au Prince, les
déſordres de la guerre, en cas qu'elle recommençât. Auſſi
répondit-il, qu'avant que de paſſer outre, la bien-ſeance vouloit que l'on demandât à la Cour le licenciement
des Troupes nouvellement levées.

La Cour repartit, qu'elle ne pouvoit s'imaginer que
le Prince voulût traverſer l'execution d'un conſeil qu'il

*Gilbert
Filhet,
Seigneur
de la Cu-
rée, Gou-
verneur
de Vendo-
mois.*

1567. avoit donné : Et les Calviniftes crûrent que la Cour cherchoit à s'excuſer par un menſonge. Il ne l'euſſent pas
toutefois perſuadé ſi facilement à l'Amiral, s'ils ne luy
euſſent montré la Lettre que le Prince venoit de recevoir, écrite de la main d'un des principaux Courtiſans
Catholiques, dont la ſubſtance eſtoit ; Que les Troupes
aprés avoir obſervé la marche du Duc d'Albe, ſe divi-
ſeroient en pluſieurs Corps pour aller dans les Provinces

Dans la Lettre de l'Inconnu au Prince. où il y avoit plus de Calviniftes ; & que des ſix mil Suiſſes qu'on avoit levez, deux mille avoient ordre d'entrer
dans Paris, deux mille dans Orleans, & les deux autres
mille dans Poitiers ; qu'en meſme temps on ſe ſaiſiroit du
Prince & de l'Amiral ; que l'Amiral ſeroit tué auſſi-tôt,
& le Prince confiné dans une priſon perpetuelle ; que
les Edits ſeroient à l'inſtant révoquez, & la ſeule Religion Catholique rétablie dedans le Royaume.

L'Amiral reduit par la dure neceſſité de deffendre ſa vie,
à ſuivre le plus grand nombre, conclut à la guerre, comme les autres, & propoſa ſeulement de quelle maniere

François, Seigneur de la Noüe on la feroit. La Noüe eut beau remontrer qu'il eſtoit à
propos d'imiter les premiers Chreſtiens, qui aimoient
mieux ſouffrir la mort en conſervant leur innocence, que
de devenir coupables en tuant les autres ; Et qu'en deffendant mal une bonne cauſe, par la voye des armes
interdite dans l'Evangile, on feroit paſſer la juſtice du
coſté des Catholiques. Son avis fut traité de ſcrupuleux,
& l'on examina celuy de Beauvais-la-Nocle, qui tendoit
à s'emparer d'Orleans par ſurpriſe, & à remontrer enſuite
au Roy, que les juſtes ſoupçons qu'avoient eu ſes Sujets
Calviniſtes de la levée de ſix mille Suiſſes, les avoient obligez de penſer à leur ſeureté : Que Sa Majeſté ne le trou-

veroit point étrange, si elle consideroit avec attention jusqu'à quel point les Suisses avoient esté mal-traitez à la bataille de Dreux, & combien il estoit dangereux aux Calvinistes de s'exposer à leur vengeance ; mais qu'elle n'auroit pas plûtost eu la bonté de licencier ces Etrangers, que les Calvinistes sortiroient d'Orleans, & retourneroient dans leurs maisons.

L'expedient estoit admirable, en ce qu'il conservoit au moins les dehors du respect ; & sans que les Calvinistes en vinssent ouvertement à la rupture, il les mettoit neantmoins en estat de ne rien craindre, à cause de la facilité qu'ils avoient de s'emparer d'Orleans ; mais il estoit sujet à un inconvenient insurmontable, qui le fit enfin rejetter ; car aprés que les Calvinistes eussent surpris Orleans, la Citadelle où ils n'avoient aucune intelligence, demeurant ferme à l'obéïssance du Roy, sa Majesté eust fait entrer par là dans la Ville, les Troupes logées aux environs, & l'eust ainsi recouvrée avant que les Calvinistes eussent achevé de se retrancher contre la Citadelle.

Senarpont opina que la Noblesse Calviniste se divisast *Iean de* suivant les Provinces d'où elle estoit, & tâchast de sur- *Monchy* prendre un si grand nombre de Places, que la Cour éton- *Seigneur* née de sa puissance, luy accordast des conditions qui ne *de Senar-* fussent pas à l'avenir si legerement violées. Mais on luy *pont Gou-* opposa qu'à la premiere guerre civile, les Calvinistes *verneur* s'estoient saisis de plus de cent importantes Villes ; ce *de Boule-* qu'ils n'estoient pas assurés de faire à la seconde : Qu'ils *nois.* avoient esté contraints pour les garder d'affoiblir leur Armée, & qu'avec cela ils ne les avoient pû si bien munir, qu'elles ne se fussent presque toutes perduës.

D'Andelot s'estoit reservé de parler le dernier, soit qu'il eust esté retenu par les consequences de ce qu'il avoit à dire, ou qu'il attendist que les autres sentimens eussent esté rebutés, afin de rendre le sien plus plausible, par la necessité qu'il y auroit de le suivre. Il representa qu'il seroit inutile de recommencer la guerre, si on ne changeoit de conduite, & qu'en raisonnant sur les mesmes principes, on se devoit promettre un succés aussi peu favorable : Que la faute la plus essentielle de toutes, avoit esté commise dés le commencement, lors qu'on avoit mieux aimé prendre la Ville d'Orleans, que de se saisir de la personne du Roy : Qu'on avoit transporté par ce mauvais choix, l'avantage des armes aux Catholiques ; & qu'outre la reputation qui décide presque toûjours les grandes affaires, au gré de celuy qui a trouvé le secret de la mettre de son costé, les Triumvirs avoient attiré à eux les forces, & l'argent du Royaume, & noircy leurs ennemis de la plus nuisible des qualitez civiles, qui est celle de Rebelles : Qu'il ne faloit donc plus s'estonner si le bonheur les avoit suivis ; & qu'il valoit mieux en les imitant, exciter la fortune à revenir sous les Enseignes des Calvinistes, par une voye qui la contraignît d'y demeurer malgré elle, s'il luy prenoit envie de s'en separer encore une fois : Que la Cour estoit à Meaux, accompagnée seulement de huit à neuf cens hommes qui n'avoient pour toutes armes que leurs épées ; & que les Courtisans qui pourroient augmenter ce nombre, ne serviroient qu'à l'embarasser en cas de deffense ; Que quinze cens Cavaliers bien armez sufiroient pour l'enlever ; & qu'un mois après, au plus tard, toute la France deviendroit Calviniste : Qu'il osoit répondre de l'execution de ce desfein le plus hardy qui fut jamais, pourvû qu'on y apportaſt la diligence & le ſilence ; & que pour y convier l'Aſſemblée, il ſufiſoit de l'avertir que les évenemens à la guerre donnoient le nom aux choſes, & que l'entreprise dont il s'agiſſoit, attireroit aux Calviniſtes une gloire immortelle, ſi elle réüſſiſſoit, & un opprobre éternel, ſi elle ne réüſſiſſoit pas.

On ne ſçait ſi d'Andelot avoit ainſi parlé de concert avec le Prince de Condé, ou s'il ne fit que propoſer ſes veritables ſentimens ; mais il eſt certain que le Prince les appuya de toute ſon autorité, & qu'ils prévalurent enfin ſur les autres, ſoit que le Calviniſme euſt effacé inſenſiblement des eſprits, la ſoumiſſion due à la Majeſté Royale, ou que ne conſiderant la fidelité à l'égard de leur Souverain, que comme une choſe temporelle, ils luy préferaſſent le motif ſpirituel de la Religion. On ſoupçonna meſme, que leur imagination échaufée avoit porté le crime auſſi loin qu'il pouvoit aller ; & ceux qui s'arreterent à cette penſée, la prouverent par trois circonſtances. La premiere vient d'eſtre expliquée, & conſiſtoit dans la vengeance que le Prince prétendoit tirer du Duc d'Anjou. La ſeconde eſtoit priſe de la Monoye que le Conneſtable preſenta, dit-on, au Conſeil du Roy, le ſeptiéme Octobre mille cinq cens ſoixante-ſept, neuf jours aprés l'entrepriſe de Meaux. Elle eſtoit entierement ſemblable à la Monoye courante, excepté qu'au lieu de la figure & du nom du Roy Charles IX. on y voyoit la figure du Prince, & pour légende le nom de Loüis XIII. Enfin, la derniere circonſtance eſtoit, que le Roy demeura ſi fortement perſuadé que les Calviniſtes avoient machiné contre ſa vie, ou du moins contre ſa liberté, qu'il fut depuis impoſſible de luy oſter cette prévention, qui fut, comme l'on verra dans la ſuite, la principale cauſe de la journée de S. Barthelemy.

Quoy qu'il en ſoit, le reſultat de l'Aſſemblée de Noyers, fut que le Prince & ſes amis aſſembleroient en ſecret quinze cens Cavaliers, & ſe trouveroient par divers chemins à Roſoy en Brie, le vingt-huitiéme Septembre mille cinq cens ſoixante-ſept, & que le lendemain ils iroient à Meaux, preſenter au Roy une Requeſte pour le licenciement des Troupes Catholiques qui leur donnoient de l'ombrage.

Ils ſe ſeparerent incontinent après ; mais le complot de Noyers ne demeura pas ſi ſecret que l'avoit eſté celuy de Nantes, ſous le regne de François II. Les Eſpions que la Reine entretenoit dans le party Calviniſte, en découvrirent une partie ; & ſa Majeſté ayant ſceu ſeulement en general, que les Calviniſtes avoient formé un deſſein hardy, qu'ils executeroient bien-toſt, ſans en rien découvrir en particulier, elle préſuppoſa que l'Amiral qu'elle en croyoit auteur, ſeroit encore un des premiers à l'accomplir ; & comme elle ignoroit qu'on luy euſt perſuadé qu'elle avoit reſolu ſa perte, elle douta s'il eſtoit *Troilusdu* capable de prendre une reſolution violente. Pour s'en *Meſcoüet* éclaircir, elle jetta les yeux ſur la Roche, Gentilhomme de *Seigneur* Bretagne, ſon confident, & le plus adroit de ſes Emiſ-*de la Ro-* *che - Hel-* ſaires. La Roche prit la poſte, courut toute la nuit, & *goüarh en* arriva à neuf heures du matin à Chaſtillon ſur Loing. Il *Bretagne.* trouva une ſi grande ſolitude dans la maiſon de l'Amiral, *Dans la* qu'à peine ſe preſenta-t-il quelqu'un pour luy en dire des *relation* *de la Ro-* nouvelles. Il apprit neantmoins qu'il eſtoit allé dés le *che.* grand matin dans ſon Parc ; & après l'y avoir longtemps cher-

cherché, il l'apperçut couvert d'une vieille casaque, & 1 5 6 7.
la serpe à la main, sur le haut d'un arbre dont il émon-
doit les branches. Il eut de la peine à le connoître en
cette posture, & pendant que l'Amiral qui l'avoit veu,
descendoit pour le recevoir, il délibera s'il luy parleroit
de la défiance de la Reine, tant il la jugeoit mal fondée.
Il le fit neantmoins, par la crainte de désobëir, ou faute
de trouver un pretexte de son voyage, qui satisfist une
personne aussi éclairée qu'estoit l'Amiral : Et celuy-cy,
pour toute réponse, le pria de rapporter à la Reine l'è-
tat où il l'avoit rencontré. Comme s'il eût voulut dire,
qu'il n'y avoit pas d'apparence qu'un homme qui rouloit
dans son esprit un projet de si grande importance, &
qui n'avoit pas de temps à perdre pour l'executer, eût
toute la liberté d'esprit & le loisir qu'il falloit pour tailler des Arbres. La Roche ainsi trompé, confirma à son
retour leurs Majestez dans une assurance qui vray-sem-
blablement leur eust esté pernicieuse, si la Providence divine n'eust pris un soin particulier de leur conservation,
en formant une conjoncture salutaire de deux circonstances qui les préserverent du danger inevitable, où sans
elles rien d'humain ne les pouvoit empescher de succomber.

La premiere fut que les six mille Suisses arriverent à
point nommé à Meaux : Et la seconde, qu'un Elû de cette
Ville rapporta qu'il venoit de rencontrer deux mille Cavaliers sur le chemin de Rosoy. L'on ne douta point à
la Cour que ce ne fussent les Calvinistes, & l'on envoya
le Mareschal de Montmorency pour les amuser, pendant
qu'on déliberoit dans la Chambre du Connestable malade de la goute, sur ce qu'il y avoit à faire pour la sureté
du Roy.   Tome II.   I

Le Conneſtable fut d'avis que la Cour demeurât dans Meaux, ſur des raiſonnemens tirez de la commodité de la Place, & de l'impoſſibilité de la forcer, deffenduë comme elle ſeroit d'abord par les ſix mille Suiſſes, & aprés par les Troupes Catholiques que le danger où la perſonne du Roy ſeroit expoſée, y attireroit de toutes parts. Il ajoûta qu'il y auroit de l'imprudence à expoſer leurs Majeſtez au hazard d'un combat qu'elles ne pouroient éviter en ſortant de Meaux : Qu'il ſeroit honteux pour elles de faire une retraite qui euſt une apparence de fuite ; & qu'en laiſſant r'alentir la premiere impetuoſité des Calviniſtes, la voye de la negociation demeureroit toûjours ouverte, pour les réduire comme auparavant, à mettre bas les armes ; Que la moindre attaque qui ſurviendroit rendroit les deux partis irréconciliables, en ce que le Roy n'oublieroit jamais l'inſulte qu'il auroit reçûë de ſes Sujets ; & les Calviniſtes aimeroient mieux porter les choſes à l'extrémité, que de ſe fier jamais à ſa parole.

Le Duc de Nemours fut d'avis contraire, & l'apuya ſur des raiſons qui n'eſtoient pas moins conſiderables. Il ſoûtint que le dernier ſoin qu'un Prince devoit negliger, eſtoit celuy de la reputation ; & que le Roy la perdroit pour toute ſa vie, s'il ſe renfermoit dans Meaux, à l'approche du Prince de Condé : Que la conſternation ſe mettroit dans la Cour, lors qu'on y verroit executer une reſolution ſi peu courageuſe ; & que cette crainte paſſeroit inſenſiblement des Courtiſans, aux Bourgeois, & des Bourgeois, aux Soldats : Que les Suiſſes qui ne venoient que d'arriver, voyant trembler la Cour, s'intimideroient avec elle, & laſcheroient le pied, s'ils eſtoient attaquez par d'auſſi vaillans hommes qu'eſtoit l'élite des

Calviniftes : Qu'alors il ne ferviroit de rien aux Troupes
Catholiques répanduës dans les Provinces, d'accourir
au fecours de leurs Majeftez, puifque l'entreprife de
Meaux auroit reüffi, ou manqué avant qu'ils arrivaffent,
& que le Prince & l'Amiral jugeans que s'ils n'enlevoient
le Roy dans vingt-quatre heures, ils ne l'enleveroient
point du tout, & feroient par confequent d'extrêmes
efforts durant ce peu de temps : Qu'enfin le nombre des
amis que les Calviniftes avoient à la Cour, eftoit fi grand,
qu'il en comprenoit prefque la moitié ; & que fi la Cour
s'enfermoit dans Meaux, elle n'auroit pas moins à craindre au dedans, qu'au dehors.

La Reine fut d'abord fur le point de fuivre l'avis du
Conneftable ; mais fa bonne fortune la fit changer incontinent, & paffer à celuy du Duc. Elle le chargea de l'accomplir, & ce Prince tout indifpofé qu'il eftoit, fit voir
que rien n'eftoit capable de l'empefcher de fervir la France au befoin. Il fe fit porter au quartier des Suiffes, qui
à peine avoient eu trois heures entieres de repos, pour
fe délaffer de la longue marche qu'il avoient faite le jour
précedent. Il leur dit en peu de paroles, Que le Roy êtoit
refolu de confier à leur fidelité fa Perfonne facrée & le
falut de fon Etat. Il exagera ce témoignage qu'on leur
donnoit de la plus haute eftime qu'on pût faire de leur
Corps, & rien ne fut oublié pour les animer contre ceux
qui fe vantoient d'avoir fait un horrible carnage de leurs
compatriotes à la bataille de Dreux. Il faut avoüer icy
à la gloire des Suiffes, que jamais Soldats étrangers &
mercenaires, ne fe piquerent de tant de generofité que
ceux-là. Ils accepterent avec des tranfports de joye in-
concevables, l'honneur qu'on leur faifoit : Ils avoüerent

que leur vie eſtoit trop peu de choſe pour le reconnoître:
Ils proteſterent de mourir tous, juſqu'au dernier, ou de
conduire ſeurement leurs Majeſtez à Paris ; & ne demanderent qu'un quart - d'heure pour ſe préparer au
voyage.

Le plus grand embaras conſiſtoit en prés de quatre
cent belles Dames qui ſuivoient la Cour. En les laiſſant
dans Meaux, on les euſt expoſées à l'inſolence des Calviniſtes; mais pour les ſauver, le Duc de Nemours rangea les
Suiſſes en un ſeul Bataillon de forme ronde, au milieu
duquel il mit leurs Majeſtés, le Conſeil d'Etat, & les
Dames : Pour les Courtiſans de deffenſe dont il eſtoit aſſuré, il les plaça en des endroits où ils pouvoient ſervir ;
& mit ceux dont il ſe défioit, dans des poſtes où ils ne
pouvoient nuire : Et ſe mettant à la teſte du Bataillon,
il le conduiſit par des chemins un peu longs à la verité,
mais auſſi beaucoup plus larges, & plus commodes. Le
Bataillon avoit déja fait quatre liuës, à la pointe du jour
de Saint Michel, vingt-neufiéme de Septembre 1567. lors
que les Calviniſtes luy couperent chemin & firent mine de
vouloir l'arrêter, ſous pretexte de demander à parler au
Roy, & de luy preſenter une Requeſte. On leur repartit fierement, que le lieu n'eſtoit pas propre, & l'on remit
l'examen de leurs Requeſtes à Paris, où leurs Majeſtés devoient arriver bien-toſt. Les Chefs des Calviniſtes qui a-
voient eſté d'abord ſurpris d'ouïr chanter les Suiſſes, &
de voir que baiſant la terre en ſigne de combat, ils mar-
choiét tête baiſſée, & les piques croiſées, reſolus d'ouvrir le
paſſage par force, perdirent l'eſperance de les enfoncer par
le front qu'ils leur montroient ; Et le Prince, & l'Amiral,
eſtimerent qu'il valoit mieux aller obſerver le queuë du Ba-

taillon, pour profiter du premier defordre qui y furvien-droit apparemment, pluftôt qu'ailleurs. Ils laifferent donc le paffage libre, & firent un grand circuit pour executer leur deffein ; mais le Connêtable qui le preffentit, confeil-la leurs Majeftez de tromper les Calviniftes, en prenant le devant, avec une efcorte de deux cens Chevaux que le Duc *a* d'Aumale, le Marefchal *b* de Vieilleville, *c* Biron la Mauvoifiniere, & *d* Surgéres, avoient amené de Paris. L'entreprife n'eftoit point hazardeufe, parce que les Cal-viniftes n'avoient pas divisé leurs forces, fur la préfuppofi-tion qu'ils n'en auroient pas trop pour entamer la queuë du Bataillon : Et de fait, leurs Majeftés arriverent fans obftacle à Paris, fur les quatre heures du foir, fans avoir mangé de tout le jour.

Les Calviniftes perfuadés que leurs Majeftés eftoient encore au milieu du Bataillon, n'en attaquerent pas d'abord la queuë, foit qu'ils y trouvaffent autant d'ordre & de cou-rage qu'ils en avoient trouvé au front ; ou que la certi-tude, que ceux des leurs qui feroient pris, porteroient leurs teftes fur un échafaut, les retint de donner jufqu'à ce qu'ils fuffent plus affurés d'enfoncer le Bataillon. Ils fe contenterent donc de le tâter par de legeres efcarmou-ches, qui n'empefcherent pas les Suiffes de continuër leur chemin, & d'arriver enfin au Bourget, fans avoir perdu que trente Soldats. Le Prince y ceffa de les pourfuivre, en apprenant que ce qu'il cherchoit n'eftoit plus avec eux, & fe confola d'avoir manqué la plus belle occafion qui fût jamais, par l'efperance de la recouvrer. Il jugea que la Cour pour s'eftre retirée à Paris, n'y feroit pas plus furement : Car outre qu'il n'y avoit point de provifion pour foûtenir un long Siege, la multitude des bouches

a Claude de Lorrai-ne.
b François de Scépeau
c Armand de Götaur, depuis ma-réchal de France.
d Charles de Foufe-que, Ba-ron de Surgéres.

inutiles y confumeroit en trois jours ce qu'il y auroit de vivres. Il fe faifit dans cette vûë, de Montereau-Fautyonne,
& de S. Denis, & brûla les Moulins qu'il y avoit depuis la
Porte du Temple, jufqu'à celle de Saint Honoré.

Dans la
negocia-
tion de S.
Sulpice.
a Iean de
Morvil-
liers Con-
feiller
d'Etat, de-
puis Gar-
de des
Sceaux de
France.
b Sebaftien
de Laubef
pine.

   La Reine qui croyoit l'amufer comme à la premiere
Guerre civile, par la voye des Négociations, luy envoya
premierement le Chancelier, le Marechal de Vieilleville,
& ª Morvilliers ; en fecond lieu, Saint-Sulpice feul, & enfin le Chancelier, & Saint-Sulpice avec l'Evefque ᵇ de
Limoges. Le Prince s'obftina à vouloir avant toutes chofes, que les Gens de guerre étrangers fuffent congediés :
Que la Nobleffe Calvinifte reprît fon rang à la Cour :
Qu'il y eût liberté de confcience par tout le Royaume,
fans expception & fans referve : Que les modifications
apportées en cét article par deux ou trois Edits, fuffent
ôtées : Que les Charges fuffent poffedées indiferemment
par les Sujets de l'une & l'autre Religion : Que le Peuple
fût déchargé des Impofitions extraordinaires levées à l'occafion des guerres : Que ceux dont on s'eftoit fervy pour
les lever, fuffent recherchés pour la violence & pour le
gain immenfe qu'ils y avoient faits ; & qu'enfin, les Etats
Generaux fuffent affemblés pour empêcher qu'une voye fi
tirannique d'exiger les deniers Royaux, ne pût à l'avenir
eftre remife en ufage. Ces deux dernieres conditions
eftoient également fubtiles & malicieufes.

   Quelque penetration qu'eut le Prince, il ne regarda pas
l'entreprife de Meaux dans toute fon étenduë, avant que
de la former, foit que fon courage eût éblouy fa prudence,
ou que fes lumieres naturelles fuffent étoufées par une application trop vafte à une infinité d'objets ; mais il n'eut
pas pluftoft manqué fon coup, que fon ame débaraffée de

tant de diftractions neceffaires, & devenuë plus tranquille, 1 5.6 7.
commença de reflechir fur ce qu'elle venoit de faire, &
n'eftant plus préoccupée, cét attentat qui luy parut dans
toute fa difformité, & qui luy infpira de l'horreur, le fit
juger que le Roy ne luy pardonneroit jamais l'injure qu'il
avoit reçûë, & qu'il n'y auroit plus de fureté pour luy
dans les Traités qui fe concluroient déformais entre Sa
Majefté & les Calviniftes. Il faloit donc fe refoudre à paffer tout le refte de fa vie en guerre; & s'il arrivoit que Paris
fût en état de refifter plus longtems que le Prince n'avoit
crû, le party Calvinifte fuccomberoit, à moins que d'ê-
tre renforcé : Il ne pouvoit l'être, qu'en ouvrant aux
mécontens une porte affez fpacieufe pour y entrer: Le pretexte leur avoit manqué jufques-là, & la guerre n'eftant
que de pure Religion, il n'y avoit point encore eu de Catholiques, qui pour des interefts humains, euffent ofé fe
mêler avec des perfonnes d'une Religion contraire. Il êtoit
donc à propos d'ajoûter à la caufe de la Religion, une caufe d'Etat; d'ôter au party Calvinifte ce qu'il avoit de plus
hideux; de le rendre acceffible & de le fortifier par la jonction des Catholiques méconterns, qui n'eftoient pas les
moins hardis.

L'Etat eftoit abandonné à des Partifans Italiens, dont la
cruauté exigeoit des miferables Païfans, vingt fois plusqu'il
n'avoient prêté au Roy; & ces Païfans épuisés, ne pouvoient payer aux Gentils-hommes les rentes qu'ils leur
devoient. On obligeoit ainfi les uns & les autres, en demandant leur foulagement; & fi la Cour le refufoit, elle
leur donnoit occafion de s'unir avec ceux qui leur avoient
voulu rendre un fi bon office.

L'attrait des Generaux eftoit encore plus puiffant : car

outre que les gens de bien s'y laiſſoient prendre auſſi facilement que les méchás, il reduiſoit la Cour à l'une de ces deux
extrémités, ou d'affoiblir ſon autorité en les accordant, ou
d'irriter ſes plus conſiderables Sujets, en les refuſant : mais
l'imagination bleſſée empoiſonne tout ce qui vient de la
part d'un ennemy. Encore que dans les deux articles dont
il s'agit, le Prince n'eût point eu d'égard à la Reine en particulier, cette Princeſſe ſoupçonneuſe, crut qu'ils n'a-
voient eſté dreſſés que pour elle ; & voicy les motifs qui
l'aiderent à ſe confirmer dans cette penſée. Elle ſe vantoit
d'avoir herité de l'inclination qu'avoit pour la manificen-
ce la Maiſon de Medicis ; & comme elle n'y pouvoit fournir par les voyes ordinaires, il ſuffiſoit de luy en ſuggerer
d'extraordinaires, pour eſtre bien venu auprés d'elle. Les
Banquiers Italiens s'eſtoient inſinué par là dans ſes bonnes
graces. Ils luy avaçoient de l'argent, ſous l'eſperance d'une
plus groſſe uſure que le change ne leur en apportoit : Et
lors que les plaintes des familles qu'ils épuiſoient, enſuite
de la licence qu'elle leur en avoit donnée, arrivoient juſqu'à ſes oreilles, elle ſe contentoit de dire, *Dieu ſoit beny
de tout, mais il faut trouver de quoy vivre.* Sur tout, elle
apprehendoit les Etats, depuis qu'ils avoient eſté ſur lé
point de la reduire à une vie privée, au commencement de
la Regence ; & comme elle ne s'eſtoit maintenuë que par
la foibleſſe du feu Roy de Navarre, & par le credit de l'A-
miral auprés des Deputés, elle s'imaginoit le danger de dé-
cheoir, d'autant plus inévitable, que ces deux reſſources
luy manquoient. Elle ſuppoſa donc que le Prince avoit eu
deſſein de la choquer, & pour luy rendre la pareille elle
prit des meſures qu'il importe de ſçavoir.

　　Elle ſe ſervit des propres armes du Prince, & tourna tout
　　　　　　　　　　　　　　　　　　　　　　　　cc

ce qu'il y avoit de malin dans les deux articles, contre leur auteur. Elle envoya un Heraut fommer les Calviniftes de declarer qui eftoient ceux qui avoient pris les armes par le feul motif de la Religion, & ceux qui les avoient prifes pour reformer l'Etat; & menaça, s'ils n'obéïffoient, de confondre le zele indifcret des premiers avec le crime des feconds, & de traiter de rebelles les uns & les autres.

Dans la fommatiö des Calviniftes, en 1567.

Le Confeil du Prince apperceut incontinent que la Cour vouloit divifer les Calviniftes de France, par le mefme artifice dont Charles-Quint s'eftoit fervy pour divifer vingt ans auparavant les Luteriens d'Alemagne, en détachant de la Ligue de Smalcalde le Duc Maurice de Saxe, & le Marquis Albert de Brandebourg, qui luy avoient enfuite aydé à la ruïner. Ils confidererent que le plus prompt fecours qu'ils avoient à efperer, étoit celuy des Proteftans d'Alemagne qui ne fe mettroient plus en devoir de les affifter, s'ils apprenoient que l'on mélât en France l'intereft de l'Etat avec celuy de la Religion, comme la plufpart d'entr'eux avoient ceffé pour le mefme fujet, d'affifter l'Electeur de Saxe & le Landgrave de Heffe. C'eft ce qui les reduifit à fe defifter de la demande defoulager le peuple, & de convoquer les Etats. Ils pafferent mefme plus outre, car ils expoferent par un Ecrit public, & prirent Dieu à témoin. Que ce qu'ils en avoient fait, n'avoit point efté dans l'intention d'affoiblir l'autorité Royale, dont ils fe qualifioient *les plus fidelles, & mefme les plus jaloux Gardiens*; mais pour avertir fincerement Sa Majefté, comme ils y eftoient obligés par leur ferment, de jetter les yeux fur la partie la plus innocente de fes Sujets, opprimés par l'avarice & par la violence des Etrangers. Ils ajoûterent que

Tome II.   K leur deſſein n'avoit point eſté de paſſer les bornes d'une ſimple remontrance, qu'ils avoient crû qu'il ſufiſoit de découvrir le mal, pour exciter le Roy leur Maître, à y apporter le remede.

La précaution des Calviniſtes ne fut pas inutile : car la Cour avoit déja réſolu d'envoyer Lanſac, en qualité d'Ambaſſadeur extraordinaire vers les Proteſtans d'Alemagne ; & l'inſtruction qui luy devoit eſtre donnée, portoit, Que les Calviniſtes de France avoient levé le maſque, & montré qu'ils eſtoient animez du dangereux eſprit d'Anarchie, qu'on leur avoit reproché tant de fois : Qu'ils n'avoient plus les armes à la main pour la Religion, mais contre l'autorité Royale ; & que le pretexte du ſalut éternel dont ils avoient trompé les ſimples, avoit enfin fait place au plus déreglé des intereſts humains, qui eſtoit de changer la meilleure forme du gouvernement politique, en la pire : Que tous les Souverains de l'Europe étoient obligés de prendre part à la querelle qu'on ſuſcitoit au Roy Trés-Chreſtien, & ceux d'Alemagne, plus que les autres ; parceque ſi les Calviniſtes de France réüſſiſſoient à ſe mettre en Republique, leur exemple ſeroit auſſi-toſt ſuivy par tout ce qu'il y auroit de Lutériens dans l'Empire, où il prendroit peut-eſtre envie aux Catholiques de les imiter, n'y ayant point de tentation ſi dangereuſe pour les Sujets, que lors qu'ils ſçavent que leurs Princes favoriſent la rebellion chés leurs voiſins.

Le deſaveu & l'écrit des Calviniſtes, ſuſpendit le voyage de Lanſac, & perſuada les indifferents qu'il y avoit encore lieu de conclure la Paix : mais la Reine n'en vouloit point, car outre l'avantage qu'elle venoit de rem-

Louis de S. Gelais, Seigneur de Lanſac.

Dans l'Inſtruction de Lanſac pour l'Alemagne.

porter dans le cabinet, sur le Prince de Condé, elle ne voyoit pas plus de sureté à traiter avec luy, qu'il en voyoit de son costé à traiter avec elle. Elle n'étoit point assés . imprudente pour corrompre par sa mauvaise conduite, deux faveurs extraordinaires qu'elle avoit reçuës de la fortune, sans y avoir rien contribué. L'une estoit la mort du Duc de Guise devant Orleans. L'autre, la division des Châtillons & du Connêtable, causée par la guerre. La premiere avoit tellement affoibly la Maison de Gui-se, que la Reine n'en avoit plus rien à craindre ; au con-traire, cette Princesse êtoit désormais obligée de la main-tenir dans ce qui luy restoit de pouvoir, si elle s'en vouloit servir comme de contrepoids pour tenir en balance les Princes de la Maison de Bourbon. Cependant en faisant la Paix, la Maison de Guise ne pouvoit éviter de succom-ber, puisque celles de Bourbon, de Montmorency & des Châtillons, s'uniroient alors pour l'opprimer. De plus, le fond d'amitié du Connêtable pour ses Neveux, étoit assés connu de la Reine, pour luy donner lieu de juger qu'elle recommenceroit aussi-tost qu'elle ne seroit plus traversée par le motif de la guerre : Et les consequences de cette réünion estoient devenuës infiniment à craindre, par le credit des Châtillons dans leur party. Mais les Calvinistes s'estoient si-tost & si facilement relâchés de l'interest public, que les Catholiques estimerent qu'il ne seroit pas impossible de les disposer à se relâcher encore, en ce qui regardoit leur interêt particulier. Le Connê-table & le Conseil d'Etat se persuaderent ainsi, qu'une ou deux Conférences sufiroient pour rêtablir la tranqui-lité dans le Royaume, & la Reine, après avoir épuisé toutes ses défaites, fut obligée d'y consentir.

K ij

a *Artus de*
Coffé, Sei-
gneur de
Gonnor.
b *Claude*
de Laubé-
pine.
c *Iean de*
Ferriéres.
Seigneur
de Mali-
gni.
d *François*
d'Agout-
de Mon-
tauban &
de Mont-
baut, Com
te de Sault
en Pro-
vence.
e *François*
de Barban-
çon , Sei-
gneur de
Cani , en
Picardie.

L'entrevüe fe fit à la Chapelle, où vinrent de Paris le Connêtable, les Marêcheaux de Montmorency & de a Coffé, Biron, & le Secrétaire d'Etat b Laubefpine ; & de Saint Denis, le Prince de Condé, les Châtillons, le Vidame de c Chartres, le Comte d de Sault, & le Seigneur de e Cany : Mais on y découvrit bientôt, que fi les Calviniftes avoient abandonné les Articles des Partifans, & des Etats, ce n'avoit point efté en confideration de la Paix, car on ne les pût jamais obliger à rien rabatre de la premiere propofition qu'ils firent, quoy qu'on leur remontrât qu'elle eftoit plus ample que celle dont ils s'étoient contentés à Orleans. Ils demanderent obftinément une liberté de confcience pure & fimple, en tout fens, dans toute fon étenduë, & fans eftre limités par les lieux, ny par les perfonnes.

Le Connêtable modera l'indignation que cette demande luy avoit caufée, tant qu'il crût la pouvoir reduire aux modifications des derniers Edits ; mais aprés qu'il en eut perdu l'efperance, fon reffentiment éclata contre fes Neveux, d'une maniere plus digne de luy, que l'on n'attendoit d'un Vieillard de quatre-vingtsans. Il ne s'amufa ny à leur reprocher fes bienfaits, ny à déclamer contre le Calvinifme ; il fe contenta de dire qu'il aimeroit mieux perdre la vie, que de confeiller au Roy d'accorder cét article : Que les Edits publics en faveur du Calvinifme, n'eftoient que pour un temps : Que le deffein de Sa Majefté n'eftoit pas de fouffrir deux Religions dans fon Royaume, mais d'y rêtablir entierement l'ancienne ; & qu'encore que la guerre civile fût le dernier des maux, il valoit mieux la fouffrir pour un temps, que de laiffer toûjours une partie de l'Etat dans le fchifme.

La conférence fut ainſi rompuë, & pour achever d'irriter la Cour, le Prince de Condé, apres avoir eſté renforcé des Troupes Calviniſtes des Provinces les plus voiſines de Paris, forma deux deſſeins dont le ſuccés fut tout à fait bizare. Le premier qui paroiſſoit le plus dificile, reüſſit ſans qu'il fût preſque beſoin de mettre la main à l'épée ; & le ſecond qui ſembloit ne pouvoir manquer, non ſeulement ne reüſſit pas, mais encore fit perdre la Bataille au Prince qui l'avoit formé.

La Noüë eſtoit l'Officier le plus experimenté & le plus vertueux du party Calviniſte. Il faiſoit profeſſion d'une integrité ſans exemple dans les derniers ſiecles, & perſonne ne luy portoit envie, parce que perſonne ne ſe propoſoit de l'imiter dans ſa maniere de vivre, auſſi innocente au milieu des Armées, que s'il l'eût paſſée dans les déſerts de la Tébaïde. Son rafinement en morale ne l'empêchoit pas d'eſtre toûjours preſt pour les entrepriſes les plus hazardeuſes ; & le Prince ne luy eut pas plutoſt propoſé celle d'Orleans, qu'il s'en chargea ſans demander aucune des choſes neceſſaires à l'execution. Il ſçavoit qu'on ne les luy pouvoit donner, & que quand il les euſt euës, les Catholiques qui eſtoient les plus forts à la Campagne, n'euſſent pas manqué de ſecourir Orleans, s'il l'euſt attaqué dans les formes. S'eſtant donc reſolu de ſurprendre cette Ville, il y entra déguiſé en Païſant, & perſuada les Bourgeois Calviniſtes d'agir ſous ſes ordres, avec tant de circonſpection & de courage, qu'ils ſe rendirent maîtres de la Ville ſans répandre de ſang. Il les obligea immediatement apres, & ſans prendre de relâche, à fermer de tranchées la Citadelle ; & la contraignant ainſi de ſe rendre, fruſtra Paris de ſa principale reſſource, & ouvrit le paſſage aux Calviniſtes de Guyenne, pour joindre le Prince.

François Seigneur de la Noüë en Bretagne.

Gabriel Comte de Montgommery.

D'Andelot & Montgommery, êtoient partis en même temps du Camp des Calvinistes, pour fermer le bas de la Riviere de Seine, par la prise de Poissy, & celle d'Oise, en se saisissant de Pontoise. Poissy ne se deffendit que foiblement, mais le hazard conserva Pontoise aux Catholiques.

Philipes Strozzy, Meſtre de Camp du Regiment des Gardes, avoit eſté envoyé ſur la Frontiere de Picardie pour empeſcher les Calviniſtes de la Province, d'aller au ſecours des Calviniſtes Flamans attaqués par le Duc d'Albe, lors que l'attentat de Meaux arriva. Il previt le beſoin qu'auroit la Cour de ce qu'il commandoit de Troupes, & ſe hâta de les y mener. Il apprit en paſſant par Pontoiſe, que Montgommery marchoit pour ſurprendre ce paſſage, & que d'Andelot attendoit aux environs de Poiſſy, le Regiment des Gardes, pour le tailler en pieces. Il ne pouvoit rompre leurs meſures qu'en laiſſant la moitié de ſes Soldats aux Habitans de Pontoiſe, & en ſe retirant avec l'autre vers Paris, par des ſentiers détournés ; & l'on ne ſçauroit dire ſi ce fut avec plus d'adreſſe, ou de bonheur qu'il l'executa.

a Bernard de Caſſagnet-Tilladet, Seigneur de Coſſeins.
b Iean de Biran, Baron de Goubas, en Armagnac.
c Timoleon de Coſſé.

Les Habitans de Pontoiſe, qui penſoient à fuïr, furent tellement encouragés par les Capitaines a Coſſeins b Gohas & Sarrion, qu'on leur laiſſa avec leurs Compagnies, qu'ils repouſſerent Montgommery : Strozzy prit ſi bien ſon temps, que ſans perdre un Soldat, il ſe démeſla des ambûches que d'Andelot luy avoit dreſſées. Le ſervice qu'il venoit de rendre, fut auſſi-toſt recompenſé par la moitié de la Charge de Colonel de l'Infanterie Françoiſe, qu'on luy donna, l'autre moitié êtant reſervée pour le jeune Comte c de Briſſac, à qui rien ne manquoit, que le Commande-

ment, pour égaler à l'âge de vingt-deux ans, la reputation de son pere.

D'Andelot & Montgommery fruftrés de leurs deffeins, ne pûrent rejoindre le Prince, parce que le Connêtable avoit eu foin de faire enfoncer dans l'eau les Bacs qui leur avoient fervy à paffer la Seine. Ils pouvoient neanmoins en recouvrer d'autres, ou ufer en tout cas de quelque artifice nouveau ; & ce fut là la principale raifon qui porta les Catholiques à donner la bataille.

Le Connêtable comptoit fous fes Enfeignes trois mille Chevaux, & feize mille Hommes de pied ; mais l'on n'a pû fçavoir précifément de quel nombre eftoit l'Armée du Prince. Les Relations Calviniftes ne font pas croyables, qui ne luy donnent que quinze cens Chevaux & douze cens Fantaffins. Elles femblent même fe contredire, en difant qu'il n'avoit que fix mille Hommes, avant que de détacher d'Andelot & Montgommery, puifqu'il n'eft pas vray-femblable que contre les maximes de la guerre, il fe fût défait de plus de la moitié de fes forces, dans une occafion où il avoit en tête l'Armée Royale. Les Relations Catholiques au contraire, luy en donnent trop, en le faifant auffi-fort qu'à Dreux, fans faire de reflexion qu'il n'avoit point encore reçû le fecours des Provinces éloignées, & qu'il avoit détaché une partie de fes Troupes, pour la furprife de Pontoife: Mais toûjours ce qui paroift le moins éloigné du vrayfemblable, eft qu'il y avoit au moins trois Catholiques contre un Calvinifte.

Il avoit à Dreux dix mille Hommes.

Le Connêtable harcela fes ennemis le neufiéme Novembre 1567. par de continuelles efcarmouches, à deffein de les fatiguer ; & le dixiéme, il mit fon Armée en pofture

1 5 6 7.
*François
de Henget
Seigneur
de Genlis,
en Picar-
die.*
*Dans la
Relation
de la Ba-
taille de S.
Denis.*

de les combatre. Le Prince eſtoit logé dans S. Denis avec le tiers de la ſienne ; L'Amiral le couvroit à droite dans S. Oüyn, & Genlis le couvroit à gauche dans Aubervilliers, avec les deux autres tiers.

La crainte que le Connêtable n'enlevât ces trois quartiers, l'un aprés l'autre, obligea le Conſeil de guerre des Calviniſtes à déliberer ſi on les reüniroit avant que les Catholiques les attaquaſſent ; & quelques Officiers en furent d'avis ; mais les autres en plus grand nombre, prévirent qu'en abandonnant Aubervillers & S. Oüyn, on cedoit volontairement aux ennemis les deux choſes qui ſervent le plus au commencement de la guerre, la reputation & l'honneur ; on décourageoit les Soldats, en donnant une marque exterieure de peur ; on redoubloit la hardieſſe de l'ennemy, en lâchant le pied devant luy, & l'on ſe confeſſoit à demy vaincu. On jugeoit de plus, que le Connêtable n'auroit pas pluſtoſt vû tous ſes ennemis enfermés dans Saint Denis, qu'il iroit y mettre le Siege: & les Calviniſtes qui peu de jours auparavant, tenoient la Cour bloquée dans la Ville Capitale du Royaume, ſeroient à leur tour inveſtis dans une Place qui ne pouvoit pas ſe deffendre. S'ils y demeuroient, la famine les conſumeroit, & s'ils en ſortoient pour combatre, ce ne ſeroit plus avec le même avantage qu'ils avoient alors : Que ſi les Proteſtans d'Allemagne apprenoient qu'ils euſſent eu du pire, ils ne ſe hâteroient pas de les ſecourir, par la maxime qu'on ne va qu'à pas de tortuë tirer du peril ſon amy, quand on ſçait qu'il y eſt tombé par ſa faute. Ainſi la bataille fut reſoluë du coſté des Calviniſtes, quoy qu'ils n'euſſent point d'Artillerie ; & leur Armée fut preſque auſſi-toſt diſpoſée en cét ordre.

L'Amiral,

L'Amiral commandoit la pointe droite, où eſtoit la
Cavalerie de *a* Clermont - d'Amboiſe, & l'Infanterie du
vieux Officier *b* Valféniéres : Genlis avoit l'aîle gauche,
où eſtoient *c* Lavardin, & *d* Vardes ; & le Prince de Condé commandoit le Corps du milieu, compoſé des Troupes du Cardinal de Châtillon, de *e* Séchelles, du Vidame
de Chartres, des Comtes de Sault & de la *f* Suze, des Seigneurs de Cany, *g* d'Eſternay, & de *h* Bouchavanes, du
Vidame *i* d'Amiens, & de ſon *k* Frere.

Le Connêtable qui n'avoit pas beſoin d'étendre l'Armée Catholique, parce qu'elle eſtoit ſans comparaiſon
plus nombreuſe que la Calviniſte, n'en fit qu'un Corps,
dont les ſix mille Suiſſes qui venoient de remporter tant de
gloire à Meaux, furent comme la baſe. Leur côté droit
eſtoit couvert de deux mille Arquebuſiers François, qui
gardoient quatorze pieces de canon pointées contre Aubervilliers ; & le Conneſtable ſe mit à leur gauche avec
la fleur de la Gendarmerie Françoiſe, apres avoir jetté
devant luy le Marêchal de Montmorency & Thoré ſon
Frere, avec la jeune Nobleſſe, & mis à gauche les Ducs
a de Longueville & de *b* Nemours, avec les Seigneurs de
Lanſac, de *c* Rais, & de *d* Chavigny, à la tête de leurs
Compagnies d'ordonnance ; au coſté droit de l'artillerie,
eſtoient les deux Corps d'infanterie de *e* Briſſac & de
Strozzy, ſoûtenus par la Cavalerie du Marêchal de Coſſé,
du Vicomte d'Auchy, & de Hardoüin de Villers ; au
deſſus de la Villette, eſtoit la Cavalerie du Duc d'Aumale,

Tome II.   L

1 5 6 7.

a Antoine de Clermont d'Amboiſe Marquis de Rênel, en Châpagne.

b René Provana, Piemontois, Seigneur de Valſenieres.

c Charles de Beâmanoir, Baron de Lavardin, pere du Marêchal.

d Pierre du Bec, Seigneur de Vardes

e Iean de Port, Seigneur de Sechelles en Picardie.

f Nicolas de Champagne, Comte de la Suze, au Maine.

g Iean Raguier, Seigneur d'Eſternay. h *Antoine de Baiencourt, Seigneur de Bouchavan-nes en Picardie.* i *Louis d'Ailly, Vidame d'Amiens.* κ *Charles d'Ailly, Seigneur de Pequigny.*
a *Léonor d'Orleans* b *Iacques de Savete,* c *Albert de Gondy, Comte de Rais.* d *Fran-çois le Roy Seigneur de Chavigny.* e *Euſtache de Conflans, depuis Capitaine des Gardes du Corps.*

& du Marefchal d'Anville, deftinée pour défendre l'Artillerie Françoife, en cas de befoin ; & au deffous de la Chapelle , eftoit le Regiment de Paris, dont les armes eftoient toutes dorées. Biron Marêchal de Camp, faifoit l'Office de Sergent de Bataille ; & les Calviniftes avoient choifi pour la mefme Charge Bertonchéres, en l'abfence de la Rochefoucaud & de Montgommery.

Le combat commença prefque auffi-toft que les Armées furent en prefence, parce que les Calviniftes n'ayant point d'artillerie, Vardes qui fe trouvoit en bute à celle des Catholiques, n'en eut pas plûtoft effuyé la premiere décharge, que pour éviter la feconde, il fe jetta fur les Arquebufiers Catholiques qui la deffendoient, & les renverfa, mais il eut auffi-toft fur les bras la Cavalerie du Marêchal de Coffé, qui le contraignit de rejoindre l'aîle gauche de Genlis, dont il s'eftoit détaché. Il fembloit qu'il eût prevû cét évenement, car il avoit fait creufer un foffé pour favorifer fa retraite, & l'avoit garny de l'elite des Arquebufiers Calviniftes, qui firent un feu fi terrible fur les Catholiques les plus échaufés à le pourfuivre, qu'ils les arrefterent tout d'un coup.

Genlis aprés avoir donné à Vardes le loifir de reprendre haleine, fortit avec luy pour empêcher l'artillerie de recommencer. Il fit trois vigoureufes charges au Marêchal de Coffé, & l'euft défait fans doute, à caufe de l'avantage que luy donnoit le foffé dont on vient de parler, fi lors qu'il revint à la quatriéme charge, les Ducs de Longueville & de Nemours, & les Hommes-d'Armes Catholiques ne fe fuffent avancés pour l'enveloper. Sa ruine ne pouvoit eftre evitée que par une diverfion ; & l'Amiral qui le reconnut, marcha contr'eux aprés avoir averty

& prié le Prince de donner par le mefme endroit. L'attaque fut fi furieufe, que celles de Dreux fembloient n'a-
voir efté que des jeux d'enfans en comparaifon : Comme l'Amiral ne s'eftoit avancé qu'au petit pas, les Arquebufiers rangés entre fa Cavalerie, avoient pû le fuivre, & ne
faifant leur décharge que dans le temps que les Hommes-
d'Armes affenoient leur coup, ne tiroient point en vain :
De-là vint qu'il y eut d'abord un fi grand nombre de Cavaliers Catholiques renverfés, & que la troupe du Marefchal de Coffé tourna le dos, & fe précipita de frayeur fur
le Regiment des Parifiens qu'elle rompit, pour s'ouvrir
plutoft le chemin vers Paris.

L'Amiral ne s'amufa point à la pourfuivre, & chargea
le Conneftable avec autant d'impetuofité que s'il n'euft
point encore combatu. Le Prince le fuivit, mais un tranfport de courage luy fit commetre une faute qui caufa la
perte de la Bataille. Il vit que l'Amiral enfonçoit le Conneftable auffi facilement qu'il êtoit entré dans l'Efcadron
de Coffé ; la hafte qu'il eut de donner, le fit partir fi vifte,
que fes Arquebufiers demeurerent en chemin ; depuis ils ne
le purent atteindre, parce que le Maréchal de Montmorency prévoyant que cét orage noûveau accableroit
le Conneftable fon Pere, s'il fondoit fur luy, s'avança entre l'infanterie du Prince & fa Cavalerie, & les choqua
toutes deux en mefme temps. Il eut bon marché de l'Infanterie, que perfonne ne foûtenoit, & il trouva moins de
refiftance dans la Cavalerie, qu'il n'attendoit ; car le Prince ne prenant la refiftance du Maréchal de Montmorency
que pour un amufement, ou jugeant que la victoire confiftoit à défaire l'Efcadron du Conneftable, partagea le
fien eu deux. Il en laiffa la moitié pour faire tefte au Ma-

1567. reſchal, & entra avec l'autre dans l'Eſcadron du Conneſtable par l'ouverture que l'Amiral y avoit faite. La victoire & la fuite furent alors communes aux deux partis. Le Mareſchal de Montmorency batit les deux Corps qui luy eſtoient oppoſez : & le Conneſtable abandonné des ſiens par la terreur qui les avoit ſaiſis, lors que le Prince avoit redoublé la charge, ramaſſa toute ſa vertu pour terminer ſa longue vie par une action heroïque. Il ſe defendit avec une vigueur de jeune homme : Il reçût ſix dangereuſes bleſſures : Il fut démonté, & ſon eſpée s'eſtant rompuë à travers le corps d'un Gentilhomme Calviniſte, qu'il perça au défaut de la cuiraſſe, Jacques Stuart Gentilhomme Ecoſſois, ſi connu par l'aſſaſſinat du Preſident Minard, luy donna par derriere un coup de piſtolet dans les reins, qui le perça aiſement, parce que le grand âge du Conneſtable ne luy permettoit plus de porter une cuiraſſe qui auroit eſté trop peſante. Le Conneſtable mortellement bleſſé, ſe tourna du coſté du Stuart, & du pommeau de ſon eſpée, dont les ſeules gardes luy reſtoient en main, luy abatit deux dents, & luy ébranla les autres, de ſorte qu'il fut long-temps reduit à la boüillie.

Dans la Relatoin de la mort du Conneſtable.
Antoine Minard Preſident an Parlement.

La violence de ce dernier coup épuiſant ce qui luy reſtoit de forces, ils tomba pâmé ; & de plus de mille Gentilhommes qui l'accompagnoient, il n'y eut que le Comte de Chaune, & Hieroſme de Turin, qui ſe firent tuër à ſes côtés, le reſte s'enfuit, & les Suiſſes n'eſtant plus couverts par les deux Eſcadrons du Mareſchal de Coſſé, & du Conneſtable, donnerent un exemple mémorable de la foibleſſe humaine. Ils apprehenderent les meſmes Calviniſtes qu'ils avoient ſi vaillamment ſoûtenus à Dreux, & qu'ils venoient de braver à la retraite de Meaux. Ils ne

François d'Ognies.

firent point de reflection qu'il y avoit encore la moitié de
l'Armée Catholique qui n'avoit pas combatu ; & le Marefchal de Montmorency qui s'approcha d'eux avec fa Troupe victorieufe, ne fut pas capable de les r'affurer. Il falut
pour les retenir fur le champ de bataille, que le Duc d'Aumale & le Marefchal d'Amville, avec leurs Efcadrons, ar-
reftaffent celuy du Prince, en l'attaquant par la tefte &
par le cofté gauche en mefme temps : ce qui l'empefcha
d'attaquer les Suiffes. L'Amiral le voyant invefty par ces
deux Troupes de referve, jugea que la partie n'eftoit pas
égale, & que les Calviniftes fatiguéz, fuccomberoient
contre les Catholiques, qui n'avoient point combatu. Il
tourna bride pour les dégager, quoy qu'il fût déja ébranlé par l'Infanterie de Strozzy : mais il trouva fur fa route
Chaviny, qui bleffa dangereufement Clermont d'Amboife, & reduifit les autres à la deffenfive. La meflée fut
extraordinaire, en ce que les Cavaliers des deux partis
combatirent comme en un combat fingulier ; & celuy
qui s'eftoit adreffé à l'Amiral, luy ayant coupé par hazard
la bride qu'il tenoit, le cheval qui eftoit Turc, & fort en
bouche, porta fon Maiftre au milieu des Catholiques qui
n'avoient point encore combatu.

Les Relations font icy tellement differentes, qu'il n'eft
pas poffible d'en tirer la verité. Il y en a qui foûtiennent
que l'Amiral ne perdit pas le jugement dans un fi grand
peril, & qu'il corrigea fi bien de la main & de la voix,
l'emportement de fon cheval, que cét animal devenu plus
docile, retourna au lieu d'où il eftoit party : Mais les autres fouftiennent que l'Amiral tomba heûreufement entre les mains du Seigneur de la Chappelle *a* dés Urfins
fon intime amy, qui n'ofant le renvoyer, de peur qu'il

a Chrifto-
phe Juve-
nel, dit

des Vr-
sins. Sei-
gneur de
la Chapel-
le, depuis
Chevalier
des Ordres
du Roy, &
Gouver-
neur de
Paris:

ne fût repris, & ne doutant point que quelqu'un des
Catholiques zelés ne le tuât, s'il le reconnoissoit, ou
qu'en tout cas la Cour ne s'en défist par les voyes de la
Justice, ou par celles du poison, forma le dessein de luy
sauver la vie, & l'executa de cette sorte. Il luy arracha
l'écharpe blanche Calviniste, sous pretexte de le desarmer:
& le retint ensuite auprés de luy, comme s'il eust esté de
ses gens. Il le fit entrer dans Paris, apres le combat, à
la faveur des tenebres, & l'en fit sortir le lendemain a-
vant le jour.

Iean Bou-
cherat pe-
re de M.
Boucherat
Conseiller
d'Etat.
Guillâme
boucherat
Auditeur
des Comp-
tes.

Monsieur Boucherat, mort Doyen de la Chambre des
Comptes, à l'âge de quatre-vingt-quatorze ans, dans
une science & une probité connuë, & dans une entiere
liberté d'esprit, témoignoit que son pere l'avoit asseuré
d'avoir vû la mesme nuit l'Amiral à l'Hôtel des Ursins,
& de l'avoir reconnu d'abord, quoy qu'il fût travesty. La
Cour en fut avertie, & en envoya faire une exacte re-
cherche dans les Appartemens de ce vaste Hôtel, mais celuy qu'on cherchoit n'y estoit déja plus.

Les Compagnies d'Ordonnances des Catholiques donnerent cependant la chasse à l'Infanterie du Prince de Condé, quoyque Valfenieres n'oubliast rien de ce que la valeur & la prudence suggeroient pour la retenir. Les Ducs
de Nemours & d'Aumale, & les Marêchaux de Montmorency, d'Amville & de Cossé, s'estans enfin rejoints,
obligerent les trois Escadrons ennemis à se r'allier pour
soûtenir la derniere attaque. Elle ne fut pas de longue
durée, parce que les Calvinistes environnés, furent
bien-tôst ouverts de toutes parts. Ils perdirent alors plus

a François
d'Agout ,

de cinquante personnes de qualité, dont les plus considerables furent le Comte de *a* Sault, le Seigneur *b* de Saint-

André fon frere ; le Comte de c la Suze, & les Seigneurs
de Garennes & d de Cany, de qui on ne pût reconnoître
le corps ; le Vidame e d'Amiens, & fon f Fils, y furent
tués auffi : & fur le procés intenté depuis pour leur fuc-
ceffion, il fut jugé conformement au Droit Romain,
Que le Fils avoit furvécu le Pere. Le Prince de Condé
fut porté par terre, mais fes gens le remonterent ; & les
Calviniftes ne pouvant plus remuër les bras, fonnerent
la retraite.

Ainfi le champ demeura aux Catholiques, qui coururent en foule au lieu où le Conneftable eftoit étendu. Ils
le firent revenir à force de remedes, de l'évanouïffement
où il eftoit ; & lorfqu'il eut ouvert les yeux, & reconnu fon Coufin g Sanzay, il luy demanda fi les Catholiques avoient vaincu, Sanzay repartit que Dieu leur en
avoit fait la grace : Et le Conneftable s'eftonna de ce
que l'on s'amufoit auprés de luy, au lieu de pourfuivre
la victoire. Il ne tint point à luy qu'on ne le laiffaft tout
feul : Il fe choqua des larmes que répandoient fes Enfans
& fes Amis, comme fi elles euffent offufqué fa gloire :
Il ne têmoigna point d'autre defir que de mourir fur le
champ de Bataille, & ne fe laiffa porter à Paris, qu'aprés
que fon Aumônier luy eut remontré qu'un Chreftien ne
pouvoit en confcience abreger fa vie d'un moment, &
qu'en foufrant d'eftre transporté à Paris, on auroit loifir
de luy adminiftrer les Sacremens ; au lieu qu'en demeurant où il eftoit, il expireroit avant que de les avoir reçûs. Ce raifonnement le fit condefcendre à ce que fes
Enfans s'eftoient mis inutilement en devoir de luy perfuader. Leurs Majeftés le vifiterent, il les affura qu'il
mouroit content, puifque c'eftoit pour la gloire de Dieu,

1 5 6 7.

& de Mo-
tauban
Comte de
Sault, en
Provence.
b Iean
d'Agout.
Seigneur,
de Saint
André.
c Nicolas
de Cham-
pagne,
Comte de
la Suze,
au Maine.
d Francois
de Barban
çon.
e Louis
d'Ailly.
f Charles
d'Ailly
Seigneu,r
de Pequi-
gni.
Dans le
Iugement
de la Noüe
g René
Seigneur
de Sanzai,
en Poitou.

& pour leur fervice. Il mit ordre à fes affaires avec une admirable tranquilité d'efprit ; & les honneurs funebres qu'on luy rendit, furent prefque femblables à ceux des Teftes couronnées.

Ainfi finit la Bataille de Saint Denis, finguliere en plufieurs circonftances, & fur tout en celle-cy. Le hazard y fupléa à l'inégalité du nombre, en ce que l'Infanterie Catholique n'y combatit prefque point. Les Calviniftes fe retirerent en gros au pas, fous leurs Enfeignes & dans les mefmes logemens d'où ils eftoient auparavant fortis. Ils s'y tinrent fermes la nuit fuivante, comme il avoient fait le jour precedent & l'on ne fe mit point en devoir de les en chaffer. Les vainqueurs remporterent leur Chef bleffé à mort, & quitterent à minuit le champ de Bataille. Les Calviniftes y parurent dés le lendemain au point du jour, & prefenterent un fecond combat à leurs ennemis, qui le refuferent. Cependant les plus habiles en l'Art militaire ne laifferent pas d'attribüer la victoire aux Catholiques, fur ce que le champ de Bataille leur demeura : Qu'ils eurent tout le loifir d'enterrer leurs morts, & de dépoüiller ceux de leurs ennemis : Que rien ne leur ôta par force & ne les contraignit d'abandonner le mefme champ dont ils eftoient en poffeffion ; & que rien n'euft efté capable d'exempter les Calviniftes d'une entiere défaite, fi la nuit ne fût furvenuë.

Sur la fin de la même nuit, d'Andelot & Montgommery retournerent à Saint Denis, aprés avoir traversé la Seine par ce ftratagême. Un Payfan leur avoit découvert l'endroit auprés de Saint Oüin, où les Catholiques avoient coulé bas leurs pontons : L'Ingenieur Maifonniere les en tira durant la Bataille, boucha avec de la

poix

poix & du goudron, les trous qu'on y avoit faits, & 1 5 6 7.
ramena fans obftacle à la faveur des tenebres, les Troupes que le Prince de Condé avoit détachées pour le Siege
de Pontoife. Leur retour imprevû, paffa pour miraculeux
dans une rencontre fi neceffaire, preferva de la mort ou
de la prifon, les Calviniftes échapés de la Bataille,
& leur donna le courage de retourner fur le lieu où ils
avoient efté vaincus.

ARGUMENT
du septiéme Livre.

LA Reine-Mere voyant Charles en eſtat de gouverner, & n'en eſtant pas laſſe, ſe propoſe d'élever le Duc d'Anjou à un degré de puiſſance qui faſſe contrepoids à la Royale, en cas qu'il prenne envie au Roy de la releguer ou de l'eloigner des affaires. Elle demande pour le Duc, l'Epée de Conneſtable : & Charles l'ayant refuſée, Elle obtint à force d'importunités la Lieutenance generale de l'Etat. Les Proteſtans d'Alemagne envoyent aux Calviniſtes quatre mille Chevaux, avec leſquels ils aſſiegent Chartres : mais en vain : Et la ſeconde Paix intervient là-deſſus. Les deux partis la violent en pluſieurs articles. Le Chancelier preſſe le Roy de punir les coupables : Ce qui cauſe ſa diſgrace. Tavannes taſche d'enlever le Prince dans ſa maiſon de Noyers, & l'Amiral, dans Chaſtillon. Il les manque, & ne peut les empeſcher de ſe refugier à la Rochelle. Le Prince & l'Amiral amaſſent des Troupes, & vont au devant d'Acier, qui leur méne vingt-trois mille hommes. Mouvans & Pier-

re Gourde s'en détachent avec sept mille. Briffac en
eft averty, les attire en pleine campagne, & les défait entierement. Le Prince & l'Amiral tachent d'é-
viter la bataille, jufqu'à ce que l'Armée Alemande
du Duc des Deux-Ponts les ait joints ; Mais la negligence de leur Garde avancée, donne lieu au Duc
d'Anjou de les forcer à la Bataille. Elle fe donne
entre Baffac & Jarnac. Le Prince eft tué, & l'A-
miral n'en fait pas moins a retraite.

M ij

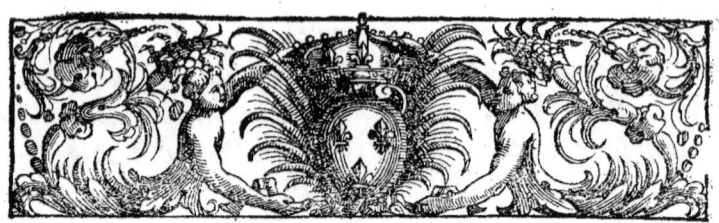

CHARLES IX.

LIVRE SEPTIEME.

OU L'ON VOIT LES CHOSES LES PLUS remarquables arrivées sous son Regne, durant les derniers mois de l'année 1567. l'année 1568. & le commencement de 1569.

1567.

OMME la Reine-Mere gagnoit pour le moins autant qu'elle perdoit dans la mort du Connestable, il y eut sujet de douter si les larmes qu'elle répandit, estoient de tristesse ou de joye. D'un costé, le Connestable estoit le plus puissant & le plus fidele de ses Serviteurs : Il avoit toûjours conservé un profond respect & un zéle sincere pour elle lors mesme que l'on avoit parlé de la repudier & de la renvoyer à Florence : Il n'estoit pas capable d'embrasser d'autre Religion que la Catholique, ny d'autre party que celuy du Roy, dans lequel il avoit retenu par son authorité, ceux que le hazard ou l'interest y avoient engagés : Et il n'avoit pû mieux témoigner son amour pour sa Patrie, qu'en mourant à quatre-vingts ans, les armes à la main, contre ses Neveux de Châtillon.

De l'autre costé, elle se voyoit défaite du dernier du Triumvirat qui l'avoit autrefois reduite à de terribles extrêmités. Il ne restoit personne en estat de luy disputer le Gouvernement : Elle n'avoit plus de mesures à garder que contre les Calvinistes qui êtoient ses ennemis declarez, & ces factieux luy devenoient d'autant moins redoutables, qu'ils n'avoient plus d'appuy dans le party Catholique.

Le Maréchal de S. André.

Outre ces raisons, il y en avoit une autre que la Cour ignoroit encore, parce que la Reine l'avoit jusques-là couverte d'une profonde dissimulation. Cette Princesse n'estoit pas tout-à-fait du temperament insensible de ces ambitieux qui ne s'attachent qu'à ce qui sert à leur agrandissement, & laissent aux ames vulgaires les tendresses de la nature ; elle aimoit ses Enfans ; mais le Duc d'Anjou estoit celuy qu'elle aimoit le plus tendrement, & cette tendresse estoit d'autant plus constante, qu'elle s'accordoit mieux avec ses interests.

La Reine avoit goûté du Gouvernement, & n'estoit plus capable de se reduire à la vie privée. Elle ne se souvenoit qu'avec douleur, d'avoir esté éloignée des affaires sous les regnes de son Beau-pere, de son Mary & de son Fils aîné ; & elle n'apprehendoit rien tant, que de redevenir ce qu'elle avoit esté. Cependant elle estoit preste d'y rentrer, parceque le Roy Charles IX. son Fils, qui avoit dix-huit ans, vouloit desormais regner, & se plaignoit d'avoir esté trop longtemps en tutelle.

Il avoit de l'esprit & du courage, sa hardiesse alloit jusqu'à l'emportement. Il aimoit la fatigue, & la France

n'avoit point encore eu de Roy dont l'inclination fut plu
guerriere. Il avoir fenty une joye extraordinaire lorfqu'on
l'avoit mené aux Sieges de Bourges, de Roüen & du Havre; & l'on avoit eu bien de la peine à l'empefcher, tout
enfant qu'il eftoit, d'aller à la Tranchée. La Difcipline
militaire luy plaifoit tellement, qu'il fouhaitoit d'avoir
fervy dans les guerres de Piémont, lorfque Cipierre fon
Gouverneur, l'entretenoit de la maniere dont elle avoit
efté faite; & il n'eftimoit de la Royauté, que les occafions
qu'elle donnoit de fe fignaler davantage, comme il n'en
blâmoit que le ménagement qu'on l'obligeoit à faire de fa
perfonne. Jamais Prince n'apprit mieux à diffimuler que
luy, quoy qu'il n'y en eût jamais dont l'efprit fut plus éloigné de la diffimulation; car outre qu'il eftoit le plus promt
des hommes, il avoit une merveilleufe ouverture d'efprit
& de cœur. On accufoit le Marefchal de Rais de l'avoir
perverty en cela, & de luy avoir encore apris à blafphémer
de fang froid, fous pretexte que les fermens eftoient autant
d'ornemens du langage. Il eftoit intrépide au de-là de
l'imagination; & il arriva mefme qu'un Phantôme de feu,
d'une hauteur extraordinaire, luy eftant apparu dans la
Foreft de Lyons prés de Roüen, & les Chaffeurs & les
chiens ayant fuy d'éfroy, il courut feul au Phantôme l'é-
pée à la main, & le pourfuivit jufqu'à ce qu'il dif-
parut.

Il aimoit plus la chaffe qu'il n'eftoit fenfible à l'amour,
quoyque la caufe de fa mort foit également attribuée à
l'un & à l'autre; & s'il eut des Maiftreffes, ce ne fut pas tant
pour imiter fon pere & fon ayeul, que pour vivre à la
mode de la Cour, où l'on êtoit perfuadé que l'amour achevoit de perfectionner les honneftes gens. Il laffoit tout le

monde à courir à pied & à cheval, & à détourner le cerf: **1567.**
Il en perdoit souvent le manger & le dormir : Il sonnoit
du cor avec une force extraordinaire: Il avoit bonne grace
à cheval, sur tout lors qu'il estoit monté sur des Barbes ; &
il reüssissoit également bien dans tous les autres exercices.

Il s'amusoit quelquefois à forger des canons d'arquebuse, & à faire de la Monnoye, qu'il alteroit jusqu'à tromper les plus habiles : Ce qui donna sujet au Cardinal de Loraine, de luy dire qu'il estoit bienheureux de porter sa grace avec luy. Il avoit de l'inclination à la Poësie, & s'entretenoit avec les Poëtes lorsque le mauvais temps l'empeschoit de sortir : Il composoit mesme de petites pieces, dont le sujet estoit inventé sur le champ, & quand le Secretaire Nicolas luy adressoit quelque Quatrain ingenieux, il luy repondoit, & disoit qu'il y alloit de son honneur à le payer de la mesme monnoye.

Cependant il ne leur donnoit pas beaucoup à la fois & répondoit à ceux qui luy en demandoient la raison, que les Poëtes ressembloient aux Chevaux que l'on rendoit rossés en les engraissant. Il ne traita pas de même son Precepteur ᵃ Amiot, qu'il combla de bienfaits, quoy qu'il le raillât quelquefois sur son avarice, & qu'il luy reprochât que les langues de bœuf dont il vivoit, ne servoient qu'à faire souvenir qu'il estoit fils d'un ᵇ Boucher.

Enfin il aimoit la Musique, il chantoit fort bien sa partie. Il avoit écrit un Livre de la Venerie, & si on eût pris soin de ramasser ses bons mots, on en auroit pû faire un Livre raisonnable. Cependant toutes ces belles qualités demeuroient inutiles, & s'alteroient insensiblement dans l'oisiveté de sa Cour, la plus corrompuë qui fût jamais.

ᵃ *Jacques Amiot, Evêque d'Auxerre, & grãd Aumonier de France.*

ᵇ *De la Ville de Melun, nommé Nicolas Amiot.*

La Reine ne vouloit quiter le Gouvernement qu'avec la vie, & ce n'eſtoit pas le moyen de le conſerver, que de laiſſer agir le Roy par luy même ; parce qu'il y avoit lieu de craindre qu'il ne luy prît envie de regner ſeul, s'il venoit à connoiſtre par ſa propre experience, qu'il en eſtoit capable. Il n'eſtoit meſme que trop vray ſemblable que le Lion qu'on taſchoit d'amolir par les delices, ne dormiroit pas toûjours, & qu'en ſe reveillant, il écarteroit de ſon premier rugiſſement, ceux qui pretendoient l'enchaiſner. Il faloit donc ſe haſter de donner au Roy des liens ſi forts qu'il ne les pût rompre, quand il luy en prendroit envie ; c'eſt-à-dire qu'il faloit le retenir par la crainte, dans la dépendance, lors que les obligations qu'il avoit à ſa Mere, ſeroient trop foibles pour l'arreſter.

Le Duc d'Anjou, Frere du Roy, eſtoit un Prince tout à fait propre à mettre les choſes en l'eſtat que la Reine ſoûhaitoit. Ses qualités n'êtoient pas ſi brillantes que celles du Roy, mais elles eſtoient plus aimables : Sa douceur, ſa facilité encore plus grandes à parler qu'à écrire, ſa civilité & le ſoin qu'il prenoit d'obliger ceux qui luy pouvoient être utiles, luy gagnoit les cœurs des Courtiſans dont la pluſpart ſe contentoient d'admirer le Roy, & ſe rebutoient par une certaine rudeſſe qu'il diſoient gâter tout ce qu'il avoit d'éclatant. Il ſuſiſoit donc de le faire connoiſtre aux François, pour le faire aimer avec d'autant moins de reſerve, qu'ils avoient déja pour luy toute la tendreſſe qui leur eſtoit naturelle pour le Sang de leurs Rois ; & que d'ailleurs cette tendreſſe ne ſeroit pas diminuée par les impoſts extraordinaires, dont la guere civiles contraignoit le Roy de s'attirer la haine de ſes Sujets.

La dignité de Conneſtable, qui venoit de vacquer, eſtoit

eftoit celle du Royaume qui pouvoit le plus contribuer à 1 5 6 7.
fa reputation ; & l'exemple eftoit récent de l'effet qu'elle a-
voit produit dans la perfonne du Connêtable de Bourbon,
qu'elle avoit rendu fi celebre dans la bonne & dans la
mauvaife fortune. Il y avoit encore lieu de croire que le
Duc d'Anjou n'en feroit pas pluftoft reveftu , qu'il la
rendroit plus confiderable qu'elle n'avoit jamais efté ; car
on remarquoit cette difference entre luy & les autres Conneftable, que ceux-cy y avoient efté la plufpart élevés
par la guerre ; & qu'ainfi ils avoient tiré toute, ou du
moins leur principale recommandation de cette Charge,
au lieu que le Duc d'Anjou luy donneroit beaucoup
plus de luftre qu'il n'en recevroit : Que les Soldats qui
le verroient à la tefte des Armées, en un âge où les autres
hommes ne font pas encore propres à porter les armes,
s'accouftumeroient de bonne heure à luy obéïr ; & les
Officiers recevans de luy les Charges à proportion qu'elles vacqueroient, luy en auroient l'obligation ; la Nobleffe s'enrôleroit à l'envy dans les Troupes, & fe laifferoit tellement charmer par les civilités de ce Prince,
qu'elle s'attacheroit fans referve à fes interefts : Et ainfi
le Duc deviendroit fi grand , avant que le Roy euft le
loifir d'en prendre de l'ombrage , qu'il ne feroit plus au
pouvoir de fa Majefté de l'abaiffer, quand elle s'en apper-
cevroit, & la Reine aprés avoir partagé la puiffance entre fes deux Enfans, fe maintiendroit aisément par un fi
jufte contrepoids : Si le Roy pretendoit l'éloigner des affaires, elle s'appuyeroit du Duc d'Anjou, & formeroit
avec luy un party affés confiderable pour fe faire rêtablir.
Si le Duc d'Anjou l'abandonnoit , elle feroit bouclier
contre luy de l'autorité du Roy : Et fi dans une derniere

Tome II. N

extremité , ſes deux enfans conſpiroient à la dépoſ-
ſeder , il luy reſtoit encore aſſés d'amis auprés du
Prince de Condé , pour renoüer avec luy , & pour
ménager ſi adroitement ſon eſprit , qu'il ne concluëroit la Paix avec la Cour , qu'à condition que la
Reine rentreroit dans les affaires , ſous pretexte que
les Calviniſtes ne pourroient autrement s'aſſurer de l'e-
xecution du Traité.

Le réſultat de ce raiſonnement fut, que la Reine aprés
avoir remontré au Roy l'importance de remplir au plûtôt
la place du Conneſtable, luy propoſa comme une neceſſité
indiſpenſable de la donner au Duc d'Anjou. Ses raiſons
furent, que ſi on attendoit davantage à la remplir , le
Prince de Condé la demanderoit, comme ayant eſté poſſe-

Le Con-
neſtable
de Bour-
bon.
dée, avant Montmorency, par le ſecond Prince du Sang ;
& c'eſtoit-là le rang qu'il tenoit alors : Et pour peu qu'on
luy donnât de loiſir, il rendroit ſa pretention ſi apparemment équitable , que la Cour ſeroit contrainte de l'accorder, au cas qu'elle voulût la Paix avec les Calviniſtes. Ce
qui , dans l'eſtat pitoyable où il avoit reduit le Royaume,
ſeroit à peu prés la même choſe que de luy ceder la Couronne.

De l'autre côté, ſi la dignité de Conneſtable ſe donnoit
au merite , comme il n'y avoit perſonne en France qui en
euſt autant que l'Amiral de Châtillon, il le faudroit préferer aux autres, & s'expoſer par là à un danger pour le moins
auſſi grand que ſi l'on en gratifioit le Prince de Condé.
Si l'on en exclüoit tous les Calviniſtes, ils pretendroient
qu'on les en auroit privés par le ſeul motif de Religion,
& ne poſeroient les armes qu'aprés avoir obtenu une Declaration qui les rendît habiles à poſſeder toutes les Char-

ges, fans en excepter celle-là ; ce qui donneroit un grand avantage à l'Herefie. Mais quand les Calviniftes ne s'oppoferoient pas à l'exclufion qui leur feroit donnée, il n'y avoit rien de fi propre à mettre la difcorde entre les Catholiques, que l'efperance de venir Connêtable, parceque les principaux d'entr'eux s'imagineroient auffi-toft qu'elle leur eftoit duë, & prendroient pour une injure irreparable le refus qu'on leur en feroit. Les deux Enfans du dernier Connêtable y afpireroient, parce qu'ils eftoient déjaMaréchaux de France, & qu'ils avoient toutes les qualités neceffaires pour la remplir; outre qu'elle leur avoit efté promife, qu'ils avoient beaucoup d'experience & de valeur, qu'il n'eftoit pas nouveau dans leur Maifon que le Fils l'eût exercée immediatement aprés le Pere, & qu'ils avoient les grands biens neceffaires pour la foûtenir avec éclat. Le jeune Duc de Guife fe mettroit fur les rangs, & la demanderoit comme la feule grace qu'il y eût dans l'Etat proportionnée au fervice de fon Pere. Le Duc d'Aumale fon oncle, deviendroit fon competiteur, & prouveroient qu'il eftoit le Capitaine du Royaume qui s'eftoit fignalé en de plus dangereufes occafions ; ce qui n'eftoit que trop vray. Enfin le Duc de Nemours viendroit à la traverfe, & afpireroit avec d'autant plus de juftice, à une dignité inftituée pour commander à la Cavalerie, qu'il eftoit fans contredit le plus accomply Cavalier du Royaume. Qu'en préferant un de ces pretendans aux autres, on les irritoit en un tems où la guerre civile obligeoit de les ménager, & que l'unique moyen d'appaifer leur conteftation, & de prévenir la douleur qu'ils auroient de la préference, confiftoit à faire le Duc d'Anjou Connêtable, puifque fa naiffance le mettoit hors de pair, & que d'ailleurs il n'y avoit rien de plus naturel, que de confier les forces d'un Etat à celuy qui en estoit l'heritier présomptif.

Le Roy fut assés embarassé des raisons de la Reine, pour n'y point répondre ; mais il n'en fut pas assés éblouï pour ne pas voir que c'estoit le prier d'agir contre sa propre gloire, le réduire à se condamner luy même à passer le reste de ses jours dans la molesse, l'obliger à se mettre en paralelle avec un Frere puîné, que la nature luy avoit soûmis ; & donner à ce puîné tout ce qui luy seroit necessaire pour devenir le maistre de son aîné, quand il luy plairoit. Ces considerations qui fraperent en même temps l'imagination du Roy, l'émûrent de sorte, que le respect & la crainte, dont il n'avoit jamais manqué pour sa mere, l'abandonnerent à ce fâcheux moment. Il répondit fierement qu'il se sentoit désormais assés robuste pour porter seul son épée, & que quand il ne le seroit pas, son Frere qui estoit plus foible, ne seroit pas propre à le soulager.

Comme la Reine ne s'attendoit pas à cette brusque repartie, elle en fut surprise à la verité ; mais non pas déconcertée jusqu'à quitter la partie. Elle dissimula son desordre, & repliqua plus conformement à la pensée qu'aux paroles du Roy, que la permission qu'elle luy demandoit pour son Frere, n'estoit pas de porter l'épée Royale en tout temps : mais seulement aux jours de ceremonies : Que pour avoir un Frere Connêtable, il ne deviendroit pas luy mesme un Roy faineant, & qu'en France il y auroit toûjours assés d'exercice pour l'un & pour l'autre : mais que la nature de la guerre où l'on se trouvoit engagé, estant bizarre pour estre en partie d'Etat, & en partie

de Religion, il falloit l'achever par des voyes extraor- 1567.
dinaires : Que ſa Majeſté auroit raiſon de ſe mettre à
la teſte des Armées, à l'exemple de ſon Pere & de ſon
Ayeul, lors qu'il s'agiroit de porter la guerre dans les Etats
du Roy d'Eſpagne, ou de repouſſer les Anglois ; mais
qu'il faloit ſe reſourdre à laiſſer commander un autre
General, tant que dureroit la guerre des Calviniſtes : Que
cette Secte pernicieuſe en vouloit particulierement à la
perſonne des Rois, & qu'il n'y avoit aucune apparence
d'expoſer le Roy à ſa fureur : qu'elle redoubleroit ſes efforts contre luy, non ſeulement par principe de Religion,
mais encore parce qu'elle profiteroit des revolutions qu'un
changement de Regne apporteroit : Au lieu que ſi le Duc
d'Anjou commandoit, on éviteroit d'un coſté, les inconveniens qui venoient d'eſtre remarqués, puiſque les Heretiques ne gagneroient rien en attentant à la vie d'un
Prince qui avoit ſon Frere aîné Roy, & ſon puîné le Duc
d'Alençon, capables de remplir ſa place : & de l'autre côté, la Nobleſſe ne groſſiroit guere moins les Troupes, que
ſi le Roy les honoroit de ſa preſence.

Le Roy ne repartit à ce diſcours que par un ſilence
qui témoignoit aſſés qu'il en avoit eſté peu touché ; & la
Reine qui connoiſſoit la diſpoſition de ſon ame, ne l'eût
point alors preſſé davantage, ſi l'affaire qu'elle luy avoit
propoſée, eût pû eſtre diferée impunément ; mais elle ê-
toit de la natures des entrepriſes hardie qui nuiſent à leur
Auteur, lors qu'elles ne réüſſiſſent pas. La Reine s'eſtoit
trop avancée pour reculer ; & en lâchant le pied non ſeulement elle expoſoit ſes deux Fils aînés au danger de ſe
haïr toute leur vie, mais encore elle hazardoit ſa propre
autorité, par les juſtes défiances qu'elle laiſſeroit dans l'eſ-

1 5 6 7. prit du Roy, qu'elle preferoit à ses interests ceux du Duc
d'Anjou.

Elle biaisa donc, mais ce fut d'une maniere qui la conduisoit par une autre voye à la mesme fin. Elle sçavoir que
la Lieutenance generale de l'Etat ne differoit que de nom,
d'avec la Charge de Connêtable, pour l'exercice, comme
elle n'en differoit au fond, qu'en ce que le Connestable
estoit le premier Officier de la Couronne, & le Lieutenant
general n'avoit qu'une simple Commission. Elle avoit appris par experience, que le Duc de Guisse estoit devenu si
puissant par la Lieutenance generale, qu'il avoit donné de
justes soupçons à ceux qui aimoient la conservation de la
Maison Royale sur le Trône, & que le Roy de Navarre,
qui l'avoit depuis obtenuë, eût pû s'emparer du Royaume,
s'il eût eu plus d'ambition que d'attachement à la douceur
de la vie. D'où la Reine concluoit que le Duc d'Anjou ne se
signaleroit pas moins dans une si belle Commission, & que
sa qualité d'heritier presomptif de la Couronne, le détournant de penser à se la mettre sur la teste par un crime, elle
luy acquereroit au moins assés de reputation & de credit
pour maintenir sa Mere & sa bien-faictrice, dans l'Administration des affaires. Ainsi la Reine reduisit sa demande
à la Lieutenance generale, après avoir employé toute son
éloquence pour faire comprendre au Roy l'extrême disproportion qu'elle pretendoit qu'il y eût d'une Charge à
une Commission.

Le Roy aimoit veritablement sa Mere, mais il la craignoit aussi; & la derniere de ses passions l'emportoit peut-
estre aussi sur la premiere. Il n'osoit fâcher cette Princesse, &
il estoit asseuré de la blesser à l'endroit le plus sensible, en
la refusant absolument. Il ne pût toutefois se resoudre à

luy accorder sur le champ & de bonne grace, ce qu'il sentoit bien qu'elle luy arracheroit comme par force, & il luy demanda du temps pour y penser. La Reine ne se fâcha pas de ce délay, quoyqu'elle eût occasion de luy témoigner combien elle avoit de peine à le supporter. Elle ne prit la réponse du Roy, ny pour un amusement, ny pour une défaite, elle la prit par un plus favorable endroit, ou pour mieux dire, elle supposa que puisque le Roy estoit à demy persuadé, il le seroit bien-tost entierement, & que le temps que ce Prince avoit demandé pour se resoudre, aboutiroit à luy donner l'entiere satisfaction qu'elle desiroit. Elle ne se trompa point dans une si delicate conjecture, & plus le Roy rêva profondement sur ce qu'on luy demandoit, plus il découvrit la necessité où il estoit de l'accorder.

Il se trouvoit engagé dans une guerre qu'il ne pouvoit terminer que par les conseils de la Reine, & il ne doutoit pas que cette Princesse ne la rendît éternelle, si elle voyoit que son interest fût de la prolonger. Elle ne pouvoit manquer d'en estre persuadée, si on ne luy laissoit prendre aucune des precautions dont elle croyoit avoir besoin pour se maintenir dans les affaires. Elle avoit choisi celle d'y subsister par le support de son second fils, & il valoit autant & peut-estre mieux la laisser faire, que de la reduire par une opposition à contre-temps, à chercher des expediens plus dangereux. De plus, la connoissance que le Roy avoit de la Reine, luy ostoit une partie du genie de la crainte qu'il eût pû concevoir, que le Duc d'Anjou n'abusât de la Lieutenance generale : Car la défiance de cette Princesse estoit un pur effet, ou pour mieux dire, une suite necessaire de son ambition. Comme elle n'ap-

prehendoit le Roy , que parce qu'il eſtoit le maître; elle
prevoyoit qu'elle apprehenderoit le Duc d'Anjou à ſon
tour, lorſqu'il commenceroit à ſe mettre en eſtat de le
devenir ; & qu'elle auroit d'autant plus de ſujet, que le
Prince eſtoit encore plus diſſimulé , & par conſequent,
plus impenetrable dans ſes penſées, que le Roy ſon Frere:
Ainſi elle prendroit autant de ſoin de balancer ſa puiſſance, qu'elle eſtoit intereſſée à la renfermer dans une juſ-
te étenduë ; & trouvant alors neceſſaire entre les deux
Freres, le contrepoids qu'elle avoit cherché juſques-là entre le party Catholique & le Calviniſte , elle ſe contente-
roit ſeulement d'empêcher que l'un de ſes deux Fils n'at-
tentât ſur l'autre.

Ces raiſons, & ſur tout la derniere, diſpoſerent le Roy
à donner contentement à la Reine, & au Duc d'Anjou.
Les Lettres Patentes pour la Lieutenance generale , furent
dreſſées en des termes qui ne pouvoient être ny plus honorables pour le Duc , ny plus amples dans leur ſignification
Il eſt vray que la Reine promit au Roy, qu'elle donneroit
à ſon Fils de vieux Capitaines afidés, ſans l'avis deſquels il
n'entreprendroit rien , & qu'elle tint exactement ſa parole, car elle en mit auprés de luy deux qui avoient toutes les
qualités neceſſaires à la fin qu'elle s'eſtoit propoſée : puiſqu'ils étoient tres-ſages & tres-experimentés en la profeſſion militaire, & d'ailleurs attachés aux intereſts de cette Princeſſe, par des liens indiſſolubles. Le premier étoit
*Arius de le Maréchal de *Coſſé, Gentilhomme d'une taille extra-
Coſſé Sei- ordinairement petite : mais d'un courage intrépide, &
gneur de d'une prudence rafinée au de-là de l'imagination. Il avoit
Gonnor. apris le métier de la guerre, ſous le grand Maréchal de Briſſac ſon frere aîné , & le Roy Henry II. avoit eſté tellement

ment perſuadé de ſa ſageſſe & de ſa vigilance, qu'il luy **1567.**
avoit ſucceſſivement confié la garde de ſes plus importan-
tesConquêtes, qui eſtoient lesVilles deMets & deMarien-
bourg. Sa Majeſté n'avoit point êté trompée dans ſon
choix, & Coſſé les avoit conſervées, quoy qu'il fuſt en
Païs ennemy, & qu'il ne reçuſt de ſecours, ny de rafraî-
chiſſemens que par des convois. Il avoit ſervy ſans appuy à
la Cour, juſqu'à la Paix de Câteau - Cambreſis. Mais ſe
voyant enſuite endeté de cent mil écus dépenſés à la guerre, l'exemple de ſon Frere qui êtoit mort dans la pauvreté,
aprés tant d'actions héroïques à l'avantage de ſaPatrie, luy
donnant lieu d'apprehender une ſemblable fin, il ſe mit *Dans l'E-*
en devoir de l'éviter en ſe donnant à la Reine, qui le fit *loge du*
ſur-Intendant des Finances. Il y paya ſes détes dés la *Maréchal*
premiere année ; & l'on ajouſte qu'il y amaſſa encore une *de Coſſé.*
fois autant d'argent, qu'il en avoit dû ; mais que l'imprudence de ſa premiere femme qui êtoit de laMaiſon dePuy- *Françoiſe*
Gréfier en Poitou, fut cauſe qu'on luy ôta cét employ ſi *du Bou-*
avantageux Il l'avoit mené ſaluer la Reine ; & cette Pro- *chet.*
vinciale qui n'avoit jamais vû la Cour, eut la naïveté de
remercier ſa Majeſté, de la ſur-Intendance, comme d'u-
ne grace qui leur avoit donné lieu de s'acquiter & de s'enrichir. Le Marêchal qui eſtoit preſent à ce compliment,
peſta contre la ſottiſe de ſa femme ; mais la Reine s'en réjoüit, parce qu'elle trouva quelque choſe de plaiſant dans
un aveu ſi ſincere, & que la Dame avoit révelé ce qui ſu-
firoit pour perdre ſon mary, s'il arrivoit qu'il ſe détachât
des intereſts de ſa bienfaictrice ; ce qui l'en rendroit inſeparable à l'avenir : En effet, il y perſevera juſqu'à la mort,
ſoit par une pure reconnoiſſance, ou de peur d'être recherché de peculat.

Tomme II.   O

Le feul défaut qui luy pouvoit eftre reproché à la guerre, eftoit ce qui avoit donné lieu aux Soldats de l'appeller
le Marêchal des Bouteilles, parce qu'il aimoit un peu la
bonne chere , mais il n'en aimoit pas la débauche, ny
l'excés.

Armand Le fecond Officier general que la Reine donna au Duc
de Gon- d'Anjou , fut Biron Gentilhomme de Perigord, forty d'u-
taud, de- ne Famille peu accommodée ; mais pourvû de toutes les
puis Ma- qualités neceffaires à faire fortune. Il avoit autant de cou-
refchal de rage que le Marêchal de Coffé : Son efprit eftoit beau-
France. coup plus univerfel, & il avoit eu plus de foin de le polir
par l'étude des belles Lettres. Marguerite Reine de Navarre, aprés l'avoir noury Page, l'avoit envoyé aux Guerres de Piémont, où il avoit déja acquis beaucoup de reputation, lors qu'il fut eftropié d'une arquebufade qui le
rendit boiteux. Le Marêchal de Briffac fon General, luy
donna le Guidon de fa Compagnie d'Hommes-d'armes ;
& ce Drapeau n'eftoit alors que pour des gens qui avoient
donné des marques extraordinaires de valeur. On le tira
de là, pour le faire Gentilhomme de la Chambre du Roy ;
& lors que le Duc de Guife mena une Armé Françoife au
Royaume de Naples, il demanda Biron à fa Majefté ; Il
le fit Capitaine de cent Chevaux-legers, qu'il commanda
avec autant de prudence, que de bonheur, jufqu'à la Paix
entre la France & l'Efpagne, qui le confina dans l'endroit
du monde où il s'ennuyoit le plus, c'eftoit fa maifon de
Biron, d'où le premier bruit de la guerre civile, l'obligea
de retourner à la Cour.

Il y eut d'abord le déplaifir de voir créer tout d'un coup,
fix ou fept Chevaliers de l'Ordre, fans y eftre compris ; &
comme il n'eft point de jaloufie plus infupportable que

celle dont les ambitieux font poffedés, lors qu'on leur
préfere des gens de leur connoiffance & de leur Païs, qui
leur font de beaucoup inferieurs en merite, le Colier que
reçût Montpefat, caufa tant de dépit à Biron, qu'il aima
mieux renoncer à fa fortune, que de paroître à la Cour,
aprés cette indigne preference.

*François
de Mont-
pefat Barö
de Lau-
gnac en
Agenois.*

*Albert de
Gondy Sei-
gneur du
Peron.*

Il partit pour retourner en Périgord, & le dernier
Courtifan auquel il alla dire adieu, fut du Peron Gondy,
qui commençoit alors feulement d'entrer dans la faveut
où il s'éleva depuis fous le nom de Marêchal de Rais. Ce
Florentin aimoit Biron, quoyqu'il fût d'un genie contraire au fien, & il fe fâchoit de perdre un homme qui pourroit
luy eftre utile. Il compatiffoit à fa douleur, parce qu'elle
n'eftoit pas fans fondement, & il luy êtoit plus aifé de fe
conferver un amy de cette importance, que d'en acquerir
de nouveaux.

Ces confiderations luy infpirerent le deffein de retenir
Biron en toute maniere. Il ne le témoigna pas neantmoins
d'abord, tant il eftoit perfuadé que fon amy fe porteroit à
quelques extrêmités facheufes, s'il luy en parloit. Il feignit
donc de partager fon reffentiment : Il declama avec luy
contre le peu d'égard qu'avoit la Cour pour le merite : Il
approuva la retraite de Biron ; & il le conjura feulement,
par leur ancienne amitié, de là differer d'un jour, afin qu'ils
priffent enfemble des mefures néceffaires pour leur commerce, durant une fi longue abfence.

Biron qui ne penetroit pas l'intention de Gondy, n'ofa
luy refufer un fi court délay; & Gondy l'employa pour remontrer à la Reine, que Biron êtoit un homme de fervice,
dont elle avoit intereft de prendre la protection, dans une
occafion où la Nobleffe s'eftant prefque toute declarée

pour le party Catholique, ou pour le Calviniste, sa Majesté devoit ménager les gens d'un merite extraordinaire, qu'elle pouvoit attacher uniquement à sa personne. La Reine répondit qu'elle avoit d'abord regardé Biron dans cette vûë, mais qu'elle en avoit depuis esté détournée par cette raison invincible, que Biron êtoit soupçonné d'Heresie : Qu'elle s'estoit mise en peine d'approfondir si le soupçon estoit bien, ou mal fondé ; & qu'elle avoit sçû par des personnes dignes de foy, que Biron avoit fait bâtiser au Prêche deux de ses enfans : Que le Roy de Navarre & les Triumvirs en estoient informés : & que les Catholiques tenoient Biron pour un ennemy d'autant plus dangereux, qu'il feignoit d'estre de leur côté.

Gondy ne contredit pas directement la Reine, mais il luy fit observer deux choses qui tendoient également à la justification de Biron : L'une, qu'il avoit esté entraîné par le torrent de la nouveauté, comme la plufpart des Gentilshommes de de-là la Loire, qui se piquoient de vivacité d'esprit. L'autre, qu'il s'en estoit repenty, & que si sa Majesté ne laissoit pas de travailler à sa fortune, cét exemple sufiroit pour détacher du party Calviniste, toute la Noblesse qui s'y estoit engagée par le mesme principe de legereté.

La Reine touchée de ce qu'on luy representoit, ou fâchée de laisser partir Biron, sans avoir rien fait pour luy, l'envoya chercher, & le retint. Elle l'obligea de suivre quelque temps l'Armée sans Charge, & luy procura ensuite celle de Marêchal de Camp.

Le Generalat du Duc d'Anjou, assisté du conseil des deux Officiers Generaux dont on vient de representer le caractere, attira tant de nouveaux Soldats dans l'Ar-

mée Catholique, que la Calvinifte apprehenda d'être affie-
gée dans la Ville de S. Denis où elle eftoit demeurée depuis
la bataille, pour faire accroire aux Etrangers qu'elle ne l'a-
voit point perduë. Dés le moment que l'Amiral avoit vû
refoudre l'entreprife de Meaux, il avoit prevû judicieufe-
ment qu'elle reduiroit le party Calvinifte à d'effroyables
neceffités, fi elle ne réüffiffoit pas; & pour y remedier autant
qu'il feroit poffible, il avoit envoyé Beauvais *a* la Nocle
à l'Electeur *b* Palatin, & au Landgrave *c* de Heffe, pour
leur demander un promt & puiffant fecours.

La Nocle l'avoit obtenu par cette puiffante confideration qu'il leur avoit fçû faire valoir dans toute fon étenduë. Que fi le Prince de Condé enlevoit à Meaux, la
Cour de France, tout le Royaume deviendroit en peu
de temps Calvinifte, pourvû qu'il euft fur la Frontiere
de Champagne, une Armée Alemande prête à favorifer
l'enlevement : Et fi le Prince ne l'enlevoit pas, tous les
Calviniftes François eftoient perdus fans reffource, fi les
Proteftans d'Alemagne ne fe trouvoient en armes, fur la
mefme Frontiere, pour les garantir de toutes les forces du
party Catholique, qui fondroient alors fur eux. Ainfi
l'Amiral averty par un Courier de *d* La-Nocle, que le fecours eftoit entré dans la Loraine, que la conduite du
Prince Jean-Cafimir, fecond fils de l'Electeur Palatin,
prit le pretexte de l'aller joindre, pour déloger fans honte
de S. Denis, & marcha droit à Montreau Fautyonne. Le
Prince de Condé écrivit en mefme temps par fon confeil,
aux Calviniftes reftés dans le Poitou, dans l'Angoûmois
& dans la Xaintonge, de fe mettre en campagne, & de
furprendre le plus de Places qu'ils pourroient : Et ce fut
en execution de cét ordre, que la Monarchie Françoife

a Ioan de Salins & de la Fin Seigneur, de Beauvais La-Nocle.

b Oth-n-Hen y, Comte Palatin du Rhin Elec-teur, Duc de Bavie-res.

c Guillau-me Land-grave de Heffe Caf-fel.

d Dans la négocia-tion de Beauvais la-Nocle.

reçut une playe qui luy a esté presque mortelle, & dont elle n'a esté guerie que par les soins du Cardinal de Richelieu, & par les travaux de Loüis XIII.

La Ville de la Rochelle, Capitale du Païs d'Aunis, êtoit celebre par la commodité de son port, dont la situation avantageuse luy pouvoit donner aisement du secours d'Angleterre. Elle avoit esté cedée aux Anglois, l'an 1360. avec les Provinces de Limousin, de Périgord, d'Angoûmois, de Xaintonge & de Poitou, par le honteux Traité de Bretigny, & son attachement à la Monarchie Françoise, avoit paru en ce que ses Habitans n'avoient rien oublié pour éluder l'execution du Traité, & que n'ayant pû éviter de se soûmettre à la domination étrangere, ils avoient secoüé le joug des Anglois, à la premiere occasion qui s'en estoit offerte douze ans aprés, & s'estoient une seconde fois donnés à la France.

Leur zéle qui certainement ne pouvoit estre assés loüé, avoit attiré de la reconnoissance des Rois Tres-Chrêtiens, un grand nombre de privileges, dont on avoit remply deux gros Volumes. Le plus considerable estoit, que la Ville seroit gouvernée par cent notables Bourgeois qui s'appelleroient Pairs ou Echevins, d'entre lesquels on tiroit tous les ans le Maire qui s'élisoit à Pâques. L'autorité de celuy-cy estoit presque absoluë, & de peur qu'elle ne dégenerât en tiranie, il estoit expressément défendu d'y élever la mesme personne, deux années de suite. La forme que l'on y gardoit, êtoit que les cent Pairs choisissoient trois hommes de leur Corps, qu'ils jugeoient les plus propres à estre Maires, & les presentoient au Gouverneur, qui avoit le droit de préferer celuy qu'il estimoit le plus utile au service du Roy.

Il n'y avoit que dix ans qu'un Ministre nommé la
Fontaine, y avoit prêché l'Herefie, & le progrés qu'il y
avoit fait estoit accompagné de deux circonstances tout-
à-fait extraordinaires : Car au lieu que les autres Ministres
periffoient, ou fouffroient au moins de grandes persecutions en debitant leur erreur, celuy-cy non feulement n'a-
voit couru aucun rifque, mais avoit même fait une fortune
affés confiderable; & au lieu que dans les autres Villes l'Herefie s'estoit d'abord infinuée parmy le menu peuple, d'où
elle avoit paffé enfuite aux plus confiderables Bourgeois,
elle avoit commencé à la Rochelle par les Magistrats, & en
avoit corrompu en moins d'un an, prés de la moitié.

Amable Blandin, Affeffeur au Préfidial, & élû Maire
l'an 1566. avoit découvert ce mélange ; & comme il estoit *Gui-Cha-*
zélé Catholique, il avoit averty Jarnac, Gouverneur de *bot Baron*
de Iarnac
la Rochelle, que s'il vouloit maintenir, fa Place dans le *en Angoû-*
fervice du Roy, & dans le party Catholique, il devoit *mois.*
empefcher qu'on ne luy donnât pour fucceffeur François Pontard, fieur de Trucarais, qui briguoit fortement
pour la Mairie de l'année fuivante. Ses raifons furent que
Pontard estoit paffionné Calvinifte, & qu'il entretenoit *N... Sei-*
une liaifon étroite avec Saint Hermine, Gentilhomme *gneur de*
Ste Her-
le plus declaré pour les Heretiques, qu'il y eût en Xain- *Aunis.*
tonge, & fi generalement reconnu pour tel, qu'il n'avoit
pû trouver d'azile que dans l'Armée du Prince de Condé :
Mais Jarnac n'estoit pas capable de profiter d'un avis fi
falutaire. Il estoit intime amy de Pontard, & travailloit à
faire réüffir fa brigue, bien loin de s'y oppofer. Il avoit
pourtant de la fincerité, & ne connoiffant pas affés Pontard, qui avoit eu l'adreffe de luy celer fon changement de
Religion, & fon intelligence avec Sainte Hermine, il re-

1567. partit à Blandin, qu'il s'eſtoit engagé de parole, & que ſon honneur l'obligeoit à la tenir : Que Pontard n'êtoit pas tel qu'on le dépeignoit, & qu'il répondoit de ſa fidelité.

Blandin trouvant Jarnac ainſi prévenu, & ne pouvant le déſabuſer, eut recours au dernier remede, qui eſtoit d'informer la Cour de la verité ; mais on y eut d'autant moins d'égard à ſes Lettres, que celles de Jarnarc aſſuroient poſitivement le contraire. Ainſi, Pontard fut élû Maire, & on le mit par là en eſtat de livrer la Rochelle au Prince de Condé. Il prit les meſures neceſſaires pour executer ce projet, ſans répandre de ſang ; & lors qu'il fut aſſuré de l'évenement, il écrivit au Prince de luy en-

Dans la Relation de cette intrigue. voyer SainteHermine, avec lequel il dépoſa les Magiſtrats Catholiques, établit en leur place des Calviniſtes, abolit ce qui reſtoit d'autorité Royale dans la Ville, & changea le Gouvernement de la Rochelle en une Democratie, preſque ſemblable à celle de Geneve.

Le Prince de Condé ravy d'avoir acquis à ſi bon marché, une Place d'Armes pour les Troupes qu'on luy aſſembloit en Guyenne, leur manda d'en prendre la route, & prit luy même celle de Lorraine, pour joindre le Prince Caſimir. Les obſtacles qui le traverſoient, ne venoient pas ſeulement de l'ArméeCatholique qui ſuivoit laCalviniſte d'aſſés prés pour profiter des deſordres frequens entre des

Guillaume Bochetel Secretaire d'E-tat. gens preſque tous volontaires, la Reine y en avoit apporté de plus conſiderables, en envoyant d'abord le Secretaire Bochetel, & depuis Lanſac, aux PrincesProteſtans d'Alemagne, pour leur repreſenter que la ſeconde guerre civile de France, eſtoit encore moins une querelle de Religion, que la premiere, puiſqu'elle n'avoit point

point d'autre principe que le reffentiment & le defir de
vangeance du Prince de Condé, pour n'avoir point obtenu la Lieutenance generale de l'Etat, à l'exclufion du
Duc d'Anjou, à qui le Roy n'avoit pû la refufer à caufe
du rang qu'il tenoit en France; & de ce qu'étant la feconde perfonne du Royaume, il avoit plus d'intereft à le
conferver, que le Prince qui n'eftoit que la fixiéme.

Lanfac eftoit agreable à ces Princes, parce qu'il avoit
employé tout fon credit au Concile de Trente, pour obtenir la reformation de la Cour de Rome; & il les prit fi a-
droitement par l'intereft qu'ils avoient à n'attirer pas chez
eux la rebellion, en la favorifant chez autruy, qu'ils
fufpendirent la marche du Prince Cafimir, jufqu'à ce
qu'ils euffent efté fufifament informés de la veritable
caufe de la reprife des armes par les Calviniftes. Lanfac
profita de ce delay pour engager au fervice du Roy, le
Duc Jean Guillaume de Saxe & le Marquis Charles de
Bade, qui leverent pour luy trois mille Reîtres, & les firent couler vers la Frontiere de Champagne, fans que
le Prince Cafimir eût occafion de les charger en paffant,
comme il en avoit le deffein. Le Duc d'Aumale fut envoyé
pour les commander; & Lanfac revint en France avec
Venceflas Sulegre, Confeiller d'État de l'Electeur Palatin,
que les Princes Proteftans envoyoient à la Cour de France & dans le Camp des Calviniftes, afin qu'à fon retour il
les éclaircit de la verité : Mais Sulegre n'avoit point tout
le défintereffement neceffaire pour s'acquiter de fa
Commiffion. Sa haine pour les Catholiques luy faifoit aimer les Calviniftes, tout Lutérien qu'il eftoit; & la Reine
ne pût trouver de raifon qui le fatisfift, quoyqu'elle dé-
peignift de fes plus noires couleurs, l'entreprife de Meaux.

Tome II.   P

Le Roy le
Duc
d'Anjou,
le Duc
d'Alençon
le Roy de
Navarre
& le Car-
dinal de
Bourbon.

L'Amiral au contraire, luy perſuada tout ce qu'il voulut, & le renvoya ſi prévenu, ou pour mieux dire, ſi confirmé dans l'opinion où il eſtoit déja, que les Calviniſtes
ne combatoient que pour défendre leur vie, que le Prince Caſimir reçût ordre de continüer ſa marche. L'Amiral
qui n'êtoit pas content de cét avantage, en voulut remporter un autre qui ne luy reüſſit pas. Lanſac qui s'êtoit chargé de mener Sulegre en France, & de le remener en Alemagne, parceque les Princes Proteſtans ne le luy avoient accordé qu'à cette condition, ne s'eſtoit point aviſé de demander un Saufconduit aux Calviniſtes, avant que de l'accompagner dans leur Camp, parcequ'il avoit crû que ſon
caractere d'Ambaſſadeur ſuſiſoit pour le garantir d'inſulte,
c'eſt pourquoy l'Amiral pretendit qu'il n'y avoit que Sulégre qui dût eſtre renvoyé, & retint Lanſac en qualité de
priſonnier de guerre : Mais Lanſac avoit prévû par ſa
prudence, une partie de ce qui luy devoit arriver, &
évita l'autre par ſa preſence d'eſprit. Il avoit fait prendre une autre route au Domeſtique qui portoit ſes papiers,
auſquels on en vouloit plus qu'à ſa perſonne; & il ne ſe vit
pas plûtôt arrêté, qu'il remüa tous les amis ſecrets qu'il
avoit dans l'Armée Calviniſte, pour faire examiner ſa
détention dans le Conſeil de guerre. Il y remontra a-
vec tant d'éloquence, qu'il devoit être conſideré comme Ambaſſadeur du Roy, ou comme Miniſtre des Princes Proteſtans, pour accompagner Sulégre, & qu'en
l'une & l'autre qualité, ſa perſonnne eſtoit également
inviolable, qu'il fut relâché dans la joye où eſtoient
ſes Juges, du ſecours des Provinces de-là la Loire, qui
venoit de leur arriver.

Il conſiſtoit en quatorze Cornettes de Cavalerie,

commandées par Soubife, Saint *a* Cir, *b* Languillier, *c* Landreau, & Saint Martin de la Coudre ; & en vingt-fept Enfeignes d'Infanterie, fous le jeune Pardaillan, *d* Piles, & le Moine défroqué Campagnac. Ces Troupes s'étoient emparées de Lufignan, par la lâcheté du Duc *e* Vigean Gouverneur de la Place, qui l'avoit renduë à la premiere fommation ; & elles fe feroient faifies avec la mefme facilité, de Poitiers, fans Guy de Daillon Comte du Lude, qui s'y jettant à point nommé, avec quelque Nobleffe, avoit rompu la capitulation fur le point qu'elle alloit eftre fignée.

Elles eftoient paffées de-là fans obftacle jufqu'à Orleans, d'où elles avoient joint l'Armée Calvinifte, dans le temps qu'elle eftoit occupée à chercher un paffage fur la Seine, pour aller joindre le Prince Cafimir. Le jeune Duc de Guife s'eftoit logé avec des Troupes confiderables dans la Ville de Troyes, à deffein de l'en empêcher ; & il n'eftoit pas plus aifé de le déloger, que de paffer malgré luy : Il faloit pourtant que les Calviniftes fiffent l'un ou l'autre, pour traverfer enfuite la Riviere, fans s'expofer à eftre coupés, & par confequent défaits au milieu du trajet ; & la force ne fufifant pas pour étonner le Duc de Guife, l'Amiral eut recours à cette rufe, pour luy donner le change. Il feignit d'avoir deffein fur la Ville de Sens, & s'en approcha avec une diligence qui fit apprehender que l'Armée Calvinifte n'y euft intelligence avec les Bourgeois de mefme Religion.

L'importance de la Place, la foibleffe de fes Ramparts, la neceffité d'en demeurer le maître, pour conferver dans Paris l'abondance de toutes chofes, & la perte de la Bourgogne qu'elle attiroit infailliblement aprés elle, ne per-

1 5 6 7.

*a Tannegui du Bouchet Puigréfion Seigneur de S. Cire en Poitou.
b N.... de Belleville, Seigneur de Languiller, en Poitou.
c Charles Rouhault Baron du Lädreau en Poitou.
d Armand de clermöt Seigneur de Piles.
e François du Fon. Baron du Vigeanen Poitou.*

1 5 6 7. mirent pas au Duc de Guife de déliberer un moment, s'il
s'y enfermeroit. Il y entra avec fa Compagnie d'Hommes-
d'armes, avant qu'on eût achevé de l'inveftir ; & comme
il fuppofoit que les Calviniftes qui en connoiffoient jufqu'aux moindres défauts, travailleroient d'abord à l'emporter de vive force, il jugea que l'unique moyen de
la garder, eftoit d'y faire entrer autant de Soldats qu'il
en faloit pour foûtenir plufieurs affauts : Il écrivit dans
cette vûë aux Officiers des Troupes Catholiques logées

Léonor dans Troyes, de le venir joindre, & le Comte de Char-
Chabot ny qui les commandoit fous luy, fe fervit avec tant de
Comte de fuccez de l'exacte connoiffance des lieux qu'il avoit acqui-
Charny en fe, qu'il fe démêla de la Cavalerie Calvinifte, & entra dans
Bourgo-
gne depuis Sens, fans avoir efté reduit à la neceffité de combatre.
grand E-
cuyer de　　L'Amiral qui ne penfoit qu'à paffer la Seine, ne fut
France. pas plûtôt averty que les Troupes Catholiques n'eftoient
plus dans Troyes, qu'il marcha droit à Bray, petite Ville
foible, & confiderable feulement par la commodité de

Robert de fon Pont. Combaut, homme d'efprit fouple & d'expe-
Combaut, rience confommée, en avoit obtenu le Gouvernement,
Seigneur à la recommandation du Duc de Nemours : Mais on n'a-
d'Arcis voit pû, ou l'on ne s'eftoit pas avisé de luy fournir une
fur-Aube
depuis pre- fufifante Garnifon. Il ne laiffa pas de fe défendre vigou-
mier Mai reufement ; & l'Amiral qui s'attendoit à une réfiftan-
tre d'Ho- ce obftinée, n'ofa l'attaquer autrement que dans les
tel du Roy
& Cheva- formes.
lier de fes
Ordres.　　Genlis, General de l'Artillerie Calvinifte, eut ordre
de batre les murailles vis-à-vis de Nogent, & les mit par
terre, mais elles tomberent dans un foffé plein d'eau qui
en rendit les ruines fi gliffantes qu'il eftoit dificile de
monter à la breche, & plus encore de s'y tenir. Le brave

Courboufon, Frere puîné du Comte de Montgomery, fut pourtant commandé pour y donner avec fon Regiment, & il s'en acquita avec la refolution déterminée qui le faifoit paffer pour le Soldat le plus vaillant de fon party : Mais il fut obligé de fe retirer, aprés avoir reçû une tres-dangereufe bleffure, & vû renverfer morts fes meilleurs Soldats. Ce ne fut pas toutefois fans perte du cofté des Affiegés ; & Combaut qui n'en pouvoit faire de petites, dans la foibleffe de fa Garnifon, ne douta plus d'eftre emporté au deuxiéme affaut. Il le prévint, en capitulant; & Nogent que les Calviniftes attaquerent enfuite, ne s'eftant pas défendu, la moitié des leurs y paffa avec l'Amiral, pendant que l'autre moité avec le Prince de Condé, traverfoit la Seine fur le Pont de Bray, & s'approchoit d'Epernay.

La Reine ne voyant plus rien qui pût empêcher cette Armée déja confiderable par elle-mefme, de devenir plus puiffante que la Catholique, par fa jonction avec le Prince Cafimir, eut recours à fon artifice ordinaire, qui eftoit la negociation. Elle envoya au Prince de Condé, & à l'Amiral, logés dans Efpernay, le même Combaut qu'ils avoient chaffé de Bray ; & les Calviniftes ne pûrent fe difpenfer d'examiner dans le Confeil de guerre, les propofitions de cette Princeffe. Elles eftoient à peu prés les mêmes que celles qui avoient fervy de fondement à la Paix precedente ; & les Calviniftes de bonne foy, furent d'avis de les accepter pour deux raifons. L'une, qu'ils aprehendoient la fin d'une guerre, dont le commencement ne leur avoit pas réüffi : L'autre, qu'ils avoient encore affés d'égard pour leur patrie, pour ne pas l'expofer en proye à la Nation la plus infatiable du pillage,

1 5 6 7.

Iacques de Montgommery, Seigneur de Courboufon.

Dans la Négociation de Combaut.

quieftoit d'Alemande : Mais le Vidame de Chartres, Calvinifte de cabale, dont l'Amiral avoit accoûtumé de fe
fervir pour éluder les Traités qui luy déplaifoient, foûtint
avec fa liberté de langage qui le rendoit fi redoutable
aux Courtifans, que l'intention de la Reine Mere n'eftoit
que d'endormir les Calviniftes, en les empêchant de fe
joindre promtement à leurs Amis ; de renvoyer les Proteftans d'Alemagne, & d'opprimer enfuite les Calviniftes,
aprés qu'ils feroient demeurés feuls.

Il communiqua fon fentiment à ceux du party qui s'y
eftoient engagés par le même efprit ; & le nombre en è-
tant beaucoup plus grand que celuy des autres, il eût infailliblement obtenu que Combaut fût renvoyé fans ré-
ponfe, fi le Prince de Condé qui avoit tant d'intereft à la
confervation de la Monarchie, ne fe fût heureufement
imaginé que s'il fouffroit que les Alemans y entraffent
fous leurs propres Enfeignes, ils feroient invités de la
conquerir par le mefme motif qui avoit attiré les Turcs à
ruïner l'Empire de Conftantinople, c'eft à dire par l'a-
bondance qu'ils y trouveroient ; & que comme on ne
les avoit point appellés pour changer le Gouvenement,
mais feulement pour obtenir l'exercice libre de la nouvelle Religion, on n'offenfoit ny le devoir, ny la bien-
feance, en les renvoyant, fi la Cour intimidée par le feul
bruit de leurs armes, condefcendoit à l'unique chofe que
l'on foûhaitoit d'elle.

Le Prince cherchoit outre cela, à fe garantir de l'envie dont il prévoyoit les dangereufes fuites, fi les Alemans
entroient en Champagne. Son avis fut fuivy, parceque les
principaux Officiers du party Calvinifte, perfuadés qu'il
cherchoit à fe décharger du refus de la Paix, en le rejet-

tant fur eux, furent de fon fentiment & conclurent qu'il faloit encore une fois écoûter les propofitions de la Reine.
Le Prince retourna à Montreau, pour conférer avec les Deputés Catoliques, qui l'y devoient attendre, fur les affuran-
ces que Combaut luy en avoit données, mais il n'y trouva perfonne ; & l'opinion que c'eftoit une partie dreffée
pour le furprendre, l'ayant obligé de s'en retourner avec
précipitation, fes efpions l'avertirent incontinent aprés,
que la Reine-Mere ne l'avoit amufé que pour donner le
loifir à fon Fils le Duc d'Anjou, déja plus fort que luy,
de l'attendre & de le défaire avant la jonction des Alemans. L'apparence de verité qu'il y avoit dans ce rapport,
fit naiftre l'occafion de deliberer fi les Calviniftes attendroient de pied ferme le Duc d'Ajou, ou s'ils continuë-
roient leur marche.

Ceux qui preferoient la gloire particuliere à la feureté
publique, fe declarerent pour l'honneur qu'il y auroit à
combatre avec leurs feules forces, & fortifierent leur
fentiment par une exageration de la honte qu'il y auroit à
fuïr la Bataille, aprés l'avoir donnée à Saint Denis, nonobftant la difproportion plus grande alors entre les deux
Armées, qu'elle n'eftoit prefentement : Mais les plus fages
foûtinrent qu'à la guerre les confeils les plus utiles étoient
toûjours les plus honorables ; & que les Calviniftes en fuf-
pendant leur marche, s'expofoient à être taillés en pieces
par le Duc d'Anjou, pendant que les Ducs de Guife & d'Aumale, aprés avoir joint aux Raîtres du Duc de Saxe, le Camp
volant deftiné pour garder la Frontiere de Champagne, &
les Troupes que le Duc de Loraine avoit levées, pour obferver la marche du Prince Cafimir dans fes Etats, dé-
feroient l'Armée Alemande, ou l'obligeroient à retour-

ner fur fes pas : Ce qui décourageroit tellement les Princes Proteftans de l'Empire, que les Calviniftes, à quelques extrêmités qu'ils fuffent reduits, n'en tireroient plus aucune affiftance. Le dernier fentiment eftoit le meilleur, mais ce n'êtoit pas pour la raifon qui fervoit de fondement à ceux qui le propofoient, il y en avoit une autre plus preffente en toute maniere, qui leur eftoit alors inconnuë. Elle confiftoit en ce que le Duc d'Anjou venoit de recevoir treize mille vieux Soldats, par une de ces reffources extraordinaires qui ne manquent jamais aux grands Etats, lors qu'ils ne font pas attaqués en mefme tems dans toutes leurs Provinces.

a Iacques de Cruffol, Seigneur d'Acier, depuis, Duc d'Vfes.

b Paulon Richaud, fieur de Mauvans du lieu de Caftelane, en Provêce

Les Calviniftes, aprés s'eftre emparés de Nîmes, de Montpellier & de Mâcon, tenoient comme inveftie la Ville de Lyon, & ravageoient les bords de la Saone, du Rône & de la Garonne, à la faveur de trois Camps volans commandés, le premier, par *a* Acier, Puîné de la Maifon de Cruffol, le fecond, par *b* Mauvant, & le troifiéme, par Ponfenat. La Reine qui n'avoit pas fur les lieux des Troupes capables de leur refifter, écrivit au Duc de Nevers, Lieütenant general dans le Marquifat de Saluces, & dans ce qui reftoit du Piémont à la France, d'en tirer les Troupes aguerries que l'on y tenoit en referve, & de les employer à lever le blocus de Lyon.

Son Manifefte eft imprimé.

Le Duc qui avoit eu tant de peine à obéïr lors qu'on l'avoit preffé de reftituer les conqueftes de la France de-là les Alpes, ne défera pas au premier ordre qu'il reçût de laiffer fans défenfe ce qui reftoit au François dans l'Italie. Ses excufes furent, qu'en dégarniffant de gens de guerre fon Gouvernement, il le mettoit aux hazard d'eftre furpris ; & qu'outre les raifons d'Etat qui obligent les Gouverneurs

des

des Provinces détachées , à demeurer toûjours sur leurs gardes, la Reine avoit un trop bon Allié en la personne du Duc de Savoye, pour l'exposer à une tentation aussi forte que seroit la commodité d'agrandir sa Principauté de Piémont, & de reprendre ce qui luy en manquoit, s'il le voyoit sans défense.

Mais on convainquit le Duc de Nevers par tant de preuves par écrit, & par tant d'asseurances positives, que le Duc de Savoye n'avoit garde de payer d'ingratitude la derniere grace qu'il avoit reçûë du Roy & de la Reine, en entrant dans sa Ville capitale : Que le Saint Siége & le Roy d'Espagne se rendoient cautions envers la France, que ce Prince n'entreprendroit rien contr'elle : Que tous les Princes d'Italie armeroient contre luy s'ils luy voyoient faire diversion en faveur des Calvinistes ; & qu'il pensoit uniquement à recouvrer les Baillages que le Canton de Berne avoit usurpés sur son pere : On convainquit, dis-je, le Duc de Nevers si pleinement de toutes ces choses, qu'enfin il acquiesça, & la raison d'Etat ceda pour ce coup aux ordres de la Reine.

Le Duc de Nevers assisté de l'argent que le Pape Pie V. luy envoya pour payer ses Soldats, une partie des montres qui leur estoient dûës, les tira de son Gouvernement, au nombre de treize mille, entra dans le Daufiné, empêcha la jonction du camp volant d'Acier, avec celuy de Ponsenat, aida à tailler en piéces celuy-cy ; leva le blocus de Lyon, forma devant Mâcon un Siege moins régulier que hardy, & reprit cette importante Ville, nonobstant la défense obstinée de la Clayette, & des plus vaillans Calvinistes de Bourgogne & du Vivarests, qui s'y estoient enfermés. Ces avantages luy eussent ouvert les

Emanuel Philbert.

Charles III du nom, Duc de Savoye.

Emar de Chante-merle Sei-gneur de

Tome II.   Q

1 5 6 7.

la Clatette en Bour-bonnois.

portes de toutes les Villes furprifes dans les Provinces où il faifoit la guerre, fi le Roy ne luy euft écrit une Lettre qui luy commandoit d'aller préferablement à toutes cho-fes, joindre le Duc d'Anjou. Il executa cét ordre avec autant de bonheur que de diligence. Il fe démêla des embaras dont les Calviniftes avoient traversé fa marche : Il batit tous leurs partis qu'il trouva en chemin, & arriva à Vitry, où le Duc d'Anjou avoit fon principal Quartier. Il y fut reçû avec tout l'accüeil que meritoient les fervices qu'il venoit de rendre : Mais il apprit une nou-velle qui l'obligea de demander la permiffion d'aller faire une courfe à Nevers.

Henriette de Cléves.

La Duchefle fa femme y eftoit dangereufement malade. Il avoit des fujets de l'aimer, qui ne luy eftoient communs avec aucun Prince de fon fiecle. C'eftoit une des plus belles Princeffes de l'Europe : Cependant elle n'avoit trou-vé perfonne qui la recherchât durant la vie de fes deux Freres, parce qu'eftans jeunes & mariés, il n'y avoit au-cune apparence que la Maifon de Cléves dût finir en eux. Le feul Louis de Gonzague, puîné de la Maifon de Mantouë, qui avoit efté noutry en qualité d'Enfant-d'Honneur auprés de Henry II. s'eftoit attaché à la fervir durant plufieurs années, contre fon intereft, puif-que n'ayant point d'autre bien que celuy qu'il attendoit de la liberalité de la Cour, il fembloit qu'il duft pre-

Dans l'E-loge de ce Prince.

ferer à cette Princeffe, une Fille du Conneftable qui êtoit premier Miniftre, ou une Sœur du Duc de Guife qui eftoit favory. Il ne l'avoit pas fait neantmoins, puifque l'amour fut plus fort en luy, que l'ambition, foit qu'il apprehendât le reproche d'inconftant, plus scandaleux alors, qu'il n'est aujourd'huy, ou qu'enfin, il eust déja un pressentiment secret du bonheur qui luy devoit arriver. Et de fait, dans le cours de dix années que dura cette inclination, le Frere *a* aîné de cette Princesse, qui avoit épousé Mademoiselle de Montpensier, fut tué à la bataille de Dreux, d'un coup de pistolet déchargé par mégarde ; l'autre *b* Frere qui avoit épousé Mademoiselle de Boüillon, mourut aussi à l'âge de dix-neuf ans : Et Mademoiselle de Cléves leur heritiere, devint ainsi le meilleur party de l'Europe.

Tous les Princes à marier, la rechercherent à l'envy. La Cour mesme se mêla de luy donner un Mary, mais elle conjura le Roy & la Reine de luy permettre de choisir celuy qui avoit aimé sa personne, à l'exclusion de ceux qui n'aimoient d'elle que son bien.

Loüis de Gonzague estoit devenu Duc de Nevers par cette avanture, mais comme il n'avoit point encore d'enfans, il craignoit de rentrer dans sa premiere pauvreté, en perdant sa femme. Il courut pour l'avoir, accompagné de peu de gens, & rien ne traversa son voyage, jusqu'à Donzy, Ville de son Duché, d'où il vit sortir quelques Gentilshommes Calvinistes presque tous ses Vassaux, qui alloient servir dans l'Armée du Prince de Condé. Il les chargea avec tant de vigueur qu'il les mit en fuite; mais s'étant obstiné à prendre prisonnier un d'entr'eux, qu'il avoit mis par terre, il reçût de celuy-là un coup de pistolet, immediatement au dessous du genoüil, dont il demeura plusieurs mois au lit, & ne fut jamais guéry entierement.

Le Duc d'Anjou ne laissa pas longtemps oisives les Troupes qu'il luy avoit menées, & envoya le jeune

Q ij

a François de Cléves marié avec Anne de Bourbon.

b Iacques de Cléves marié avec Diane de la March.

a Time-

124 CHARLES IX.

1 5 6 7.
léon de
Coffé.
b Iean de
Moncberó
Seigneur
de Tors,
Gouver-
neur de
Cognac.

Charles de
Coffé, Sei-
gneur de
Briffac,
Maréchal
de France.

Dans la
Négocia-
tion du
Comte de
Beauvais.

ᵃ Briffac Colonel des Bandes de Piémont, aux trouſſes de l'Armée du Prince. Briffac trouva dans Saint Florent, l'Arriere garde Calviniſte, commandée par Mon-
beron ᵇ de Tors, & par le Baron de Brion, qui s'eſtoit
retranché dans le Bourg. Il eſtoit plus foible qu'elle de la moitié, & ne laiſſa pas neantmoins de ſe
mettre en devoir de la forcer. Il n'attaqua le Bourg
que par un endroit, mais ce fut avec des efforts qui luy firent jour juſqu'au milieu. Tout ce qui s'oppoſa à ſa premiere impétuoſité, paſſa par le fil de l'épée, & le nombre
des priſonniers fut de deux cens Hommes d'armes & trois
cens Arquebuſiers. Si l'Armée Catholique eût eſté en
eſtat de ſeconder cette belle action, elle eût défait ſans
peine le Corps de bataille & l'Avantgarde Calviniſte, dans
la conſternation où la perte de leur Arriere-garde les avoit
jettés; & leurs Hiſtoriens reprochent au Maréchal de
Coffé, de n'avoir ny ſçeu, ny voulu vaincre dans une ſi
difficile conjoncture: Mais on peut l'excuſer, en ſouſte-
nant que ce Maréchal, qui eſtoit en effet General d'une
grande Armée, dont dépendoit la conſervation de l'Etat,
n'eſtoit point obligé d'obſerver toutes les démarches d'un
Officier ſubalterne, comme Briffac, qui eſtoit celuy du
party Catholique, qui donnoit le plus à la fortune, dans
le deſſein de mourir glorieuſement, ou d'élever ſa reputation au deſſus de celle de ſon Pere.

Quoyqu'il en ſoit, la Reine fut perſuadée par ce que
Briffac venoit de faire, qu'il ne ſeroit pas longtems poſſible que l'Armée Catholique, ſi proche qu'elle eſtoit des
Calviniſtes, évitaſt le combat, & que ſi elle eſtoit défaite, ſa Majeſté perdroit les deux choſes qu'elle aimoit
le mieux, ſon autorité & le Duc d'Anjou. Pour préve-

nir ce double malheur, elle eut encore une fois recours à la Négociation ; & il y a apparence que ce fut de bonne foy. Elle écrivit au Prince de Condé, de luy envoyer l'aîné des Châtillons, avec pouvoir de conclure une paix solide ; il avoit changé la qualité de Cardinal en celle de Comte de Beauvais. Le Conseil du Prince jugea que l'intention de la Reine estoit sincere, puisqu'elle demandoit le Comte de Beauvais pour negocier avec elle. Il s'estoit attaché à ses interests dés le Regne de François I. lors que les autres Courtisans s'en éloignoient ; & la Reine en avoit esté si reconnoissante, que l'heresie où il estoit tombé, n'avoit point diminüé l'amitié qu'elle avoit pour luy : en effet, elle luy en avoit donné des marques qui n'estoient que trop évidentes, au gré des Catholiques zelés, en consentant que ses Benefices luy fussent rendus, nonobstant son mariage & son apostasie. Mais il est rare de trouver les hommes les plus éclairés, dans d'autres sentimens que ceux que leur inspire l'estat de leurs affaires presentes.

Les Calvinistes s'étoient imaginés qu'on les redoutoit, sur ce qu'on n'avoit point poussé aussi loin que l'on avoit pû, le dernier avantage remporté sur eux ; & la nouvelle démarche de la Reine pour la Paix, les confirma dans cette creance. Leur Conseil agit sur cette vaine présupposition, comme s'il n'y eust eu qu'à demander pour obtenir, & dressa l'instruction de Beauvais en des termes qui ne pouvoient estre plus fiers, puisqu'on n'y vouloit mettre bas les armes qu'à deux conditions. L'une que la liberté de conscience & l'exercice de la Religion Calviniste auroit lieu par tout, sans distinction & sans reserve, c'est à dire sans excepter ny Paris, ny la Cour;

a Chriſto-
fle de
Thou.
b René
Baillet ,
Seigneur
de Seaux,
ſecond
Preſident
au Parle-
ment.

L'autre, que toutes les Charges tant militaires, que de Juſtice & de finance, ſeroient indifferemment conferées à ceux de l'une & l'autre Religion. La Regente confera d'abord avec Beauvais, & le trouvant trop ferme, elle le renvoya au premier Preſident *a* de Thou & au Preſident Baillet, qui tacherent en vain de le reduire à certaines modifications, ſur les deux points dont il demandoit l'execution dans toute leur étenduë. Il ne ſe relâcha, ny en conſideration de la Reine, ny par la vive repreſentation du danger où ſon opiniâtreté alloit expoſer la Monarchie, & il aima mieux s'en retourner ſans rien conclure, que de s'attirer le blâme d'avoir étendu les termes de ſon pouvoir au de-là de leur ſignification la plus étroite. Il retourna vers le Prince de Condé, & le trouva ſur le point de ſuccomber ſous le faix des incommodités dont la guerre civile eſt inſeparable pour ceux qui commandent dans le party le moins accredité. Les Calviniſtes s'êtoient avancés juſques ſur la Frontiere de Loraine, dans l'eſperance que l'Armée du Prince Caſimir les y attendroit, cependant ils ne l'y trouverent point, & n'apprirent pas même de ſes nouvelles. Le dépit qu'ils en conçurent d'abord, dégenera bien-toſt dans la défiance d'avoir eſté trompés ; & comme l'on néglige de déguiſer ſes veritables ſentimens, au moment que l'on entre dans un party qui eſt en effet, ou qui paſſe du mo·ns pour rebelle, on apperçût en un inſtant dans le Camp des Calviniſtes, toutes les marques d'une prochaine ſedition.

Dans le
Traite du
Prince de
Conde.

Les manieres agreables du Prince, & la gravité de l'Amiral, eurent neantmoins le pouvoir d'empeſcher durant cinq jours, qu'elle n'éclatât ; & le ſixiéme, le Prince Caſimir arriva avec dix à douze mille Soldats choiſis,

dont il y avoit les deux tiers de Cavalerie. On avoit promis de leur donner cent mille écus comtans, au moment
de la jonction, cependant on n'estoit pas en estat de les
satisfaire. Les Alemans n'estoient pas de l'humeur des
François que l'on venoit d'appaiser avec des paroles &
des caresses, il faloit de l'argent pour les retenir, encore
n'estoit-on pas assuré qu'en leur offrant moins que ce
dont on estoit convenu, ils n'employassent toutes sortes
de moyens pour se faire tenir parole.

C'est icy sans doute le plus bel endroit des Vies du Prince de Condé & de l'Amiral de Châtillon ; & la posterité ne
sera pas tout à fait blâmable de revoquer en doute la verité
de ce que l'on va dire, lorsque le temps aura consumé
tous les témoignages qui nous en restent. Ces deux Chefs
incomparables chacun en sa maniere, se voyant reduits
à payer les Alemans, ou à se couper la gorge avec eux,
ne s'amuserent pas à representer à leurs Soldats François,
comme ils avoient fait auparavant, que leur propre seureté & celle de la Religion qu'ils professoient, consistoient
à ménager les Troupes auxiliaires d'Alemagne. Ils sçavoient que le zéle du Calvinisme estoit déja refroidy, &
l'Amiral s'en estoit assés expliqué, lorsqu'il avoit dit que
ses Soldats, qui dans la premiere guerre vivoient comme
des Anges, estoient devenus dans la seconde, comme
les autres hommes : en effet, ils s'émancipoient jusqu'à
traiter de païs ennemy tous les lieux où ils mettoient le
pié, & à voler indiferemment tout ce qu'ils trouvoient.
Ainsi, ils ne pouvoient estre touchés que par un grand
exemple ; & le Prince & l'Amiral le leur donnerent, en
faisant porter dans le Quartier du Prince Casimir, tout ce
qu'ils avoient de precieux, jusqu'à leurs bagues. La honte,

pluſtoſt que la bonne volonté, diſpoſa les Officiers ſubal-
ternes à les imiter ; les exhortations des Miniſtres agirent
éficacement enſuite ſur les ſimples Soldats, & enfin la preſſe
fut ſi grande de contribuër pour la ſatisfaction des Alemans, que les Goujats à leur tour, ſe piquerent de liberalité, & donnèrent plus à proportion, que leurs Maîtres. Tout ce qui ſe recüeillit neantmoins par une
voye ſi extraordinaire, ne fut évalué qu'à trente mille
écus ; & pour achever le prodige, il ſembla que les Alemans euſſent changé de nature, puiſqu'ils devinrent capables d'avoir plus égard à la condition preſente de ceux
qui leur donnoient, qu'à la ſomme qui leur eſtoit donnée. Ils s'en contentèrent, & ſuivirent le Prince de Condé qui les mena vers Paris, non pas tant à deſſein de le
prendre, que pour obliger la Cour à la Paix, par le danger
où ſeroit expoſée la Ville capitale de l'Etat. La marche
n'eſtoit point facile à des gens qui n'avoient que peu de
bagage, & qui ayant recommencé la guerre ſans argent,
n'avoient pû faire aucune des proviſions neceſſaires pour
ſubſiſter dans un païs ennemy. Ils n'avoient pas meſme de
chariots pour tranſporter ce qu'ils trouvoient de blé dans
les Villages. Il ne leur eſtoit pas permis d'entrer dans les
Villes, où ils en euſſent pû acheter ; & l'Armée Catholique
les ſerroit de ſi prés, qu'ils n'oſoient s'écarter du gros pour
aller à la picorée. Cependant le Prince & l'Amiral ſurmon-
terent par leur adreſſe, une partie de ces difficultés, & la
neceſſité apprit d'elle même à leurs Soldats à en ſurmonter
l'autre partie.

Ils obligerent les particuliers qui avoient des chariots
pour leur bagage, de les preſter pour l'uſage public ; on les
remplit de blés trouvés en chemin, & on les diſtribüa par
mesures,

mesures aux Boulangers établis dans chaque Compagnie, 1 5 6 7. qui avoient ordre de cuire toutes les nuits, & de donner le pain par compte aux Capitaines, pour le distribuër de même. Si les Villes qui se rencontroient sur le passage, étoient foibles, on y entroit de force, & l'on y faisoit la visite avec tant d'exactitude, que l'on y trouvoit les provisions dans les endroits les plus cachez. L'inventaire en estoit aussi-tôt dressé, & les Commissaires des vivres s'en saisissoient. Si les Villes estoient capables de soûtenir un long Siege, on menaçoit d'en desoler le territoire, & pour ne le pas faire, on tiroit d'elles de notables contributions en argent, en vivres & en fourage.

Les Calvinistes passerent avec ces précautions entre Joinville & Chaumont, traverserent la Marne auprés de Langres, & la Seine vers les frontieres de Bourgogne, malgré les Catholiques qui avoient mis des pointes de fer dans cette Riviere pour incommoder la Cavalerie des Allemans. Ils entrerent dans Auxerre qui tenoit pour eux : Ils saccagerent Irancy, & arriverent à Montargis, d'où rien ne les pouvoit empêcher d'aller à Orleans. Ils attendoient de Gascogne un second renfort qui ne leur arriva pas, à cause que dés le commencement des seconds troubles, Montluc s'estoit emparé de Leitoure, d'où il avoit empêché les levées qui se faisoient en Guyenne au nom du Prince de Condé ; & quoyque la Cour eût détaché le plus beau fleuron de sa Lieutenance generale de cette Province, en donnant au Comte de Candale la *Henry de* Lieutenance particuliere du Bourdelois, il n'avoit pas *Foix.* laissé de reprendre sur ceux de la Rochelle les Isles voisines dont ils s'estoient emparez, & de les reduire à retenir pour la conservation de leur Ville qu'ils fortifioiét, *Dans le deuxiéme Tome de ses Comméraires.*

Tome II. R

1 5 6 7. les Troupes deſtinées à renforcer l'Armée de leur party.

Ponſenat avoit eſté tué aprés un grand avantage remporté ſur les Catholiques d'Auvergne, & ſon Camp volant s'eſtoit diſſipé par une avanture aſſez bizare. Il marchoit de nuit avec deux Corps qui s'eſtant ſeparez & méconnus, avoient combatu l'un contre l'autre, & s'eſtoient défaits : Ainſi le Prince de Condé ne receut qu'environ quatre mille Soldats de de-là la Loire ; mais ſon Armée eſtoit d'ailleurs ſi conſiderable, qu'elle prit ſans peine Blois & Beaugency. Il ne luy reſtoit plus que de ſe ſaiſir de la Ville de Chartres capitale de la Beauſſe, pour ne laiſſer rien derriere qui l'incommodât, & pour s'aſſurer d'un grenier capable de luy fournir du blé durant un long ſejour devant Paris.

Elle fit pour l'inveſtir, vingt lieuës d'une ſeule traite, & ſon extrême diligence ne pût neantmoins empêcher qu'il n'y entrât les deux Compagnies d'Hommes d'armes de Charny & de ª Renty, les vingt Enſeignes d'Infanterie Gaſconne du jeune ᵇ Bourdeille-Ardelay, & cinq autres Enſeignes Catholiques.

Des ᶜ Ligneres Gouverneur de la Place, Gentilhomme experimenté, promit de ſoûtenir un long Siege avec cette Garniſon. La choſe n'eſtoit pourtant pas aiſée, parceque les Calviniſtes ne luy avoient pas donné le temps de démolir les Fauxbourgs & les maiſons d'alentour, trop proches des murailles ; & ſon travail ſe reduiſit à ſe retrancher au dedans, pendant que l'Artillerie du Prince battoit la Porte de Dreux. Tout le dommage qu'elle y fit, fut de briſer les chaînes du Pont-levis : Et Ligneres ayant d'autant moins ſujet de craindre, qu'on l'attaquoit par l'endroit le plus fort, entreprit de faire par une ſortie,

ª *Iacques Seigneur de Renty, & d'Acopins en Soiſſonois.*
ᵇ *André de Bordeille, Seigneur d'Ardelay.*
ᶜ *Antoine Seigneur des Ligneres en Auvergne.*

ce qu'il n'avoit pû avant le Siege. Les Calvinistes qui
s'estoient saisis du Monastere de S. Jean, & du Convent
des Cordeliers, tuoient impunément de-là tout ce qui
paroissoit à la deffense des Ramparts voisins, parceque les
Assiegez n'avoient pas la mesme liberté de les mirer. Il
n'y avoit point d'autre remede que de les déloger, Renty
& Ardelay en receurent l'ordre, & l'executerent. Le
Monastere & le Convent furent forcez, on passa au fil
de l'épée tout ce qui s'y trouva d'étrangers, le feu fut mis
au même instant dans les deux Eglises, & les Assiegeans
qui venoient pour l'éteindre, furent repoussez jusques à
ce que tout fut consumé. Les Calvinistes rebutez de cét
échec, transporterent leurs batteries vers la Porte Guillaume, & ne cesserent de tirer, qu'après avoir abattu environ seize toises de muraille entre cette Porte & la Tour;
mais ceux qui furent envoyez pour reconnoître la brêche,
la jugerent tout-à-fait dangereuse, nonobstant qu'elle
parût raisonnable, parce qu'elle estoit pardevant couverte du Boulevard qui servoit aussi de principale défense à la Porte de Dreux, & il y avoit derriere un retranchement assez considerable pour arrêter tout court
ceux qui penseroient entrer par-là dans la Ville. Il falut
donc commencer l'attaque par le Boulevard, & du Bour- *Iean Aca-*
det l'Officier le plus hardy de l'Infanterie Calviniste, fut *rie, Sei-*
commandé pour la donner. Il y perdit la vie, mais ses *gneur du Bourdet*
gens emporterent le Boulevard, & s'y estoient déja lo- *en Poitou.*
gez, lorsqu'un Sergent de la Garnison, nommé du Fresne,
les en chassa par un stratagême qui ne pouvoit estre ny
plus ingenieux, ny plus hardy. Ligneres luy permit de
choisir les plus déterminez des Troupes Gasconnes, &
de se travestir avec eux en gens du party Calviniste. Il

leur fit faire un circuit, & les mena de l'autre côté du Boulevard qui regardoit le quartier du Prince. Il feignit que l'Amiral fçachant que Ligneres alloit faire un éfort general pour recouvrer fa perte, les envoyoit pour renforcer ceux qui venoient de gagner le Boulevard ; & ce qu'il difoit, fe trouva fi conforme aux apparences, qu'il y fut introduit par les Affiegeans, d'autant plus aifez à feduire, qu'ils n'avoient plus de Chef. Il les tua tous jufqu'au dernier ; & comme il fçavoit affez la guerre pour préfuppofer que les Calviniftes ne luy donneroient point de quartier, s'ils avoient l'avantage fur luy, il fut tellement fur fes gardes durant tout le Siege, & foûtint avec tant de fermeté les divers affauts qu'ils luy donnerent, qu'il conferva le Boulevard. D'Andelot qui avoit tenté plufieurs fois de le reprendre, fut enfin contraint de le laiffer à côté, & d'envoyer un Soldat le plus experimenté de fes Troupes, nommé le Normand, pour reconnoître fi la brêche eftoit raifonnable, nonobftant l'incommodité du Boulevard. Le Normand executa en plein jour cette dangereufe commiffion, effuya tout le feu, tant du Boulevard que des Affiegez qui eftoient en faction à la brêche, en prit exactement toutes les dimenfions, & retournant fans avoir efté bleffé, rapporta à d'Andelot qu'il faloit au moins l'élargir de la moitié. Il receut une chaîne d'or pour recompenfe, & la batterie que d'Andelot avoit fait recommencer par fon rapport, obligea Ligneres d'élever un cavalier entre la Porte de Dreux & l'Eglife des Jacobins, pour battre ceux des Affiegeans qui approcheroient de la brêche. Ce Gouverneur logea tout auprés dans le Marché la meilleure partie de fa Garnifon, & exemta des fonctions militaires les plus foibles des Bour-

Dans la Relatiõ de ce Siege.

geois, à condition de porter aux Soldats à point nómé les chofes neceffaires à la vie.

Les Calviniftes travailloient cependant à fa ruine d'une maniere qui luy eût efté inévitable, s'ils l'euffent mife plûtôt en ufage. Le cours de la Riviere d'Evre n'eftoit pas naturel dans le lit où elle eftoit alors, & ce n'avoit efté que longtemps aprés la fondation de Chartres, que les Bourgeois de cette Ville avoient pensé à la détourner pour la faire paffer chez eux. Il paroiffoit encore des veftiges de leur travail; & comme il n'eft rien de plus aisé que de faire reprendre à l'eau fa premiere pente, les Calviniftes ne s'y appliquerent pas longtemps fans fuccés. Le plus grand dommage qu'en receurent les Affiegez, fut l'inutilité de leurs Moulins qui demeurerent à fec, & ceux à bras que l'on fit pour fuppléer au deffaut, n'euffent pas fuffi pour une Ville extraordinairement peuplée & deffenduë par une Garnifon trés-nombreufe, fi Ligneres qui avoit d'abord apprehendé le mal qu'il ne reffentit que dans la fuite, ne fe fût fi heureufement fervy des Moulins avant le travail des Affiegeans, qu'ils avoient déja moulu lorfqu'ils devinrent inutiles, une affez grande quantité de farine pour fuppléer au peu que l'on en tira depuis à force de bras.

On remedioit cependant en deux manieres au fracas de l'artillerie Calvinifte; l'une, en reparant la nuit ce qu'elle avoit abattu le jour; l'autre, en faifant du même côté où elle tonnoit, des forties qui en fufpendoient l'éfet par le defordre où elles mettoient les Canoniers. La plus fignalée de toutes fut celle où Ardelay commandoit cinq de fes Enfeignes Gafconnes : Le hazard luy oppofa un pareil nombre d'Enfeignes Calviniftes de même pays

1 5 6 7. fous les trois Vicomtes de Bourniquel, de Monclar & de
Paulin qui avoient efté longtemps l'effroy des Catholiques de Guyenne. Le zele de la Religion avoit étouffé
des deux côtez l'inclination que l'on a d'ordinaire pour
ceux de fon pays, & l'occafion eftoit favorable de décider laquelle de l'Infanterie Catholique, ou de la Calvinifte eftoit la meilleure. On la prit des deux côtez avec
une égale ardeur : Le combat fut long & fanglant ; enfin les Calviniftes lâcherent le pié, & Ardelay remporta
dans Charttes, comme en triomphe, deux de leurs Enfeignes. Elles furent arborées dans l'Eglife Cathedrale ;
mais Ardelay ne joüit pas longtemps des applaudiffe-
mens dûs à fa valeur. Il poffedoit tous les avantages du
corps & de l'efprit, la bonne mine, l'enjoüement, la capacité pour les affaires les plus delicates, & toute la grandeur de courage qui peut élever un Gentilhomme aux
premieres Charges de la guerre. Il les avoit meritées tout
jeune qu'il eftoit par un grand nombre de belles actions,
lorfqu'eftant allé deffendre la brêche, une balle luy donna dans la tefte, & le renverfa mort.

Ligneres crut ne pouvoir contribuër à la reputation
d'Ardelay, d'une maniere plus fignalée qu'en le faifant
enterrer dans l'Eglife Cathedrale ; mais les Chanoines s'y
oppoferent, fur ce que leur Eglife ayant, difoient-ils, efté
premierement bâtie par les Druides à l'honneur de la
Vierge qui devoit enfanter, on n'y avoit jamais enterré
perfonne, afin de conferver autant qu'il eftoit poffible
dans un lieu fi faint, le fymbole de l'incorruption. La
Cour preffée de terminer le different, affecta de contenter les deux parties, en prononçant que l'on éleveroit
dans l'Eglife un Tombeau hors de terre, où feroit mis le

Dans l'E-
loge d'Ar-
delay.
Virgini pa-
riturae.

corps d'Ardelay ; ce qui fut executé : Mais aprés le Siege
les Chanoines déterrerent le corps durant la nuit, & l'in-
humerent dans une autre Eglise, avec tant de secret que
la chose ne fut divulguée que longtemps aprés.

Les affaires des Calvinistes ne s'avancerent pas davantage par la mort d'Ardelay, & le Prince & l'Amiral reconnurent que ce seroit ruiner inutilement leur Armée,
que de continuër un Siege régulier à la veuë de la Catholique qui n'estoit pas moins puissante que la leur ; car le
Duc d'Anjou, aprés avoir recouvré les Places prises par
les Calvinistes sur les Rivieres, & fermé de cette sorte aux
Allemans le chemin du retour, s'approcha autant qu'il
pût de Chartres, la Seine entre-deux, & se proposa d'en
faire lever le Siege sans rien hasarder. Il détacha Nogaret-
la-Vallette qui passa la Riviere avec dix-huit Cornettes
de Cavalerie, & se logea dans Houdan, d'où il enleva les
convois des Calvinistes, & les reduisit en peu de jours à
de telles extremitez, que l'Amiral hasarda tout pour se
délivrer d'un si incommode voisin. Il prit l'élite de sa
Cavalerie, & s'approcha de Houdan avec une telle diligence, que si elle ne prévint le bruit de sa marche, elle
ôta du moins à la Vallette le temps dont il avoit besoin
pour se retirer. Il sortit pourtant avec cinq cens Chevaux
par une porte, pendant que l'Amiral entroit par l'autre ;
& quoyqu'on le poursuivît avec une vigueur sans relâche, il ne laissa pas de faire avec un si petit nombre de
Cavalerie une retraite admirée par les meilleurs Capitaines des deux Partis. Il ne perdit ny le jugement, ny l'ordre, sa marche n'en fut pas plus hâtée qu'à l'ordinaire, il
tourna visage autant de fois que le besoin l'y obligea, &
il arriva sur le bord de la Seine avant que les Calvinistes

Iean de Nogaret, Seigneur de la Val- lette, Mes- tre de Cap general de la Ca- valerie legere.

1 5 6 7. cessassent de le poursuivre. La Cavalerie Catholique qui
passa l'eau pour le soûtenir, contraignit l'Amiral de se
retirer ; & l'on soupçonna que ce fut par un motif de
crainte, sur ce qu'il ne s'arrêta qu'aprés qu'il fut retourné
dans son Camp : En effet, l'importance de sauver Chartres
estoit si grande, qu'il ne falloit pas douter que le Duc
d'Anjou ne s'en approchât ; & la necessité d'un combat
general qui eût alors esté inévitable, toucha tellement la
Reine, qu'elle resolut d'acheter la Paix aux dépens de toutes les modifications apportées au dernier Edit en faveur
des Calvinistes. Elle en avertit le Prince & l'Amiral qui
s'en rapporterent à leur Conseil. La chose y fut examinée, & trouvée de telle consequence en tout sens, qu'au
lieu de déliberer si la guerre estoit plus utile que la paix,
on s'attacha seulement à prévoir si la ruine du party se
differeroit davantage en combatant, qu'en posant les armes. Le premier de ces deux sentimens estoit fondé sur
ce que l'interest des Catholiques en general, & de la Reine
en particulier, n'alloit qu'à diviser les Calvinistes, puis
qu'on n'avoit pû les affoiblir par une autre voye ; à leur
ôter d'un trait de plume les Villes de seureté qu'ils estoient
en état de deffendre ; à les renvoyer dans leurs maisons,
& à les y opprimer l'un aprés l'autre, sous des pretextes
dont la politique ne manqueroit pas ; que l'humeur Italienne n'estoit point de pardonner, & que si le Roy tout
jeune qu'il estoit, avoit protesté plus d'une fois qu'il se
souviendroit en temps & lieu de l'injure receuë à Meaux,
il n'estoit pas possible que la Reine l'oubliât, puisque c'estoit à elle à qui l'on devoit principalement s'adresser pour
luy faire au moins rendre compte de son administration,
si on eût pû se saisir de sa personne.

                                                    Le

Le fecond fentiment eftoit pris de l'impoffibilité où le 1567
party Calvinifte fe trouvoit de continuër la guerre. Elle
eftoit fi grande, que le Prince & l'Amiral n'eftoient pas
mefme affeurez de fe voir encore trois jours à la tefte
d'une Armée, car les Soldats de Xaintonge & de Poitou
qui avoient efté les plus zelez pour la nouvelle Religion
durant la premiere guerre, commençoient à déferter par
bandes, avec tant de mépris de leurs Chefs, qu'ils n'attendoient pas même la nuit, & ne prenoient aucune précaution pour fortir du Camp avec moins d'éclat. Ceux qui
demeuroient, menaçoient à tout moment de fuivre les
autres, & empêchoient par là les principaux Officiers de
leur rien commander de penible. Ceux qui paroiffoient
les plus moderez, ne laiffoient pas de dire d'un ton affez
haut pour eftre entendus, qu'ils n'avoient repris les armes
que pour retrancher les modifications qui rendoient inutile la liberté de confcience, ftipulée dans l'accommodement ; & que puifque la Cour offroit de les fupprimer,
ils ne voyoient pas pourquoy le Prince & l'Amiral ne la
prenoient point au mot, & ne fe mettoient point autrement en peine d'épargner la bourfe & la vie de leurs amis,
vû principalement que d'un côté ils n'avoient ny vivres à
leur donner, ny argent à leur prêter ; & que de l'autre, ils les tenoient éloignez de leurs familles, dans un
temps où elles eftoient exposées à la licence des Catholiques.

Le Prince & l'Amiral n'eftoient donc pas abfolument
libres d'accepter, ou de refufer la Paix : Tout ce qu'ils
pouvoient ménager dans une conjoncture fi difficile, eftoit de n'en pas laiffer l'execution à la pure volonté de la
Cour, comme ils avoient fait auparavant ; ce qui l'avoit

Tome II.   S

portée à la violer auffi fouvent qu'elle l'avoit jugé utile à fes interefts. Ils y voulurent travailler, en difpofant les Calviniftes à retenir les Troupes Allemandes du Prince Cafimir, jufques à ce qu'ils euffent vû fi les Catholiques agiffoient fincerement dans le Traité. Cét expedient eftoit propre, non feulement pour la fin que le Prince & l'Amiral paroiffoient avoir, mais encore à celle qu'ils tenoient cachée. Ils fuppofoient que le projet de Meaux les avoit rendus irreconciliables avec la Cour : Qu'elle s'en vangeroit tôt ou tard : Qu'on ne leur accorderoit rien qu'à deffein de les mieux furprendre, & qu'on ne *Dans les* tiendroit rien de ce qu'on leur promettroit. Sur ce raifon*veritables* nement qui n'eftoit que trop folide, le plus preffant de *caufes de* leurs interefts eftoit de penfer à leur feureté particuliere, *cette fe-* puifque le party refufoit d'établir la feureté generale, au*códePaix.* tant qu'il eût efté à defirer ; & ils eftoient certains que l'on n'attenteroit point à leurs perfonnes, tant qu'ils auroient pour efcorte l'Armée Allemande.

Quoyque ce projet parût admirable dans la fpeculation, il eftoit neantmoins de ceux qui ne réuffiffent jamais dans la pratique, parce qu'il eftoit traverfé par deux obftacles invincibles que le Confeil Calvinifte découvrit auffi-tôt qu'on luy en eut fait la propofition. Le premier fe tiroit de la Cour qui ne confentiroit jamais qu'il y eût dans l'Etat des Troupes indépendantes du Roy, ou fi la neceffité des affaires la forçoit d'y confentir, elle leur voudroit oppofer d'autres Troupes plus nombreufes, ou du moins égales. Elle les logeroit même le plus prés des Allemans qu'il fe pourroit, afin de les obferver avec plus d'exactitude ; & la proximité d'un fi grand nombre de gens armez, de partis contraires, eftoit fi dangereufe,

que toutes les précautions humaines ne les empêche-
roient pas longtemps de se battre, ny par consequent de
rompre la Paix. Le second obstacle venoit de ce que les
Allemans ne seroient receus que dans les Villes presque
toutes Calvinistes, où il seroit impossible de les tenir en
discipline, si elles n'estoient régulierement payées. Il faudroit pour trouver un fond necessaire à leur subsistance,
imposer de nouvelles Tailles sur ceux de la Religion ; à
quoy la Cour acquiesceroit aussi peu qu'à l'autre proposition, ou si pour des raisons inconnuës elle le permettoit, tous les Calvinistes ne consentiroient jamais à payer
la Taille, & ceux qui pretendroient ne rien payer, se
trouveroient en un nombre d'autant plus grand, qu'ils
se verroient appuyez de la Cour. Ainsi le moindre mal
qui arriveroit de cette exaction, seroit la discorde, & par
consequent l'entiere ruine du party.

Le Prince & l'Amiral furent donc reduits à chercher
leur seureté hors du Royaume, ou à s'exposer en y demeurant, à la discretion de la Cour ; & la derniere de ces
deux extrémitez toute éfroyable qu'elle estoit, leur parut
moindre que la premiere. Ils signerent les Articles du
Traité qui contenoient le retranchement des exceptions,
clauses, interpretations & autres semblables adoucisse-
mens du Traité conclu cinq ans auparavant avec ceux
de la Religion Calviniste ; la confirmation nouvelle du
même Traité dans toute son étenduë ; l'Amnistie de tous
les desordres passez, & l'exercice libre des deux Religions
dans l'Etat, en attendant qu'il n'y en eût plus qu'une.

Le Parlement de Paris pressé de verifier ce Traité,
n'obeït qu'aprés quatre Jussions, le vingt sept Mars 1568.
& ne laissa pas d'inserer dans son Registre secret, des

Dans la
seconde
paix avec
les Calvi-
niftes.

modifications qui le rendoient inutile dans ce qu'il contenoit de plus important. Le Parlement de Toloze plus
éloigné de la prefence de leurs Majeftez, & plus emporté contre le Calvinifme, porta plus loin le refus de
verifier. Auffi le Prince de Condé avoit mal choifi le
folliciteur d'une affaire fi délicate ; c'eftoit Rapin fon
Domeftique, d'autant plus odieux aux Confeillers, qu'il
avoit aidé un peu auparavant à brûler leurs Maifons de
campagne. L'outrage eftoit frais, & les offenfez ne fe
crûrent pas affez vangez en renvoyant Rapin fans avoir
rien fait, ils rechercherent fes fautes de jeuneffe, ils en
trouverent qui meritoient la mort, & ils luy firent trancher la tefte.

Le Prince & l'Amiral n'en firent gueres moins de
bruit que fi l'injure fe fuft adreffée à leurs perfonnes ;
mais comme cét homme avoit efté envoyé au fupplice
dans les formes de la Juftice, quoyqu'à contre-temps,
ce n'eftoit pas une caufe affez forte pour rompre la
Paix. Ils ne laifferent pas de reftituer les Villes de Soif-
fons, d'Auxerre, d'Orleans, de Blois & de la Charité ;
& leur complaifance alla jufqu'à defavouer les Colonels
Coqueville, S. Amand & Vaillant, dans une action
dont ils leur avoient donné les ordres fecrets. Le Duc
d'Albe, aprés eftre entré fans obftacle dans les Pays-
bas, y avoit fait arrêter les deux principaux Seigneurs,
les Comtes *a* d'Egmont & de *b* Hornes ; mais le Prince *c*
d'Orange luy eftoit échappé. Comme il avoit intelligence avec le Prince de Condé & l'Amiral, il les avoit
difpofez à renvoyer fur la Frontiere de Picardie une
partie des Troupes Calviniftes que la Paix rendoit inutiles, & fon deffein eftoit qu'elles pûffent joindre les

a Lamo-
ral Comte
d'Egmont
Gouver-
neur de
Flandres.
b Philippe
de Mon-
morency,
Comte de
Hornes.
c Guillau-
me de
Naffau 2.
du nom.

1 5 6 8.

trente mille Allemans qu'il menoit en Flandres, à deffein
de faire foûlever cette Province où il avoit tant d'amis.
Le Prince de Condé & l'Amiral avoient commandé à
Coqueville, S. Amand & Vaillant d'attendre avec un
Camp volant vers la Riviere de Somme, l'occafion de
renforcer l'Armée du Prince d'Orange ; mais la marche
de ces trois Colonels ne pût eftre fi cachée, que le Duc
d'Albe n'en fut averty, & il fit remontrer au Roy & à
la Reine par Méxia Ambaffadeur d'Efpagne en France,
Que leurs Majeftez violoient le Traité de Câteau-Cambrefis, en fouffrant que leurs Sujets favorifaffent la revolte des Pays-bas.

La Reine qui avoit affez d'affaires fâcheufes à démêler, fans s'attirer la guerre avec l'Efpagne, n'oublia rien
de ce qui fervoit à fatisfaire le Duc d'Albe, & elle impor-
tuna tant le Prince & l'Amiral de s'expliquer fur le deffein
des trois Colonels, que ces deux Chefs perfuadez que
leurs gens auroient déja joint le Prince d'Orange, répondirent pofitivement, que les Troupes des trois Colonels eftoient compofées de Soldats fans aveu. La Reine
qui n'attendoit que ce dernier mot, écrivit en toute diligence au Marêchal de Coffé d'affembler les Troupes
Catholiques deftinées à garder la Frontiere de Picardie,
& d'exterminer en toute maniere ce qu'il y trouveroit de
Calviniftes armez.

Le Marêchal qui connoiffoit l'importance du fervice
qu'il rendroit à fa bienfaictrice, fe mit fi promptement
à la tefte d'un Corps d'Armée, que les trois Colonels
n'eurent le loifir que de fe jetter dans la Ville de Saint-
Valery, où ils furent incontinent affiegez. Ils repoufferent avec une valeur extraordinaire un furieux affaut des

1 5 6 8. Catholiques ; mais ils n'en furent pas plus heureux, parce que la Bourgeoisie de Saint-Valery qui ne leur estoit pas favorable, fit entrer le Marêchal dans la Ville par un côté, pendant qu'ils se deffendoient de l'autre. Ainsi les Soldats Calvinistes furent taillez en pieces, & les Officiers qui se rendirent sous esperance d'estre traitez en prisonniers de guerre, passerent par la main du Boureau. Le Prince d'Orange arriva trop tard pour les dégager, & n'ayant pû faire soûlever les Flamands, se mit en devoir d'entrer en Picardie pour y rafraîchir ses Allemans ; mais la Reine luy envoya Gaspard de Schomberg, qui sous pretexte de négocier avec luy, fit comprendre si nettemént aux Allemans ses compatriotes, qu'il n'y avoit alors en France rien à gagner pour eux, qu'ils obligerent le Prince à les remener sur les Frontieres de l'Empire, où ils se dissiperent.

Colonel des Reitres, depuis Côte de Nanteuil en Valois, sur Intendant des Finances, & Gouverneur de la Marche.

La démarche du Prince d'Orange, toute infructueuse qu'elle avoit esté, n'avoit pas laissé de donner à la Cour de nouveaux soupçons des Calvinistes, qui s'augmenterent par leur refus de restituër les Villes de Sommieres, Montpellier, Castres, Alby, Millaud, Vezelay & la Rochelle qui s'estoient declarées en leur faveur dés le commencemént de la seconde guerre civile. De plus, on avoit sçû que leur dessein estoit de ne rendre aucune de celles dont ils s'estoient emparez en Provence, & l'on avoit esté contraint d'y envoyer Biron Marêchal de Camp, avec les Troupes les plus aguerries du party Catholique, qui n'avoit obtenu que par force le licenciement des Garnisons Calvinistes : Mais ces contraventions estoient legeres en comparaison de celle de la Rochelle, où il sembloit que l'heresie & la rebellion se préparassent un azile, en ne

laiſſant plus à Jarnac que la qualité de Gouverneur; en
le dépouïllant de toute l'autorité annexée à ſa Charge;
en ne luy permettant pas d'entrer le plus fort dans la
Ville; en ne voulant plus, ny recevoir les Bourgeois qui
avoient préferé l'exil au changement de Religion, ny rétablir les Officiers Royaux dépoſez pour le même ſujet;
en bâtiſſant des Vaiſſeaux par la ſeule autorité du Maire,
& en détournant les deniers Royaux pour la dépenſe des
Fortifications nouvelles.

La Reine en fit des plaintes au Prince & à l'Amiral qui
s'excuſerent ſur le peu de déference que l'on commençoit
à avoir pour leurs ordres dans le party; ce qu'ils diſoient
eſtoit vray, mais outre que l'on n'eſtoit pas obligé de les
croire, il y avoit lieu de les preſſer ſur l'execution d'un
Traité dont ils s'eſtoient chargez ſolemnellement, puis
qu'ils eſtoient Chefs de party, & que d'ailleurs on avoit
ſçû une particularité que le manuſcrit de la Vie de Soubiſe ne diſſimule pas. Elle conſiſtoit en ce qu'immediatement aprés la ſignature du premier Traité, le Prince de
Condé avoit écrit à Soubiſe de differer autant qu'il pourroit, la reſtitution de la Ville de Lyon, quelque ordre contraire qu'il reçût de ſa part, ou de celle de l'Amiral; d'où
l'on concluoit que le Prince avoit apparemment mandé
la même choſe à ceux qui refuſoient d'évacuer les autres
Places: Et de fait, la Cour ſe contenta ſi peu de cette défaite, qu'elle retint les Suiſſes & la Cavalerie Italienne
qu'elle avoit promis de licencier, & diſtribua les François Catholiques ſur les Frontieres de Picardie & de Champagne, ſous ptetexte d'obſerver les Troupes Calviniſtes
que *a* Genlis & *b* Mouy avoient menées au Prince d'Orange. Enfin l'on ne ſe mit point en devoir de faire punir

1 5 6 8.

*Dans le
Reglemët
des Roche-
lois.*

*a François
de Hâgeſt.
b Vaudray
Seigneur
de Mouy-
S. Phale
en Beau-
voiſis.*

c *René de Savoye, Baron de Cipiere en Provence.*
d *Claude de Savoie.*
e *Pierre Seigneur d'Amāzé en Bourgogne.*

les affaffins des deux plus confiderables Calviniftes de Provence & de Bourgogne, Cipiere c Fils aîné du Comte d de Tende, & e Amanzé.

Le Chancelier de Lhôpital qui remarquoit dans toutes ces démarches tant de difpofition à renouveller la guerre, eut recours au dernier moyen de la prévenir. Il prit fon temps pour reprefenter fortement au Roy, que perfonne n'ayant tant d'intereft que fa Majefté à maintenir en paix fes Sujets, elle eftoit obligée par toutes les confiderations divines & humaines, à veiller avec tant d'exactitude à l'accompliffement de tout ce qui avoit efté promis de part & d'autre, qu'aucun des deux partis n'eût fujet de recourir aux armes.

Le Roy, quoy qu'élevé fans aucune application aux affaires, penetra par la vivacité qui luy eftoit naturelle, l'importance de l'avis qu'on luy donnoit, & preffa tant de fois la Reine d'un côté, & le Prince & l'Amiral de l'autre, de proceder de meilleure foy à l'execution du Traité, que la Reine foupçonna que le Chancelier luy avoit appris plus qu'elle ne vouloit qu'il en fçût. Cette défiance ne l'eût pas neantmoins tout-à-fait alliénée du Chancelier, fi elle eût crû que ce Miniftre fe fût contenté d'informer le Roy de fes veritables interefts au dedans de l'Etat; mais elle pouffa plus loin fa crainte, & fon inquietude alla jufqu'à fe figurer que le Chancelier rendoit à l'exclure du Gouvernement, & à devenir premier Miniftre, fous couleur de porter le Roy à prendre connoiffance de fes affaires. Sa conjecture eftoit fondée fur deux raifons; l'une, que de la maniere dont on avoit élevé le Roy, & dans la condefcendance que l'on avoit euë à luy laiffer fuivre fans diftinction & fans referve toutes fes
inclinations

inclinations bonnes & mauvaises, il n'y avoit aucune ap- parence qu'il fût jamais d'humeur à se charger du poids du Gouvernement, & s'il feignoit le contraire, ce ne se- roit que pour deux ou trois jours, avec intention de s'en décharger ensuite sur une personne plus laborieuse & plus experimentée.

La seconde raison estoit prise de la jalousie qu'avoit témoigné le Roy, lorsque la Reine avoit demandé pour le Duc d'Anjou les Charges de Connêtable & de Lieute- nant general. Surquoy il y avoit lieu de présumer que le *Dans les* Roy qui n'avoit accordé la derniere qu'aux importunitez *causes de* *ladisgrace* de sa Mere, cherchoit à la rendre inutile à son Frere, en *du Chan-* faisant subsister le second Traité de Paix, & se servoit à *celier de* cette fin du Chancelier, parceque sa Majesté l'avoit toû- *Lhôpital.* jours reconnu très éloigné des desseins de recommencer la guerre. Sur ces deux foibles fondemens, la Reine en- treprit d'éloigner le Chancelier, & l'executa avec toute l'adresse d'une femme d'autant plus attachée à regner, qu'il y avoit déja huit ans qu'elle gouvernoit presque absolument sous le nom de son Fils.

Les moyens qui luy servirent dans le cours d'une in- trigue si difficile, sont trop délicats pour n'estre rappor- tez qu'en abregé, & trop curieux pour ne l'estre pas dans cette Histoire. Comme sa fin principale estoit de décre- diter le Chancelier dans l'esprit du Roy, elle commença d'y travailler indirectement, en faisant faire reflexion à sa Majesté à diverses reprises, sur ce qu'on disoit communé- ment à la Cour, *Dieu nous garde de la Messe du Chancelier.* Comme si on eût voulu dire qu'il n'estoit Catholique qu'en ce point, & que toutes ses autres actions sentoient le Calvinisme. Elle ajoûta, ou pour mieux dire, elle fit

1568. souvenir le Roy, que dans la querelle qu'il avoit euë en plein Conseil avec le Cardinal de Lorraine, lorsqu'il s'agissoit de resoudre si le Concile de Trente seroit receu en France, il luy estoit échappé de dire que sans les Rois Trés-Chrêtiens de la seconde race, il y auroit prés de sept cens ans que l'Eglise n'auroit plus de Pape ; qu'elle estoit redevable à ces Princes de sa conservation, & qu'ils avoient grand tort de s'estre legerement laissé priver du droit qu'ils avoient de les élire : Que le Chancelier allant en Provence faire executer les ordres de sa Majesté, s'estoit servy d'une escorte Calviniste, comme n'ayant point assez de confiance aux Soldats Catholiques : Que sa [a] Femme, sa fille [b] unique, son [c] Gendre & toute sa Famille estoient Calvinistes ; qu'il l'estoit luy-même, & qu'il ne demeuroit dans la Communion des Catholiques, que de peur qu'on ne luy ôtât les Sceaux.

Le Roy touché de ces particularitez qui luy avoient esté cachées jusques-là, écouta plus attentivement sa Mere qui luy remontroit que le plus grand mal du Chancelier n'estoit pas d'avoir embrassé les sentimens Calvinistes, mais de s'estre laissé prévenir de l'esprit de cette malheureuse secte qui avoit une haine implacable pour la Monarchie ; que pour demeurer d'accord d'une verité si constante, il ne faloit que prendre garde aux dernieres paroles qu'il avoit prononcées dans le Conseil il n'y avoit que trois jours, à l'occasion du refus que faisoient les Rochelois de se soûmettre à Jarnac leur Gouverneur : Car encore que tous les Conseillers d'Etat eussent esté d'avis d'envoyer des Troupes Catholiques pour rendre Jarnac le plus fort dans cette Ville rebelle, le Chancelier s'estoit obstiné à pretendre qu'il ne faloit point sortir des termes

a *Marie Morin.*
b *Magdelaine de Lhôpital.*
c *Robert Hurault, Seigneur de Belebat Maistre des Requestes.*

de la douceur, & que si Jarnac devoit estre rétably, il **1 5 6 8.**
faloit que ce fût uniquement par la voye de la négociation ; ce qui estoit à peu prés la même chose que si le
Chancelier eût soûtenu qu'il faloit donner à la Ville de
la Rochelle le temps de s'ériger en Republique, puisqu'on
sçavoit qu'elle recherchoit avec soin les Reglemens des
Villes libres de l'Empire, pour en former un semblable ;
ce qui ne pouvoit estre souffert dans une Monarchie aussi
absoluë que la Françoise.

Il estoit vray que le Chancelier avoit tenu ce langage, soit qu'il ignorât que les Bourgeois de la Rochelle
eussent intention d'imiter ceux de Geneve, ou qu'il sup-
posât que l'unique voye pour les en détourner, estoit de
les mettre dans une possession entiere de leurs privileges ;
mais le Roy qui prenoit feu aisément, sur tout lorsqu'il
estoit menacé du retranchement de sa Souveraineté, quoy
qu'il n'en goûtât pas encore toute la douceur, diminua
insensiblement l'estime qu'il avoit pour le Chancelier, &
la perdit enfin par les artifices de sa Mere, à l'occasion
qui suit.

La Reine avoit pressé le Pape Pie V. d'accorder au Roy *Dans les*
la permission d'alliener les biens du Clergé de France, *Brefs de*
jusqu'à la concurrence de cinquante mil écus de revenu. *Pie V.*
Le Pape, au lieu de la faire expedier pure & simple, y
avoit inseré des conditions capables de nuire beaucoup
plus au Roy, que ne pouvoit servir la somme que l'on en
devoit tirer. Sa Sainteté entendoit qu'elle fût toute employée à renouveller la guerre contre les Calvinistes, &
que la Cour ne fist ensuite avec eux ny Paix, ny Tréve,
jusques à ce qu'ils fussent entierement exterminez, ou
qu'ils revinssent volontairement à la Communion de

T ij

1 5 6 8. l'Eglife. Elle cenfuroit les Edits, & generalement tous les Traitez faits en leur faveur, & declaroit aux Catholiques qu'ils ne pouvoient plus en confcience fouffrir l'exercice d'aucune autre Religion que la leur. La permiffion fut prefentée au Confeil par le Cardinal de Lorraine, & le Chancelier qui n'eftoit point informé des mauvaifes impreffions que la Reine avoit données au Roy de fa conduite, fe comporta comme à l'ordinaire. Il prit la permiffion, il la lût, il l'examina, il en exagera les défauts, & il paffa même jufqu'à conclure qu'il faloit éviter de la publier dans toute fon étenduë pour deux raifons invincibles: L'une, qu'il paroîtroit par-là que la Cour dans le temps qu'elle negocioit & faifoit la Paix avec les Calviniftes, prenoit des mefures avec le Saint Siege pour leur dénoncer la guerre peu de mois aprés. L'autre, qu'il y avoit dans la permiffion des termes qui poüvoient eftre expliquez au fens d'une efpece de Ligue formée entre les Catholiques à la ruine des Heretiques; ce qui donneroit fujet à ceux-cy de former une contre-ligue pour leur défenfe: Et fi les Calviniftes de France entroient une fois dans une liaifon de cette nature avec les Proteftans d'Alemagne, le Roy à proprement parler, ne feroit plus fouverain, puifqu'ils ne recevroient plus fes ordres que du confentement des étrangers, & qu'il y auroit par confequent un obftacle perpetuël entre la puiffance Royale & l'obéiffance des Sujets. Mais le Roy prévenu prit la chofe à contre-fens. Il fe figura que le Chancelier n'ayant pas affez de credit pour détourner la guerre, cherchoit à la reculer, afin d'empêcher autant qu'il luy feroit poffible, la ruine du party qu'il favorifoit en fecret: Qu'il s'eftoit avifé pour cela d'embarraffer la Cour de France avec le

S. Siege, dans une conteftation qui ne feroit terminée de longtemps, & que cependant l'Armée Catholique demeureroit dans l'impuiffance d'agir, parce qu'elle feroit fruftrée de l'argent le plus clair dont elle s'attendoit d'eftre payée.

Ce préjugé fomenté par la Reine dans l'efprit de fon Fils, luy donna une telle averfion pour le Chancelier, qu'il reconnut qu'il eftoit temps de penfer à la retraite. Il fe retira dans fa maifon de Vignay proche d'Etampes, & il n'y fut pas plûtôt arrivé, que *a* Brulard Secretaire des Commandemens de la Reine, eut ordre de luy demander les Sceaux, qui furent donnez à *b* Morvilliers perfonnage qui n'avoit pas moins de probité dans le fonds, que le Chancelier ; mais dont la Cour fe promettoit de difpofer plus facilement, parce qu'il ne l'égaloit ny en fermeté d'ame, ny en penetration d'efprit.

La Reine affurée de ne trouver plus d'oppofition dans le Confeil, y fit refoudre la troifiéme guerre civile, & prit de deux fortes de mefures pour la commencer par l'enlevement du Prince de Condé & de l'Amiral, dont le premier s'eftoit retiré à Noyers, & l'autre dans fa maifon de Tanlay. Les premieres furent avec Gouhas qui fous pretexte d'aller bloquer la Rochelle, mena fon Regiment en Bourgogne avec quatorze Compagnies d'Hommes-d'armes & quatre Enfeignes de l'Infanterie de Briffac : Mais un Domeftique de Gouhas preffentit l'intention de fon Maître, & la revela à l'Amiral dont il eftoit efpion. Les fecondes mefures de la Reine furent avec Tavannes Lieutenant de Roy en Bourgogne, qui ayant eu l'adreffe de gagner la plûpart des Gentilshommes Catholiques de fa Province, les pouvoit affembler avec moins

a Pierre Brulard, depuis Secretaire d'Etat, & Seigneur de Crofne & de Genlis.

b Iean de Morvilliers Evêque d'Orleans.

Iean de Biran, Baron de Gouhas.

Gafpard de Saux.

1 5 6 8.

Dans les Memoires de Ta-vannes.

de bruit, & forcer en un moment les deux Châteaux voi-sins l'un de l'autre, où estoient le Prince & l'Amiral; & de fait, rien ne les empêcha d'estre pris que le trop de précaution de Tavannes.

Comme il ne donnoit au hazard que le moins qu'il pouvoir, il crut qu'avant que d'attaquer Noyers, il devoit sonder la profondeur du fossé. Le Soldat employé pour cela, fut découvert en y travaillant, & le Prince & l'Ami-ral, à qui d'Andelot avoit amené une escorte de cent cinquante Lances, prirent en même temps le chemin de la Rochelle, quoy qu'il fust gardé par les Troupes des Catholiques.

Celles qui avoient manqué d'enlever le Prince & l'Ami-ral, croyant reparer leur faute en les attendant au passage de la Loire, marcherent droit à Sancerre. Elles y arrive-rent au moment que le Prince qui avoit esté renforcé de deux cens Chevaux, avoit passé à l'autre bord, & la nuit qui estoit proche, leur fit differer jusqu'au lendemain le trajet de la Riviere pour le poursuivre, sur ce que son escorte estoit si lasse, qu'il seroit contraint de la laisser re-poser: Mais il tomba la nuit suivante une quantité d'eau si prodigieuse, que la Loire ne fut plus gayable, & le Prince ayant esté joint par [a] Ivoy Blosset, & [b] Boucard qui luy menerent cinq cens Gentilshommes, ne pût estre arresté ny dans le Poitou, ny dans la Xaintonge, & en-tra dans la Rochelle le dix-neufiéme Septembre 1568. Les Calvinistes s'y engagerent à la guerre par un nouveau serment; & comme ils n'osoient se proposer pour objet de leurs armes, ny le Roy, ny la Reine, & que le Duc de Guise leur paroissoit trop jeune pour estre digne de leur colere, ils prirent pour fantôme de leur revolte le Cardinal de Lor-

[a] *Iean de Hangest.*
[b] *Iacques de Bou-card.*

raine, quoyqu'il n'eût alors que très-peu de part dans les affaires, & s'entrepromirent de ne défarmer qu'aprés qu'ils l'auroient exterminé, ou banny. Ils firent enfuite de nouveaux Reglemens pour la difcipline militaire, & ordonnerent qu'on les liroit tous les huit jours.

Le Prince & l'Amiral s'engagerent par avance à ne donner aucune grace à ceux qui les violeroient, afin de prévenir les importunitez dont on uferoit à leur égard : Mais le zele de la nouvelle Religion eftoit déja fi refroidy, que les mêmes Soldats Calviniftes, que l'on difoit avoir vêcu en Anges dans la premiere guerre, & en Hommes dans la feconde, eftoient devenus prefque autant de Démons dans la troifième, foit qu'ils n'agiffent plus que par des motifs de pure malice, ou que ce qu'ils avoient de bonnes inclinations, eût achevé de fe corrompre par la frequentation des méchans qui eftoient entrez dans leur party.

La Reine inventa à fon tour une efpece de Formulaire qu'elle fit figner aux Catholiques, dont la fubftance eftoit, Qu'ils reconnoffoient le Roy Charles IX. pour legitime & fouverain Seigneur : Qu'ils luy obéiroient en tout & par tout : Qu'ils ne prendroient les armes que par fes ordres : Qu'ils n'affifteroient ny d'argent, ny d'aucune autre chofe, ceux de la Religion contraire : Qu'ils n'entreroient dans aucune liaifon particuliere contre fa Majefté, & qu'ils reveleroient de bonne-foy celles dont ils auroient connoiffance.

Comme la Rochelle avoit efté choifie des deux côtez pour le theatre de la guerre, il y arriva en peu de jours un fi grand nombre de Troupes, que les plus habiles jugerent qu'on ne demeureroit pas longtemps fans donner

a *Michel d'Aftarac, Seigneur de Fontrailles.*
b *Armand de Clermont, Seigneur de Piles.*
c *Iean d'A-ftarac, Seigneur de Montamat.*
d *N... d'E-ftuer, Seigneur de S. Megrin en Xaintonge.*
e *Iean de Ferrieres.*
f *Antoine de la Rochefou-cauld Barbe-fieux, Seigneur de Chaumont.*
g *Charles de Beaumanoir Baron de Lavardin au Maine.*
h *Gabriel Comte de Mongomery.*
i *François Seigneur de la Nouë.*
k *Sebaftien de Luxem-bourg, Vicô-te de Marti-gues en Pro-vence.*
l *Iean de Broffe & de Bretagne, Duc d'Etampes.*

1568. Bataille. La Reine de Navarre qui craignoit prefque éga-lement d'eftre enlevée avec fes Enfans par les Efpagnols, fi elle fe retiroit dans fa Principauté de Bearn, & par Montluc, fi elle demeuroit à Nérac, en fortit avec eux & alla joindre le Prince de Condé, à qui elle mena une belle Cavalerie fous la conduite de ᵃ Fontrailles, Senêchal d'Armagnac, & quarante-deux Enfeignes d'Infanterie commandées par ᵇ Piles, le jeune ᶜ Fontrailles & ᵈ S. Mé-grin. Les Calviniftes de Normandie, de Bretagne, d'An-jou & du Maine s'affemblerent auffi en trés-grand nom-bre, & prefferent le Prince de leur envoyer d'Andelot, parce qu'ils avoient befoin de fon experience & de fon adreffe pour furmonter les obftacles qui traverferoient leur marche. D'Andelot les joignit à la Vallée de Beau-fort, & trouva l'Infanterie commandée par le Vidâme ᵉ de Chartres & par le jeune ᶠ Barbefieux. ᵍ Lavardin y commandoit quatre Compagnies de Lances & deux d'Ar-quebufiers à cheval, ʰ Montgommery, trois Compagnies de Cavalerie & cinq Enfeignes d'Infanterie, & la ⁱ Nouë quatre Cornettes d'Hommes-d'armes & cinq cens Fantaf-fins. Ils avoient deffein de paffer la Loire à Saint Mathurin, mais ils n'y furent pas plûtôt arrivez qu'ils eurent à leurs trouffes les Catholiques; car le Duc de Montpenfier in-formé de leur marche, avoit écrit au Vicomte de ᵏ Mar-tigues de le venir joindre avec les Troupes de Bretagne qu'il commandoit fous l'autorité du Duc ˡ d'Etampes fon Oncle maternel, Gouverneur de la Province. Il fembloit que les Calviniftes ne pûffent alors éviter leur entiere ruine, puifque Martigues auffi diligent qu'intrepide, re-çût à point nommé l'avis du Duc de Montpenfier, & il l'eût joint affez-tôt pour furprendre d'Andelot, fans une conjoncture

conjoncture impreveuë qui l'arrêta au milieu du chemin.

La Ville de Nantes contribuoit notablement à l'entretien des Troupes qui gardoient la Bretagne, & Martigues estoit d'autant plus obligé de la ménager, qu'il ne pouvoit tirer d'ailleurs les choses necessaires à leur subsistance, & que la Reine luy avoit écrit plus d'une fois qu'il les entretint comme il pourroit, sans s'attendre au Tresor Royal, & qu'on estoit dans l'impossibilité de l'assister. Ainsi dépendant beaucoup plus du caprice des Peuples qui le payoient, que des ordres de la Cour, la Bourgeoisie de cette Ville saisie d'une vaine terreur, & sçachant qu'il passoit prés d'elle, l'envoya prier d'y venir. Il ne pût s'exempter d'y aller, & il n'y demeura qu'autant qu'il faloit pour la r'assurer : Cependant il fit perdre au Duc de Montpensier l'occasion de défaire les Calvinistes à mesure qu'ils arrivoient au lieu destiné pour le passage de la Loire, & il se précipita dans un danger où il eût succombé sans son extraordinaire valeur. Il marchoit sans estre informé du nombre des ennemis, lors qu'il en trouva piés de cinq cens dans le Village de la Chapelle, commandez par Boisvert qui estoit Marêchal de Camp. Il les chargea avec tant de vigueur, qu'aprés les avoir mis en fuite, il les poursuivit, & fit prisonnier un Gentilhomme d'entr'eux, nommé Minquetiere, qui l'assura qu'il estoit environné de toutes parts des Troupes Calvinistes. Il ne le crut pas d'abord, mais ayant fait reconnoître toutes les issuës, & trouvé qu'elles estoient gardées par les Troupes ennemies, il prit une resolution également hardie & necessaire : Il alla droit à la Daguenie où estoit leur principal quartier, & l'attaqua au moment

Tome II. V.

Dans les Lettres de la Reine.

Jean Renard, sieur de Minquetiere en Poitou.

1 5 6 8. que d'Andelot se mettoit à table pour dîner. La resistance qu'il y trouva, fut si grande qu'il ne le pût forcer : Il ne perdit neantmoins ny le temps, ny le jugement dans une telle extremité : Il se dégagea du combat, & fondant sur la Nouë qui gardoit à deux cens pas de-là une Levée avec de nouveaux Soldats, il leur fit une charge si furieuse, qu'il les renversa, & s'ouvrit de cette sorte le chemin de Saumur, où il arriva en posture de vainqueur : Mais le Comte de Montgommery ayant presqu'en même temps découvert un gué dans la Loire, les Calvinistes la traverserent sans obstacle, & reparerent par ce trajet l'avantage remporté sur eux par Martigues. D'Andelot joignit l'Amiral son frere à Thouars, & prit avec luy les Villes de Niort & de Fontenay. Toute l'Armée Calviniste forma ensuite un Siege régulier devant Angoulême, où les Gentilshommes Catholiques de la Province s'estoient jettez, & la pressa d'autant plus, que le secours n'estoit pas éloigné : Mais la resolution la plus obstinée ne suffit pas pour conserver les meilleures places, quand elle n'est point égale dans le Chef & dans sa Garnison.

Le Marquis[a] de Mesieres sorty d'une branche bâtarde de la Maison d'Anjou, Gouverneur d'Angoulême, s'estoit défendu avec toutes les démonstrations exterieures de ceux dont le dessein est de s'enterrer sous les ruines des Villes dont la garde leur a esté confiée. Il avoit repoussé un assaut terrible, où les plus déterminez Calvinistes estoient demeurez sur la place avec le brave[b] Genissac, cependant le cœur luy manqua immediatement aprés dans une conjoncture où les plus timides affectent de montrer qu'ils en ont. Il fit sortir[c] Argence pour capituler, & se contenta des conditions honteuses qui luy furent pres-

a *Nicolas d'Anjou, Marquis de Mezieres en Brêne, Comte de S. Fargeau, &c. petit-fils de Louis d'Anjou, Fils naturel de Charles d'Anjou, Comte du Maine.*
b *Pierre de Pierrebuffierre, Seigneur de Genissac en Limousin.*
c *Cibar Tison, Seigneur d'Argence en Limousin.*

crites, de laiſſer au pouvoir des Aſſiegeans les armes &
les chevaux de ſa Garniſon. Une conquête ſi facile ac-
crut la repuration des Calviniſtes, & leur ouvrit les Por- *Dans la*
tes de Pons, de S. Jean d'Angely & de Blaye. Ils eſtoient *Relation*
ainſi les maîtres des trois Provinces voiſines du pays *d'Angou-*
d'Aunis & de la Rochelle, & rien ne les eût empêchez *lême.*
non ſeulement de s'y maintenir, mais encore de s'emparer de la partie du Royaume ſituée entre la Loire & les
Pyrenées, s'ils euſſent marché au devant des vingt-trois
mille vieux Soldats qui les venoient joindre : Mais il n'eſt
point de gens moins capables de profiter des occaſions
favorables qui ſe preſentent à la guerre, que les rebelles,
ſoit qu'ils manquent le plus ſouvent d'argent & d'équipage, ou qu'ils n'obéiſſent preſque jamais avec toute
l'exactitude qui ſeroit neceſſaire.

Le Prince de Condé & l'Amiral, dont les meilleures
Troupes eſtoient compoſées des Gentilshommes de ces
Provinces, ne pûrent empêcher ny par prieres, ny par
menaces, que chacun d'eux n'allât ſe raffraîchir dans ſa
maiſon pendant quelques jours ; & comme ils n'oſoient
entreprendre rien de conſiderable ſans cette Nobleſſe, ils
furent contraints d'attendre qu'elle fuſt de retour pour
aller au devant de l'Armée qui leur venoit de Languedoc,
de Provence & de Dauphiné. Elle eſtoit commandée par a *Iacques*
de Cruſſol.
a Acier, & compoſée de trois Compagnies d'Hommes- b *Charles*
d'armes & de ſoixante-&-quinze Enſeignes d'Infanterie *du Puy,*
Dauphinoiſe ſous la conduite de b Montbrun ; de deux *Seigneur*
Cornettes de Cavalerie & de dix Enſeignes d'Infanterie *de Mont-*
Provençale, menées par Mouvans ; de quatre Compagnies *brun.*
c *Iean de*
de Cavalerie & de trente-cinq Enſeignes d'Infanterie, *Cruſſol,*
dont eſtoit Chef c Baudiné frere du General, & de cent *Seigneur*
de Baudi-
né.
V ij

1 5 6 8.

a N... de
Barjac ,
Seigneur
de Pierre-
Gourde en
Languedoc.
b Bertrād
Rambaut,
de Simia-
ne. VI. du
r.ō. Baron
de Gordes
en Prové-
ce, &c.

Arquebuſiers à cheval & de dix-huit Enſeignes d'Infanterie du Vivarets & de Rouergue, que conduiſoit [a] Pierre
Gourde.

Le premier obſtacle qu'elle trouva dans ſa marche,
fut le Rhône qu'il falloit traverſer. [b] Gordes Lieutenant
general pour le Roy dans le Dauphiné, s'eſtoit ſaiſi de
tous les paſſages, & tenoit ſur la Rivere des Barques armées qui enfonçoient les bâteaux des Calviniſtes à meſure
qu'ils tâchoient de gagner l'autre bord, mais il n'avoit
point aſſez de Troupes pour executer un ſi grand deſſein,
quoyqu'il eût aſſemblé toute la milice Catholique du
pays. Acier força en plein midy Peirault, paſſage important au deſſous de Vienne, & traverſa le Rône par cét
endroit, durant que Gordes faiſoit venir de Lyon de l'artillerie pour le battre dans le poſte dont il s'eſtoit emparé. Une autre partie de ſon Armée ſurprit en même temps
le Bourg de Breſſe, & ſe fit voye par là, & il ne reſtoit à
paſſer que la Brigade de Mouvans qu'un Miniſtre de Merindol avoit empéché pendant trois jours de venir au
rendez-vous.

Cét Homme plus conſciencieux, ou du moins plus
ſcrupuleux que ſes Confreres, avoit refroidy l'ardeur des
Calviniſtes Provençaux, en leur prêchant que la troiſiéme
guerre civile eſtoit une pure querelle d'Etat, & non
point une affaire de Religion, & que ceux qui mour-
roient en la ſoûtenant, pourroient bien eſtre les martyrs
du Prince de Condé & de l'Amiral, puiſqu'ils ſacrifie-
roient leurs vies pour augmenter la grandeur de ces deux
Chefs, mais qu'ils ne ſeroient jamais ny les Martyrs, ny
les Diſciples de JESUS-CHRIST, qui n'avoit ny fondé, ny
conſervé ſa Religion par les armes, & qui bien loin de per-

mettre de repouffer une injure par une autre, ordonnoit de tendre la joüe gauche à quiconque auroit reçû un fouflet fur la droite. Il n'eſtoit pas aiſé de refuter le Miniſtre, & il y avoit du danger à le punir; car outre qu'il eſtoit fans reproche, il avoit acquis trop de credit dans le party pour y eſtre depoſé fans tumulte. Ainſi Mouvans ſe contenta de faire condamner ſa doctrine par les Miniſtres voiſins, & leva par là le ſcrupule qu'il avoit mis dans ſes Troupes. Elles arriverent ſeules au bord du Rône, aprés une marche la plus ſecrette qu'il fut poſſible à peu prés entre les deux endroits par où les autres l'avoient traverſé; & Mouvans perſuadé que l'action qu'il alloit faire ſeroit la plus belle de ſa vie, y diſpoſa ſes Soldats en les faiſant ſouvenir de ce qu'ils avoient executé dix-huit mois auparavant. C'eſtoit le ſecours de Genéve que le Duc d'Albe s'eſtoit obligé de prendre en paſſant d'Italie en Flandre, pour en faire la reſtitution au Duc de Savoye. L'entrepriſe en avoit eſté concertée à Rome; le Pape l'avoit appuyée dans la ſeule vûë d'ôter un azile à l'hereſie de Calvin, & l'Eſpagne y avoit conſenty par un autre motif, qui eſtoit d'ôter à la France la communication qu'elle avoit par là avec les Suiſſes. La Reine ne s'y eſtoit point oppoſée pour deux raiſons, dont l'une eſtoit la complaiſance qu'elle avoit toûjours euë pour la Ducheſſe de Savoye " ſa Belle-ſœur; l'autre le plaiſir de reduire le Prince de Condé & l'Amiral à n'avoir plus de retraite hors du Royaume. Les Calviniſtes avoient neanmoins penetré l'intention du Duc d'Albe, ſoit que les eſpions qu'ils entretenoient à la Cour de France, les en euſſent informez, ou que la défiance qui leur eſtoit naturelle, les eût rendus propheţes pour cette fois.

Dans l'inſtruction au Duc d'Albe pour Geneve.

Marguerite de France, ſeconde Fille du Roy François I.

1568.   Ils avoient preſſé le Prince & l'Amiral de jetter des Troupes dans Genéve, mais ny l'un ny l'autre ne l'avoient oſé, parce que la Reine avoit témoigné qu'ils l'offenſeroient irreparablement. Il n'y avoit eu que Mouvans qui n'ayant rien à perdre en France, ne ſe ſouciant pas autrement de menager la Cour, avoit aſſemblé ſur ſon credit huit cens Calviniſtes les plus déterminez de la Provence & du Dauphiné, & s'eſtoit allé jetter avec eux dans Genéve où il avoit fait ſi bonne mine, que le Duc d'Albe n'avoit pas crû devoir l'attaquer. La pluſpart de ceux dont il eſtoit accompagné au paſſage du Rône, avoient partagé avec luy la gloire de cette deffenſe, & il les en fit ſouvenir, en leur remontrant qu'ils acheveroient de rendre leur reputation immortelle, ſi aprés avoir preſervé Genéve du joug dont elle eſtoit menacée par les principales forces de la Monarchie Eſpagnole, ſous la conduite du plus grand Capitaine qu'elle eût, ils ſauvoient encore le Prince de Condé & la Nobleſſe Calviniſte inveſtie dans l'autre extrêmité du Royaume, par toutes les forces Catholiques, que le Duc d'Anjou aſſiſté de l'argent du Pape, avoit miſes en campagne.

Il n'en falut pas davantage pour obliger la Brigade de Mouvans à le preſſer qu'il la menât au de-là du Rône. Il ne laiſſa pas ralentir cette ardeur; & aprés avoir diſpoſé au deſſus & au deſſous de l'endroit deſtiné pour le trajet, les plus braves des ſiens pour amuſer par de feintes eſcarmouches les Barques que Gordes avoit armées, il travailla avec le reſte à la conſtruction d'un Fort de terre capable de contenir mille hommes, & l'acheva avant que les Catholiques s'en apperçuſſent : Enſuite il fit refaire le ſeul bâteau qu'il avoit eu ſoin de faire porter par charoy,

& le donnant à deux Mariniers, il se servit si heureusement de leur force & de leur adresse, qu'encore qu'ils
ne passassent que quatre Soldats à la fois, ils mirent en
peu de temps de-là l'eau trois à quatre cens Hommes,
qui prenant la pelle & le pic à mesure qu'ils abordoient,
dresserent un second Fort vis-à-vis de l'autre & tout-à-
fait semblable. Mouvans assuré de cette sorte passa avec
moins de hâte, & ne fut plus traversé par Gordes ny
dans son trajet, ny dans sa jonction avec Acier, avant
que celuy-cy fut entré dans les Sévennes. Comme la con-
trée estoit toute Calviniste on y vécut avec la moderation dont les Armées les mieux reglées avoient accoûtumé d'user en pays amy, & l'on décendit de-là dans le
Rouergue.

Montluc persuadé que l'Armée d'Acier n'estoit que
de cinq à six mille Soldats, avoit resolu de la combattre,
mais détrompé par le Capitaine Moreau qui avoit autrefois porté les armes sous luy, & pressé par les ordres du
Roy qui luy commandoit d'envoyer au Duc d'Anjou ce
qu'il avoit de Troupes, il les donna à conduire au Chevalier de [a] Montluc son quatrième fils, resté seul par la mort
de ses trois Freres; & Acier entra sans trouver de resistance jusques dans le Perigord, où le Duc de Montpensier vénoit d'arriver avec une Armée composée de l'Infanterie Piémontoise de [b] Brissac, des Troupes levées par [c]
Matignon, par [d] Vassé, & par la [e] Châtre, dans leurs Gouvernemens de la basse Normandie, du Maine, de Touraine & de Berry, & de prés de deux mille Chevaux sous
le jeune Duc de [f] Guise, qui marchoit déja à grands pas
sur les traces de son Pere.

L'approche de tant de vaillans Hommes ennemis, don-

1568.

[a] Fabien de
Montluc,
Chevalier
de Malte.
[b] Timoleö
de Cossé.
[c] Iacques
Goyon Sei-
gneur de
Mati-
gnon, &c.
[d] Iean de
Vassé, dit
Grognet,
Baron de
Vassé au
Maine,
depuis
Chevalier
du S. Es-
prit.
[e] Claude
de la Châ-
tre, Baron
de la Mai-
sonforte,
depuis
Maréchal
de France
& Cheva-
lier des 2.
Ordres.
[f] Henry de
Lorraine.

na lieu à diverfes expeditions militaires, dont la plus confiderable, fut la furprife de quatre ou cinq Compagnies
de Cavalerie Calvinifte, qui dormoient en affurance dans
la Ville de Confolent où elles s'eftoient logées, lorfque
Briffac toûjours alerte, les enleva avec tant de precipitation, que le fameux Pluviault qui les commandoit, eut
de la peine à fe fauver pour en porter les nouvelles à
fon General. Engaravaques fon Lieutenant, ne l'imita
pas dans fa fuite, il eut honte de furvivre à cette dif-
grace quoyqu'il n'en eût jamais euë depuis qu'il alloit à
la guerre, & il trouva la mort qu'il cherchoit au milieu
du Bataillon des vainqueurs qu'il enfonça, fecondé feulement de dix ou douze de fes Cavaliers. Briffac à peine
avoit repris haleine, qu'un efpion luy rapporta qu'Acier
avoit logé toute fon Armée à Saint-Chatier en Perigord,

Dans la
Relation
de cette
défaite.

excepté les fept mille Soldats de Mouvans & de Pierre-
Gourde, qui s'eftoient feparez du gros par cette avanture.

   L'Armée Calvinifte avoit fait cinq grandes lieuës ce
jour-là, quoyqu'il fût des plus fâcheux & des plus courts
de l'hyver ; & comme le pays abondoit en vivres, elle
fe partagea par Brigades dans les Villages les plus proches du Bourg de Saint-Chatier, mais le Marefchal des
Logis ne les diftribua pas felon le merite. Car encore
que Mouvans commandât les meilleures Troupes, & que
par cette confideration il duft eftre le plus proche d'A-
cier, Baudiné fon frere occupa la place. Une injure legere d'elle-même, devient infupportable quand on a d'ailleurs du mépris pour celuy de qui on la reçoit. Baudiné
paffoit dans l'efprit de Mouvans pour un homme de peu
de fervice, & là-deffus il s'obftina à pretendre qu'il fuft
délogé. La conteftation fut portée devant Acier, qui
                                                      prévoyant

prévoyant qu'il acheveroit de ruiner la réputation de 1 5 6 8.
son Frere parmy les Troupes, s'il le contraignoit de ceder
la place, l'y maintint au préjudice de Mouvans. Celuy-cy
transporté de colere, n'y acquiesça point, & plus indigné
contre le Juge, que contre sa partie, obligea sa Brigade
toute fatiguée qu'elle estoit par une marche extraordinairement longue, de faire encore deux grandes lieuës
au de-là de Saint-Chatier pour aller loger à Messignac
avec son intime amy Pierre-Gourde qui ne le voulut
point quitter. Le Duc de Montpensier que Brissac avoit
informé de cette mésintelligence, assembla le Conseil de
guerre, où il fut resolu que Mouvans seroit enlevé avant
qu'il pût rejoindre le gros de l'Armée Calviniste. Le Duc
de Guise & Brissac se chargerent de l'execution, & parce
qu'il estoit d'une extrême importance de hasarder le moins
que l'on pourroit dans une occasion si délicate, on donna
au premier l'élite de la Cavalerie, & au second les vieilles Enseignes de l'Infanterie Françoise, dont le nombre
n'estoit pas beaucoup plus grand que celuy des ennemis,
ces deux jeunes Chefs n'en ayant pas voulu davantage
pour éviter le reproche d'avoir accablé les meilleurs Soldats du party Calviniste, par la multitude plûtôt que par
la valeur.

Les mesures prises pour l'execution, furent que le
Duc de Montpensier meneroit le reste de son Armée
droit à Saint-Chatier, & qu'estant en presence des Calvinistes il se mettroit entr'eux & le Village de Messignac,
afin d'amuser Acier par de frequentes escarmouches, &
de l'empêcher de secourir Mouvans & Pierre-Gourde, au
cas qu'il apprit le danger où ils estoient. Brissac ne pût
arriver à Messignac que le lendemain au point du jour,

Tome II.   X

1568. & crut d'abord avoir manqué son coup, parçe qu'il fut découvert par les Vedetes de Pierre-Gourde, qui eut le loisir de se retrancher dans un quartier du Village, & de se mettre en posture de recevoir le choc. Mouvans eût voulu sortir du Village, & combatre les Catholiques, dans l'opinion où il estoit de vaincre tout ce qui se presente- roit en nombre égal : Mais il fut retenu par deux consi- siderations ; l'une, que Pierre-Gourde estoit de contraire avis ; l'autre, qu'Acier se voyant attaqué foiblement par le Duc de Montpensier, pressentit le veritable dessein des Catholiques, & devina qu'on l'amusoit, pendant que l'on tailloit en pieces Mouvans & Pierre-Gourde. L'impossi- bilité d'aller à leur secours sans passer sur le ventre au Duc de Montpensier, le reduisit à se contenter d'envoyer un Gentilhomme à Mouvans, pour luy dire qu'il se tînt enfermé tout le jour dans Messignac, s'il pretendoit sau-

Dans la Vie du Duc de Montpen- sier. ver sa vie & celle des siens, parceque la nuit ne seroit pas plûtôt venuë, que Brissac qui n'avoit ny vivres, ny tentes pour la passer en pleine campagne dans la rigueur du mauvais temps, seroit contraint de s'écarter pour loger dans les Villages voisins, & que Montpensier pressé des mêmes incommoditez, s'éloigneroit infailliblement de S. Chatier, d'où l'Armée Calviniste délogeroit aussi-tôt pour aller dégager ses Troupes dans Messignac, & se rejoindroit avec elle avant que Brissac en fust averty.

Mouvans n'eût pas déferé à cét ordre, si Pierre-Gour- de ne l'en eût prié ; mais enfin le danger pressant d'un côté, & les importunitez d'un amy de l'autre, suspen- dirent le ressentiment de l'affront que Mouvans avoit reçû le jour precedent. Il consentit de passer tout le jour dans Messignac ; & il y avoit en effet demeuré jusqu'à midy,

lorſque Briſſac déſeſperant de l'y forcer, l'en tira par ce
ſtratagême.

Il le tâta par toutes les avenuës du Village, & les trouvant également bien gardées fit ſonner la retraite. Il la
commença avec toutes les précautions d'un Chef qui apprehendoit davantage d'eſtre chargé en queuë, qu'il ne
cherchoit d'attirer l'ennemy au combat, mais lorſqu'il fut
hors de la preſence des Calviniſtes, au lieu de ſuivre le
chemin par où il eſtoit venu, il tourna à main droite,
& ſe cacha derriere une éminence aſſez haute pour de-
rober la vûë de ſes Troupes à Mouvans au ſortir de Meſſignac. Mouvans ne l'eut pas plûtôt vû partir, qu'il oublia les ordres reçûs de ſon General, & la promeſſe qu'il
avoit fait à Pierre-Gourde. Il ſe perſuada que ſes Troupes eſtoient aſſez fortes pour aller joindre l'Armée du
Prince de Condé, ſans ſe reünir avec l'Armée d'Acier.
Il ſe flata de la réputation qu'il en tireroit : Il ſuppoſa
que c'eſtoit-là l'expedient le plus propre à ſe vanger ;
& il conclut qu'Acier & Baudiné ſeroient mortifiez au
dernier point, s'ils apprenoient qu'il ſe fût dêmelé des
Catholiques par ſa ſeule valeur. Sur ces dangereuſes vi-
ſions il ſortit de Meſſignac, quoyque Pierre-Gourde le
conjurât d'attendre au moins juſqu'à la nuit. Son deſſein
eſtoit d'aller coucher à Riberac, d'où rien ne l'eût empêché de joindre le Prince de Condé, & il eſtoit ſi preſt
d'y arriver, qu'il voyoit déja le Bois de Chantegeline, au
de-là duquel il n'eût eu plus rien à craindre, lorſque les
Catholiques ſortirent de derriere l'éminence où ils étoient
cachez, & luy firent une charge furieuſe. Il menoit l'A-
vantgarde ; & comme il s'eſtoit preparé à tous évenemens, il ſoûtint les trois premieres attaques de Briſſac &

X ij

du Duc de Guife, avec une vigueur qui eût fait douter
de la victoire, fi les chofes dont elle dépendoit euffent
efté tout-à-fait égales des deux côtez, mais les Catholiques quoyque prefqu'égaux en nombre, eftoient plus
fort en Cavalerie, & celle-cy contribuë le plus fouvent
au gain des Batailles. Mouvans avoit partagé la fienne
avec Pierre-Gourde, & celle qu'il s'eftoit refervée, avoit
efté tellement diminuée par les trois chocs qu'elle avoit
foûtenus, que Pierre-Gourde qui avoit la fienne encore
fraîche, parce qu'on ne l'avoit pas encore chargée, crut
qu'il devoit l'envoyer à Mouvans pour remplir le vuide
qui paroiffoit fur les aîles de l'Avant-garde Calvinifte. Il
le fit, mais Briffac & le Duc de Guife qui ne combatoiét
pas avec tant d'impetuofité, qu'ils n'euffent l'œil à tout,
ayant apperçû ce changement, firent ouvrir par le milieu
leur grand Corps de Cavalerie, avec ordre de s'étendre
infenfiblement à droit & à gauche fur l'Arrieregarde de
Pierre-Gourde, où il n'y avoit plus de Cavalerie pour la
couvrir. Pierre-Gourde attaqué de cette forte avec un
defavantage fi notable, fuccomba dés le premier choc,
& vit percer fon Bataillon par les deux flancs. Il tâcha
neantmoins de fauver ce qui luy reftoit de Soldats, mais
fa refiftance ne retarda qu'un peu fa perte, puifqu'enfin
il fut accablé dans le Bois où il eftoit entré, en faifant
une retraite affez réguliere. Son corps fut trouvé fuper-
bement vêtu avec une chemife pliffée & une fraize go-
deronnée à la mode de fon temps, fuivant cét apophte-
gme de Cefar, Qu'il faloit eftre paré pour aller aux coups,
auffi bien que pour aller aux nôces. L'orage fondit enfuite fur Mouvans qui ne penfa qu'à vendre cherement
fa vie. Il couvrit de morts le terrain où la Cavalerie &

l'Infanterie Catholique l'attaquerent : Il leur tua le jeune
la Châtre, furnommé Sillac, & le Seigneur d'Es, qui paſ-
ſoient pour les meilleurs Officiers de l'une & de l'autre,
& aprés que le Duc de Guiſe eut percé ſix fois le dernier
Bataillon des Calviniſtes, Mouvans le conduiſit encore
dans le Bois, où Briſſac acheva de le défaire. On ne ſçait
ce que devint ſon corps, & les témoins de ſes dernieres
actions, dirent qu'ils l'avoient vû ſe donner de la teſte
contre un arbre, de dépit d'avoir perdu tant de vaillans
hommes, ſi l'on n'aime mieux croire que ce fut du regret
qui luy vint alors d'avoir aſſiſté à l'aſſaſſinat de Charry.

   Acier informé de cette perte, ne douta pas que pour
peu qu'il ſéjournât à Saint-Aſtier, il n'eût ſur les bras
l'Armée victorieuſe, il la prévint en délogeant ; & il ne
s'arreſta qu'aprés eſtre arrivé à Aubeterre, où le Prince
de Condé eſtoit venu pour le recevoir. Sa jonction rendit
les Calviniſtes à leur tour, aſſez forts pour donner la chaſſe aux Catholiques, & Montpenſier ſe retira à Châtelleraud en attendant le Duc d'Anjou qui le dégagea bien-
tôt aprés, avec des Troupes encore plus nombreuſes que le
ſecours arrivé aux Calviniſtes. Alors l'Armée Catholique
par un ſecret preſſentiment des deux victoires qu'elle
devoit remporter, ne chercha qu'à combatre, & le Prince
de Condé, dont l'Infanterie eſtoit meilleure & mieux armée, ſe trouva dans le même deſſein. Le premier lieu où
les deux partis ſe rencontrerent, fut Pamprou, où il ne
tint qu'aux Catholiques de faire un affront plus ſenſible
à leurs ennemis, que celuy qu'ils venoient de recevoir à
Chantegeline. L'Amiral & d'Andelot eſtoient à Pamprou, & Martigues qui ne cedoit à Briſſac ny en vigilance, ny en ambition, reſolut de les y enlever. L'on

*Jacques de la Châ-
tre, Sei-
gneur de
Sillac,
Frere de
Claude de
la Châtre,
Gouver-
neur de
Berri, &c.*

1 5 6 8.

De Cole-
nel gene-
ral de
l'Infante-
rie Fran-
çoise.

Dans les
Memoi-
res de la
Noüé.

ajoûte qu'il y fut encore porté par la jalousie qui estoit entre luy & d'Andelot, dont il exerçoit la Charge. Comme il est trés-difficile de reconnoître l'ennemy en pays couvert, le Corps que l'Amiral & d'Andelot commandoient, parut si gros à Martigues, qu'au lieu de l'attaquer & de le défaire, comme il luy estoit facile, il s'amusa à le tâter par de legeres escarmouches, à la faveur desquelles il gagna insensiblement un terrain uny propre à sa Cavalerie, & bordé d'une Forest qu'il garnit d'Arquebusiers. Il y attendit en bataille les Calvinistes qui avoient encore plus de peur que luy qu'il ne les attaquât, jusques à ce que la nuit estant venuë, il délogea sans bruit, & alla rejoindre le Duc d'Anjou à Jasseneüil, pendant que l'Amiral & d'Andelot estoient de leur côté en marche pour se réunir avec le Prince de Condé. Ils ne demeurerent ensemble que quelques heures, & le brouïllard extraordinairement épais qui les empêchoit de s'entrevoir de loin, les engagea dans des routes differentes, quoy qu'ils eussent dessein de chercher & de combatre le Duc d'Anjou.

Il estoit logé dans le Bourg de Jasseneüil, & la moitié de l'Armée Calviniste commandée par le Prince de Condé, s'en approcha le soir du vingtième de Novembre, suivant la resolution qui en avoit esté prise dans le Conseil de guerre : Mais l'Amiral qui menoit l'autre moitié s'égara & arriva à Sarzay, où il luy eût esté facile de défaire un Corps détaché des Catholiques, si les coups de canon qu'il ouït tirer, ne l'eussent obligé d'aller voir ce que ce pourroit estre. C'estoit l'Artillerie du Duc d'Anjou, qui voyant approcher le Prince de Condé tiroit contre ses premiers Escadrons, en attendant que les Catholiques

se rangeassent en bataille. Le Prince ne s'estoit point apperçû de l'éloignement de l'Amiral, jusqu'à ce que le
brouïllard venant à tomber tout d'un coup, il eut sujet
de s'estonner en se voyant seul à la portée du canon des
Catholiques. Neanmoins il ne délibera pas longtemps sur
ce qu'il y avoit à faire, parce qu'il prévoyoit assez qu'il
ne seroit ny seur, ny honneste de se retirer dans une conjoncture si hazardeuse. Les deux seules précautions qu'il
prit, furent de se preparer au combat, & de dépêcher
des Couriers à l'Amiral par tout où il soupçonnoit qu'il
dût estre, mais la derniere fut absolument inutile, parce que l'Amiral averty, comme l'on vient de dire, par
le bruit de l'artillerie, n'eut qu'à s'avancer promptement
vers le lieu où il l'entendoit pour rejoindre le Prince. Le
terrain occupé par les deux Armées, & l'espace laissé entre deux, estoient divisez par un si grand nombre de hayes
& de fossez, que la Cavalerie des deux partis ne pouvant
s'estendre, ny l'un ny l'autre ne voulut sans elle hazarder la Bataille. Ils avoient pourtant un désir si violent de
se battre, & le champ estoit d'ailleurs si propre pour une
escarmouche réguliere, que les Calvinistes & les Catholiques se réduisirent comme de concert, à cette sorte d'attaque. Elle fut la plus belle qu'on eût vûë depuis celle
de la Bellecroix, au commencement du Siege de Mets.
Toute l'Infanterie de part & d'autre y combatit. Elle dura tout le jour, & lors que la nuit la fit cesser, l'avantage
ou pour mieux dire, le désavantage estoit égal des deux
côtez. La Brigade du Prince passa la nuit suivante sans
bagage, parce que ceux qui le conduisoient, la voyant
en presence des Catholiques, & s'attendant qu'elle seroit
défaite, s'estoient refugiez dans un Bois où ils faisoient

1 5 6 8. grande chere des provisions de leurs Maiftres, qu'ils fup-
poſoient n'eſtre plus au monde. Sur la fin de l'eſcarmouche, le Prince avoit envoyé quatre Compagnies de Cavalerie pour les chercher & pour les eſcorter au cas qu'elles
les rencontraſſent, mais les détours qu'elles avoient pris,
les empêcherent d'arriver vers le Bois avant minuit. Les
divers feux qu'elles y virent allumez, & les chanſons qu'elles entendirent, leur perſuaderent que c'eſtoit les troupes de Briſſac, qui n'ayant pû rejoindre l'Armée Catholique, ſe rejoüiſſoient de la victoire remportée ſur Mouvans. L'erreur fut d'autant plus bizarre, que les Catholiques ſe tromperent auſſi, en ce que le Bois où ſe diver-
tiſſoient les Goujats du Prince, ſe trouvant ſitué au milieu
des deux Camps, l'Infanterie de Martigues qui en eſtoit
la plus proche, s'imagina que toute l'Armée Calviniſte
s'eſtoit venuë poſter auprés d'elle, à deſſein de la ſurprendre, & paſſa toute la nuit ſous les armes pour ſe garantir de ce danger imaginaire. Mais enfin les plus hardis
Calviniſtes s'eſtant approchez à la faveur de l'obſcurité,
aſſez prés du Bois pour ouïr diſtinctement ce que l'on y
diſoit, reconnurent que c'eſtoient leurs gens, & en avertirent leurs compagnons, qui ſans ſe précautionner coururent auſſi-tôt au bagage, mais ils eurent ſujet de s'en
repentir; car les Goujats eſtonnez par le bruit que faiſoient leurs Maîtres, en allant à eux au grand trot, &
prévenus de la penſée que c'eſtoit un party de Cavalerie
Catholique, firent une décharge ſur eux, & n'arriverent
dans le Camp du Prince qu'au point du jour.

    Il ſembla qu'il eût perdu dans l'eſcarmouche de Jaſſe-
neuïl, le deſir qu'il avoit de combattre, ou du moins,
qu'il l'eût ſuſpendu, en attendant une occaſion plus fa-
                                                    vorable,

vorable, puisqu'il ne pensa le lendemain qu'à s'éloigner 1 5 6 8.
du Duc d'Anjou. Le pretexte qu'il prit, fut qu'il faloit
s'emparer d'un passage sur la Riviere de Loire, & la necessité qu'il en avoit, estoit fondée sur deux considerations. L'une, que cette Riviere luy ôtoit la communication avec ceux de son party, qui estoient au de-là. L'autre, qu'elle l'empêchoit de recevoir les secours d'Alemagne & d'Angleterre, qui seuls estoient capables de luy
procurer une paix avantageuse : Et de fait, il traversa le
Duché de Thoüars, & vint à Champigny petite Ville
appartenant au Duc de Montpensier, laquelle refusa de
luy ouvrir ses Portes, à la persuasion du Cordelier Babelot qui estoit Aumônier de ce Prince. Ce Religieux estoit sorty de son Cloître pour suivre les Armées, par la
haine implacable qu'il avoit pour les Calvinistes, & nonobstant son caractere & à sa profession , bien loin de
sauver la vie à ceux que le sort des armes reduisoit à la
discretion du Duc de Montpensier, il sollicitoit obstiné-
ment qu'ils fussent punis du dernier supplice, & ne pouvoit souffrir qu'on pardonnât à aucun d'eux. Cette soif
du sang Calviniste, que les deux premieres guerres n'a-
voient pû étancher, s'augmenta tellement dans la troisiéme, que les Soldats du Prince avertis que Babelot s'estoit
renfermé imprudemment dans Champigny, livrerent un
assaut si furieux, qu'ils emporterent la Place. Le plaisir
de se voir maîtres de celuy qu'ils regardoient comme leur
boureau, les rendit plus humains à l'égard de la Bourgeoisie de Champigny. Ils luy pardonnerent, & déchar-
gerent toute leur colere sur Babelot. On le pendit à un
gibet extraordinairement haut, & si on luy donna le tems
de se préparer à la mort, ce ne fut que pour avoir plus

Tome II.   Y

1 5 6 8. de loisir de luy faire des reproches de sa cruauté. La vangeance que le Duc de Montpensier qui l'aimoit, prit de
son supplice sur les Calvinistes, quand le hazard ou la
foiblesse les jettoit entre ses mains, mit pour quelques
semaines la *mauvaise guerre* entre les deux partis. Les Soldats de Brissac égorgerent la Garnison de Mirebeau, quoy
qu'elle eût capitulé dans les formes, & d'Andelot traita
de même celle de S. Florent. Le Prince de Condé n'eût
pas eu plus de pitié pour les Habitans de Saumur qu'il
assiegea, s'il les eût trouvez moins resolus à se défendre,
mais leur resistance le contraignit de lever le Siege, en
donnant le loisir au Duc d'Anjou d'en former un devant
Loudun pour faire diversion : Car le Prince qui ne vouloit pas perdre cette Ville la plus zelée de celles de France
pour le Calvinisme, aprés celle de la Rochelle, y accou-
rut, & la mit hors d'état d'estre forcée, en se logeant dans
ses Fauxbourgs. Le Duc d'Anjou cessa bien de la presser,
mais il crut qu'il y alloit de sa gloire de ne pas reculer à
la veuë de l'ennemy.

Ainsi les deux Armées demeurerent quatre jours en-
Dans le tiers presqu'à la portée du mousquet l'une de l'autre,
Siege de sans qu'il y eust entr'elles ny fossé, ny ruisseau ; mais le
Loudun. froid estoit si grand, qu'il suffisoit seul pour faire observer une espece de tréve, malgré que l'on en eût. La
neige tombée en abondance & durcie par la gelée, faisoit glisser à chaque pas les hommes & les chevaux, &
plus de gens estoient blessez par leurs cheutes, que par
le fer & le plomb des ennemis. Les mains engourdies
n'executoient que mal-aisément ce qu'inspiroit l'honneur
ou la haine, & le seul respect des Soldats pour leurs Chefs
les retenoit sous leurs Enseignes. La condition des Ca-

tholiques eſtoit neantmoins la pire, en ce qu'ils n'avoient 1 5 6 8.
point d'autre couvert que leurs Tentes, au lieu que les
Calviniſtes s'eſtoient paſſablement accommodez dans les
Fauxbourgs de Loudun ; & ce furent ces raiſons, autant
que les inſtances de la Reine, qui porterent le Duc d'Anjou à déloger le cinquiéme jour. Il n'alla pas loin de
Loudun, & ſe contenta de mettre ſes Troupes dans les
Villages voiſins, où elles trouvoient les choſes neceſſaires à ſe rafraîchir, perſuadé que pour obliger l'Armée
Calviniſte à ſe diſſiper d'elle-même, il ſuffiſoit de la fatiguer en la tenant en haleine, & de l'empêcher en demeurant toûjours à ſes trouſſes, de tirer d'aucune Province de l'argent & des munitions. Ce deſſein eſtoit admirable, & ne pouvoit manquer de réuſſir en l'état où ſe
trouvoient alors les deux partis. L'Amiral qui le pref-
ſentit par le changement de conduite du Duc d'Anjou,
l'apprehenda plus que tous ſes éforts, & crut qu'il n'y
avoit point d'autre voye pour le déconcerter, qu'en le
prévenant. Pour le faire, il ſe chargea avec quinze cens
Chevaux, douze mille hommes de pied & quatre pieces
d'artillerie, d'enlever le principal quartier des Catholiques, ſur le rapport d'un de ſes eſpions, qu'on y dormoit
avec pleine confiance ; mais en y arrivant, il fut extraordinairement ſurpris d'y trouver tout le monde en armes,
ſoit que quelqu'un des Officiers à qui il avoit eſté contraint de declarer ſon intention, l'eût revelée, ou que par
bonheur pour les Catholiques ils ſe préparaſſent à executer ſur les Calviniſtes, ce que les Calviniſtes vouloient
executer ſur eux. Il ne laiſſa pas d'attaquer le quartier à
deux repriſes, avec toute la furie d'un Chef reſolu de
vaincre en dépit de la fortune ; mais il fut plus vigou-

Y ij

reufement repouffé à la derniere tentative, qu'il ne l'avoit efté à la premiere, parce que les autres quartiers avertis par le bruit de l'artillerie, que le principal quartier eftoit en danger, marcherent en diligence à fon fecours, & vinrent en fi grand nombre, que l'Amiral, de peur d'eftre enveloppé, fe retira avec une précipitation qui eût peuteftre degeneré en fuite, s'il eût efté pourfuivy. Briffac fe mit en campagne pour le furprendre dans Montreuïl-Bellay, où il eftoit entré, mais il fut auffi découvert ; & les Soldats des deux partis confpirans à fe plaindre qu'on les obligeoit à combatre contre les Elemens, le Duc d'Anjou d'un côté, & le Prince de Condé de l'autre, furent contraints de les mettre en quartier d'hyver.

Le Duc choifit le fien à Chinon, & le Prince retourna dans le bas Poitou ; les Soldats ne furent pas plûtôt à leur aife, qu'ils fe reffentirent des incommoditez de la faifon, qu'ils avoient fupportées avec plus d'obftination que ne permettoit leur temperament. Ils furent accablez d'une infinité de maladies, qui en tuërent plus de huit mille en moins d'un mois, & la langueur de ceux qui refterent, les tenans dans un eftat peu capable d'action, ce fut autant par neceffifté que par choix, que ceux qui gouvernoient de part & d'autre, s'appliquerent à la négociation. Les Calviniftes commencerent, & [a] Châtelier-Portaut, à qui les Catholiques en vouloient à caufe de l'affaffinat de Charry, eut ordre du Prince de Condé d'aller en Angleterre : Il y trouva le Comte [b] de Beauvais qui s'eftoit infinué dans la confidence de la Reine Elifabeth, & tous deux enfemble flaterent fi adroitement cette Princeffe, de l'efperance de recouvrer Calais en affiftant le Calvinifme en France, dans le même temps qu'ils luy

Dans la Négociation de Châtelier.
[a] *Honoré Prevoft, Seigneur du Châtelier en Poitou.*
[b] *Odet de Coligny, Cardinal de Châtillon, Evêque de Beauvais.*

faifoient voir qu'elle perdroit abfolument cette Ville, fi le Calvinifme y fuccomboit, que l'on n'eût aucun égard au dernier Traité fait entre la France & l'Angle_ terre.

La Mothe-Fenelon Ambaffadeur de France à Londres, y reprefenta inutilement à la Reine, l'injuftice qu'elle al_ loit commettre en protegeant les François rebelles, & les plaintes qu'elle eût fait retentir dans toutes les Cours de l'Europe, fi les François euffent commis à fon égard l'in_ fidelité qu'elle pretendoit commettre impunément au leur. On répondit à cela par un pretexte, ou pour mieux dire, par une délicateffe de confcience qui difpenfoit Eli_ fabeth d'accomplir fon ferment dans une conjonƈture où elle ne le pouvoit, fans laiffer perir les Calviniftes Fran_ çois fes freres, qui ne combattoient que pour la même Religion qu'elle profeffoit.

Bertrand de Salignac, Seigneur de la Motte-Fenelon en Perigord.

Châtelier remporta d'Angleterre cent mille angelots & fix groffes pieces d'artillerie avec leur équipage, qui furent débarquez à la Rochelle. L'exemple des Anglois obligea la Bourgeoifie de cette Ville à faire une efpece de quête, & l'on trouva vingt-fix mille écus qui furent envoyez au Prince de Condé : Il avoit déja tiré de l'ar_ gent de quelques Marchands Calviniftes qui avoient efté affez hardis pour luy en prêter fur les biens Ecclefiafti_ ques fituez dans les pays où la nouvelle Religion eftoit la plus forte. Il s'en fervit pour équiper une Flote de neuf Vaiffeaux ; mais la Reine Catherine profita fi bien de l'exemple qu'on luy donnoit, & preffa tellement les Prin_ ces Catholiques étrangers d'affifter ceux de leur Com_ munion, que tous les Calviniftes de l'Europe avoient confpiré d'opprimer en France, qu'elle tira du Pape, de

1 5 6 8. la Republique de Venife, & des Ducs de *Florence & de* Mantoüe, un preft fuffifant pour lever en Allemagne fix mille Reitres, avec lefquels le Duc d'Aumale défit le Capitaine la *Coche qui levoit pour le Prince un Corps d'Armée aux environs de Geneve.

Les Calviniftes en eurent leur revanche par la prife de S. Michel en l'Erm, & par la levée du Siege *qu'En-tragues Gouverneur d'Orleans, & la *Châtre Gouverneur de Berry, avoient mis & continué cinq femaines devant Sancerre. *Ceffac que la Reine envoyoit au Duc d'Anjou avec des papiers d'importance, fut auffi enlevé par des Coureurs; mais il eut la précaution & le loifir de cacher fi bien les papiers, qu'on ne les trouva point. Les trois Vicomtes de Bourniquel, de Monclar & de Paulin exer-çoient en Guyenne la vigilance de Montluc, & Briffac fignala la fienne en enlevant dans S. Eloy les Troupes de Montgommery, commandée par fon quatriéme *Frere, qui tout Calvinifte qu'il eftoit, avoit retenu le nom & le revenu de l'Abbaye de S. Jean*, dont il eftoit pourvû. Les Catholiques l'emmenerent prifonnier, & le traiterent avec d'autant plus de civilité, qu'il paffoit pour l'avantu-rier le plus hardi de l'Armée Calvinifte, mais auffi le plus malheureux, en ce qu'il ne fe trouvoit en aucune action dont il ne retournât dangereufement bleffé; ce-pendant perfonne ne les recherchoit avec plus d'ardeur que luy. Comme le Château de Lufignan avoit fervy de retraite aux Catholiques pour faire leur coup, & que les Calviniftes n'eftoient pas en état de le forcer, ils corrom-pirent le Lieutenant de *Guron que la Cour y avoit mis Gouverneur, & cette ame venale promit de le livrer à l'Amiral pour une fomme dont il reçeut la moitié par avance.

a François de Medi-cis.
b Guillau-me de Gonza-gue.
c Pierre de Theis, Seigneur d'Hercu-lés en Dauphi-né, dit le Capitaine la Coche.
d François de Balfac, Seigneur d'Entra-gues.
e Claude de la Cha-tre.
f François de Cafillac Seigneur de Ceffac en Lan-guedoc, d'puis Chevalier du S. Ef-prit.
g Louis de Mont-gommery.
h A Falat-fe.
i Gabriel de Rechi-gnes-Voi-fin. Sei-gneur de Guron en Poiton.

Il prit l’occasion du Mardy gras de l’an 1569. que la
Ville traitoit les Officiers de la Garnison, & suppofant
qu’ils y eftoient tous allez, il attaqua à minuit avec fept *Dans la*
de fes complices le Corps de garde de la Porte du Châ- *Relation de cette*
teau, & le trouvant endormy, l’égorgea fans peine : Il fe *tentative.*
rendit ainfi maître de la porte, mais il trouva dans le
donjon une refiftance qu’il n’attendoit pas.

Une incommodité legere avoit empêché Guron d’aller au feftin, & l’avoit obligé de fe coucher de meilleure
heure qu’à l’ordinaire : Il ne dormit pas neantmoins, &
le bruit qu’il entendit, le fit lever & courir en chemife
pour voir ce que c’eftoit : Sa Femme qui n’eftoit point
encore couchée, avoit une hardieffe peu commune à
celles de fon fexe : Elle ne s’amufa ny à crier, ny à retenir fon mary ; mais le voyant aller à la porte avec une
hallebarde dont il s’eftoit faifi, elle le prévint, & l’ouvrant
fortit la premiere. Le Lieutenant & fes complices s’eftoient rangez devant cette porte, perfuadez que fi Guron
ou quelqu’autre homme de commandement y eftoit, il
fortiroit le premier : Ils s’eftoient rangez en haye, & tenoient leurs armes prêtes pour ne le pas manquer ; ainfi
la femme de Guron n’eut pas plûtôt paru, qu’elle fut renverfée morte de plufieurs coups aux pieds de fon mary
qui ne perdit pas le temps à la relever : Il eut dans cét
étrange moment affez de prefence d’efprit pour prévoir
qu’en luy rendant ce charitable office il donneroit aux
conjurez le loifir de le mirer, & la confideration de fa vie
& de la Place que le Roy luy avoit confiée, l’emporta fur
ce qu’il aimoit le mieux. Il abandonna le corps de fa Femme, & rentrant par la porte dont il n’eftoit qu’à demy
forty, la ferma fur luy fi promptement, que les conjurez

n'y pûrent mettre obſtacle. Il mit derriere tout ce qu'il jugea capable de l'appuyer, pendant que l'on travailloit en vain à l'enfoncer, & il fit tant de bruit qu'on l'entendit de la Ville. Les Officiers qui achevoient de ſouper, ne ſçachant ce que ce pouvoit eſtre, accoururent à ce bruit, & furent ſuivis de tant de Bourgeois, que le Lieutenant & ſes complices environnez de toutes parts, & n'ayant ny ſecours, ny retraite, furent tuez, & le Château de Luſignan recouvré.

Les Calviniſtes ne furent pas plus heureux à ſurprendre Dieppe & le Hâvre, où ils avoient intelligence. Elle fut découverte dans la premiere de ces deux Places, par la a Mailleraye-Mouy qui fit trancher la teſte à b Lindebeuf ſon meilleur amy, convaincu d'en eſtre complice ; & ce qui fut cauſe qu'elle ne réuſſit pas non plus dans la ſeconde, fut l'imprudence des conjurez qui ſe mirent en trop petit nombre au fond d'un Navire chargé de marchandiſes. Le Navire eſtant entré dans le Port, les conjurez ſe gliſſerent par là juſqu'au milieu de la Ville ; mais le Gouverneur c Sarlabous accompagné des quatre Enſeignes de ſon Regiment d'Infanterie, honteux de ceder à trois ou quatre cens Calviniſtes, les attaqua & les défit. Les deux partis s'exercerent en cette eſpece de petite guerre durant l'hyver ; mais la rigueur de la ſaiſon ne fut pas plûtôt relâchée, que les Armées ſe remirent en campagne. Le deſſein de la Calviniſte eſtoit de recevoir un renfort conſiderable que d Piles le plus accredité de ſes Officiers Gaſcons, avoit levé ſur les bords de la Dordogne, & conduit juſques à la Charante, où le Prince de Condé s'eſtoit avancé pour luy en faciliter le trajet. Le Duc d'Anjou qui mena du même côté l'Armée Catholique,

a Iean de Mouy, Seigneur de la Mailleraye, depuis Vice-Amiral de France, & Chevalier du S. Eſprit.

b N... Martel, Seigneur de Lindebeuf en Normandie.

c Corbeiran de Cardillac, Seigneur de Sarlabous en Guyenne, Chevalier de l'Ordre.

d Armand de Clermont.

que, pour en empêcher la jonction, l'eût traversée en 1 5 6 9.
éfet, si Villiers qu'il avoit envoyé prendre Jarnac, l'eût
confervée avec autant de bonheur, qu'il en avoit eu à
s'en faifir ; mais il en fut chaffé par Briquemaut, ce qui
contraignit les Catholiques de faire un long circuit pour
aller eux-mêmes paffer la Charante au deffus d'Angoulême. Ils forcerent enfuite Rufec & Châteauneuf, & Biron
fit rétablir avec une extrême diligence le Pont de cette
derniere Place, que les Calviniftes avoient ruiné. Il s'eftoit propofé d'attirer le Prince & l'Amiral au combat,
en feignant de vouloir engager les Catholiques au Siege
de Cognac, & il avoit en éfet perfuadé au Duc d'Anjou
de marcher droit à cette Ville.

Le Prince de Condé ne pouvant fe refoudre de la perdre, s'avança pour la fecourir, & les raifons qui l'y porterent, eftoient tout-à-fait preffantes. Elle luy eftoit neceffaire pour recevoir les fix mille Soldats des trois Vicomtes, & les quatre mille que Piles luy menoit. Ces
deux Corps n'en eftoient éloignez que d'une journée, &
le Prince, après les avoir joints, eût marché fans obftacle
jufques à la Riviere de Loire, où il avoit donné rendez-
vous à l'Armée Proteftante d'Alemagne, commandée par
le Duc des deux Ponts qui venoit dans le même deffein   Wolphang
qu'avoit eu celle du Prince Cafimir l'année precedente,   de Bavie-
res, Comte
c'eft-à-dire de renforcer les Calviniftes François. Il eût   Palatin,
efté impoffible aux Catholiques de défendre tous les paf-   Duc des
deux Pôts.
fages de cette Riviere, s'ils euffent efté d'un côté attaquez par le Prince, & de l'autre par le Duc des deux Ponts ;   Dans le
Memoire
& le premier paffage que les Calviniftes auroient pris,   trouvé au
eût fuffi pour l'union de leurs Armées qui s'approchant   Prince de
du Duc d'Anjou, l'euffent défait, s'il eût ofé tenir la cam-   Condé.

1 5 6 9. pagne, ou diffipé fes forces, s'il les eût enfermées dans les Villes de fon party, lefquelles fe fuffent auffi-tôt renduës à l'envy l'une de l'autre & fans attendre de Siege. Ainfi la France eût efté exposée en proye aux Troupes confederées, & il n'eût tenu qu'au Prince & au Duc des deux Ponts de partager la Monarchie.

Mais un projet fi vafte, & qui paroiffoit fi facile dans l'execution, fut renversé par la contremarche des Catholiques, & devint chimerique par la mort de celuy qui en devoit eftre le principal inftrument. Le Duc d'Anjou, aprés s'eftre éloigné de Châteauneuf autant qu'il faloit pour faire croire aux Calviniftes qu'il alloit à Cognac, revint fur fes pas, & trouvant le Pont de Châteauneuf refait, commença à faire paffer fes gens deffus. L'Amiral qui commandoit l'Avantgarde, s'avança pour l'en empêcher, & fit en éfet repaffer les Catholiques qu'il trouva de-là l'eau ; mais il commit une faute, ou pour mieux dire, il negligea une précaution qui fit perdre la Bataille à fon party : Car au lieu de camper vis-à-vis de Châteauneuf, & de paffer fous les armes la nuit du douze au treize de Mars 1569. pour s'oppofer aux Catholiques, en cas qu'ils effayaffent à la faveur de la nuit de faire ce qu'ils n'avoient pû durant le jour, il fe contenta de laiffer deux Regimens & huit cens Cavaliers pour les obferver, & s'en alla coucher à Baffac, Bourgade à my-chemin de Jarnac & Châteauneuf. Les deux Regimens & la Cavalerie Calvinifte par un relâchement de difcipline militaire, dont il n'y a que trop d'exemples dans les guerres civiles, firent une garde affez exacte jufqu'à minuit, puis croyant qu'un plus long féjour feroit inutile dans un lieu fi incommode, s'élargirent à droit & à gauche dans les

Villages & les Hameaux voisins.

Le Duc d'Anjou profitant de leur négligence, fit si promptement passer son Armée, que l'Avantgarde Catholique où estoient les Ducs de *a* Longueville & de *b* Guise, le Vicomte de *c* Martigues, le Comte de *d* Brissac & le Seigneur de *e* Malicorne, réveilla au point du jour ceux qui s'estoient lassez de l'observer. L'Amiral averty du desordre, se hâta d'assembler son Avantgarde; mais il n'avoit pas encore achevé, lorsqu'il fut chargé par celle des Catholiques qui donnerent avec furie sur un Escadron de Cavalerie, commandé par la Noüe. Celuy-cy resista avec assez de vigueur à la premiere charge, mais à la seconde, d'Andelot qui s'estoit avancé pour le soûtenir, ne l'empêcha pas d'estre renversé & pris prisonnier avec la Loüe son compagnon d'armes. D'Andelot fut défait à son tour par l'Escadron du brave *f* Monsalés qui perdit la vie en chassant les Calvinistes de Bassac, dont ils s'estoient emparez. L'Amiral voyant plier son Avantgarde, dépêcha de nouveaux Couriers au Prince de Condé, pour le presser de venir, & soûtint cependant un choc si rude, que la plûpart des meilleurs Officiers, comme la Mesanchere, *g* Languillier & *h* Brandaniere, y perirent. Soubise fut pris par un Gentilhomme Catholique, qui ne croyant pas luy pouvoir sauver la vie en le gardant, le laissa échaper. Châtelier trop tôt retourné d'Angleterre, quoyque ce n'eût esté que le jour précedent, ne fut pas si favorablement traité. Il s'estoit rendu sur la promesse d'estre tenu en qualité de prisonnier de guerre, & ceux qui l'avoient pris, le conduisoient en éfet en lieu de seureté, lorsqu'ils furent rencontrez par une troupe qui avoit servie autrefois sous Charry : Ils reconnurent Châtelier

Z ij

a Leonor d'Orleans
b Henri de Lorraine
c Sebastié de Luxembourg
d Timoleo de Cossé.
e Iean de Chourses, Seigneur de Malicorne, depuis Chevalier du S. Esprit, & Gouverneur de Poitou.
f Iacques de Balaguier, Seigneur de Monsalés
g N. . de Belleville, Seigneur de Languillier en Poitou.
h N... Gazeau, Seigneur de la Brandaniere en Poitou.

1 5 6 9. qui l'avoit affaffiné cinq ans auparavant, & le percerent d'une infinité de coups, en criant qu'il ne faloit pas luy garder la foy. L'Avantgarde Calvinifte ne laiffa pas neanmoins de fe r'allier, & d'attendre une cinquiéme charge à la faveur d'une chauffée qu'elle avoit à dos. Le Ringrave & Baffompierre à la tefte de deux mille Reîtres, la poufferent fi rudement, qu'elle alloit fe diffiper, lorfque le Prince de Condé arriva pour la foûtenir avec le refte de l'Armée Calvinifte. Il eftoit déja fi loin, lorfqu'il receut le premier avis de l'engagement de l'Amiral au combat, que les Catholiques n'eftoient plus deformais en état ny de l'attirer malgré luy à la Bataille, ny de l'empêcher de joindre Piles & les Vicomtes.

Chriftophe de Baffompierre, Barō d'Harouel en Loraine

Mais il y a des regles d'honnêteté à la guerre, auffi bien que dans les autres profeffions civiles, que les grands Capitaines n'oferoient violer. L'Avantgarde Calvinifte s'eftoit engagée par fa faute au combat, & le Prince en fut informé ; cependant il ne délibera point s'il retourneroit fur fes pas pour la dégager, & il fe contenta de dire, que puifqu'elle avoit fait un pas de Clerc, il faloit l'aider à le franchir ou fuccomber avec elle. Il y difpofa fes Troupes par un difcours éloquent & court, & fe preffa de venir fur le champ de Bataille, autant qu'il pût, fans mettre fes gens hors d'haleine.

François 3. du nom, Comte de la Rochefoucaut, mary de Charlotte de Roye, fœur d'Eleonore de Roie Princeffe de Condé.

Mais les hommes extraordinaires periffent rarement fans avoir des avant-coureurs de leur fin prochaine. Le Prince, au commencement de fa contremarche, fut bleffé à la jambe d'un coup de pied que luy donna le cheval du Comte de la Rochefoucaut fon Beaufrere, & fut par là reduit à l'impoffibilité de fe relever, s'il eftoit abbatu. Il ne fe plaignit neantmoins ny de la douleur qu'il ref-

sentoit, ny de l'impuissance où il estoit d'agir deformais autrement qu'à cheval, & quoyqu'à son arrivée en pre-
sence de l'Armée Catholique il la trouvât presque toute *Dans la Relation* passée, il ne laissa pas de la charger avec autant de fierté *de la mort* que s'il eût esté assuré d'avoir l'avantage sur elle. Ses trois *du Prince de Condé.* premieres attaques furent si terribles, qu'il eut une partie de ce qu'il pretendoit, puisqu'il dégagea l'Avantgarde Calviniste ; mais ce ne fut qu'en attirant sur luy toutes les forces Catholiques qui l'accablerent plûtôt qu'elles ne le défirent. Il fut porté par terre, après avoir vû tomber cinq cens Cavaliers des siens, & un Gentilhomme nommé le Rosier, le voyant embarrassé sous son cheval, descendit du sien pour l'aider à se relever. D'Argence *Cibar Ti-* survint encore, & le Prince se rendit prisonnier à ces *son, Sei-* deux Gentilshommes qui le menoient en lieu de sureté, *gneur* lorsque le Baron de Montesquiou arriva. C'estoit le Ca- *d'Argece.* pitaine des Gardes du Duc d'Anjou, qui suivant le genie de ceux qui visent uniquement à faire fortune, n'avoit travaillé depuis six mois qu'il exerçoit cette Charge, qu'à reconnoître quels estoient les sentimens de son Maître, pour y ajuster les siens. Il avoit découvert la haine irre- conciliable du Duc d'Anjou pour le Prince, depuis l'é- claircissement qu'ils avoient eu ensemble au souper de la Reine, d'où c'estoit ensuivie la seconde guerre civile ; & l'on ajoûte qu'il avoit un ordre secret de se défaire du Prince, au cas que le hasard, ou quelqu'autre cause le luy fit rencontrer, & que cette commission avoit encore esté donnée à d'autres : Enfin on veut que Montesquiou eût autrefois receu du Prince une sensible injure, & que l'oc- casion jointe à la facilité de s'en vanger, reveillât dans son cœur un ressentiment que la longueur du temps y

1 5 6 9.

_Montef-
quiou fut
tué 6.mois
aprés._

_Hodorat
de Savoye,_

_Magde-
laine de
Savoye._

a _Guy du
Par, Ba-
ron d'In-
grande._
b _Claude
de Billy,
Seigneur
de Prunay
le Gilon en
Valois._

avoit plûtôt affoupy qu'éteint, quoyqu'il en foit, il n'eut pas plûtôt apperçû le Prince, qu'il le tua d'un coup de piftolet dans la tefte.

L'avanture de Jacques Stuard Gentilhomme Ecoffois, ne fut pas moins tragique ; & comme il avoit efté pris au côté du Prince, on ne luy garda pas plus exactement la parole qu'on luy avoit donnée de le traiter en prifonnier de guerre. Le Marquis de Villars eftoit auprés du Duc d'Anjou, lorfque les prifonniers qualifiez furent menez à ce Prince, & Stuard fut reconnu pour le meurtrier du Connêtable de Montmorency. Villars, dont le Connêtable avoit époufé la Sœur, eftant perfuadé que fon Beaufrere avoit efté tué de fang froid, le reprocha à Stuard, & fe jettant aux pieds du Duc d'Anjou, luy demanda la permiffion de vanger fon Beaufrere. Stuard ne perdit dans cette extremité ny le jugement, ny l'éloquence qui luy eftoit naturelle, il remontra fi fortement au Duc d'Anjou que le Connêtable avoit efté bien tué, & prit fi adroitement ce Prince par ce qu'il avoit de plus tendre, en le conjurant de ne pas foüiller par un lâche confentement la victoire qu'il venoit de remporter, que Villars fut plus d'une fois rebuté ; mais fon importunité & la multitude des furvenans qui joignoient leurs prieres aux fiennes, l'emporterent enfin fur la raifon & fur le droit des gens, & le Duc n'eut pas plûtôt lâché ces trois mots, _hé bien foit_, que Stuard fut ôté de devant fes yeux, & poignardé auffi-tôt.

L'Amiral s'eftoit cependant r'allié, & avoit renverfé quelques Efcadrons Catholiques trop foibles pour le foûtenir. Il avoit fait prifonnier le Baron a d'Ingrande & b Prunay, deux des plus vaillans Gentilshommes du

party Catholique, lorſqu'ayant vû ſuccomber le Prince, 1 5 6 9.
& ne ſe tenant pas aſſez fort pour attendre de pied ferme les Troupes qui l'avoient défait, il fit ſa retraite avec
d'Andelot ſon frere, ſans précaution & ſans aucune marque de fuite. La laſſitude des vainqueurs les empêcha de
le pourſuivre, & il arriva ſans peine à Cognac, où pour
redonner courage aux Calviniſtes, en leur témoignant
qu'il ne craignoit pas plus les Catholiques aprés la Bataille que devant, il fit à ſon tour tuër de ſang froid
Ingrande & Prunay, & proteſta qu'il ne donneroit point
de quartier aux Catholiques, juſques à ce que les loix de
la bonne guerre euſſent eſté rétablies.

ARGUMENT
du huitiéme Livre.

L'Amiral de Châtillon devenu Chef des Calvinistes aprés la mort du Prince de Condé, reçoit une Armée Allemande, & fait quitter la campagne aux Catholiques ; mais au lieu de porter la guerre vers Paris, comme il devoit, il s'arrête au Siege de Poitiers, & perd ses meilleurs hommes devant cette Place, où le jeune Duc de Guise & le Marquis du Maine son frere, s'estoient jettez. Le Duc d'Anjou renforce cependant son Armée, & contraint les Calvinistes de combattre à Moncontour. Ils y montrerent beaucoup de valeur, mais enfin ils sont défaits, & leur perte eût esté irreparable, si les Catholiques eussent poursuivy l'Amiral dans sa retraite. Ils luy donnent le loisir de se retirer, en s'amusant à leur tour au Siege de Saint-Jean d'Angely. Piles défend la Place contre le Duc d'Anjou. On ne l'attaque pas d'abord avec toute la vigueur qu'il faloit. Il apprend que le Roy est arrivé en personne au Siege, & il se défend jusqu'à l'extremité. Il donne ainsi le loisir à l'Amiral de remettre sur pied une nouvelle Armée, & de porter la guerre aux environs de Paris. La

Cour

Cour n'ayant pû l'en empécher, resout de se défaire de luy ; & pour l'attirer plus aisément dans le piege, fait la Paix avec les Calvinistes à telles conditions qu'ils desirent.

CHARLES IX.

LIVRE HUITIE'ME.

OV L'ON VOIT LES CHOSES LES plus remarquables arrivées fous fon Regne, durant le refte de l'année 1569.

1569.

COMME le Prince de Condé eftoit l'ame du party Calvinifte, fa mort en étonna tellement les principaux, qu'ils le crurent perdu fans reffource : Car outre que la jaloufie pour le Commandement, que fa qualité de Prince du Sang avoit fait ceffer pendant fa vie, eftoit prête de fe renouveller par fa mort, il ne fe trouvoit plus perfonne qui pût retenir les Soldats dans le fervice, quoyqu'il y en eût plufieurs qui fçûffent la guerre auffi bien que luy ; cependant on reconnut bien-tôt que l'accident n'eftoit arrivé que pour mettre dans tout fon luftre le merite de l'Amiral.

Il avoit eu toute sa vie des affaires trés-embrouïllées 1 5 6 9.
& trés-difficiles à démêler, neanmoins il n'en avoit jamais
eu qui ne fussent beaucoup au dessous de sa suffisance, &
où par consequent il eût eu besoin d'employer toute sa
capacité. Ainsi ce qu'il avoit de plus rare & de plus élevé au dessus des autres, estoit demeuré caché faute d'occasion, & l'eût toûjours apparemment esté durant la vie
du Prince de Condé, parceque l'on eût attribué à ce Prince tous les éfets où l'on n'eût pû sçavoir que l'Amiral
avoit contribué plus que luy.

Mais aprés que la Bataille de Jarnac eut mis l'Amiral
en liberté de se representer tout entier à toute l'Europe,
les Calvinistes reconnurent qu'ils n'estoient pas si malheureux qu'ils pensoient l'estre, puisqu'il leur restoit un
Chef qui les empêcheroit de s'appercevoir de la perte
qu'ils avoient faite, tant il avoit de qualitez singulieres
pour la reparer : Et de fait, la necessité où il se voyoit
reduit de perir avec le party qu'il avoit formé en France, ou d'en prendre la conduite, ne luy permit pas de
déliberer un moment sur ce qu'il avoit à faire, quoyqu'il
prévît d'étranges difficultez à se charger d'un Generalat
dont il sentiroit les peines, sans en goûter les douceurs.
Il l'accepta, ou pour mieux dire, il se fit élire avec cette
précaution, que pour éviter de donner de la jalousie, il
fit declarer Chefs du party, les Princes de Navarre & de
Condé qui n'avoient encore que quinze ans, & se contenta d'estre leur Lieutenant general pour quelques années, sous pretexte d'attendre que l'âge & l'experience
eussent achevé de les rendre capables de commander.
Ainsi ses égaux s'accoûtumerent plus facilement à le voir
au dessus d'eux, lorsqu'il eût donné lieu de croire que ce

1 5 6 9. n'eſtoit que pour autruy & pour peu de temps.

Ses premiers ſoins, aprés s'eſtre retiré dans Xaintes, & avoir mis les jeunes Princes en ſureté dans S. Jean d'Angely, furent de jetter une forte Garniſon dans Cognac qu'il prévoyoit devoir eſtre d'abord attaquée. Cette Ville le fut en éfet, mais les Catholiques la trouvant trop bien défenduë, ne s'obſtinerent point à la forçer, ils aimerent mieux aller faire le dégât au tour de Saint-Jean d'Angely, & prendre Aubeterre, d'où ils furent invitez à s'approcher d'Angoulême par cette occaſion. Côme cette Ville eſtoit la plus forte qu'euſſent les Calviniſtes aprés la Rochelle, Montgommery avoit eu ordre d'y conduire huit cens Chevaux, & s'en eſtoit acquitté avec une vigilance extraordinaire; mais aprés les avoir menez ſans perte juſqu'aux Portes d'Angoulême, il conſentit, ou du moins, il n'empêcha pas qu'ils ne s'arrêtaſſent quelques heures dans les Villages voiſins pour ſe rafraîchir, & ce fut là que Briſſac qui s'eſtoit mis à leurs trouſſes, ſans qu'ils y priſſent garde, les ſurprit & les défit. L'Amiral en receut la nouvelle avec plus d'indifference que l'on ne croyoit, & cette penetration d'eſprit qui luy rendoit quelquefois preſentes les choſes de l'avenir, luy fit dire alors une choſe que ceux de ſon party prirent depuis pour une prophetie. Il ſoûtint qu'il eſtoit plus avantageux aux Calviniſtes que Briſſac fût d'humeur entreprenante, que s'il ne l'eſtoit pas, parce qu'il en dureroit beaucoup moins; & de fait, il fut tué peu de jours aprés devant Mucidan, en reconnoiſſant l'endroit qu'il vouloit battre, & les Soldats au deſeſpoir de l'avoir perdu, maſſacrerent tout ce qui ſe trouva dans la Place. Il y a des Relations qui diſent qu'il n'avoit que vingt-trois ans, mais les autres aſ-

Timoleon de Coſſé.

furent qu'il en avoit vingt-six ; & quoyqu'il n'eût pas eu le loisir de satisfaire les deux plus violens de ses desirs, qui estoient de surpasser son [a] Pere en merite, & de parvenir à la dignité de Connêtable, la voix publique luy rendit neanmoins ce témoignage, que la Monarchie Françoise n'avoit jamais élevé de Seigneur d'une si grande esperance, & que rien ne luy manqua que les années pour éfacer la gloire des plus grands Capitaines.

Les Calvinistes en eussent fait des feux de joye, s'ils n'eussent en même temps perdu [b] d'Andelot. Il mourut à Xaintes d'une fiévre chaude, & laissa quatre garçons [c] qui ne luy survécurent pas longtemps. Boucard Grand-Maître de l'Artillerie Calviniste, mourut de fatigue peu de jours après, & le brave [d] Valfreniere Lieutenant d'Andelot, fut tué en tâchant de surprendre la Ville de Bourg en Guyenne. Enfin [e] Genlis fut si touché de ce que l'Amiral qui se défiant de luy, depuis qu'il l'avoit vû dans une liaison particuliere avec le feu Duc de Guise durant la premiere guerre civile, luy avoit preferé [f] Morvilliers dans le Commandement des Troupes Françoises qui marchoient avec l'Armée Protestante d'Allemagne, qu'il s'en mit au lit de chagrin [g], & n'en releva pas. Ces Troupes estoient composées de la Cavalerie de [h] Mouy, de [i] Renel, de [k] Clairvaut, de [l] Haussonville, de [m] Feuquieres, [n] d'Autricour, de [o] Lanty, & de l'Infanterie de Briquemaut. Le Duc des deux Ponts ne les eut pas plûtôt jointes aux huit mille Chevaux & six mille Fantassins Allemans qu'il conduisoit, que le Duc d'Aumale trop foible pour l'empêcher

1569.

[a] *Le Maréchal de Brissac.*

[b] *François de Coligny.*

[c] *Paul de Coligny Côte de Laval, François de Coligny Seigneur de Rieux, François de Coligny Seigneur de Tanlay, & Benjamin de Coligny Seigneur de Sailly, moururent tous quatre au mois d'Avril de l'an 1586.*

[d] *Dominique Provaya.*

[e] *François de Hangest.*

[f] *Louis Lannoy Seigneur de Morvilliers en Picardie.*

[g] *Vne fiévre chaude qui se changea en frenesie, le fit mourir*

comme enragé à Strasbourg. [h] Louis de Vaudray-S. Phale, Seigneur de Mouy en Beauvoisis. [i] Antoine de Clermont d'Amboise, Marquis de Renel en Champagne. [k] Claude Antoine de Vienne, Seigneur de Clervaut en Bourgogne. [l] Affricain Baron de Haussonville, Seneschal de Lorraine. [m] Philippe de Pas, Seigneur de Feuquieres en Picardie. [n] Valeran d'Anglure, Seigneur d'Autricourt en Champagn. [o] Ioachim de Chatenay, Seigneur de Lanty en Champagne.

1569 d'entrer en France, se retira vers le Duc d'Anjou.

Le Duc des deux Ponts maître de la campagne, traversa la Bourgogne, & n'osant passer la Loire sans s'estre asseuré d'une Ville sur cette Riviere, mit le Siege devant la Charité. La Bourgeoisie s'y défendit aussi longtemps que son Gouverneur témoigna de courage; mais une terreur panique l'ayant porté à s'enfuïr de nuit, elle ne pensa plus qu'à capituler. Le Duc des deux Ponts luy eût accordé des articles avantageux, si dans le temps qu'on les examinoit, des Bourgeois Calvinistes cachez n'eussent livré une Porte à ceux de leur party, qui abandonnerent le pillage de la Place aux Allemans pour les deux mois de solde qui leur estoient dûs.

Dans l'expedition du Duc des deux Ponts.

Cette avanture rompit les mesures que la Reine-Mere estoit allé prendre en Limousin avec le Duc d'Anjou, pour empêcher la jonction des Allemans avec l'Amiral. L'Armée Catholique n'osa se mettre entre-deux, de peur d'estre défaite, & la Calviniste beaucoup plus forte qu'elle, l'alla chercher jusqu'auprés de Saint-Yrier, dans un Bourg nommé la Roche-la-Belie où elle campoit, afin de conserver les avantages qu'elle tiroit de la Riviere de Vienne. Comme il estoit impossible de prendre aucune resolution si secrete dans un party, qu'elle ne fût aussi-tôt divulguée dans l'autre, l'Amiral sçavoit que les Catholiques n'ayant pû empêcher la jonction de ses forces avec celles du Duc des deux Ponts qui estoit mort immediatement aprés, ils avoient reduit toute leur politique à imiter le Duc d'Albe qui venoit de ruiner dans les Pays-bas, sans rien hasarder, une Armée de trente mille Allemans, en la côtoyant & en traversant tous les desseins qu'elle formoit. Ainsi le Duc d'Anjou persuadé que l'Amiral ne retiendroit à son service les Etrangers, qu'en leur donnant tous les mois à piller une Ville côme celle de la Charité qui leur tint lieu de solde, n'avoit qu'à le suivre de si prés, qu'il ne pût emporter aucune Place considerable, & qu'à luy couper les vivres pour exciter dans son Camp une sedition qui aboutiroit ou à un carnage mutuel des Calviniftes François & des Proteftans d'Allemagne, ou à la retraite de ceux-cy qui laifferoient les autres dans l'entiere impuiffance de se maintenir.

Il n'y avoit point d'autre expedient pour rompre ces mefures, que de forcer de combatre le Duc d'Anjou, & l'Amiral y fut d'ailleurs excité par le rapport de ses efpions qui l'informerent de deux circonftances dont il crut devoir profiter : L'une, que la garde avancée des Catholiques eftoit fort negligée depuis le gain de la Bataille de Jarnac ; l'autre, que le Camp eftoit retranché de tous côtez, excepté celuy de S. Yrier, où une vallée profonde luy tenoit lieu de foffé, & eftoit défenduë par une colline bordée de la plus groffe artillerie, dont les Suiffes avoient la garde. Outre cela, plufieurs fources d'eau vive ramaffée au pied de la colline, y formoient un étang, dont la chauffée avoit efté donnée en garde aux Regimens de la Barte & de Gouas[a], & les Officiers en eftoient remarquables par le deuïl qu'ils portoient de Briffac leur Colonel, & derriere ces Regimens il y avoit un terrain occupé par des hayes & des chateigniers, où il y avoit un Corps de Cavalerie & d'Infanterie deftiné pour les foûtenir en cas de befoin.

a *Antoine de Biran.*

Cette précaution ne détourna pas pourtant l'Amiral de hafarder une attaque generale par le même endroit, & pour s'affeurer du fuccés autant qu'il eftoit humaine-

1569.

ment poſſible, il rangea ſon Armée avec tant d'art, que les quatre Corps dont elle eſtoit compoſée, pouvoient agir contre le même quartier des ennemis, ſans s'embarraſſer l'un & l'autre. Il conduiſit luy-même le premier où eſtoit ᵃSoubiſe, ᵇBeauvais, ᶜTeligny, ᵈBriquemaut & le Comte Louïs de Naſſau : Il donna au Comte de la Rochefoucaud, le ſecond où eſtoient les Princes de Navarre & de Condé : Le Prince d'Orange, le Comte Volrad de Mansfeld, ᵉBaudiné & Piles eſtoient à la teſte du troiſiéme, & Rouvray & Pouïlly commandoient le quatriéme.

Les Catholiques euſſent eſté ſurpris ſans un des leurs qui ſe ſauvant des mains des Calviniſtes dont il eſtoit priſonnier, vint le 14. de Juin 1569. les avertir qu'ils alloient avoir l'Amiral ſur les bras : En éfet, ils furent attaquez un moment aprés avec tant de vigueur, que ceux qui campoient ſur la chauſſée, ne ſuffiſant pas pour les ſoûtenir, il y eut une terreur parmy les Catholiques, qui ne ceſſa que par la reſolution du jeune Philippe Strozzy. Il avoit partagé avec Briſſac la Charge de Colonel de l'Infanterie Françoiſe, & l'avoit obtenuë entiere aprés ſa mort. On eſtoit perſuadé à l'Armée que la faveur y avoit contribué plus que le merite, parceque l'on ſçavoit d'un côté qu'il eſtoit ᶠCouſin de la Reine-Mere, & de l'autre que le Marêchal Strozzy ſon Pere avoit dépenſé au ſervice de France trois millions qu'il y avoit apportez, & avoit perdu la vie devant Thionville : Mais de quelque maniere que le jeune Strozzy fût devenu Colonel, il eſt certain que l'on n'eût pû trouver un plus digne ſucceſſeur de Briſſac dans tout le party Catholique, & que ce n'eſtoit pas ſans raiſon que les Calviniſtes n'avoient rien oublié pour l'attirer dans le leur. Il eſtoit extrémement vigoureux,

a *Iean Larcheveque, Seigneur de Partenay & de Soubiſe en Xaintöge.*
b *Iean de la Fin, dit de Salins, Seigneur de Beauvais-la-Nocle.*
c *Charles Seigneur de Teligny.*
d *François Seigneur de Briquemaut.*
e *Iean de Cruſſol.*
f *Il eſtoit petit-fils de Philipe Strozzy, & de Clarice de Medicis, Sœur de Laurent de Medicis, Duc d'Urbain, Pere de la Reine Catherine.*

goureux, & avoit une grande habileté pour la guerre; 1569.
& comme perfonne n'y réuffiffoit mieux que luy, perfonne auffi ne l'aimoit davantage. Il avoit apporté de
Florence où il eftoit né, l'humeur froide, ferieufe, abf-
traite & taciturne, qui dominoient en luy, mais ce temperament ne l'empêchoit pas d'avoir la plûpart des inclinations Françoifes, & fur tout l'emportement de courage. On avoit admiré au fecours de Malthe fon adreffe *Dans la*
& fa promptitude à tirer du moufquet & de l'arquebufe, *Vie du*
& à Rome fon intrepidité à fe jetter dans Civita Vechia, *jeune*
lorfque Dragut la menaça de Siege, & il n'avoit pas tenu *Strozzy.*
à luy que l'Infanterie Françoife ne fût mieux informée
de fa valeur. Auffi quand il l'entendit à la Roche-la-Belie
regreter Briffac, comme s'il n'y eût que luy capable de la
commander dans une occafion fi dangereufe, il repartit
d'un ton ferme & d'un vifage où l'affeurance & l'indignation eftoient peintes, qu'elle le fuivît feulement, &
qu'il l'a meneroit plus avant que Briffac ne l'avoit jamais
conduite : Et de fait, il donna tefte baiffée dans un Efcadron de fix mille vieux Soldats Calviniftes qui avoient
prefque tous le cafque doré & les armes gravées. Il y fit
des chofes fi extraordinaires, que les fiens crurent n'a-
voir rien perdu en changeant de Colonel. Il mit trois
fois l'Infanterie Calvinifte au hazard d'eftre défaite, &
l'eût infailliblement renverfée, fans que Piles vint à propos au fecours de l'Amiral, & luy donna le temps de fe
r'allier.

Strozzy ne s'étonna point de ces nouveaux ennemis,
mais il n'eût pû refifter longtemps à caufe de la laffitude
des fiens, fi la Cavalerie Italienne que le Pape avoit en- *Afcario*
voyée aux Catholiques fous le Comte de Santafiore, ne *Sforza.*

Tome II. Bb

se fût avancée d'elle-même pour le soûtenir, la confuſion eſtant ſi grande qu'elle n'en receut pas l'ordre. Elle perça encore du premier choc l'Eſcadron de Piles. Elle l'ouvrit par la teſte & par les flancs : Elle en renverſa les meilleurs hommes, & Piles eût luy-même perdu la vie ou la liberté au milieu de cinq ou ſix Catholiques qui l'avoient environné, quand il fut dégagé par les Reîtres Proteſtans qui n'avoient point encore combatu. Le Duc de Guiſe & les autres Chefs de la Cavalerie Catholique firent teſte aux Reîtres, & l'Amiral ennuyé de la longueur du combat, chercha les moyens de l'abreger en envoyant la Riviere le plus experimenté de ſes Officiers, faire un long circuit pour charger par derriere Strozzy qui dans la chaleur du combat s'eſtoit trop avancé. Roüvray & Pouïlly Colonels Calviniſtes, s'élargirent auſſi inſenſiblement à droit & à gauche, & gagnans ſans eſtre apperçûs, la chauſſée de l'Etang, luy donnerent en flanc des deux côtez. Tout autre que Strozzy ſe voyant environné & preſque accablé du nombre, ſe fût rendu, mais il mépriſoit ſi fort les dangers, & le peu de Soldats qui luy reſtoient, eurent tant de valeur, qu'ils ſe mirent en rond & ſoûtinrent cette nouvelle attaque ſans perdre leurs rangs. L'Amiral fut contraint d'envoyer au combat le Corps de reſerve commandé par [a] Mouy, par [b] le Vaſſeur & par [c] Angennes, & la Cavalerie de ces trois Officiers penetra enfin juſqu'à Strozzy par un accident qui nuiſit plus aux Catholiques que toute la valeur des ennemis.

Il tomba ſur la fin du combat une ſi groſſe pluye, qu'elle éteignit toutes les méches, & reduiſit l'Infanterie Catholique à ne ſe ſervir pour toutes armes que de l'épée & du poignard. Mouy s'en apperçeut, & comme les har-

'Dans la Relation de ce combat.
[a] Louis de Vaudray. Ioachim le Vaſſeur Seigneur de Cognée en Vendomois.
[c] François d'Angennes, Seigneur de Coudray.

ſ

nois, les lances de ſes Cavaliers, & les chanfreins de ſes chevaux les empêchoient d'eſtre bleſſez par cette ſorte d'armes, ils eurent bon marché des Catholiques. Vingt-deux Capitaines, dont les plus conſiderables eſtoient *a Roquelaure, Mignard Baſque, & Valon Provençal, fort aimé du Duc d'Anjou, moururent aux pieds de leur Colonel, & Saint Loup Angevin, ſon Lieutenant, le garantit aux dépens de ſa vie, d'un coup qui luy alloit percer le cœur. Strozzy ne penſoit qu'à vendre cherement ſa vie, lorſqu'il fut reconnu par des Gentilshommes Calviniſtes qui tâcherent de le prendre vif, afin de l'échanger avec la Noüe. Ils l'environnerent, le firent priſonnier, & le contraignirent ainſi de ſurvivre à huit cens de ſes meilleurs Soldats qui ſauverent par leur reſiſtance l'Armée Catholique, les Calviniſtes ayant eu tant de peine à les défaire, qu'ils furent obligez de ſe retirer.

La fortune qui ſe préparoit à leur faire perdre une quatriéme Bataille, les convia cependant à la donner par les quatre ſuccés ſuivans, dont elle les favoriſa pour les mieux tromper. Leur Colonel Pluviaut fit lever le Siege de Niort au Comte du Lude Gouverneur de Poitou, & le Colonel *b Bloſſet fit auſſi déloger à la hâte *c Sanſac de devant la Charité qu'il avoit aſſiegée. L'Amiral averty par de fideles eſpions qu'il n'y avoit que cent Soldats dans Luſignan, l'inveſtit ſi promptement, qu'il fut impoſſible aux Catholiques de le ſauver; & Montgommery executa avec autant de gloire que de bonheur, le deſſein le plus hardy qui eût eſté formé depuis que les Calviniſtes avoient commencé la troiſiéme guerre civile. La Reine ſçavoit que les Troupes les plus aguerries de l'Amiral eſtoient Gaſconnes, & preſque toutes compoſées

Bb ij

des Sujets de la Reine de Navarre. Elle fuppofoit que fi les Catholiques faifoient une puiffante diverfion dans la Principauté de Bearn, elles quitteroient le Poitou pour courir à la défenfe de leurs maifons, & que l'Amiral affoibly par cette defertion, fuccomberoit à la premiere attaque.

Sur un fondement fi vray-femblable, la Reine avoit écrit aux Seigneurs Catholiques de Guyenne, qui avoient levé pour le Roy fix Cornettes de Cavalerie & vingt-deux Enfeignes d'Infanterie, de les retenir dans la Province; & parce que ces Seigneurs n'obéiffoient pas volontiers à Montluc, à caufe de fa fierté & de la démangeaifon qu'il avoit de s'attribuër tout l'honneur des avantages obtenus fous fa conduite, on leur avoit donné pour Chef Antoine de Lomagne Seigneur de Terride, Gentilhomme auffi experimenté pour le moins que Montluc, & fans comparaifon plus fociable & plus moderé. Il s'eftoit fignalé dans les guerres de Piémont, & le Marêchal de Briffac avoit rendu un témoignage affez illuftre de fon merite, en l'élevant aux principales Charges. Il répondit d'abord à l'opinion que l'on avoit conceuë de fa fuffifance, en recouvrant les Comtez de Foix, d'Armagnac, de Bigore & d'Aftarac, & les Seigneuries d'Albret & de Comminge. Il entra enfuite dans la Principauté de Bearn : Il y prit les Villes de Pau & d'Ortez, & la conquit toute, excepté Navarrins que Henry d'Albret Pere de la Reine de Navarre, avoit fortifié à la moderne. Comme il prévoyoit que le Siege de cette Place feroit long & difficile, il pria Montluc d'y venir, mais en vain, la jaloufie de Montluc ne luy permettant pas de rien contribuër à la gloire de

Terride; & *Baffillon Gouverneur de la Place, la défen-

dit durant deux mois, quoyqu'il fût battu de l'Artillerie
que les Villes d'Acqs & de Bayonne avoient prêtées à
Terride.

Cependant il n'arriva rien de ce que la Reine avoit
prévû, & même il arriva le contraire. L'attachement de
la Reine de Navarre à son party, l'emporta sur l'interest
dans l'esprit de cette Princesse, & la nouvelle qu'elle receut à la Rochelle de la perte de ses Etats, ne l'obligea
point à tirer de l'Armée Calviniste les Troupes qu'elle y
avoit menées, elle usa même de l'autorité qu'elle avoit
sur elles, en leur commandant d'y demeurer, & elle se
contenta des deux cens Chevaux que Montgommery
s'offrit de conduire en Bearn, pour tâcher de jetter du
secours dans Navarrins. Montgommery n'en avoit pas
davantage en partant de Poitou, mais lorsqu'il fut arrivé
dans les Sevennes, & que le bruit de sa marche se fut répandu dans les Provinces voisines, l'inclination des Calvinistes pour la Reine de Navarre, attira tant de gens à
le suivre, qu'il en forma dix-huit Enseignes d'Infanterie.
Il battit avec ce renfort à Puy-Laurens, un party de Catholiques commandé par le Comte de [a] Negre-Pelisse. Il
passa la Garonne à Saint-Gaudens : Il prévint par de longues traites & par le passage des montagnes estimées jusques-là inaccessibles, la diligence du Maréchal d'Amville,
[b] de Bellegarde & de Montluc qui pretendoient le couper.
Il força la Ville de Tarbes, & parvint en grossissant toûjours ses Troupes, dans la Principauté de Bearn. Terride
n'avoit pas lieu de le craindre, puisqu'il avoit des Troupes plus fortes & plus aguerries, cependant il fut saisi
de crainte, comme l'avoit esté d'Aussun son compagnon
d'armes, à la Bataille de Dreux. Il mit la consternation

1 5 6 9.

[a] Louis de
Carmain,
Comte de
Negre-
Pelisse en
Quercy.
  Dans la
Relation
de cette
expeditiõ.
[b] Roger de
S. Lary.

1 5 6 9. dans le cœur de fes gens, en levant à la hâte le Siege de
Navarrins, & fe retira dans la Ville d'Ortez avec un defordre qui tenoit plus de la fuite que de la retraite. L'avis
qu'en eut Montgommery, l'attira à fes trouffes, & les
Calviniftes fe tromperent fi peu dans leur conjecture,
qu'aprés un leger combat ils emporterent d'abord les
Fauxbourgs, & enfuite une Ville confiderable défenduë
par vingt-deux Enfeignes de vieux Soldats ; ce que la
pofterité aura de la peine à croire.

Montgommery ne fut pas tellement enyvré d'un bonheur fi peu attendu, qu'il ne penfât à le rendre parfait. Il
préfuppofa que tant de vaillans hommes refugiez avec
Terride dans le Château d'Ortez, vendroient cherement
leurs vies, & rendroient peut-eftre la victoire douteufe,
s'ils donnoient le loifir à Dampville & à Montluc de venir à leur fecours. Le coup ne pouvoit eftre paré qu'en
empêchant les Catholiques de fe reconnoître, & pour
leur en ôter le moyen, Montgommery fit mettre le feu
dans la Ville, & pointer contre le Château l'artillerie
qu'il y avoit trouvée. Le feu fecondé par un vent impe-
tueux, fe prit à des maifons qui en eftoient trop proches,
& gagna jufqu'à la baffe-court. Terride travailloit luy-
même à l'éteindre, ou du moins à l'empêcher de gagner
le donjon, lorfque Serignac fon frere, qui s'eftoit fait
Calvinifte, & fervoit actuëllement dans les Troupes de
Montgommery, le vint fommer de fe rendre, & le menaça
pour peu qu'il differât, du traitement que les loix les plus
feveres de la guerre autorifent à l'égard de ceux qui at-
tendent à l'extremité pour capituler. C'eftoit-là le dernier
ftratagême de Montgommery, & Terride perfuadé que le
difcours de fon Frere partoit d'un refte d'inclination na-

turelle que le changement de Religion n'avoit point al-
teré, arrêta le foin qu'il prenoit contre l'embrafement
pour dreffer les Articles les plus honteux que l'on eût vûs
jufques-là.

Il ne traita que pour fa perfonne & pour fept de fes
Confreres Chevaliers de l'Ordre de S. Michel, enfermez
avec luy. Tout le refte demeura expofé à la difcretion de
Montgommery qui receut un mois aprés ordre de les
punir avec la derniere rigueur, foit que la Reine de Navarre fût indignée contr'eux de ce qu'ils n'avoient pas *Dans le*
voulu à fon exemple changer de Religion, ou qu'elle *Manuf-*
affectât en condamnant à la mort tant de vaillans hom- *crit des*
mes, d'affermir fon droit de Souveraineté dans le Bearn, *Bearn.*
que le Parlement de Touloufe luy difputoit, côme ayant
autrefois efté foûmife à fa Jurifdiction, & depuis laiffée à
la Maifon d'Albret par le feul confentement tacite, ou
pour mieux dire, par l'indulgence des derniers Rois de
France, afin qu'en regnant dans ce coin de terre, elle fe
confolât de la Couronne de Navarre qu'elle avoit perduë.
Ainfi le jeune Sainte-Colombe digne Frere de celuy qui *a Iean de*
avoit emporté d'affaut la Ville de Roüen, le jeune *a* Gouas *Biran de*
& les Seigneurs de *b* Pordeac & de Fabas perdirent la vie *Gouhas.*
fur un *c* échaffaut, & Montgommery permit à *d* Marcha- *b N...de*
ftel & à la Môthe-Puyol d'affaffiner Baffillon qui s'eftoit *Baffabat,*
fi vaillamment défendu dans Navarrins, par le feul foup- *Baron de*
çon que l'on eut qu'il penfoit à redevenir Catholique. *Pordeac.*
c Mezerai
Montluc vangea cette cruauté par la prife du Mont de *dit que*
Marfan, où il égorgea pour le moins autant de Nobleffe *Mongom-*
Calvinifte, qu'il en eftoit pery de Catholique dans le *mery les*
Bearn : Mais fon humeur incomparable l'ayant depuis *fit tuër de*
brouillé avec Dampville, il fut obligé de fe retirer & de *fang froid.*
d N... de
Peire, Sei-
gneur de
Marcha-
ftel.

laiſſer Montgommery maître de la Souveraineté qu'il avoit recouvrée. La Roche & Beſſonniere Gentilshommes Calviniſtes d'Auvergne, ſurprirent en même temps la Ville d'Aurillac, & la garderent malgré tous les éforts que Saint-Herem Gouverneur de la Province, fit pour la reprendre.

Gaſpard de Mont-morin, Seigneur de Saint-Herem.

　　Tous ces heureux commencemens qui venoient de ſignaler le Generalat de l'Amiral, luy inſpirerent un deſſein qui auroit partagé la Monarchie, s'il avoit eu autant de conſtance à l'executer, qu'il avoit fait voir d'habileté à l'imaginer. Il pretendoit prendre S. Maixant & Mirebeau qui euſſent achevé de le rendre maître de tout le Poitou, à la reſerve de Poitiers, & cette Ville ſe trouvant inveſtie de toutes parts, auroit ſuccombé ſans Siege. Ainſi les Calviniſtes devenus les plus forts dans la plûpart des Provinces ſituées de-là la Loire, y euſſent étably une eſpece de Taille reglée pour la ſubſiſtance de leur Armée, & principalement pour les Allemans qui demandoient avec importunité de l'argent tous les mois; mais qui aprés l'avoir receu, ne donnoient pas de moindres marques de fidelité & d'attachement à la nouvelle Religion, que les Calviniſtes François les plus zelez. L'Amiral aſſeuré d'un fond certain, eût mené ſon Armée à Saumur qui ne luy pouvoit reſiſter, parceque l'on n'avoit point encore travaillé à le fortifier. Il l'eût rendu en peu de jours l'une des meilleures Places de l'Europe, en occupant ſon Armée aux Travaux que ſes Ingenieurs avoient ordre d'y faire, & la commodité du Pont qu'il y eût trouvé ſur la Loire, luy eût facilité le paſſage qu'il meditoit dans les Provinces voiſines de Paris. Il avoit prévû que la Reine ne ſe mettoit pas beaucoup en peine de luy accorder les

Articles

Articles qu'il defiroit, pendant qu'il laifferoit la Cour 1569.
paifible dans la Ville capitale du Royaume ; mais que
s'il luy faifoit porter fa part des incommoditez de la
guerre, il en arriveroit deux grands avantages au party
Calvinifte : L'un, que la Reine ne trouveroit point d'argent pour envoyer à l'Armée du Duc d'Anjou ; l'autre,
que la Bourgeoifie de Paris interreffée en fon particulier
à la difcontinuation de la guerre, changeroit de langage,
& cefferoit de demander au Roy toutes les fois qu'elle le
voyoit, qu'il exterminât les Calviniftes.

Ce projet n'eftoit pas fujet aux défauts de la plûpart
de ceux qui fe forment en de femblables occafions, il n'y
avoit à craindre aucun accident, l'execution même n'en
paroiffoit pas difficile ; mais l'Artillerie que l'Amiral trouva dans Lufignan, le fit changer de deffein, en luy perfuadant que Saint-Maixant ne meritoit pas d'en effuyer
le premier éfort, & qu'elle ne pouvoit eftre dignement *Dans les*
employée que contre la Ville de Poitiers. Il faut neant- *motifs du*
moins avoüer que s'il fe trompa, ce fut fur des principes *Siege de*
dont le défaut ne fe pouvoit connoître que dans la pra- *Poitiers.*
tique. Il fçavoit que la vafte étenduë de Poitiers en rendoit la garde extraordinairement difficile ; qu'il y avoit
peu de Bourgeois, & que les plus accommodez eftoient
Calviniftes ; que ceux qui paroîtroient fur les murailles,
feroient expofez aux coups de moufquet, à caufe des
diverfes collines dont cette Ville eft environnée, &
que le Château que Jean de France, Duc de Berry, Frere
du Roy Charles V. avoit bâty, ne la rendoit pas beaucoup plus forte, eftant petit & bâty à l'ancienne mode : Mais l'Amiral ne fçavoit pas que l'on avoit fup-
pleé à tous ces défauts par l'unique remede qui pouvoit

Tome II. Cc

1 5 6 9.

a *Guy de Daillon.*
b *Philippe de Volviere, Marquis de Rufec en Angoumois.*
c *Iean Iay Seigneur de Boiffeguin en Poitou.*
d *Guillaume de Hautemer Seigneur de Fervaques en Normandie, depuis Maréchal de France.*
e *Cibar Tifon.*
f *François de la Beraudiere, Seigneur de l'Ifle-Rouhet en Poitou.*
g *Iean de la Haye.*
h *Henri de Lorraine.*
i *Charles de Lorraine, depuis*

y eftre apporté, c'eft-à-dire par le nombre & par la qualité des gens de guerre ; que le Comte du *a* Lude Gouverneur de la Province, s'y eftoit jetté avec *b* Rufec, *c* Boiffequin, *d* Fervaques, *e* Argence, la *f* Beraudiere, la Vacherie, Paffac, la Prade, Boifvert, Bonneau, Boiflande, Jarrie & la plus brave Nobleffe Catholique de la Province ; que la Cavalerie montoit à douze cens hommes, & l'Infanterie à cinq mille ; que la *g* Haye Lieutenant general de la Ville, plus propre à la guerre qu'à fa profeffion, avoit enrôllé & inftruit aux armes fix Compagnies de Bourgeois, & qu'enfin le Duc de *h* Guife & le Marquis de *i* Mayenne fon frere, qui s'eftoient dérobez du Camp des Catholiques pour s'aller jetter dans Lufignan, apprenant en chemin que la Place avoit capitulé, avoient prévû que l'Amiral s'attacheroit à prendre Poitiers, & y eftoient entrez le vingt-un de Juillet 1569. ce qui n'avoit pas plûtôt efté fçû dans l'Armée Catholique, que leur exemple avoit efté fuivy par les Seigneurs de *k* Mortemar, de *l* Montpezat, *m* d'Eftiffac, des *n* Rochebaritaut, de Clermont le jeune & de plufieurs autres.

Ainfi le Siege de Poitiers eftant devenu une affaire d'extrême conféquence aux deux partis, au Catholique par le deshonneur que recevroit le Duc d'Anjou en le laiffant perdre à fa veuë, & au Calvinifte par l'avantage d'accabler la Maifon de Guife & les meilleurs Soldats Catholiques fous les ruines d'une Ville foible, l'Amiral bloqua Poitiers à la fin de Juillet, & fit attaquer les Faux-bourgs.

Les efcarmouches y furent foûtenuës de part & d'autre avec une prodigieufe valeur, & les Affiegez fortis du

Duc de Mayenne. k *René de Rochechouart, Seigneur de Mortemar en Poitou.* l *Melchior des Prez, Seigneur de Montpezat en Quercy.* m *Louis Seigneur d'Eftiffac.* n *Philippe de Chateaubriand, Seigneur des Rochebaritaud en Bretagne.*

quartier de S. Lazare, furent obligez d'y rentrer avec 1569.
précipitation ; mais ils eurent leur revanche le lendemain
en attirant les Affiegeans fur la chauffée de l'Etang Saint-
Hilaire, où l'artillerie de la Ville en fit un grand carnage. La Cavalerie Catholique dédaignant auffi de fe tenir
enfermée, fortit fous la conduite de Ceffac, paffa fans *François*
eftre arrêtée entre deux quartiers Calviniftes, & courut *de Cafillac*
jufqu'au Bourg de Marne, où elle enleva trois cens Ca- *Seigneur*
de Ceffac;
valiers des Affiegeans. Elle défit en s'en retournant, Man- *depuis*
dolf & Briquemaut, & rentra dans Poitiers chargée d'un *Chevalier*
des deux
fi riche butin, que l'Amiral fut obligé de couper par un *Ordres;*
foffé large & profond, l'endroit par où elle eftoit fortie.
Enfin les Affiegez ayant executé la nuit du trente au
trente-un de Juillet, la refolution prife dans leur Confeil
de guerre, d'abandonner les Fauxbourgs, afin de ménager leur Infanterie pour la garde des murailles, le Comte
de la Rochefoucaud fe faifit de celuy de S. Lazare, & Briquemaut de celuy de Pierre-Penfe.

On ne fçait pourquoy les Calviniftes négligerent le
Fauxbourg de Rochereüil, fi ce n'eft qu'ils jugerent qu'il
leur coûteroit plus à conferver, qu'ils n'en tireroient d'a-
vantage ; mais il eft conftant qu'il demeura durant le
Siege dans une efpece de neutralité d'autant plus reli-
gieufement obfervée, qu'elle n'avoit efté promife de part
ny d'autre. L'Amiral, aprés avoir formé le Siege, dreffa
fa principale batterie fur une colline vis-à-vis de la Porte
Jobert, & la fit commencer le premier d'Août : Elle dura
trois jours entiers fans difcontinuër, & la Tour du Pont
fut enfin abbatuë ; mais les Affiegez s'eftoient retranchez
derriere avec tant de travail & de fuccés, que l'Amiral
fut reduit à recommencer la batterie. Il leur tua tant

1569. d'hommes, à caufe qu'on les tiroit fur des collines auffi-
tôt qu'ils fortoient des maifons, que le Duc de Guife apprehenda avec raifon de manquer de monde.

Il avoit une liaifon particuliere avec [a] Honoux, Gouverneur de S. Maixant, & il le connoiffoit capable d'executer les entreprifes les plus hardies. Il fçavoit que trois
des plus braves Capitaines de l'Armée Catholique, Calverac, du Bourg & [b] Prunay avoient eu permiffion de
l'aller trouver avec leurs Compagnies, lorfqu'on l'avoit
menacé de l'affieger, & il ne doutoit point que ce renfort
ne fût encore à S. Maixant. Il écrivit à Honoux de le luy
amener, & celuy-cy s'en acquita, aprés avoir pris fes mefures avec le Duc d'Anjou. Il trompa par fa difcretion &
par fon filence les efpions qu'avoit l'Amiral dans Saint-
Maixant, & fes Soldats même ne fçûrent pas l'endroit où
il avoit intention de les mener, bien loin que les ennemis
en fuffent informez. Il ne s'expliqua qu'aux trois Capitaines que l'on vient de nommer, & faifant prendre à
cinq cens Cavaliers qui fe trouvoient alors à S. Maixant,
autant de poudre qu'ils en pouvoient commodément
porter, fur la conjecture que c'eftoit la provifion dont
les Affiegez avoient plus de befoin, il fortit fans qu'on
s'en apperceut, & fe mit en chemin. Il avoit auparavant
fait reconnoître avec tant d'exactitude les lieux par où il
devoit paffer, & les avenuës du Camp des Calviniftes, qu'il
traverfa fans eftre découvert, la Riviere de Clain à Jafte-
neuïl, où il y avoit trois cens de leurs Soldats, & faifant
dix lieuës en quatre heures, il arriva heureufement à la
Porte de la Tranchée, & entra dans Poitiers, fans avoir
perdu un feul homme. L'action eftoit fi peu vray-femblable, qu'on eut prefque également de la peine à la croire

Dans la
Relation
de Liber-
ge.
[a] Iean
François
de S. Iean,
Seigneur
d'Honoux
en Lan-
guedoc.
[b] Louis de
Billy Pru-
nay, Sei-
gneur de
Vertron.

dans les deux Camps, & ce ne fut qu'aprés que l'Amiral 1 5 6 9.
en eut esté persuadé, qu'il changea de batterie.

Le chagrin qu'il eut du secours entré dans Poitiers, ne
l'empécha pas d'admirer l'adresse de celuy qui l'y avoit
conduit, & il se contenta de remontrer aux Assiegeans,
que puisque les difficultez redoubloient de la part des
Assiegez, on avoit besoin pour les surmonter d'un sur-
croît de courage & de constance. Il se servit de l'Eglise
de S. Cyprien, comme d'un Cavalier pour battre la Tour
de la Porte de S. Benoist, & la mit par terre jusqu'au bas
étage, où le Capitaine de l'Isle demeura sans autre ram-
part que de quelques tonneaux rangez au devant, & défendit son poste avec tant de resolution, que l'Amiral
desespera de le forcer. Il aima mieux battre la muraille
du Pré de l'Abbesse de tous côtez, & il y eut bien-tôt
une brêche raisonnabe : Il fit ensuite dresser sur la Riviere
de Clain qui servoit là de fossé, un Pont de grosses plan-
ches attachées avec des cables, & soûtenuës par des tonneaux. Il se prépara pour l'assaut avec d'autant plus de
certitude du succés, qu'il crut avoir observé de ses propres yeux l'impossibilité où estoient les Assiegez de le
pouvoir soûtenir : Ils ne pouvoient aller à la brêche
qu'en montant sur une éminence où ils estoient en bute
à l'artillerie Calviniste, & ceux qui s'en sauvoient, estoient
obligez à descendre sur les ruines du mur par des défilez,
& par consequent l'un aprés l'autre. Rien ne les couvroit
durant tout le chemin, & les Arquebusiers des Assiegeans
qui avoient le loisir de les tirer à leur aise, ne les manquoient presque jamais. Ainsi les Soldats qui furent commandez pour y aller, arriverent en si petit nombre, que
la Garnison & la Bourgeoisie perdirent presque l'espe-

rance de fe défendre.

Le Comte du Lude réfolu de s'enfevelir fous les ruines de Poitiers, eut peur qu'on ne luy reprochâr d'avoir engagé mal-à-propos la Maifon de Guife. Il propofa dans un Confeil extraordinaire, où les principaux Officiers de la Garnifon & de la Ville avoient efté appellez, fi l'on renvoyeroit le Duc de Guife & le Marquis de Mayenne. Tout ce qu'il y avoit de Catholiques zelez dans l'Aſſemblée, fut d'avis que l'on épargnât ces Princes, parce que les Calviniftes n'avoient pas de defirs plus ardens que de les faire perir ; que l'Amiral que l'on préfuppofoit avoir fait aſſaſſiner leur Pere, ne croiroit mettre fa vie en feureté que par la mort de fes deux Fils aînez qui feroient bien-tôt en état de fe vanger, & que les Aſſiegeans informez que les perfonnes aufquelles ils en vouloient principalement, feroient échappées, ne donneroient pas l'aſſaut avec tant de vigueur. Le Comte du Lude au contraire, fecondé d'Honoux, du Bourg & de Rufec, foûtint que les affaires des Aſſiegez n'eftoient pas fi déplorées qu'ils ne pûſſent refifter à l'attaque dont ils eftoient menacez, pourvû que d'un côté tout ce qu'il y avoit de gens dans Poitiers partageât le danger, & que de l'autre on ne fift rien qui décourageât les Soldats & la Bourgeoifie ; au lieu que fi l'on renvoyoit Meſſieurs de Guife, on fe priveroit à contre-temps de beaucoup de vaillans hommes qu'on ne pouvoit fe difpenfer de leur donner pour leur efcorte, on inviteroit la jeune Nobleſſe enfermée dans Poitiers, & qui en faifoit la principale force, à fuivre leur exemple, & l'on infpireroit aux Soldats & aux Bourgeois un pretexte de lâcheté, en leur donnant lieu de conclure du départ de ces deux Princes, que le Confeil de guerre

avoit tellement perdu l'esperance de garder la brêche, 1569.
qu'il avoit permis de se retirer à quiconque l'avoit desiré, & qu'il n'estoit resté que ceux à qui la vie estoit à
charge, ou qui avoient trop d'honneur pour s'engager
dans une retraite qui passeroit pour fuite. Il ajoûta que
la presence des Princes estoit necessaire pour renouveller
entre les Assiegez le souvenir de la Ville de Mets si glo-
rieusement défenduë par leur Pere contre toutes les forces d'un trés-puissant Empereur qui y avoit conduit outre les siennes celles des Protestans d'Allemagne. La diversité des opinions fit que la décision en fut remise au
Duc de Guise qui repartit qu'il n'estoit pas entré dans
Poitiers pour en sortir autrement qu'en s'ouvrant un
passage au travers des Assiegeans, & que la vie luy seroit
insupportable s'il estoit obligé de la ménager aux dépens
de sa reputation, & par des voyes inconnuës à ses Ancêtres. Il alla droit à la brêche en achevant ces mots, & se
chargea de la garder avec cette précaution, qu'il fit creu-
ser encore un nouveau fossé au de-là du retranchement,
& rangea sa Cavalerie derriere.

Il attendit ainsi l'assaut que l'Amiral avoit resolu de
luy donner le dixiéme d'Août, mais le Pont s'estant rompu sous le nombre des Assiegeans armez de toutes pieces,
il falut differer l'attaque jusques à ce qu'il eût esté refait,
& les ouvriers Calvinistes ayant employé tout le jour à
le rétablir, les Assiegez le ruinerent la nuit suivante par
cét artifice. Ils firent une sortie à quelque distance au
dessus du lieu où il estoit arrêté, & durant trois ou quatre heures qu'ils la continuërent, des plongeurs Italiens
eurent le temps d'executer l'ordre qui leur avoit esté
donné d'aller en nageant entre deux eaux, couper les

Dans le
Iournal de
ce Siege
par la
Haye.

cables qui tenoient le Pont, & il fut entraîné avant que les Assiegeans s'en apperçûssent. Le défaut de matiere pour en faire une autre, les obligea de continuër leur batterie, & les Assiegez pour se délivrer en la démontant, du mal qu'elle leur faisoit, en dresserent une dans le Monastere des Carmes. Ils n'apporterent pas neanmoins par cette voye tant de dommage aux Assiegeans, qu'ils en reçûrent d'eux, & pour un Capitaine du Regiment d'Ambres qu'ils tuërent, la Noüë & Conforgien qu'ils blesserent, on leur tua Briançon Frere du Comte du Lude, Calverac, Prunay & le vaillant Honoux. La muraille du Pré de l'Abbesse estant toute par terre, & le Peuple de Poitou presque tout Calviniste, ayant apporté dans le Camp de l'Amiral ce qu'il faloit pour un nouveau Pont, on le construisit entre le Pont Jobert & l'Abbaye de S. Cyprien. Les Catholiques ne sçavoient plus de ruses pour le rendre inutile, lorsque la Bidoliere Lieutenant particulier de Poitiers, en inventa une qui réussit. Il détourna l'eau de la Riviere par une double estacade, & noya le Pré de l'Abbesse si promptement, que l'eau y fut en six heures à la hauteur où avoit esté la muraille. L'Amiral surpris de ce nouveau travail, le fit reconnoître par le Capitaine Dominique qui s'y estoit offert pour meriter le pardon de la faute qu'il avoit faite de mettre la main au poignard en presence de son General. Dominique rapporta qu'il y avoit de l'eau au dessus de la ceinture, & que ceux qui l'auroient passée, ne seroient plus en état de soûtenir la Cavalerie du Duc de Guise, qui les attendoit au de-là, & les déferoit à mesure qu'ils mettroient le pied hors du Pré inondé. L'Amiral ne s'arrêta pas si précisément au rapport de cét Officier, qu'il ne fist sonder par une fausse

François de Daillon Seigneur de Briançon.

Maixent Poitevin, Sieur de la Bidoliere.

attaque

attaque fi les Affiegez eftoient d'humeur à fe deffendre avec autant d'obftination qu'auparavant. L'Infanterie d'Acier eut ordre de les tâter, & monta fur la bréche; mais quoyqu'elle leur eût tué Guacour, Capitaine de grande réputation, ils la repoufferent, & l'Amiral fut réduit pour la quattiéme fois à changer de batterie. Il fit tranfporter fon Artillerie un peu au deffus du lieu où elle avoit fait bréche, dans la penfée qu'il avoit que le mur y feroit déja ébranlé : Il employa toute la nuit à ce travail, & les Affiegez ne la pafferent pas moins utilement, puifque tout le monde agiffoit fans diftinction & fans referve, à l'exemple du Duc de Guife qui portoit la hotte, & les bouches inutiles s'occupant au de-là de leurs forces, pour fignaler la reconnoiffance qu'elles avoient de ce que ce Prince avoit empefché qu'on ne les abandonnaft à la difcretion des Affiegeans, la muraille du Pré de l'Abbeffe fe trouva plus forte le lendemain vingt-cinquiéme d'Aouft, que le refte qui n'avoit pas efté batu.

Comme l'Amiral avoit redoublé fa batterie, elle fit une bréche raifonnable en un jour, & le 26. fut deftiné pour donner l'affaut à minuit fans tambour, afin de furprendre les Catholiques, ou de les empefcher au moins d'accourir affez tôt des endroits les plus éloignez. Les Princes de Navarre & de Condé furent mandez pour encourager les Affiegeans par leur prefence, & les Colonels Allemans affifterent au Feftin magnifique qu'on leur fit : mais un accident auffi bizare qu'imprévû, déconcerta ce projet. Comme les diverfes Troupes de l'Infanterie Calvinifte eftoient toutes obftinées à vouloir partager le péril, auffi bien que la gloire de l'affaut, & que l'Amiral n'ofoit les refufer, il avoit choifi un cer-

Tome II.   D l

1 5 6 9. tain nombre de Soldats de chaque corps, & les avoit fait tirer au fort pour le rang auquel ils devoient donner. Les Soldats choifis arriverent fi tard au rendezvous, & l'on fut fi longtemps à les ranger dans l'ordre qui leur eſtoit échû, que le point du jour furvint avant qu'ils euſſent eſté mis en action. Ainſi les tenebres leur manquant au befoin, & le Comte du Lude paroiſſant en poſture de leur reſiſter, ils furent obligez à differer l'execution de leur entrepriſe. Ils ſe contenterent alors de braquer trois gros canons contre le Moulin Tifon, dont ils abattirent la couverture, & de faire un trou à la muraille de ſainte Radegonde, pour l'écoulement des eaux ; mais les Aſſiegez rétablirent la muraille. L'Amiral ſe repentit alors de ne s'eſtre pas ſaifi dés le commencement, du Fauxbourg de Rochereüil, qui luy eût donné la commodité de r'amener la Riviere du Clain dans ſon lit ordinaire. Pour reparer ſa faute il pointa toute ſon Artillerie contre les ramparts que les Aſſiegez avoient faits pour le conferver ; mais comme ils eſtoient preſque tous de ſacs de laine, les Aſſiegeans n'avancerent pas beaucoup par là.

Cependant les maladies inſeparables des longs Sièges, lorſqu'ils ſont pouſſez vigoureuſement, ſe mirent dans l'Armée Calviniſte ; & le Comte de la Rochefoucaut, Acier, Briquemaut, & les deux Beauvais-la-Nocle, furent contraints de ſe faire porter ailleurs. L'Amiral même fut reduit à l'extrêmité par une violente diſſenterie. Il fit pourtant redoubler l'effort de l'Artillerie contre la Tour du Pont de Rochereüil, afin que les Aſſiegez qui paſſeroient de la Ville dans ce Fauxbourg, pour ſecourir ou pour relever ceux qui y eſtoient en garde, quand ils

Jean de la Fin, dit de Salins, Seigneur de Beauvais, & Philippe de la Fin, ſon Frere, Seigneur de la Nocle.

feroient arrivez fur le Pont, ou entrez dans le chemin par où on y alloit, fuffent entierement à découvert, & par confequent expofez aux coups certains des Affiegeans, qui les arquebuferoient à plomb, des rochers & des côteaux où ils eftoient montez. La Tour fut prefque ruinée, & les Calviniftes gagnerent enfin la Vigne fituée au deffus du Fauxbourg, d'où ils euffent tué à coups de pique, ceux qui gardoient le Fauxbourg & la Porte voifine, fi on leur en eût donné le loifir.

Mais la nuit fuivante les Affiegez drefferent le long de la rüe & du Pont, force pipes fur lefquelles ont mit des ais afin que l'on paffât en feureté par deffous; & pour ofter aux ennemis la connoiffance du travail, on tendit des draps blancs par deffus. Le deuxiéme de Septembre les Affiegeans fe retrancherent dans la vigne qu'ils avoient emportée, & le foir les Affiegez fortirent du Fauxbourg, monterent fur la vigne, jetterent en bas toutes les pipes & tous les gabions dont les Calviniftes fe couvroient, & rentrerent comme triomphans dans Rochereüil; mais les Affiegeans travaillerent incontinent aprés à ne les pas laiffer profiter de cét avantage, ils donnerent dés le lendemain troifiéme Septembre un furieux affaut, qui au jugement des plus habiles ne pouvoit eftre mieux ordonné. Piles avec la fleur de l'Infanterie Gafconne occupoit le haut de la Creille, favorifé d'une batterie qui foudroyoit les offices du Château, où les Affiegez eftoient principalement en état d'incommoder les Affiegeans. A côté prés de l'Hôtel-Dieu, eftoient rangées treize Enfeignes compofées auffi de l'élite de l'Infanterie Calvinifte des autres Provinces, commandées par Saint-Audent Frere de Briquemaut. L'Infanterie Ale-

Dd ij

mande eſtoit derriere ſous le Comte Louïs de Naſſau, &
voyoit trois Eſcadrons de la même Nation, commandez
par le Comte Volrad de Mansfeld, ſur autant de côteaux
d'où l'on découvroit entierement ce qui ſe paſſoit dans
la Ville. Tous ces divers Corps n'eſtoient couverts que
d'une rangée de noyers & d'une vieille maiſon que le
Comte du Lude ne s'eſtoit point aviſé d'abatre.

Dans la
Relation
particulie-
re de cet
aſſaut.

Comme les Aſſiegez n'eſtoient à couvert ny des armes
à feu, ny des groſſes pierres que l'on devoit rouler ſur
eux dans des bariques poſées ſur des ais, & par la pointe
du rocher qui par haſard ſe trouva cavée, la brêche eſtoit
alors gardée par les Compagnies des Capitaines Paſſac,
Roſieres, Montal & Carbonnieres; & de plus, le Comte
du Lude avoit fait élever dans les offices du Château une
plate-forme & de petits Cavaliers garnis de pipes qui
couvroient les Arquebuſiers, & à l'autre bout vers le Pont
de Rochereuïl, il y avoit une muraille neuve, baſſe, ren-
forcée & bâtie en forme d'éperon avec des cannonieres
pour tirer ſur ceux qui feroient l'attaque, à meſure qu'ils
montreroient le flanc en montant à la brêche : Enfin
pour derniere ſeureté, la brêche eſtoit défenduë par un
Cavalier ſur lequel on avoit mis de l'artillerie chargée à
cartouches; ce qui eut tant de ſuccés, que Piles qui fit la
premiere attaque, perdit le tiers de ſes hommes dans le
peu d'eſpace qu'il y avoit à traverſer depuis les noyers
juſqu'aux foſſez : Les cartouches luy emporterent l'autre
tiers, & ce qui reſta, monta avec luy ſur la brêche, &
combatit à coups de main; mais ayant eſté renverſé &
bleſſé dangereuſement, les ſiens le retirerent & ſe mirent
avec luy hors de danger. Le nombre des autres fut tellement éclaircy, qu'ils n'eſtoient plus que vingt ou trente

Guyon de
Montal,
Seigneur
de Roque-
brou.

lorſque Saint-Audent arriva pour les ſoûtenir. Sa troupe
preſque toute compoſée de Gentilshommes, ne cedoit
point en valeur à celle de Piles, & ne fut pas plus heureuſe. Elle eſſuya tout le feu de la muraille & du Château, tous y furent tuez ou bleſſez, & Saint-Audent receut un coup dont il mourut deux jours aprés, neantmoins les Allemans ne laiſſerent pas de prendre la place,
mais les coups de mouſquet qu'on tira ſur eux en allant
à la bréche, les empêcherent d'y monter : Ils ſe retirerent, & l'Amiral pour les excuſer, publia depuis que c'eſtoit luy qui les avoit rappellez, dans le peu d'apparence
qu'il voyoit à forcer la bréche. Ils retournerent à leurs
quartiers dans un profond ſilence, & la perte que les
Aſſiegez avoient faite des Capitaines Paſſac & Montal,
ne les empêcha pas d'inſulter par des termes ſatiriques à
leurs ennemis fuyans. Ils en demeurerent là neantmoins,
& la crainte de s'engager mal à propos dans le Camp
des Calviniſtes qui eſtoient alors ſous les armes, les détourna de faire une ſortie.

On blâma l'Amiral de deux choſes ; l'une, d'avoir
tant de fois changé ſes batteries, parce qu'en remuant &
tranſportant ſon artillerie, il donnoit autant de loiſir aux
Aſſiegez de reſpirer & de reparer le dommage qu'elle
avoit fait : L'autre, d'avoir donné l'aſſaut ſans s'eſtre auparavant ſaiſi des lieux par où il pouvoit eſtre battu en
flanc, afin de n'avoir à combatre que les ennemis qu'il
auroit en teſte. Il répondit à la premiere difficulté, que
le vaſte circuit de Poitiers, & la foibleſſe de ſes murailles,
luy avoient donné lieu de croire que les Aſſiegez negli-
geroient, ou n'auroient pas le loiſir de les fortifier également par tout ; & la ſeconde, qu'il avoit envoyé ſes

gens pour favorifer ceux qui reconnoîtroient la brêche, & non pour donner l'affaut , & que l'imprudence de la jeune Nobleffe Calvinifte qui s'y eftoit trouvée, & le defir de gloire dont elle avoit efté tranfportée, l'avoit fait defobéir aux ordres de fon General.

Mais il eft furprenant qu'on n'ait point accufé l'Amiral, d'avoir hazardé la Bataille que l'on va décrire, au fortir d'un Siege long & meurtrier, où il n'avoit pas réuffi. Pour ne point mettre de confufion dans les matieres, il fe faut icy contenter de dire que le Duc d'Anjou qui n'avoit pû tirer plûtôt fon Armée, des quartiers de rafraîchiffement où il avoit efté obligé de la mettre aprés la Bataille de Jarnac, forma à fon tour le Siege de Châtelleraud, pour obliger l'Amiral à lever celuy de Poitiers.

La prévoyance de ce jeune Prince, fut d'autant moins vaine, que les Calviniftes convaincus à leurs dépens, de l'impoffibilité du fuccés, n'attendoient qu'un pretexte pour abandonner leur entreprife : Et de fait, ils n'oüirent pas plûtôt l'Artillerie du Duc, qu'ils délogerent de devant Poitiers, fix femaines & trois jours aprés y avoir mis le Siege. Ils feignirent d'aller droit à Châtelleraud, prefenter la Bataille aux Catholiques ; & le Duc d'Anjou qui n'avoit point encore achevé de réunir toutes fes forces, fatisfait d'avoir obtenu ce qu'il defiroit, fe retira au Port de Piles, où il ne pouvoit eftre forcé de combatre malgré luy. Il y demeura jufques à ce qu'ayant efté joint par vingt-cinq Enfeignes de vieille Infanterie, & par la jeune Nobleffe Catholique que l'efperance d'un combat prochain avoit attiré dans fon Camp, il repaffa la Vienne, & alla chercher les ennemis. Il s'eftoit propofé de les engager au combat, avant qu'ils euſſent le loiſir de ſe remettre des fatigues ſouffertes devant Poitiers, ou de leur retrancher les vivres & le fourage qu'ils tiroient de Loudun & de Mirebeau, en ſe logeant dans ces deux Places, ou enfin de les empêcher de paſſer en Guyenne, en les reduiſant à marcher auparavant ſur le ventre à ſon Armée.

Les deux premiers de ces projets réuſſirent contre l'apparence, & quoy que le troiſiéme ſemblât infaillible, il ne réuſſit pas même, aprés que les deux autres eurent eſté executez.

Biron rencontrant les ennemis ſur le chemin de Moncontour, ſe démêla de leurs Coureurs, revint trouver le Duc, & le combla de joye en l'avertiſſant que les Calviniſtes perſiſtoient dans la reſolution de combatre. Ce ne n'eſt pas que le Maréchal de Coſſé, & les autres vieux Officiers de l'Armée Catholique n'euſſent épuiſé leurs raiſonnemens pour perſuader ce jeune Prince d'éviter le combat, en luy remontrant qu'il eſtoit facile de terminer la guerre ſans rien hazarder, puiſqu'il n'avoit qu'à laiſſer faire le temps, qui reduiroit bien-tôt les ennemis dans les dernieres extrêmitez, & qu'à ſe tenir cependant dans la poſture neceſſaire pour achever de les vaincre, lorſque le moment en ſeroit arrivé : Qu'il y avoit dans ſon Camp abondance de toutes choſes dont celuy des Calviniſtes manquoit, & que les Soldats Catholiques bien payez, attireroient plûtôt les Calviniſtes dans leur party, qu'ils ne paſſeroient eux-mêmes dans celuy de l'Amiral.

Mais le Duc d'Anjou ne pût ſouffrir qu'on luy imputât d'avoir perdu l'occaſion de combatre ; & l'eſperance de devenir le plus glorieux Prince qui fût jamais,

1569. par le gain de deux Batailles, dans un âge où les autres avoient à peine commencé d'aller à la guerre, luy fit rejetter la proposition de vaincre fans rien hazarder. Il n'y eut perfonne de fa Maison qui le détournât de fa refolution, parce que *Carnavalet dont la feule autorité l'eût pû retenir, à caufe qu'il avoit efté fon Gouverneur, n'eftoit pas auprés de luy, & du ᵇ Gua, ᶜ d'O, & les autres jeunes Seigneurs qui commençoient à s'infinuer dans l'amitié de ce Prince, fuivoient aveuglément fes fentimens, au lieu de le contredire. Enfin la propofition du Duc d'Anjou, examinée dans le Confeil de guerre, y fut approuvée par les plus fages Officiers, & même par Biron & par le Maréchal de Coffé, pour deux raifons, dont l'une paroiffoit trés-vray-femblable, & l'autre tout-à-fait invincible. La premiere confiftoit dans l'avis certain que Montgommery, qui venoit de défaire entierement Terride, & de recouvrer le Bearn ; qui avoit joint fon Armée au Camp volant des trois Vicomtes, & attiré fous fes Enfeignes les meilleurs Soldats de la Guyenne & de Languedoc ; & qui venoit par là d'acquerir dans fon party une reputation femblable à celle que le Baron des Adrets avoit acquis durant la premiere guerre civile, marchoit pour renforcer l'Amiral ; & il y avoit d'autant moins d'apparence qu'il trouvât de l'oppofition en chemin, qu'il ne s'en eftoit prefentée aucune fur la même route, qu'il n'eût auparavant furmontée, quoyque fa Troupe ne fût alors que de deux cens Chevaux. Cette jonction qu'il n'eftoit pas poffible d'empefcher, obligeoit encore une fois l'Armée Catholique à quitter la campagne à la Calvinifte, & Poitiers auffi bien que les autres Villes de de-là la Loire, qui s'eftoient jufques-là

ᵃ*François Seigneur de Kerne-vency en Bretagne, dit de Carnavalet.*

ᵇ*Louis de Berenger, Seigneur du Gaz en Dauphiné.*

ᶜ*François Seigneur d'O en Normandie, depuis Chevalier du faint Efprit.*

Dans les motifs de la Bataille de Montcontour.

ſi

si vaillamment deffenduës, n'attendroient pas d'estre 1 5 6 9. assiegées pour se rendre. La seconde raison estoit tirée de ce que le Prince d'Orange estoit passé travesty en Allemagne, avec Thierry de Schomberg, pour y lever une nouvelleArmée en faveur des Calvinistes de France. On ne doutoit point qu'il ne le fist, & le seul expedient que les Catholiques avoient à prendre, estoit d'en lever une autre dans le même Pays. Aprés que toutes ces Troupes étrangeres seroient arrivées dans les deux Armées ennemies, elles s'y trouveroient sans comparaison plus fortes & plus nombreuses que les Françoises, & par consequent en estat de leur donner la loy, soit qu'il prît envie aux Allemans des deux côtez, de s'unir avant que la Bataille se donnât, ou qu'aprés la Bataille, ceux qui se trouveroient dans le party victorieux, fissent main basse sur les François du même party, & s'emparassent de la Monarchie par cette seule action.

Les raisons de l'Amiral n'estoient pas moins fortes pour combatre, quoyqu'il en eût aussi de pressantes pour attendre une plus favorable occasion : car si d'un côté la prudence ne luy conseilloit pas de mettre en teste à un ennemy plus puissant, une Armée fatiguée par les longs travaux, & découragée par le mauvais succés du Siege de Poitiers ; & s'il estoit des régles de la guerre de la mener préferablement à toutes choses, dans un quartier de rafraichissement, où elle attendît en repos le secours du Prince d'Orange & de Montgommery, les Soldats du Dauphiné, de la Provence & du Languedoc, qui composoient alors les deux tiers des Troupes Françoises dans l'Armée de l'Amiral, murmuroient hautement, & demandoient qu'on les renvoyât dans leurs maifons, ou qu'on les mît en eftat de decider par une Bataille, la querelle de la Religion. Les Allemans qui n'eftoient pas payez, faifoient auffi retentir leurs plaintes, avec d'autant plus de liberté, qu'elles eftoient encore mieux fondées que celle des François ; & l'Amiral apprehendoit prefqu'également qu'ils ne fe faififfent de fa perfonne, & ne le livraffent au Duc d'Anjou, ou que les Catholiques furvenans dans le moment que l'Armée Calvinifte feroit en tumulte, ne la taillaffent en pieces fans refiftance.

Ainfi, l'Amiral pour ne pas témoigner qu'il eftoit forcé de combattre, devoit feindre de le défirer, & déguifer par une fierté apparente le défordre de fes affaires, avant que les Catholiques reconnuffent qu'il eftoit irréparable : Mais ce n'eftoit pas là neanmoins ce qui le contraignoit de hafarder une quatriéme Bataille, aprés avoir perdu les trois precedentes ; il y eftoit porté par un motif plus violent & plus fecret, qui eftoit d'envelopper *Le Duc d'Anjou.* dans fa ruïne la perfonne la plus cherie de la Reine, qui cherchoit à le faire perir par une autre voye que celle des armes.

Pour entendre ce fecret, il faut fçavoir que l'Amiral avoit envoyé quelque temps auparavant en Allemagne, Dominique le Blanc fon Valet de Chambre, pour hâter le nouveau renfort que les Princes Proteftans luy avoient promis. Il ne l'avoit chargé que d'une Lettre de creance, & luy avoit donné de bouche les ordres neceffaires pour le refte de la Négociation. Mais cét homme eftoit fi facile à connoiftre par une cicatrice qui luy défiguroit le *Dans le procés de le Blanc.* vifage, & la Cour fut informée fi precifement de fon voyage, qu'il luy fut aifé de le faire arrefter fur la Fron-

tiere. On luy trouva sa Lettre de creance, & il n'en fal-
lut pas davantage, pour avoir pretexte de ne le pas mettre au nombre de ceux qui demandoient d'estre traitez
en prisonniers de guerre. On le menaça d'agir contre
luy en qualité d'espion, & de criminel d'Etat ; & la crainte qu'on ne le fist mourir, le rendit infidelle. Il offrit de
reveler à la Reine, le fin de la Negociation dont il estoit
chargé, pourvû qu'on luy sauvât la vie, & il s'en acquita
d'une maniere si nette, que cette Princesse demeura con-
vaincuë qu'il ne la trompoit pas. Comme elle le vit entré
de luy-même dans un si beau chemin, elle n'oublia rien de
ce qui servoit à l'y pousser plus avant. Elle luy representa
qu'il servoit un Maistre, qui d'un costé ne pouvoit rien
contribuër à sa fortune, & de l'autre, l'exposoit tous les
jours aux dangers d'une mort honteuse. Elle ajoûta qu'il
luy estoit facile de remedier au premier de ces inconveniens, & d'éviter le second, en entrant dans ses interests ;
& pour achever de le tenter, elle luy donna une bourse
pleine de pistoles, qu'elle disoit n'estre que le commencement des biens qu'il recevroit du Roy. Le Blanc ébranlé
par les discours, & ébloüy par l'or de la Reine, promit
de la servir à sa mode ; & la Reine le prenant au mot, le
fit incontinent mettre en liberté, & luy commanda de
poursuivre son voyage, d'aller travailler à sa negociation,
de prendre tout le temps qu'il falloit pour la conclure,
afin de mieux penetrer dans les desseins des Protestans
d'Allemagne contre la France, & de conferer au retour
avec la Riviere, Capitaine des Gardes du Duc d'Anjou,
qui l'iroit attendre au lieu où il luy donneroit rendez-
vous, pour apprendre de luy le détail de la negociation.
  Tout cela fut executé avec les precautions qui servent

1 5 6 9. à couvrir les plus importantes affaires ; & la Rivieré, aprés avoir fçû jufques aux moindres particularitez des intelligences de l'Amiral en Allemagne, & du fecours qu'il en recevroit, acheva de pouffer le Blanc dans le precipice, en luy propofant de la part de la Reine, d'empoifonner l'Amiral. Le Blanc n'y acquiefça pas d'abord, mais lorfqu'il eut confideré qu'il fe perdroit en ne faifant pas ce que l'on fouhaitoit de luy, parce que d'un côté l'Amiral voyant fes intrigues découvertes par le foin que les Catholiques prendroient en temps & lieu, de les déconcerter, en foupçonneroit auffi-tôt la veritable caufe ; & de l'autre côté, la Cour eftant informée de tout ce qu'elle vouloit fçavoir, ne fe foucieroit plus de le conferver, il jugea que l'unique moyen de fauver fa vie, eftoit de commettre le crime qu'on luy propofoit. Il eft vray que la Reine aida beaucoup à le déterminer, en luy montrant deux Arrefts du Parlement de Paris, qui mettoient à prix la tefte de l'Amiral, avec celles du Vidame de *a* Chartres, & de *b* Montgommery, & promettoient cinquante mille écus à quiconque s'en déferoit en quelque maniere que ce fût, outre l'abolition de tous les crimes qu'il pourroit avoir commis. Ainfi ne s'agiffant dans la penfée de le Blanc, que de devenir extraordinairement riche, en executant les ordres du Roy & de la Juftice, il receut la poudre empoifonnée que luy donna la Riviere, & retourna vers fon maître à deffein d'épier l'occafion de la mêler dans ce qu'il mangeroit, ou dans fon bruvage : Mais rien ne pouvoit eftre longtemps caché à l'Amiral, qui avoit des efpions par tout où il y avoit des Calviniftes declarez ou fecrets. Il eut avis que le Blanc avoit eu un long entretien avec un Domeftique

a Iean de Fervieres.
b Gabriel Comte de Montgommery.

du Duc d'Anjou, & il obferva que cét homme avoit demeuré en chemin plus longtemps qu'il ne faloit. Il le fit
arrêter fur ces deux feules demy preuves ; & le Blanc
perfuadé que fon maître avoit une entiere conviction
de ce qu'il ne fçavoit que par conjecture, découvrit à
la queftion toutes les circonftances de fa perfidie. L'A-
miral reconnut alors dans toute fon étenduë, le danger
où il s'eftoit mis en acceptant le Generalat de l'Armée
Calvinifte, fans avoir comme fon predeceffeur, la qualité de Prince du Sang, qui eût délivré fa perfonne des
embufches particulieres. Il prévit qu'il ne pourroit pas
longtemps éviter de fuccomber fous celles-cy, quand
même il feroit affez heureux pour échaper de tous les
dangers de la guerre ; & préferant une mort honorable
fur le champ de Bataille, à celle qu'il recevroit de la
main d'un affaffin, il alla chercher à Saint-Clair, l'Armée
des Catholiques.

Il eftoit à la tefte de fon Avantgarde ; le Comte Ludovic de Naffau conduifoit le Corps de Bataille, & Mouy
l'Arrieregarde : Mais comme il marchoit en cét ordre,
& que Biron s'avançoit auffi avec les Troupes de l'Avantgarde Catholique fous le Duc de Montpenfier, les Coureurs qu'il avoit envoyez pour découvrir ce que ce pouvoit eftre, luy firent commettre une faute qui fut la
principale, ou du moins la premiere caufe de la perte
de la Bataille pour les Calviniftes.

Ils luy rapporterent que ce qu'ils avoient vû, n'eftoit
qu'un party de Catholiques, détaché pour la picorée,
fans affurance d'eftre foûtenu ; & fur ce faux avis, il
crut pouvoir arriver fans obftacle à Montcontour, où il
pretendoit choifir un champ commode à fes Reîtres :

Mais il y avoit trop de chemin à faire, & le Duc de
Montpenſier, aprés avoir averty le Duc d'Anjou, de le
Louis de renforcer en temps & lieu, chargea Mouy avec tant
Vaudray. d'impetuoſité, qu'il le contraignit de tourner viſage.
Tout eût eſté dés lors perdu pour les Calviniſtes, ſi
Mouy n'eût eſté le Capitaine de l'Europe le moins capable de ſe troubler en de ſemblables occaſions, ou ſi
ſes gens euſſent eſté moins aguerris ; mais l'intrepidité
du Chef, & l'experience des Soldats, les mit incontinent
en l'eſtat qui leur eſtoit le plus avantageux pour ſe défendre. Mouy jetta ſur les aîles de ſa Cavalerie, à droit
& à gauche, deux cens Mouſquetaires choiſis, qui par
leurs frequentes deſcharges empeſcherent l'Avantgarde
Catholique d'enfoncer ſon Eſcadron, juſques à ce que
la Cavalerie legere du Duc de Montpenſier, ayant enfin
délogé ces Mouſquetaires, Mouy perſuadé que de la reſiſtance, dépendoit le ſalut du Corps de Bataille & de
l'Avantgarde des Calviniſtes, qui auroient cependant
le loiſir de traverſer le ruiſſeau & les marécages qui les
arrétoient, fit front de tous côtez, & n'oublia rien de
ce que l'artifice ſçait joindre à l'extrême valeur, pour
faire durer un combat. Il rétablit tant de fois ſon Eſcadron renverſé, quoyqu'on luy eût tué Dodencour &
Monteurin, ſes deux meilleurs Officiers, que l'Amiral &
le Comte de Naſſau paſſerent cependant au de-là du
ruiſſeau & du marais.

Le Duc de Montpenſier jugeant alors qu'il ſeroit inutile d'accabler Mouy, parce que ſa défaite ne ſeroit pas
ſuivie de celle des deux autres Corps Calviniſtes, commit à ſon tour une faute, qui dans le ſentiment de la
Nouë, n'eſtoit point inferieure à celle de l'Amiral. Il

cessa d'attaquer Mouy dans le temps qu'un nouveau choc eût reduit l'Arrieregarde Calviniste à l'impossibilité de se plus r'allier, & son entiere défaite eût tellement intimidé le Corps de Bataille & l'Avantgarde du même party, qu'elles se fussent mises en fuite, bien loin de s'opposer au Duc de Montpensier, lorsqu'il auroit traversé le ruisseau avec le reste de l'Armée Catholique. Ainsi le Duc d'Anjou eût obtenu sans rien hazarder, la victoire la plus accomplie qu'il eût pû souhaiter, puisqu'elle eût terminé la guerre; au lieu que l'Amiral appercevant que les Catholiques se contentoient de regarder Mouy, qui de son côté faisoit bonne mine, s'imagina d'abord qu'ils avoient désesperé de le vaincre, & crut ensuite qu'ils le craignoient. Sur cette dangereuse présupposition, il jugea que le meilleur moyen de reparer la faute qu'il avoit faite, & de redonner à ses Soldats le courage que le passage du ruisseau sembloit leur avoir oté, estoit de le repasser, & de charger les ennemis pendant l'assoupissement où la resistance de Mouy sembloit les avoir jettez. Il le fit aprés une courte exhortation à ses Allemans, de combatre pour le progrés de la nouvelle Religion. Il rejoignit Mouy, & chargea le Duc de Montpensier avec tant de furie, que ce Prince alloit estre renversé, lorsque le Duc d'Anjou arriva pour le soûtenir.

Comme l'élite des Troupes Françoises Catholiques environnoient la personne du Duc d'Anjou, elles firent un si puissant effort, que les Calvinistes ne s'obstinerent pas davantage à leur escarmouche. Ils s'en démêlerent adroitement, & se r'approcherent du ruisseau sans que les Catholiques les incommodassent autrement que par l'artillerie que Biron avoit disposée, de sorte qu'elle les batoit de tous côtez : & ce fut là une seconde faute, dont il est difficile d'excuser ceux que la Reine avoit mis auprés du Duc d'Anjou, pour assister de leur conseil ce jeune Prince. Car outre que les Calvinistes estoient alors doublement intimidez & se fussent eux-mêmes mis en déroute, s'ils eussent esté chargez en même-temps par toutes les forces ennemies ; le fracas de l'artillerie Catholique dans l'Escadron des Reîtres Protestans, fut tel que les meilleurs Officiers & le * Frere du Comte Volrad de Mansfeld leur General, y perdirent la vie. L'Amiral

* Charles Comte de Mansfeld

eut neanmoins l'autorité de les retenir jusqu'à la nuit dans un poste si dangereux, d'où les Calvinistes délogerent sans bruit, aprés avoir sauvé les apparences, & évité avec soin le reproche qu'on leur eût fait autrement, d'avoir fuy. Ils passerent le ruisseau, & ne s'arresterent qu'aprés avoir fait une lieuë sur le chemin de Moncontour, & s'estre mis à couvert de la Riviere de Dure, qu'il eût falu passer pour aller à eux ; encore ne demeurerent-ils là que deux ou trois heures qu'ils employerent à dormir ; & le lendemain premier Octobre 1569. le jour ne paroissoit point encore, lorsqu'ils arriverent à Moncontour. Les Catholiques en signe de victoire passerent la nuit sur le champ de Saint-Victor, où la grande escarmouche s'estoit faite ; & le Duc d'Anjou informé par ses Bateurs d'estrade, que les Calvinistes avoient passé la Dure, l'alla dés le grand matin traverser à la Grimaudiere, où est la source. Il s'en falut peu neantmoins que l'occasion ne luy échappât d'achever de vaincre durant qu'il faisoit ce circuit ; deux personnes considerables dont on ne sçait pas les noms, s'estant détachez de son Armée pour avertir les Calvinistes d'éviter le combat, & de se mettre en

lieu

lieu où ils ne puſſent eſtre forcez, parce que l'avantage du jour precedent avoit tellement augmenté le courage aux Catholiques, que rien ne feroit capable de l'arreſter, ſi on ne luy donnoit le temps de ſe r'alentir.

Sur cet avis l'Amiral aſſembla le Conſeil de guerre, & le trouva partagé. Les plus ſages ſoûtenoient qu'il faloit profiter du conſeil qu'on leur venoit de donner, & les plus hardis le tenoient pour ſuſpect. L'Amiral ne l'oſoit appuïer ouvertement de peur d'intimider ſes Soldats; mais on ajoûte qu'il le vouloit ſuivre, & qu'il avoit déja donné les ordres neceſſaires pour l'executer, en faiſant marcher ſon bagage du coſté d'Ervaux, lorſqu'un accident imprevû luy fit perdre deux ou trois heures d'avance qui euſſent pû mettre ſon Armée en ſeureté. Les Allemans ſous pretexte du danger qu'ils avoient couru le jour precedent, refuſerent de s'y expoſer une ſeconde fois s'ils n'eſtoient payez, & demanderent leur ſolde en tumulte. L'Amiral qui n'avoit point d'argent, les ſatisfit à la verité par de belles paroles, mais outre que ce ne fut qu'à demy, l'on eut beſoin de tant d'artifices pour vaincre leur obſtination, que l'Avantgarde du Duc d'Anjou paroiſſoit déja lorſqu'ils s'appaiſerent.

Son Armée eſtoit rangée en deux Corps ſeulement, dont le premier recevoit les ordres du Duc de Montpenſier. Il y avoit au front huit groſſes pieces d'artillerie, gardées par quatre mille Suiſſes ſous Clery leur Colonel, ſoûtenus par la Cavalerie legere du Duc du Guiſe & de la ᵃ Valette. Les cinq vieux Regimens d'Honoux, de la Barthe, de Sarlabos & des deux Freres de l'Iſle, marchoient enſuite fermez par les Compagnies d'Hommes-d'armes du Vicomte ᵇ de Martigues, du Prince ᶜ Dauphin, fils uni-

a Iean de Nogaret
b Sebaſtien de Luxembourg,
c François de Bourbon.

Tome II. Ff.

1 5 6 9.

que du Duc de Montpenſier, & de^d Chavigny ; & de la Cavalerie Italienne des trois Freres^e de Santafiore, de Saſ-ſatellj, de Charles de Birague & de Scipion Picolominj, L'on voyoit ſur la même ligne le Duc de Montpenſier à la teſte des Bandes de Piémont, diſposées en un Bataillon carré, ſoûtenu à droite de neuf Cornettes des Reîtres du Rhingrave & de Dietzen, & à gauche d'autant de Cava-lerie Allemande, ſous le Comte de Veſterbourg & ſous Gaſpard de Schomberg. Le ſecond Corps qui eſtoit le plus conſiderable à cauſe de la perſonne du Duc d'An-jou, n'avoit à la teſte que ſept pieces de groſſe artille-rie & quatre mille Süiſſes ſous Charles de^a Montmorency leur Colonel ; mais on y remarquoit immédiatement a-prés, l'élite de la Cavalerie Françoiſe ſous les Ducs de Longueville & d'Aumale, le^b Marquis de Villars, & les Seigneurs de^c Thoré, de la^d Fayete, de^e Carnavalet,^f d'Eſ-cars, de^g Villequier, de^h Vatan, deⁱ Véſines & de^k Mailly, au nombre de trois mille Lances qui environnoient le Duc d'Anjou. Derriere ce formidable Eſcadron, mar-choit l'Infanterie Allemande, & deux mille Chevaux de la même Nation, commandez moitié par le Marquis Charles de Bade, moitié par le Comte Pierre Erneſt de Mansfeld. Ils eſtoient ſuivis des Troupes Auxiliaires d'Eſpagne, auſquelles les vieux Regimens de^l Coſſeins, de^m Gouas, du jeuneⁿ Montluc, & de^o Rance, avoient cedé la droite.

L'Amiral avoit auſſi diviſé ſon Armée en deux Corps, avec cette difference que la Cavalerie y eſtoit par tout mêlée avec l'Infanterie. Il s'eſtoit reſervé le premier, où eſtoient les Hommes-d'Armes de Mouy, de la Noüe, de

*Puigreffier & de Teligny, la moitié des Troupes Protestantes d'Allemagne, & l'Infanterie Françoise de Piles, de Rouvray, du jeune Briquemaut, & du *b* Chélar. Il avoit donné à commander le second, au Comte Louis de Nassau, qui marchoit à la teste des Compagnies d'Hommes d'Armes des Princes de Navarre & de Condé, & de celles de la Rochefoucaut, de Gramont, *c* d'Ancone & de *d* Caumont, suivies de l'autre moitié des Troupes Protestantes, sous le Major Granvillier, & de l'Infanterie & de la Cavalerie Françoise *e* d'Acier, de *f* Baudiné, de *g* Montbrun, de *h* Virieu, de *i* Blacons & de *k* Miranbel. Pour le nombre des combatans, les Auteurs imprimez, & les Relations manuscrites des deux partis, en conviennent si peu, que l'on ne peut assurer positivement combien le Duc d'Anjou en avoit, depuis vingt-cinq jusques à cinquante mille : comme l'on ne peut non plus déterminer le nombre des Calvinistes, depuis dix-huit jusques à trente-cinq mille. Tout ce qu'il y a de certain est que les Catholiques estoient plus forts du tiers : Et de plus, l'avantage remporté le jour precedent, leur avoit d'autant augmenté le courage, qu'il l'avoit oté aux ennemis. Le Maréchal de Cossé, Tavannes & Biron, Maréchaux de Camp, ne se furent pas plûtôt avancez pour observer de plus prés la marche de l'Amiral, qu'ils se servirent d'un stratagême qui contribua plus au gain de la victoire, que n'eussent fait les harangues les plus éloquentes. Tavannes, de concert avec les deux autres, les devança, & piquant à toute bride, se mit dans les premiers rangs des Enfans perdus Catholiques, la joye peinte sur le visage, & leur répondit du gain de la Bataille.

Ff ij

1 5 6 9.

a Tanneguy du Boucher.
b Louis de Sauvain, Seigneur du Chelar en Dauphiné.
c Henry de Précontal, Seigneur d'Ancone en Dauphiné.
d François de Caumont-la-Force Seigneur de Castelnau
e Iacques de Crussol, Seigneur d'Acier en Quercy.
f Iean de Crussol, Seigneur de Beaudiner.
g Charles du Puy, Seigneur de Montbrun.
h N... Seigneur de Virieu en Dauphiné.
i Hector Copré de

Forests, Seigneur de Blacons. *k* François Seigneur de Mirambel en Dauphiné.

Dans les Memoires de Ta-vannes.

Comme il eſtoit un des plus intelligens & des plus experimentez Officiers de l'Armée Catholique, ceux qui l'oüirent les premiers, ne douterent point qu'il n'eût apperçû dans le Camp de l'Amiral, quelqu'une de ces irregularitez capitales qui donnent la victoire aux ennemis, lorſqu'ils ont des Chefs auſſi ſoigneux d'en profiter, qu'ils ont eu de lumiere pour les reconnoiſtre. Ils communiquerent leur penſée à leurs compagnons ; & la nouvelle anticipée, ou pour mieux dire la promeſſe d'un heureux ſuccés, paſſa de rang en rang. L'effet qu'elle y produiſit, ne fut ny moins ſolide, ny moins general que ſi elle fût fortie de la bouche d'un Prophete ; & les moins hardis Catholiques avoient déja témoigné de l'impatience de ſe voir aux mains contre les Calviniſtes, quand le Maréchal de Coſſé & Tavannes de retour, firent avancer l'Armée un peu plus ſur la main gauche, pour deux raiſons. L'une, qu'elle eſtoit trop exposée au canon des Calviniſtes, l'autre que ſon artillerie portoit trop bas. L'Amiral au contraire fit avancer la ſienne un peu plus à droite, mais ce fut par un autre motif : Car ſe défiant de la fortune qui l'avoit toûjours trahy dans les combats generaux, il travailla à ſe conſerver en cas de diſgrace un lieu de retraite, en prévenant de bonne heure le Duc d'Anjou, qui dans la chaleur du combat euſt pû luy fermer le chemin d'Ervaux. Cette précaution fut couverte d'un pretexte ſi plauſible, qu'elle ne pouvoit eſtre imputée à lâcheté ; & l'Amiral feignit qu'il n'en uſoit que pour la ſureté des Princes de Navarre & de Condé, qu'il renvoyoit après avoir eſté contraint de les faire venir, pour appaiſer la derniere ſedition des Allemans. On ajoûte qu'il fit auſſi filer du même

côté le bagage de fes François, & que ce fut cette prévoyance qui luy aida depuis plus que le reſte à rétablir
ſon Armée ; mais elle eſt d'autant moins vray-ſemblable,
que les Allemans irritez d'ailleurs, n'euſſent pas manqué
de ſe formaliſer que l'on mît en ſeureté le bagage des
François, plûtôt que le leur qui ſe perdit entierement,
& euſſent refuſé de combatre juſques à ce qu'on les eût
traité comme des François. Quoyqu'il en ſoit, le troiſiéme Octobre 1569. Martigues fit ceſſer le fracas de l'Artillerie Calviniſte, en commençant l'attaque.

Il avoit de l'émulation pour Mouy qui ſe vantoit d'a-
voir commencé la Bataille de Dreux, & il ſe jetta avec
tant d'impetuoſité ſur ſon Eſcadron, qu'il le renverſa ſur
le Bataillon qui le ſuivoit ; mais Autricourt prit incontinent ſa place, & pouſſa Martigues avec une violence qui
luy attira ſur les bras le Duc de Montpenſier & le reſte
de l'Avantgarde Catholique. Il la ſoûtint avec une vigueur qu'il eſt plus aiſé d'admirer que d'imiter ; & quoy
qu'il eût en même temps à ſe défendre par la teſte & par
les flancs, il ne ſe contenta pas ſeulement de faire face
de tous côtez, ny de convertir la défenſive où il eſtoit
reduit, en une trés-rude offenſive ; mais il perça de plus
juſques au milieu de l'Eſcadron de Montpenſier, & ce
ne fut pas ſans vendre cherement ſa vie, qu'il y fut accablé. L'Amiral qui le ſuivoit, n'avoit pû ſe couler par le
chemin qu'il luy avoit ouvert, parce que les Eſcadrons
du Prince Dauphin & de Chavigny, entre leſquels Autricourt avoit paſſé, s'eſtoient trop tôt rejoints ; mais leur
diligence ne ſervit qu'à les expoſer au choc de l'Amiral,
qu'ils ne ſoûtinrent que par le ſecours de la Cavalerie Italienne. Ce renfort ne les eût pas neantmoins garantis

Valeran d'Anglu- re, Sei- gneur d'Autri- court.

Dans la Relation Calviniſ- te de cette Bataille.

CHARLES IX.

d'eſtre rompus à la deuxiéme charge, ſi le Duc de Montpenſier débarraſſé des Cavaliers d'Autricourt, qui s'eſtoient fait tuër juſques au dernier, ne fût ſurvenu à propos avec la Cavalerie legere du Duc de Guiſe à droit, &
les Reîtres du Rhingrave à gauche. Leur éfort donna le
loiſir de reſpirer au Prince Dauphin & à Chavigny, parce
que l'Amiral eut beſoin de toute ſon experience & de
l'extrême valeur des ſiens pour reſiſter aux Catholiques
qui ſe mêlerent alors avec les Calviniſtes, de ſorte qu'il
fut également impoſſible aux Officiers des deux côtez
de les ſeparer avant que la Bataille fût terminée.

L'avantage fut égal plus d'une fois, & ſi l'Amiral fut
d'abord pouſſé, il pouſſa à ſon tour le Duc de Montpenſier, de maniere que les Calviniſtes croyoient eſtre victorieux, quand l'Amiral reconnut que les rangs de ſes
Cavaliers, & principalement de ſes Reîtres, s'éclairciſ-
ſoient trop, & ne trouva point d'autre expedient pour
les remplir, qu'en tirant une partie de l'Arrieregarde du
Comte Louis de Naſſau, du lieu où elle eſtoit. Il luy
manda de luy envoyer trois cens hommes, & ce Comte
emporté par une impatience de combatre, qu'on auroit
blâmée en un des moindres Officiers, oublia pour ſuivre
ſon caprice, la loy la plus indiſpenſable de la guerre.
On luy avoit deffendu ſur toutes choſes, d'abandonner
les Troupes qu'il commandoit, pour quelque cauſe que
ce fût ; & il luy eſtoit aiſé d'obéir à ſon General, en
laiſſant le ſoin de conduire les trois cens Reîtres à celuy des trois Capitaines Gramont, Ancone & Caumont,
qu'il auroit voulu, ou en mettant à leur teſte un Officier Allemand, afin d'éviter la jalouſie. Cependant il ne
fit ny l'un ny l'autre, & il agit en ſimple Cavalier, lors

qu'il eſtoit queſtion de remplir dignement la fonction
de Lieutenant general. Il mena luy-même les Reîtres à
l'Amiral ; & Tavannes ne ſe fut pas plûtôt apperçû de
cette faute, qu'il ſe mit en devoir d'en profiter. Il courut à toute bride au Duc d'Anjou, & luy conſeilla de
ſe hâter de donner ſur l'Arrieregarde de Naſſau, durant
qu'elle eſtoit ſans Chef. Le Duc marcha auſſi-tôt, &
pour n'eſtre point embaraſſé par quatre mille Suiſſes
Catholiques qu'il avoit devant luy, il prit à côté, dans
le deſſein de faire la premiere charge avec ſa Cavalerie.

Le principal avantage d'avoir des Officiers experimentez, conſiſte en ce qu'ils ſuppléent quelquefois au
deffaut de leur Chef, & qu'ils reparent ſes fautes. L'Arrieregarde de Naſſau voyant venir l'orage, & ne ſçachant
pas préciſément par où elle ſeroit attaquée, s'approcha
de celle de l'Amiral, afin de ſe mieux deffendre. Elle fut
cauſe par ce mouvement que le Comte Louis de Naſſau,
que l'Amiral renvoya en diligence, eut le loiſir de la rejoindre avant que le Duc d'Anjou la chargeât. De là
vint que le Duc ne trouva pas que la défaite fut auſſi
facile qu'il s'eſtoit imaginé ; & que bien loin de la mettre d'abord en deſordre, elle luy tua le Marquis de Bade
& renverſa les Reîtres qu'il commandoit : Mais l'Infanterie Calviniſte du même Corps, ne fut pas ſi heureuſe.
Elle s'eſtoit mêlée dans le Bataillon des Suiſſes du Duc
d'Anjou, avec intention de decider ſur la plaine de
Montcontour, laquelle des deux Nations combatoit le
mieux à pied ; & les Suiſſes qui la mépriſoient, parce
qu'elle n'avoit eſté levée que dans les deux Cercles du
Rhin, qui ne paſſent pas pour les plus guerriers de l'Allemagne, s'eſtoient fait un point d'honneur de la tailler

en piéces : Ainsi l'émulation & la gloire avoient commencé un combat qui eust apparemm'ent dégeneré en
un grand carnage, si le Mareschal de Cossé, voyant le
flanc du Duc d'Anjou découvert, n'eust à point nommé
pris la place des Reîtres Catholiques renversez, & n'eust
poussé à son tour ceux qui les avoient mis hors de combat. L'Arrieregarde de Nassau se remit neantmoins, &
la Bataille apres avoir duré six heures, estoit encore in-
decise, lors que Tavanes & Biron, qui épioient l'occasion
d'employer utilement le Corps de reserve qu'ils avoient
tiré des Troupes du Duc d'Anjou & de Montpensier,
aprés avoir rangé ce Corps en bataille, jugerent en maîtres que le coup de partie consistoit à donner du mesme costé par où le Mareschal de Cossé s'estoit meslé a-
vec les Calvinistes, & ils y firent une attaque si terrible, que les Reîtres de Granville ne pouvant soustenir,
tournerent bride.

Comme le terrain estoit là si resserré qu'il n'y avoit
aucun espace vuide, les fuyards à qui la peur ôtoit la
connoissance, se precipiterent sur le Bataillon d'Infanterie de leur Nation qui estoit aux mains avec les Suisses
Catholiques, & l'ouvrirent d'un bout à l'autre avec d'autant plus de facilité, que leurs compagnons estoient moins
en garde contr'eux. Les Suisses attentifs à leur avantage,
ne se mirent point en devoir de les arrester, voyant qu'ils
alloient donner teste baissée dans les Troupes Espagnoles
& Flamandes, qui n'ayant point encore combatu, les tail-
leroient aisement en piéces : ils se contenterent d'entrer
par l'ouverture qui leur estoit faite dans le Bataillon de
leurs ennemis Allemans, où ils passerent tout au fil de
l'épée, sans s'amuser à prendre des prisonniers, quoyque

que les Allemans miſſent bas les armes, & demandaſt 1 5 6 9.
quartier. Il n'en reſtoit plus qu'environ deux cens, lorſque le Duc d'Anjou, aprés avoir diſſipé la Cavalerie de
la Rochefoucaut, s'en vint au lieu où ſe faiſoit le carnage *Dans la*
de l'Infanterie Allemande, & le fit ceſſer en obligeant *Relation*
les Suiſſes à leur accorder la vie; en quoy ce Prince eut *Calviniſte*
beſoin de toute ſon éloquence, auſſi bien qu'à l'égard *de la Ba-*
de l'Infanterie Catholique, qui s'eſtoit impitoyablement *taille,*
acharnée ſur la Calviniſte.

Le ſujet que les Suiſſes avoient de ſe porter à cette
cruauté, eſtoit à la verité contre l'humeur de cette Nation, mais elle ſe ſouvenoit du combat de la Roche-la-
Bellie, où les mêmes Fantaſſins Calviniſtes qu'elle voyoit
à ſa diſcretion, avoient abuſé de leur avantage juſqu'à
ne vouloir ſauver aucun Catholique, excepté le Colonel
Strozzi qu'ils avoient épargné, dans la ſeule vûë de
l'échanger avec la Nouë. Les loix de la guerre en approu-
voient, ou du moins en permettoient la revanche ; &
les vainqueurs en uſerent avec tant de ſeverité, qu'il y
avoit déja mille Calviniſtes de tuez quand le Duc d'Anjou commanda que l'on traitât les autres en priſonniers
de guerre. Ainſi fut défaite l'Arrieregarde de Naſſau; &
ce Comte qui l'avoit pluſieurs fois r'alliée, n'y voyant
plus rien d'entier qu'un Eſcadron de Reîtres, s'alla mettre à leur teſte, & fit avec eux ſa retraite. Les Catholiques
qui n'avoient plus rien à faire, coururent au ſecours du
Duc de Montpenſier : & l'Amiral les ſoûtint par un motif qui tenoit pour le moins autant du deſeſpoir, que de
la veritable valeur, juſqu'à ce qu'ayant recû un coup de
piſtolet qui luy perçoit les deux joüës, & ne le pouvant
cacher, il penſa à la retraite, & la fit avec deux Eſcadrons.

1 5 6 9. l'un de François, & l'autre de Reîtres. La Nouë qui ne
pût se developer, fut encore une fois prisonnier; & le
Comte de Santafiore sauva la vie au brave d'Acier, qui
s'estoit deffendu aussi longtemps que ses blessures luy
avoient permis de se tenir debout, quoyque la Cour de

Catena
dans la
Vie de Pie
V.

Rome eût esté ravie que ses Troupes eussent eu moins
de pitié pour un homme capable de succeder à l'Amiral,
s'il fut mort de sa blessure. Le Pape écrivit neantmoins
à Santafiore de mettre Acier en liberté sans rançon, parce qu'il se piqua de montrer à toute l'Europe, par ce
grand exemple, qu'il n'avoit envoyé de secours en France
que pour ruiner l'heresie, & non pas pour s'enrichir par
la rançon des Heretiques. L'Infanterie d'Acier ne laissa
pas de resister si long-temps nonobstant la prise de son
Colonel, que l'Amiral eut le loisir de rejoindre l'Escadron du Comte Volrad de Mansfeld, qui faisoit l'Avantgarde dans la retraite des Calvinistes. Le Comte de Nassau qui composoit l'Arrieregarde, avec le sien repara en
quelque maniere la faute qu'il venoit de faire, en s'acqui-
tant avec succés de la fonction la plus difficile de la
guerre, c'estoit de faire plus d'une lieuë & demie de
chemin sans perdre ses rangs, quoyqu'il eût à ses trousses les Ducs de Guise & d'Aumale, & les Seigneurs de
Thoré & de Biron. Il y a des Auteurs qui reprochent à
Biron de n'avoir pas voulu remporter une entiere victoire, de peur d'estre reduit aprés la fin de la guerre de
se retirer dans sa maison; mais ils se trompent de vingt
& un an, & cela n'arriva qu'au passage de la Seine à Cau-
debec, par l'Armée du Duc de Parme. Le nombre des
morts & blessez de part & d'autre, n'est pas bien certain,
& les fuyards ne se r'assemblerent que longtemps aprés

cette défaite. Il y en eut même qui ne revinrent de la
peur, que lorsqu'ils se virent à couvert derriere les bastions
de la Rochelle.

L'Amiral, Mansfeld & Naſſau arriverent par Ervaux
à Partenay, au commencement de la nuit, mais l'Amiral dont la bleſſure eſtoit plus importune que dangereuſe,
s'occupa aprés s'eſtre fait penſer, à donner en Angleterre,
en Ecoſſe, en Suiſſe, en Allemagne & en Dannemarc,
des avis de la Bataille qu'il venoit de perdre. Il eſt vray
que ſes dépêches en diminüoient l'importance, on ne laiſſoit pas d'y voir que le party Calviniſte avoit eſté ſi maltraité, qu'il ne pouvoit éviter une entiere ruine ſans un
prompt ſecours. Celle qui s'adreſſoit au Comte de Beauvais ſon Frere, à Londres, fut la plus efficace, en ce que
la Reine d'Angleterre plus zelée pour la cauſe commune, ou plus interreſſée à maintenir les Calviniſtes en France, ne ſe contenta pas de les ſoulager dans le principal
de leurs beſoins qui eſtoit celuy d'argent, elle exhorta
de plus les Proteſtans d'Allemagne de vouloir les ſecourir comme elle ; & les ſommes qu'elle quêta pour ſes
Freres dans l'oppreſſion (Elle appelloit ainſi les Calviniſtes François) furent l'unique ou du moins la principale cauſe qui retint à leur ſervice les Reîtres de Mansfeld, & qui les empêcha de ſe débander aprés la diſgrace
de Montcontour. L'Amiral qui craignoit d'eſtre inveſty
dans Partenay, n'y demeura que juſques à trois heures
aprés minuit, qu'il en partit pour Niort, où il trouva
un renfort de cent Cavaliers Anglois commandez par le
Milord Compernou. Les Anglois à la verité eſtoient ſi
bien montez, que les Chevaux de leurs Ecuyers ne cedoient ny pour la taille, ny pour la vigueur, à ceux des

Gg ij

Hommes-d'Armes François ; mais ce n'eſtoit aprés tout, qu'une Compagnie d'ordonnance, & les Calviniſtes en avoient perdu prés de vingt. Cependant l'Amiral ſçût faire une telle montre de la reſſource qu'il avoit du côté d'Angleterre, qu'il perſuada aux plus timides des ſiens, que le Calviniſme n'eſtoit pas preſt de tomber en France, puiſque la Reine Eliſabeth prenoit tant de ſoin pour le relever.

Sur cette prévention, les fuyards de la Bataille de Mont-contour, ſe r'allierent à Niort, & tant de nouveaux Sol-dats accoururent ſous les Enſeignes des Calviniſtes, que l'Amiral ſe vanta qu'il auroit une Armée plus forte que la precedente, auſſi-tôt qu'il auroit joint les Troupes de Montgommery, qui venoient à grandes journées, & n'a-voient plus rien qui les embaraſſât. Montluc & Dam-ville ayant ceſſé de les pourſuivre, il marcha vers la haute Guyenne, pour aller au devant, aprés avoir laiſſé Moüy dans Niort, & jetté Piles dans S. Jean d'Angely, avec des garniſons capables au moins d'arrêter la premiere impetuoſité des vainqueurs. Le gain de la Bataille avoit ouvert au Duc d'Anjou les Portes de Fontenay, de Luſi-gnan, de Châtelleraud ; & Niort n'oſa ſe deffendre aprés que Mouy *a* eut eſté aſſaſſiné. *b*

Le Roy eſtant venu dans cette derniere Ville, y tint Conſeil de guerre, & l'avis des Officiers generaux, fut de ſe mettre aux trouſſes de l'Amiral, ſur ce que ſi on le pouvoit joindre, on eſtoit aſſuré de le défaire une cinquiéme fois, ou de le faire périr dans une Place, s'il oſoit s'y renfermer ; & qu'ainſi l'un ou l'autre arrivant, la guerre eſtoit terminée. Mais ceux à qui la continua-tion des déſordres eſtoit neceſſaire, répondirent que ce

a Louis de Vaudray.
b Par Ni-colas de Louviers, Sieur de Maure-vert en Brie , le même qui fut depuis un des aſ-ſaſſins de l'Amiral.

feroit perdre beaucoup de temps & de peine, que de pourfuivre un ennemy rufé qui avoit diftribué fon Infanterie dans les Places de fon party, & qui ne marchant qu'avec la Cavalerie & le bagage abfolument neceffaire, ne pourroit eftre atteint par une Armée victorieufe, accoûtumée à vivre dans l'abondance. Ils ajoûterent que le principal fruit de la victoire, devoit confifter à reprendre les Villes perduës de là la Loire : Que les moins munies s'eftoient déja renduës, & que les autres fuivroient leur exemple, fi on les preffoit dans la confternation où la Bataille de Montcontour les avoit jettées : Au lieu que fi on en laiffoit une derriere, elle fuffiroit pour faire revolter toutes les autres, tant les peuples de Guyenne avoient d'inclination au Calvinifme.

Ces raifons, quoyque foibles & fuffifamment refutées par le Cardinal de Lorraine, l'emporterent neanmoins à la pluralité des voix ; & comme l'Amiral avoit ruiné fes affaires en faifant à contre temps le Siege de Poitiers, le Duc d'Anjou perdit devant Saint-Jean d'Angely les avantages de la victoire de Moncontour. Il l'inveftit le feiziéme d'Octobre 1569. & l'on reconnut dés le premier jour que le Siége feroit long, meurtrier, douteux & difficile : Car outre la forte Garnifon qui s'y eftoit enfermée, la reputation de Piles qui en eftoit Gouverneur, y avoit attiré les plus braves de la Nobleffe Calvinifte des environs. La Place eftoit forte par l'art & par la fituation, & les Affiegez y avoient ajoûté en dix jours tout ce que l'on fçavoit alors de fortifications pour faire durer les Sieges. Leur premiere fortie à l'approche de l'ennemy fut fi furieufe, qu'elle leur donna le loifir de ruiner les Fauxbourgs, & de couper tous les arbres qui euffent pû

1569. leur ôter la vuë des Affiegeans ; & à la feconde ils enle-
verent un de leurs quartiers, & rapporterent dans la Place
deux Enfeignes d'Infanterie. Mais à l'arrivée du Roy au
Camp, le vingt-fixiéme, la batterie des Catholiques fit
une bréche raifonnable vers la Porte de Niort, & la Ra-
miere qui s'eftoit chargé de la garder, voyant les Affiegeans difpofez à donner l'affaut, ne voulut point fe
retirer quoyqu'il fuft dangereufement bleffé en deux
endroits.

Il préfupofa que fon abfence pour quelque caufe que
ce fût, introduiroit les Catholiques dans la Ville, en ôtant
aux Affiegez le courage en un temps où il s'agiffoit de
l'accroître : Il ne fe trompa point, & fa pofture refoluë
& celle des fiens, fufpendirent en effet l'attaque des
Affiégeans, mais il luy en coûta la vie, car une con-
tention extraordinaire, enflâma fes playes, de forte qu'il
fut impoffible de les rafraîchir. La bréche cependant
avoit efté fi bien reparée, que les Affiegeans furent reduits à tranfporter leur artillerie vers la Porte Daunot, dont
ils ruinerent tellement toutes les deffenfes, que Piles dé-
fefpera de la garder fi elle eftoit attaquée avec autant de
vigueur, que l'avoit efté celle de Niort ; & comme il y
avoit apparence qu'on n'y manqueroit pas, il fit luy-
même une bréche à l'endroit des murailles le plus éloigné de celle des ennemis, afin de fe fauver par là avec
fa Garnifon, pendant que les Catholiques s'amuferoient
au pillage, mais le hazard le tira d'une extrémité fi fâ-
cheufe.

Ceux qui deffendoient la bréche Daunot, faifoient un
feu fi grand & fi continüel, que les Officiers Catholiques envoyez pour la reconnoiftre, ne l'avoient pas fait

avec affez d'exactitude. Leurs rapports ne s'accorderent
pas, & Biron qui ne vouloit rien hazarder en un lieu où
eftoit le Roy, differa jufqu'à ce qu'il fût mieux informé.
On ne fçait pourtant fi les infultes des Affiegez touche-
rent les Catholiques, ou s'ils furent tranfportez par un
excés de courage ; mais il eft certain qu'ils monterent
à la bréche avant d'en avoir reçu l'ordre. La faute n'eût
point efté fi grande, ou du moins auroit efté couverte
par le fuccés, fi elle eût efté generale, mais il arriva là,
ce qui eft affez ordinaire à de vieilles Troupes, les Soldats les plus brutaux s'émanciperent feuls, & les prudens
ne fuivirent pas leur exemple. Les Enfeignes furent de
ce nombre malheureufement pour les Catholiques, &
les autres Soldats n'appercevant pas marcher leurs Dra-
peaux devant eux, s'arrêterent à l'endroit où ils eftoient
arborez. Ainfi la bréche n'eftant attaquée que par une
troupe de gens guidez par leur feul caprice, les Affiegez
les repoufferent deux fois : Au lieu que de l'aveu de
ceux-cy, la Place euft efté prife fi tous les Catholiques
preparez pour l'affaut, euffent donné en même temps.

Il ne fut pas neceffaire de punir ceux qui n'avoient
pas obéy, parce que la plûpart d'entr'eux périrent dans l'attaque ; & Piles devenu plus avisé par le danger qu'il
avoit couru, fe prévalut de la nouvelle fommation qu'on
luy fit, en ufant de fupercherie. Il figna une capitulation dont les principaux articles eftoient, Qu'il y auroit fufpenfion d'armes pour dix jours, durant lefquels
il feroit permis aux Affiegez d'envoyer avertir l'Amiral
de l'état de la Place : Et que fi dans dix jours il ne recevoient du fecours, ils la rendroient de bonne foy.
Sur ce projet Piles eut la liberté d'envoyer à l'Amiral un

1 5 6 9. homme de creance qui en paſſant par Angoulême, avertit
[a] Sainte-Même qui y commandoit pour les Calviniſtes,
de jetter autant qu'il pourroit de Troupes dans Saint-
Jean d'Angely. Sainte-Même qui n'oſoit dégarnir ſa
Place ſi prés d'une armée victorieuſe, n'envoya que
quarante Hommes-d'armes ſous Saint Surin : Et Piles
prenant occaſion de ce foible ſecours, & de ce qu'il ne
recevoit point de nouvelles de l'Amiral au bout des dix
jours, ſe diſpêſa d'executer ſa promeſſe. La batterie recommença donc, & mit par terre la Tour du Boureau,
mais ce fut aux dépens du vaillant [b] Vicomte de Martigues, qui s'eſtant approché pour reconnoître la brêche,
fut tué d'une arquebuſade. Les Aſſiegez qui l'avoient vû
tomber ſe réjouïrent preſque autant de ſa mort, que s'ils
euſſent eſté délivrez du Siege, & profiterent de l'étonnement où ils préſuppoſoient qu'elle jetteroit les Aſſiegeans. Ils firent en même temps deux grandes ſorties,
la premiere ſous Saint-Surin qui deffit la Cornette du
Duc de [c] Somme, & la ſeconde ſous la Mothe-Pujol qui
pouſſa juſqu'à l'Artillerie des Catholiques, & en fut le
maître aſſez longtemps : mais comme il ne s'eſtoit point
attendu à cet avantage, & qu'il n'avoit point fait proviſion de ce qui eſtoit neceſſaire pour l'encloüer, les
Catholiques en le repouſſant, la reprirent dans le même
état qu'ils l'avoient perduë. Saint-Surin fut auſſi contraint de r'entrer dans Saint Jean d'Angely, plus viſte
qu'il n'en eſtoit ſorty, & les Aſſiegeans le pourſuivirent
avec tant de chaleur, qu'ils gagnerent la contreſcarpe
du foſſé joignant le Chaſteau. Ils mirent auſſi-tôt deſſus
cinq gros canons qui abatirent premierement tout ce
qui mettoit à couvert les Aſſiegez de ce côté-là, & ensuite

[a] *René de
Lhoſpital,
Seigneur
de Même.*

[b] *Sebaſtiẽ
de Luxẽ-
bourg.*

[c] *Bernard
de Saint-
Severin,
Duc de
Somme au
Royaume
de Naples.*

fuite la muraille & le retranchement qui eftoit derriere. 1569.
Ny l'un ny l'autre ne pouvoit eftre rétably fans expofer
les travailleurs au feu continuel des Affiegeans, cependant les femmes & les enfans, par un tranfport de zéle
pour le Calvinifme, dont il y a peu d'exemples, s'y employerent à l'envy des Soldats, & perfonne ne fe relâ-
chant par la crainte des coups de canon, on fit une muraille feche fur les ruines. Piles eut ainfi le temps d'attendre le fecours que la Noblefle Calvinifte de Poitou,
de Xaintonge & d'Angoûmois, preparoit fous la conduite du Seigneur de Saint-Auban, qui s'eftoit fignalé
durant le regne de Henry II. dans la guerre de Tofcane.

Il eftoit de cinq à fix mille Soldats choifis, mais Saint-
Auban ne pût tenir fa marche fi fecrette que les Catholiques n'en euffent avis. Ils envoyerent au devant de luy
la meilleure partie de leur Cavalerie, qui l'atteignit à
Chifay, mit en déroute fes gens, & le pourfuivit luy-
même avec tant d'obftination, qu'elle le prit prifonnier
au Pont S. Julien. Piles n'ayant plus aucune efperance
de fecours, demanda tout de bon à capituler le deuxiéme Decembre, & y fut receu avec joye, tant les Catholiques eftoient ennuyez du Siege. Le plus rude des Articles qu'il avoit fignez, eftoit qu'il s'abftiendroit, & fa
garnifon auffi, de porter les armes pour le Calvinifme
durant quatre mois : mais il s'en difpenfa fous pretexte
que des Soldats de Martigues, pour vanger la mort de
leur Colonel, avoient fait infulte à fes gens au fortir de
S. Jean d'Angely, quoyque Biron & Cofleins euffent fait
ceffer tout le tumulte, prefqu'auffi-tôt qu'il avoit commencé.

L'Amiral qui n'avoit perfonne à fes trouffes, eftoit

Tome II.   Hh

1569. arrivé cependant à Aiguillon, où Montgommery pretendoit le joindre. Les deux Camps n'estoient separez que par la Riviere de la Garonne, & les Calvinistes employerent un mois entier à dresser dessus un Pont assez fort pour passer leurs Troupes & leur canon : mais ils n'eurent pas plûtôt achevé ce long ouvrage, que Montluc le rendit inutile en une nuit, par l'adresse d'un Ingenieur qui luy persuada de profiter de la rapidité du Fleuve, & de ce qu'il estoit extraordinairement grossi, en attachant des meules de moulin ensemble, qui rompirent les chaînes de fer dont les bateaux qui soûtenoient le Pont, estoient attachez. Ce coup également important & heureux, sauva la Guyenne & le Languedoc, que le défaut des forces suffisantes, & la mesintelligence de Damville & de Montluc, exposoient au péril d'estre entierement usurpées par les Calvinistes. Sans quoy l'Amiral n'eût pas manqué de s'y cantonner, & ne fût pas venu comme il fit depuis, se mettre à la discretion de ses ennemis, tant il pensa coûter cher à la France, que le Duc d'Anjou se fût amusé à reprendre Saint-Jean d'Angely, au lieu de poursuivre sa seconde victoire.

Vers la fin de ses Commentaires.

Le Comte du Lude ne fut pas plus heureux à executer la Commission qui luy avoit esté donnée de bloquer la Rochelle, il prit bien à la verité les Places & les Isles qui la couvroient par terre, mais la Noüe les reprit avec la même facilité qu'elles s'estoient perduës ; & la Reine jugeant les Calvinistes invincibles par les armes, puisque deux Batailles perduës de suite ne les avoient pas affoiblis, eut encore recours à ses artifices ordinaires pour les ruiner. Il n'y en avoit à proprement parler que deux : L'un, de les diviser ; l'autre, de leur ôter la pro-

tection des Proteftans d'Alemagne, au moins pendant 1569.
que l'on feroit un dernier éfort pour les accabler.

Pour le premier, il n'y avoit qu'à faire des propofitions de Paix qui paruffent raifonnables, parceque ceux
du party Calvinifte qui la defiroient, eftant en plus
grand nombre que les autres, quoyqu'ils ne fuffent pas
les plus forts, auroient un pretexte de ne plus rien contribuër. Pour le fecond, il n'y avoit qu'à faire courir le
bruit dans l'Empire, auffi-tôt que la Négociation de la
Paix auroit commencé, qu'elle eftoit concluë, parceque
les Allemans ne fe tourmenteroient plus inutilement à
vaincre leur lenteur naturelle pour courir au fecours des
Calviniftes, fur le premier bruit qu'on répandroit dans
leur pays, que ceux-cy n'en avoient plus de befoin.

Ainfi la Reine, aprés avoir envoyé le Maréchal de
Coffé en Poitou, fous couleur de regler les affaires de
cette Province extraordinairement défolée durant la
derniere campagne, écrivit à la Reine de Navarre qui
demeuroit à la Rochelle, & la pria de nommer des Députez pour conferer avec le Maréchal. La Reine de
Navarre ne crut pas devoir refufer ce qu'on luy demandoit, puifqu'il ne s'agiffoit que d'écoûter des propofitions, & d'en faire à fon tour: Et la Reine fur le fimple
fuccés de cette premiere démarche, fit partir Nicolas de *Seigneur*
Neuville Secretaire d'Etat, pour aller perfuader le Duc *de Villeroy.*
de Saxe & les autres Proteftans d'Allemagne, que l'on
eftoit en France fur le point de conclure la Paix. Four- *Raimond*
quevaux Ambaffadeur du Roy à Madrid, receut en mê- *de Pavie,*
me temps ordre de reprefenter à Philippe fecond, qu'il *de Four-*
ne tiendroit qu'à luy que les Heretiques de Flandres ne *quevaux.*
tiraffent plus aucun fecours de ceux de France, en con-

Hh ij

tribuant aux frais neceſſaires pour accabler ceux-cy tout
d'un coup. Le Marêchal de Coſſé propoſa la Paix aux
Députez de la Reine de Navarre pour tout le party Calviniſte, à deux conditions : L'une, qu'il y auroit liberté
de conſcience par tout le Royaume ; l'autre, qu'en nul
endroit de France il n'y auroit aucun exercice de la Religion Calviniſte. La ſeconde condition irrita tellement
les Députez Calviniſtes, qu'ils euſſent dés lors rompu la
Conference, ſans laiſſer de pretexte pour la renoüer,
ſi le Marêchal, à qui la Reine n'avoit rien celé de ſon
deſſein, n'eût fait entendre aux Députez, que la Cour
eſtoit obligée par bien-ſéance à faire d'abord des propoſitions conformes à ſa dignité ; mais qu'elle ſe relâcheroit enſuite, lorſque l'on negocieroit dans les formes,
& que l'Amiral auroit envoyé des Députez à la Conference.

On ſe ſepara donc en attendant la réponſe de l'Amiral, qui ne voulant non plus que la Reine de Navarre,
ſe charger de l'envie d'avoit refuſé l'accommodement,
nomma Beauvais-la-Nocle & le jeune Teligny, qu'il avoit
déja deſtiné pour eſtre ſon Gendre. On n'a pas ſçû préciſément ce que portoit l'inſtruction de ces deux Gentilshommes, mais il eſt certain qu'ils demanderent hautement au Marêchal la liberté de conſcience & l'exercice du
Calviniſme dans toute leur étenduë & ſans aucune limitation pour le temps, pour les lieux, & pour les perſonnes :

*Dans la
Conferéce
d'Angers
en 1559.* Que tout ce qui avoit eſté fait au contraire fut révoqué :
Que Sa Majeſté approuvât la conduite paſſée des Calviniſtes : Qu'elle les rétablît dans leurs dignitez & leurs
biens ; & qu'il leur donnât caution d'executer de bonne foy ce qui leur ſeroit accordé. Le Marêchal répondit

que le Roy confentoit de laiffer aux Calviniftes toute la 1570.
liberté de confcience qu'ils défiroient, & de ne pas fouffrir qu'ils fuffent inquietez en aucune maniere pour la
Confeffion de Foy qu'ils avoient prefentée en 1558. Que
pour exercer la même Religion, Sa Majefté donneroit
deux Villes dans fon Royaume, à condition que dans
tout le refte on vécût au moins exterieurement à la Catholique : Que les Troupes Calviniftes, tant Françoifes
qu'Etrangeres fuffent licenciées : Que le party Calvinifte
reftituât toutes les Places dont il s'eftoit emparé ; Qu'il
renonçât non feulement à l'alliance des Etrangers, mais
encore à toutes fortes d'intelligences avec eux ; & que
chacun rentraft de part & d'autre en poffeffion de fes
biens.

La Nocle & Téligny rejetterent fi loin ces propofitions,
que pour leur ôter l'occafion qu'ils cherchoient de rompre la Conference, on fut obligé de leur faire efperer
que la Cour fe relâcheroit de nouveau, lorfqu'elle feroit
arrivée à Château-Briant, où elle iroit dans peu de jours.
Ils fe laifferent donc perfuader de la fuivre jufques-là :
mais comme ils avoient penetré dans le deffein de la
Reine, ils en éluderent la meilleure partie, en publiant
un Ecrit dont la fin eftoit de montrer que l'on ne parloit
de Paix que pour endormir les Calviniftes, que la force
ouverte n'avoit pû défarmer. La Cour diffimula l'injure
qu'elle recevoit de cét Ecrit, parce que le reffentiment
qu'elle en eût témoigné, eût nuy plus que l'Ecrit même
à l'execution de fes projets.

Toute la précaution qu'elle prit pour empêcher qu'il
ne détrompât les Calviniftes qui ne vouloient point la
guerre, fut de feindre plus d'empreffement pour la Paix,

1570. & de prier Teligny de vouloir accompagner Biron & Henry de Mefmes Confeiller d'Etat, qu'elle envoyoit en qualité de nouveaux Députez à l'Amiral, pour ajufter avec luy les Articles les plus difficiles du Traité, pendant que la Nocle demeureroit à la Cour, afin de les y faire approuver à mefure qu'ils feroient arrêtez.

Teligny ne pût refifter à la beauté de la Commiffion qu'on luy propofoit, ou craignit de faire une faute en ne l'acceptant pas. La Nocle confentit auffi de fuivre la Cour, bien aife de refter feul dans un Employ éclatant, dont il n'avoit que la moitié. Les Députez n'atteignirent l'Amiral que dans le Languedoc où il eftoit defcendu, aprés avoir hyverné dans les Pays de Roüergue & de Quercy. Il avoit défolé les environs de Toulouze, pour punir le Parlement d'avoir fait deux ans auparavant trancher la tefte au Calvinifte Rapin, au lieu de le traiter en prifonnier de guerre. Il n'eftoit qu'à trois lieuës de Carcaffonne, lorfque les Députez Catholiques luy prefenterent des Lettres du Roy, de la Reine & du Duc d'Anjou: Il y fit réponfe avec beaucoup de foûmiffion, mais il fut impoffible de l'amufer fous pretexte de Négociation. Il declara nettement à Biron & à de Mefmes, qu'il ne pouvoit en feureté de confcience, & ne vouloit pas non plus écoûter d'accommodement, à moins que l'exercice du Calvinifme ne fût indifferemment accordé par tout le Royaume. Il congedia les Députez Catholiques avec cette refolution; mais Biron le preffa tant, qu'il renvoya avec eux Teligny & Caffetiere Secretaire du Prince de Navarre, pour écoûter à Château-Briant ce que la Cour y propoferoit de nouveau. Il s'approcha cependant de Montpellier où il perdit le celebre la Louë en reconnoiſſant la Place ; ce qui l'empêcha d'y former 1 5 7 0. un Siege. Il ſurprit par un Aqueduc l'importante Ville de Nîmes, & ſe jetta dans le Vivarets, d'où il entra dans le Dauphiné, & ſe mit inutilement en devoir de prendre Montelimar. La crainte d'eſtre renfermé dans ce coin du Royaume, le fit bien-tôt retourner ſur ſes pas : Il força les Troupes de Gordes qui s'étoient oppoſées à ſon paſſage : Il reçût un renfort conſiderable qui luy venoit de Genéve : Il traverſa le Païs de Forêt, & il entra par Cluny dans la Bourgogne, où il ſurprit Arné-le-Duc. Il ſuppoſoit que la Cour ne luy accorderoit jamais l'exercice public du Calviniſme par tout le Roïaume, s'il ne l'y reduiſôit en portant la guerre aux environs de Paris, parce qu'il n'y avoit point d'autre voye que celle-là pour luy oſter les moyens de la continuer ; & il eſtoit reſolu d'en faire ſouffrir toutes les incommoditez à ſes ennemis, à leur tour. Ce projet n'eſtoit pas moins glorieux que neceſſaire ; mais il eſtoit bien difficile à executer, parce que l'Armée Calviniſte eſtoit fatiguée par une marche de quatre cens lieuës : Auſſi la liberté de ſe rafraîchir, que l'Amiral fut obligé de luy donner, dura ſi longtemps, que la Cour eut le loiſir d'envoyer au devant d'elle, des forces égales ſous la conduite du Maréchal de Coſſé. Le pretexte que prit la Reine pour empêcher le Duc d'Anjou d'y aller en perſonne, venoit de ce que ce Prince ſe mêlant actuellement de la Paix, la bien ſéance ne vouloit pas qu'il pourſuivît les armes à la main, ceux qu'il tâchoit de ramener à leur devoir par de plus douces voïes. Mais la veritable cauſe, fut la jalouſie du Roy contre ſon Frere, qui s'eſtoit tellement accruë par les victoires de Jarnac & de Moncontour, qu'elle eût éclaté infailliblement, nonobſtant le profond reſpect de ſa Majeſté pour la Reine ſa Mere, ſi le Duc d'Anjou ſe fût trouvé en état d'en gagner une troiſiéme, comme il ſeroit arrivé, ſi on l'eût mis à la teſte des Troupes neceſſaires pour arrêter les Calviniſtes contre leur gré, ſur une des Frontieres du Royaume. Le Marêchal de Coſſé devenu General en chef par cette conjonĉture, paſſa la Loire à Déſiſe, & campa à la vûë d'Arné-le-Duc au Mont Saint-Jean, ſur une coline qui n'eſtoit ſeparée que par une valée aſſez étroite, d'une autre coline où l'Amiral eſtoit poſté. La valée eſtoit entre-coupée d'un ruiſſeau qui faiſoit moudre un moulin, dont Saint-Jean frere de Montgommery, s'eſtoit emparé avec trois cens Mouſquetaires Calviniſtes, & de deux Etangs contigus, dont le Colonel la Cheſnaye gardoit les chauſſées avec autant de Fantaſſins du même party. Au de-là paroiſſoit l'Armée de l'Amiral partagée en douze Eſcadrons garnis d'Infanterie à la mode de ce General. Les Reîtres du Comte Volrad de Mansfeld, & l'Infanterie venuë de Genéve, en formoient les ſix premiers. Le ſeptiéme avoit à ſa teſte le Prince de Navarre, aſſiſté du Comte Louïs de Naſſau. Le huitiéme eſtoit commandé par le Prince de Condé, ſous la direĉtion du ſage Marquis de Renel. L'Amiral eſtoit en perſonne dans le neufiéme, & Montgommery, Genlis & Briquemaut conduiſoient les trois derniers.

L'Armée Catholique eſtoit diviſée en deux Corps. Le premier compoſé de l'Infanterie Françoiſe ſous Strozzy ſon Colonel, & de la Cavalerie-legere, ſous Nogaret la Vallette : Et le ſecond Corps eſtoit formé de l'Infanterie Suiſſe & des Hommes-d'armes ſous la Châtre Gouverneur de Berry. La ſituation des deux Armées donna

lieu

Dans les provifions du Generalat de Coffé.

lieu à une escarmouche aussi celebre & aussi longtemps
obstinée que l'avoit esté celle de Jasseneuïl. Les Catholiques la commencerent en tâchant de passer le ruisseau;
& Strozzy soûtenu par la Valette poussa les Reîtres. Il
est vray que ce fut aux dépens d'un nombre si considé-
rable des siens, qui estoient contraints de montrer le
costé gauche aux Arquebusiers Calvinistes de Saint-Jean,
qu'il fut enfin obligé de se retirer. L'Amiral envoya à
ses trousses l'Infanterie de Piles & la Cavalerie de Montgommery; mais la Valette les reçut avec tant de vigueur,
que les Calvinistes furent à leur tour réduits à repasser
le ruisseau. Cosseins & Gouas attaquoient cependant le
Moulin deffendu par la Chesnaye, & s'ils eussent pust
l'emporter, ils n'eussent plus trouvé d'obstacle jusques
aux Portes d'Arné-le-Duc; & ils seroient entrez avec
d'autant moins de peine, que la Bourgeoisie estoit pour
eux, & que les Calvinistes n'avoient osé y laisser de garnison suffisante de peur de dégarnir leur Camp, déja
plus foible en Infanterie que celuy des Catholiques. Si
Cosseins & Gouas, aprés avoir traversé la Ville, fussent
venus fondre sur le dos des Calvinistes occupez à deffendre les chaussées des Etangs, l'Amiral n'eust pust
éviter une entiere deffaite, puisqu'il eût esté environné
& qu'il n'eût plus eu de retraite. Cette raison luy fit envoyer de bonne heure au secours de la Chesnaye, la Cavalerie du Prince de Condé, qui trouvant encore les
Calvinistes maîtres du Moulin, les y maintint avec plus
de facilité durant le combat. Il avoit à peine achevé de
mettre ordre de ce costé-là, qu'on le vint avertir que
Montgommery estoit extraordinairement pressé. Il commanda à Briquemaut de l'aller soûtenir, ce qu'il fit avec

une valeur qui n'eût sçû estre assez admirée, si elle eût paru dans une meilleure occasion. Strozzy, aprés avoir fait tout ce qui se pouvoit humainement, fut repoussé, & contraint de repasser le ruisseau. Il est vray que ce fut sans confusion & sans perdre ses rangs. Ce petit désavantage des Catholiques fut incontinent reparé, comme si la fortune eût resolu ce jour-là de tenir toutes choses dans l'égalité.

Moneins qui avoit autrefois deffendu avec tant d'obstination la bréche de Roüen, contre le feu Duc de Guise, estoit devenu Colonel de l'Infanterie Calviniste, aprés la mort d'Andelot. L'ardeur avec laquelle Strozzy l'avoit poussé, l'obligea de passer le ruisseau, afin de pousser à son tour Strozzy, & de l'empêcher ainsi de se vanter d'avoir remporté aucun avantage sur luy. Les plus déterminez Soldats Calvinistes le suivirent; mais Strozzy ayant tourné teste, & la Cavalerie Italienne des Catholiques ayant insensiblement coupé aux Calvinistes le chemin du retour ; Moneins & les siens, furent reduits à demeurer prisonniers de guerre. L'escarmouche avoit déja duré sept heures, lorsque l'Amiral appercevant que l'Artillerie des Catholiques battoit impunément les Reîtres Protestans, & les alloit contraindre de quitter le champ de bataille, eut recours à cette ruse pour les dégager avec honneur d'un lieu si dangereux. Il fit peu à peu avancer devant eux les Mousquetaires du jeune Montgommery, qui tinrent ferme jusques à ce que les Reîtres fussent en seureté, & firent ensuite eux-mêmes leur retraite.

Les autres Escadrons Calvinistes mieux postez, se dégagerent avec moins de peine, & le lendemain les deux

partis également perfuadez que celuy qui manqueroit de
fe montrer une feconde fois en pofture de combatre,
avoüeroit d'avoir receu du défavantage le jour precedent, fe prefenterent encore fur le champ de bataille :
Mais comme chacun avoit reconnu par experience que
celuy qui pafferoit le ruiffeau, fe mettroit au hazard d'eftre coupé, & par confequent battu, l'on fe contenta de
s'entreregarder. On en fit de même les deux jours fuivans, & le cinquiéme l'Amiral fe défiant que le Maréchal de Coffé qui ne manquoit de rien dans fon Camp,
pretendoit amufer les Calviniftes, afin de les affamer,
délogea le premier, & fit tant de diligence qu'il arriva à
la Charité, fans que l'Armée Catholique qui s'eftoit mife
à fes trouffes, le pût atteindre, parce qu'il marchoit fans
bagage. Il avoit laiffé la Nouë dans la Rochelle, qui fit
encore une fois lever le blocus que le Comte du Lude
avoit formé devant cette Ville, par une avanture d'autant plus digne d'eftre rapportée icy, que celuy qui l'executa, a eu la moderation de n'en point parler dans fon
Livre.

Puigaillard Lieutenant du Comte du Lude, avoit fait
deffein d'enlever avec neuf Cornettes de Cavalerie &
dix-huit Enfeignes d'Infanterie, le Camp volant des Rochelois, que la Nouë avoit mené devant Sainte-Geme.
Il avoit feint d'eftre malade, & envoyé chercher des
Medecins jufqu'à la Rochelle ; mais cette rufe tourna
contre luy, en ce que celuy qu'il envoyoit, l'ayant trahy,
il fut luy-même furpris par ceux qu'il vouloit furprendre. La Nouë l'attaqua dans la fatigue où il eftoit d'une
marche de deux jours & de deux nuits, & le défit fans
peine. Les Calviniftes ne fe réjouïrent pas tant de ce

*Iean de
Leaumöt,
Seigneur
de Puy-
gaillard,
depuis
grand
Maréchal
general
des Camps
& Armées
du Roy, &
Chevalier
de fes Or-
dres.*

Ii ij

fuccés, que d'un autre qui leur arriva dans le Bearn.
Montluc nonobſtant ſon grand âge avoit crû devoir y
porter la guerre, ſur ce que l'occaſion de le recouvrer
paroiſſoit favorable. Montgommery qui l'avoit repris,
en eſtant ſorty, & n'y ayant laiſſé que peu de Soldats, il
y avoit apparence que les Calviniſtes ne ſeroient pas en
état de le défendre ; & de fait, leur foibleſſe parut d'a-
bord, en ce qu'ils abandonnerent toutes les Places, excepté Navarrins & Rabaſteins. Montluc aſſiegea celle-
cy, & prit la Ville ſans aucun éfort ; mais le Château ſe
laiſſa battre quatre jours entiers, & le cinquiéme Montluc s'eſtant approché de trop prés pour reconnoître la
bréche, receut une arquebuſade qui luy perça les deux
jouës, emporta preſque tout ſon nez, & luy défigura
le viſage de maniere, qu'il fut obligé de porter une
eſpece de maſque le reſte de ſa vie. Les Aſſiegeans le
croyant bleſſé à mort, forcerent le Château, & paſſerent
au fil de l'épée tout ce qui s'y trouva. La Cour perſuadée qu'il ne guériroit point, donna ſa Lieutenance de
Honorat   Guyenne, au Marquis de Villars, par une precipitation
deSavoye.   qui ne ſçauroit eſtre autrement excuſée, que par le peu
de bien qu'elle avoit à faire à un nombre preſque infiny de perſonnes qu'elle avoit à recompenſer.

    Le dépit de Montluc, de ce qu'on luy avoit ôté ſa
Lieutenance avant que de mourir, ne fut point ſi grand
que le chagrin de devenir inutile, aprés avoir porté les
armes cinquante-ſix campagnes ; & c'eſt à cette bleſſure
que l'on eſt redevable de ſes Commentaires. La Reine
de Navarre avertie qu'il ne luy reſtoit que Navarreins,
eſtoit dans une extrême inquietude de le perdre ; mais
elle en fut délivrée bien-tôt par l'évenement qu'elle

attendoit le moins. La Reine-Mere ne voyoit plus aucu- 1570. ne voye pour rétablir le Royaume fous l'obeïſſance ab- ſoluë du Roy ſon fils, & pour empêcher l'hereſie de s'y cantonner ; il ne ſembloit pas que les Calviniſtes puſſent déſormais eſtre aſſujettis par la force, puiſque la perte de quatre Batailles, dont la moindre eût ruiné tout au- tre party, ne ſervoit qu'à rendre le leur plus formida- ble. L'humeur du Roy, la plus emportée qui fut jamais, rendoit tout-à-fait inutile le ſeul expédient capable de terminer la guerre civile, qui conſiſtoit à conſentir que ſa Majeſté commandât en perſonne les Catholiques. On ſe ſert icy du mot de conſentir ; car encore que le Roy eût un deſir violent de ſe mettre à la teſte de ſon Ar- mée, & qu'il le témoignât en toute occaſion, il eſt con- ſtant qu'il avoit un reſpect ſi profond pour ſa Mere, & que cette Princeſſe conſerva toûjours un tel aſcendant ſur ſon eſprit, que la voyant obſtinée à vouloir en toute maniere qu'il ne fiſt la guerre que par des Lieutenans, il n'oſa la contredire, quoiqu'il fût en toutes autres cho- ſes le plus hardy des hommes, & le moins capable d'être gouverné ; comme s'il eût voulu confirmer par ſon exem- ple, que les genies les plus indociles, ne le ſont pas ab- ſolument pour toutes ſortes de perſonnes ; Ceux à qui l'inclination de ſa Majeſté pour les armes eſtoit connuë, blâmoient la Reine de s'y oppoſer entierement, & trou- voient mauvais qu'elle n'uſât pas à l'égard de ſon fils aî- né, de la même condécendance qu'elle avoit euë pour le Puîné, en y portant les mêmes précautions, c'eſt-à- dire, en agréant que le Roy commandât ſes Troupes, à condition de n'entreprendre rien ſans le conſeil de deux vieux & ſages Capitaines.

1 5 7 0.

Louis de Bérenger Seigneur de Gas auprés de Grenoble.

Mais il faut avoüer à la décharge de la Reine, qu'elle avoit raison: & il suffit pour le prouver, de marquer icy le caractere tout-à-fait opposé de ses deux Enfans. Le Duc d'Anjou, par le conseil de Gas son Favory, comme écrit la Reine Marguerite, ou suivant son inclination naturelle, comme il y a plus d'apparence, faisoit sa lecture ordinaire des ouvrages de Machiavel, & se conduisoit en la plûpart de ses actions par les préceptes de ce Politique. Il estoit persuadé de la jalousie du Roy à son égard, pour le commandement des Armées; & les amis qu'il avoit à la Cour, l'avertissoient que les victoires de Jarnac & de Moncontour, l'avoient tellement augmentée, qu'il n'estoit plus possible qu'elle crût sans éclater. Ainsi la crainte de fomenter cette passion, avoit empêché le Duc d'Anjou de se dispenser fort peu de suivre les conseils du Maréchal de Cossé, & de Biron, & l'eût encore plus étroitement obligé, dans la suite, de s'y conformer; au lieu que le Roy ne se contraignoit en rien, & estoit prest de se porter aux dernieres extremités, au moindre obstacle qu'il rencontroit. Il avoit l'esprit penetrant, mais il abondoit en son sens, & personne ne luy avoit encore pû faire rien changer des resolutions qu'il avoit une fois formées. Il aimoit même à se déterminer sur le champ, & il couroit avec une precipitation sans égale, pour executer ses desseins. Ainsi le Roy ne se fût pas plûtôt trouvé à la teste de son Armée, que son ambition qui n'avoit esté qu'à peine endormie par les artifices de la Reine, se fust incontinent reveillée, & produite avec d'autant moins de reserve, qu'il n'étoit point obligé à rendre compte de ses actions. Il eût voulu se signaler à la premiere occasion

favorable, & quiconque eût entrepris de l'en détourner, 1570.
se fût exposé à son indignation, & peut-estre à quelque
chose de pis. Les remontrances de Cossé & de Biron eussent alors non seulement esté inutiles, mais encore im-
portunes ; & ces deux Courtisans trop adroits pour mettre en compromis leur fortune par la seule consideration du bien public, eussent laissé passer le torrent qu'aussi
bien leur opposition n'eût pas esté capable d'arrêter, &
secondé les intentions d'un jeune Maître qu'il estoit trop
dangereux de choquer.

Sur ces présuppositions, si le Roy eût mal-à-propos
hazardé une Bataille, & qu'il l'eût perduë, le succés n'en
eût pas esté semblable à celuy des quatre précedentes,
parce que l'heresie n'avoit rien perdu de sa reputation,
ny de ses forces, au lieu qu'il estoit presque certain
qu'une victoire de l'Amiral eût achevé de rendre la
France Calviniste, tant les peuples y avoient alors de
panchant. C'estoit donc par un resultat de prudence le
plus fin & le plus consommé, que la Reine tenoit le
Roy le plus éloigné des Armées qu'elle pouvoit ; & l'on
a rapporté cy-dessus les raisons qui l'avoient pressée d'en
procurer le Generalat au Duc d'Anjou. Ce que l'on doit
ajoûter icy, est que ces mesures ayant cessé, ou pour
mieux dire, ayant esté déconcertées par l'excés de la
jalousie du Roy pour la gloire du Duc d'Anjou, la Reine
n'avoit pas réussi dans le remede qu'elle avoit crû y devoir apporter. Elle s'estoit imaginée que le Marêchal de
Cossé suppléroit au Duc d'Anjou, sinon en tout, au
moins autant qu'il faloit pour la necessité presente : Cependant elle s'estoit trompée pour n'avoir pas fait assez
de reflexion sur ce que valoit la presence de son Fils à

la teste des forces Catholiques.

Le Marêchal, bien loin de défaire les Calvinistes, ne les avoit pas même empêché de retourner dans le centre du Royaume, d'où rien n'estoit plus capable de leur fermer le chemin de Paris. Il n'y avoit aucune apparence qu'un autre General qui feroit mis en sa place, fût plus heureux que luy, & de tous les divers principes que l'on vient de rapporter, la Reine conclut que la voye des armes estoit déformais inutile pour exterminer l'herefie, & qu'il faloit avoir recours à d'autres moyens. Elle n'ignoroit pas que quelques Theologiens foûtenoient que

Sepulme-da en a fait un Traité. le Commandement de Dieu qui défend de tuër, n'obligeoit pas les Souverains à l'égard de leurs Sujets, lors que la rebellion de ceux-cy estoit si évidente, que perfonne n'en pouvoit douter, & si heureufe, que la force ouverte ne fervoit plus de rien pour les ranger à leur devoir : Car en ces deux circonstances, le danger estant prefent, & la revolution de l'Etat qui est le plus grand des maux civils, fe trouvant inévitable, il n'y avoit plus d'extremité contre les feditieux qui ne fût permife ; & leur châtiment en quelque maniere qu'on l'execurât, estoit autorisé par la même Loy qui ordonne de couper les membres gangrenez, afin de fauver le reste du corps. On pretendoit que cette doctrine n'estoit pas fans exemple, & qu'elle avoit esté reduite en pratique depuis deux ans en la perfonne de l'infortuné Dom Carlos Prince d'Efpagne, dont on s'estoit défait fans autre formalité que de le convaincre dans un cabinet devant cinq ou fix Ministres, d'avoir negocié avec le Prince d'Oiange pour s'aller mettre à la teste des rebelles des Pays-bas. Ce grand exemple où l'on avoit passé pardessus les Loix ordinaires,

ordinaires, pouvoit avec moins de scandale estre imité par la Reine, dans une conjoncture où il ne s'agissoit au plus, que de se dispenser de quelque formalité de Justice.

Ainsi la Reine resolut d'attirer les Chefs des Calvinistes à la Cour, & de les y faire périr en toute maniere. Elle ne dressa pas neanmoins dés lors, le plan du massacre qui fut executé deux ans aprés: Et les Ecrivains qui luy imputent de si loin cette noire action, ou qui l'en rendent complice, n'ont pas sans doute pris garde à deux choses: L'une, que le genie de la Reine n'étoit pas de faire le mal inutilement, ny de contribuer de gayeté de cœur à fournir des pretextes plausibles pour décrier sa conduite; ce qui seroit infailliblement arrivé, si pouvant trouver tant de sujets de querelle contre les Chefs des Calvinistes, elle n'en eût pris aucun pour rompre publiquement avec eux. L'autre, que cette Princesse n'avoit pû prévoir le complot que le Duc de Guise forma depuis, de faire tuër l'Amiral, par *a* Maurevert, ce qui hâta de sorte, l'execution de la Saint Barthelemy, que la Cour n'eût pas le loisir d'y garder aucune mesure.

Ainsi la Reine resoluë de se défaire de l'Amiral, & persuadée que la subtilité de son esprit, ou le hazard luy fourniroit assez d'occasions d'en venir à bout, sous couleur de justice, se contenta de luy mander par Biron, & par de *b* Mesmes, qu'elle avoit intention d'acheter la Paix. L'Amiral crût qu'elle parloit sincerement; & ce fut dans cette seule rencontre que la passion de ce General seduisit la finesse de son jugement. Pour developer ce mistere, il faut présupposer que jamais hom-

Tome II.   Kk

a Nicolas de Louviers, Sieur de Maurevert en Brie, le même qui avoit assassiné auparavant le brave Louis de Vandray, Seigneur de Mouy- S. Phale. *b* Henry de Mesmes Seigneur de Malassie

1570.

Dans
l'expedi-
tion de
Henry II.
en Alle-
magne.

n'étoit né avec plus d'inclination que l'Amiral, à faire
obferver la difcipline militaire dans toute fon étenduë,
& que l'extrême feverité dont il ne s'étoit jamais difpenfé, pendant qu'il commandoit les Armées Royales, luy
avoit acquis la reputation de cruel. Ses Ordonnances
pour la guerre, laiffoient encore moins de liberté aux
Soldats, que celles de Briffac en Piémont; & il s'en ex-
cufoit, en fe vantant d'avoir par là, fauvé la vie à un
million de perfonnes, & obligé fes Soldats à vivre en
François, plûtôt qu'en Arabes. Le coupable eftoit attaché fans remiffion, au premier arbre, & qui que ce
fût, n'eût ofé demander fa grace; mais la guerre civile
eft abfolument incapable de cette forte de juftice exem-
plaire, & l'Amiral dés le troifiéme jour aprés la premiere furprife d'Orleans, avoit efté contraint de pardonner à un homme de qualité qui avoit volé dans une
Eglife. Il avoit efté fouvent neceffaire d'ufer de pareille
indulgence dans la feconde guerre civile; & dans la
troifiéme, le defordre eftoit paffé dans un excés inconcevable, fuivant l'expreffion de l'Amiral qui difoit, que
les Soldats Calviniftes eftoient devenus autant de De-
mons. Ils pilloient indifferemment l'amy, le paffant,
l'hôte & l'ennemy; & l'Infanterie ne cedoit en rien pour
le vol, à la Cavalerie, depuis qu'on avoit efté contraint
de luy permettre d'avoir des bidets durant la marche de
quatre cens lieuës, dont on a parlé cy-devant, afin qu'-
elle fût moins fatiguée dans les occafions où il s'agiroit
de combattre. Une condéfcendance fi neceffaire, n'avoit
pas laiffé de dégenerer incontinent aprés, dans le dernier relâchement; & les Fantaffins perfuadez par leur
propre experience de la commodité des bidets, non feu-

1570.

lement avoient refusé de s'en défaire au bout de leur marche, mais encore s'en servoient pour étendre leur picorée aussi loin que les Cavaliers de leur party. Ils avoient hautement menacé de déserter tous, au cas que l'on pretendît les en empêcher ; & l'Amiral qui les connoissoit assez pour juger qu'ils le feroient, n'attendoit plus que l'occasion de prévenir cette dangereuse insulte, lorsque la Reine luy fit parler d'accommodement. Il en receut la proposition à bras ouverts, & fit expedier un nouveau pouvoir à Beauvais-la-Nocle & à Teligny. Il voulut aussi qu'on leur associât la *a* Chasseriere Secretaire du Prince de Navarre, & *b* Cavagnes Conseiller du Parlement de Thoulouse, sur ce que les deux premiers estant les plus intimes & les plus déclarez de ses amis, on eût pû les soupçonner d'avoir plus d'égard à ses interests particuliers, qu'à ceux de la cause commune, s'ils eussent esté seuls dans la Négociation.

a Victor Brodeau, Sieur de Candé & de la Chassetiere en Touraine b Arnaud de Cavagnes.

Il n'y a jamais eu de Traité qui ait tiré en longueur, lorsque les parties interessées ont eu une volonté sincere & égale de le conclure. Biron & de Mesmes Plenipotentiaires Catholiques, commencerent par une suspension d'armes la Négociation avec les quatre Députez Calvinistes que l'on vient de nommer ; & la terminerent le dixiéme d'Aoust 1570. par un Traité dont les principaux Articles devoient estre inserez dans un Edit perpetüel. Ils contenoient qu'il y auroit une Amnistie pour tout le passé, sans distinction & sans reserve ; & que quiconque tâcheroit à l'avenir de renouveller la guerre civile, feroit puny comme perturbateur du repos public : Que la Religion Catholique feroit rétablie par tout où elle avoit esté abolie ; & que tous les Sujets du Roy auroient une

Dans la Traité d'Aoust 1570.

Kk ij

1570. entiere & pleine liberté de profeſſer le Calviniſme, &
de s'aſſembler publiquement pour faire leurs prieres par
tout, excepté Paris & la Cour : Qu'on leur accorderoit
un Cimetiere en chaque Ville, & qu'on leur permettroit
de ſe marier aux dégrez qui n'eſtoient pas défendus dans
l'ancien Teſtament, c'eſt-à-dire depuis le degré de Couſin germain incluſivement : Que leurs enfans & leurs
pauvres ſeroient receus avec ceux des Catholiques dans
les Colleges & dans les Hôpitaux : Que les Declarations
du Roy, generales contre la Nobleſſe Calviniſte, & particulieres contre la Reine de Navarre, le Prince ſon fils
& le Prince de Condé, ne ſeroient à l'avenir d'aucune
conſideration : Que le Prince [a] d'Orange, ſes [b] Freres &
les Etrangers qui avoient aſſiſté le Calviniſme en quelque maniere que ce fût, n'en ſeroient point inquietez ;
& qu'il y auroit un Edit particulier en faveur de la Reine
de Navarre, pour la mettre à couvert d'avoir fait ſaiſir
les deniers Royaux : Que l'Edit porteroit en termes exprés, que ſa Majeſté approuvoit le fait, & défendoit à
l'avenir que la Reine de Navarre en fût recherchée :
Qu'il y auroit de ſemblables Declarations accordées aux
Seigneurs Calviniſtes qui croiroient en avoir beſoin ; &
que les privileges des Villes, ſur tout ceux de la Rochelle
ſubſiſteroient ſans en rien retrancher, quoyque ces Villes
fuſſent entierement Calviniſtes : Que ceux de la nouvelle
Religion ne ſeroient exclus d'aucune Charge civile, ou
militaire ; mais qu'ils porteroient auſſi leur part des
Charges de l'Etat : Que leurs cauſes n'iroient plus par
appel au Parlement de Toulouze, mais aux Requêtes de
l'Hôtel ; & qu'il leur ſeroit permis de recuſer quatre Juges dans chaque Chambre au Parlement de Bordeaux, &

[a] Guillau-
me de
Naſſau.
[b] Iean,
Louis,
Adolfe &
Henry de
Naſſau.

trois dans chaque Chambre des autres Parlemens. Il n'y
eut qu'un Article secret qui regardoit quatre Villes de
seureté qu'on leur laissoit, la Rochelle, Montauban, Cognac & la Charité ; mais ce fut à condition que les principaux de la Noblesse Calviniste donneroient un Ecrit
signé de leur main, & s'obligeroient par serment à les
restituër dans deux ans, à compter du jour que le Traité
avoit esté conclu.

Comme tous les François estoient presque également
las de la guerre, & qu'il importoit à la Reine d'endormir les Calvinistes par la voye la plus conforme à son
humeur, & la plus propre à les surprendre, qui estoit
celle des divertissemens magnifiques, la Cour ne s'occupa qu'à des Tournois, des combats de barriere, des
courses de bague & des Balets. La force & l'adresse estoient aussi necessaires l'une que l'autre, pour reüssir dans
ces exercices, & personne ne possedoit si parfaitement
ces deux qualitez que le Duc de Guise, quoyqu'il n'eût
pas encore vingt ans. Les preuves extraordinaires qu'il
en donna, luy attirerent l'admiration publique ; &
l'on ajoûte que Marguerite de France, la plus jeune des
Sœurs du Roy, passa pour luy de l'admiration à l'amour.
Elle s'en deffend neantmoins au commencement de ses
Memoires : mais si le bruit qui en courut alors à la Cour,
ne fût pas veritable, il est constant que le Roy & le Duc
d'Anjou crurent qu'il l'estoit.

La vertu du Duc de Guise avoit charmé ces deux
Princes, chacun en sa maniere. Le Roy se plaisoit à
témoigner l'estime qu'il en faisoit, parce que son inclination n'estoit point interessée : Et le Duc d'Anjou au
contraire, qui regardoit le Duc de Guise comme un

1570. Prince capable de feconder fon ambition, à quelque
conquête hors du Royaume qu'elle afpirât, vivoit en
particulier avec luy, de même que s'ils euffent efté freres,
& confervoit toûjours au dehors le rang de premier Fils
de France & d'Heritier préfomptif de la Couronne :
Mais fi les amitiez des Grands ne fe détruifent pas d'ordinaire par les mêmes degrez qu'elles ont efté formées,
elles ceffent quelquefois par un rapport affez jufte de
la caufe qui les a fait naître, avec le penchant de ceux
qui deviennent inconftans.

Neantmoins l'amour pretendu de Madame, pour le
Duc de Guife, luy attira l'averfion du Roy & du Duc
d'Anjou, mais il l'attira diverfement. Le Duc d'Anjou
l'enferma toute dans le fonds de fon cœur, pour ne la
découvrir que dans les occafions qui feront amplement
expliquées dans le Regne fuivant : Et le Roy crût qu'il
faloit ôter en toute maniere à fa Sœur, l'objet de fa
paffion. Sa Majefté s'en expliqua au Chevalier d'An-

*François
de Balfac,
Seigneur
d'Antra-
gues, de-
puis Che-
valier du
S. Efprit.*

goulème fon Frere naturel, qui en parla à Antragues, &
Antragues en fit, dit-on, confidence au Duc de Guife.
Celuy-cy qui n'avoit pas tant d'amour que d'ambition,
ne trouva que deux expediens pour adoucir l'efprit du
Roy, l'un de fortir du Royaume, & l'autre de fe marier.
Le premier eût efté plus de fon goût, mais il ne le pouvoit couvrir d'aucun pretexte plaufible, la mode n'eftant
point alors de voyager, & n'y ayant point de guerre
dans l'Europe, où il eût occafion d'aller exercer fa valeur. Il fut donc reduit à penfer au mariage, & il conclut
fi promptement le fien avec Henriette de Cléves, veuve

*Antoine
de Croy.*

du Prince de Porcien, que la premiere nouvelle qui s'en
répandit dans le monde, fut celle de fa confommation.

Le changement du Roy & du Duc d'Anjou, à l'égard 1570.
du Duc de Guife, ne procedoit pas de ce principe que
la plûpart des Hiftoriens luy attribuent, qu'ils n'efti-
moient pas affez le Duc de Guife pour luy donner leur
Sœur, & la fuite de cette Hiftoire fera voir au contraire,
qu'ils n'avoient que trop bonne opinion de fon mérite. La veritable caufe d'une haine qui fut depuis fi
préjudiciable à l'Etat, vint de la Reine, & pour comble
de malheur, cette Princeffe n'en fut que l'occafion, puifque tout ce qu'elle y contribua, fut fans le vouloir, &
même fans y penfer.

On a déja remarqué qu'elle n'avoit jamais eu d'averfion pour le pere du Duc de Guife, & qu'elle ne s'eftoit ré-
joüie de fa mort, que parce qu'elle avoit apprehendé qu'il
ne luy oftât le Gouvernement : Et de fait elle ne l'avoit
pas plûtôt vû en eftat de ne pouvoir plus nuire, qu'elle
s'eftoit fouvenuë de l'obligation fignalée qu'elle luy
avoit, de s'eftre oppofé au deffein de la faire périr, propofé dans une Affemblée du Triumvirat. Elle avoit con-
fervé à fon Fils fes Charges & fes Gouvernemens, quoy
qu'il n'eût alors que treize ans, & que le party Calvinifte & la Maifon de Montmorency fiffent tous les
efforts imaginables pour l'en détourner ; & comme elle
fçavoit que l'intention du Roy fon mary, avoit efté autrefois de donner fa Fille au Duc de Guife, elle n'avoit
garde de s'oppofer à l'execution de ce projet. Mais de
tout temps la raifon d'Etat l'a emporté dans l'Ame des
Princes, fur toutes les autres confiderations civiles. La
Reine avoit bien eu le credit de faire conclure la Paix,
fans communiquer au Roy & au Duc d'Anjou, l'étrange
motif qui l'y avoit obligée, mais elle n'avoit pas fans

1570. eux le crédit de la faire executer. Il s'y estoit d'abord
presenté une infinité d'obstacles qu'elle n'avoit pû prévoir, & qu'elle ne pouvoit surmonter par sa seule autorité. On les rapportera bien-tôt plus au long, & il suffit
de dire ici qu'ils consistoient d'un côté dans l'effroyable
aversion des Catholiques zelez, pour la Paix qui venoit
d'estre concluë : & de l'autre, dans la prévention presque
generale des Calvinistes, que la Cour n'avoit point agy
sincerement en leur accordant la Paix, & que ce n'avoit
esté qu'à dessein de les surprendre. Ainsi les Commissaires déleguez dans chaque Province, pour l'execution
du Traité, estoient également traversez par les uns &
par les autres, & avançoient si peu, qu'à la reserve des
Troupes qui n'agissoient plus à force ouverte, la Paix
n'estoit en rien differente de la guerre. Il estoit impossible à le bien prendre, que les choses demeurassent
longtemps dans cét estat, & lorsque la Reine pressoit ses
Fils d'y remedier, ils éludoient ses importunitez, à cause
que l'un & l'autre qui n'avoient signé le Traité que par
la defference qu'ils avoient pour elle, estoient ravis que
la guerre recommençât : Le Duc d'Anjou, pour exercer
sa Lieutenance generale ; & le Roy, par la haine implacable qu'il avoit conceuë contre les Chefs des Calvinistes, à cause de l'entreprise de Meaux. Il faloit donc
que la Reine fist cesser ces deux motifs en découvrant
au Roy & au Duc d'Anjou, son veritable dessein, parce
qu'ils l'appuyeroient avec d'autant plus d'ardeur, qu'ils
y trouveroient mieux leur compte : Le Duc, en ce qu'il
seroit assuré non seulement que la guerre recommenceroit bien-tôt, mais encore qu'elle recommenceroit d'une
maniere, à estre terminée par luy en peu de mois, par

l'entiere

l'entiere ruine du party Calvinifte; ce qui le rendroit le 1570.
plus glorieux Prince du monde : Et le Roy, en recouvrant fa puiffance, puniroit hautement ceux qui avoient
formé le deffein de fe faifir de fa perfonne,

Ainfi la Reine découvrit à ces deux Princes, qu'en
concluant l'accommodement, elle avoit efperé pouvoir
attirer tous les Chefs des Calviniftes en un lieu où l'on
pût feurement les faire perir, & fe jetter enfuite fur le
refte de leur party, qu'une telle perte auroit reduit à
l'impoffibilité de fe défendre. Les deux Princes n'y trouverent autre chofe à redire, finon que la foy d'un Traité
ne fuffifoit pas pour tromper des gens extraordinairement défians, & qu'il faloit les flater de quelque avantage nouveau qui les furprît d'autant plus agreablement,
qu'ils s'y feroient moins attendus. On ne chercha pas
longtemps cét avantage fans le trouver, & l'on crut que
le Mariage de Madame avec le Prince de Navarre, acheveroit d'aveugler les Calviniftes. On le refolut avant que
d'en parler au Confeil d'Etat, & le temps y eftoit fi propre, que perfonne ne s'apperceut de la veritable intention de la Reine. Le Roy partoit pour Mezieres, où il
devoit achever le fien fur la fin de l'année 1570. avec
Ifabelle d'Aûtriche, feconde Fille de l'Empereur Maxi- *Dans la*
milien II. Et le Maréchal de Coffé, au lieu de fuivre la *Commif-*
Cour, eut ordre d'aller trouver la Reine de Navarre à *fion pour*
la Rochelle, fous pretexte de commencer l'execution de *chal.* *ce Maré-*
l'Edit, par l'endroit où l'on s'attendoit d'y trouver de
plus fortes oppofitions de la part des Calviniftes , afin
que les autres Villes qui fe regloient fur celle-cy, y ap-
portaffent enfuite moins de refiftance.

La Reine de Navarre & l'Amiral, diffimulerent fi peu
Tome II.   L !

1571. la joye qu'ils receurent de la fimple propofition du Mariage de Madame avec le Prince de Navarre, que le Maréchal écrivit à leurs Majeftez, qu'elles avoient en cela trouvé l'unique moyen d'obliger les Calviniftes, de quelque condition ou intereft qu'ils fuffent, à contribuer tout ce qui dépendroit d'eux pour l'execution de la Paix : Et de fait, la Reine de Navarre & l'Amiral y travaillerent avec fuccés, & le Maréchal s'en retourna content à la Cour, qui de fon côté fatisfit les Calviniftes, en tirant les garnifons qu'elle avoit dans le Château d'Orange, à la priere du Comté Louis de Naffau, & en envoyant le Maréchal de Montmorency à Rouen & à Diepe, pour punir trois cens Catholiques qui avoient excité dans ces deux Villes des feditions dangereufes contre les Calviniftes. On permit à leurs Miniftres d'affembler un Synode à la Rochelle, à condition qu'il y affifteroit de la part du Roy un Commiffaire Catholique ; & l'on invita la Nobleffe du party, à l'entrée du Roy & de la Reine dans Paris, qui fe fit le fixiéme jour de Mars, & au Couronnement de la Reine à Saint Denis, pour le vingt-cinquiéme du même mois 1571. On fit à leur requête un Edit du douziéme de May fuivant, qui défendoit de porter des armes à feu, & fur la plainte que deux fameux Marchands à Paris, beau-freres nommez Gaftine & Croquet, avoient efté condamnez à la mort, le premier pour avoir fouffert durant la derniere guerre que la Cêne à la mode Calvinifte fe fift dans fa maifon, & le fecond pour y avoir affifté, il y eut un Arreft du Confeil qui portoit que la piramide élevée fur les ruines de la maifon du premier, ruë S. Denis, feroit ôtée de nuit, & tranfportée dans le Cimetiere des Saints

Philippes Gaftine.
Nicolas Croquet.

Innocens, & que l'inscription diffamante en seroit changée en des loüanges de la Croix mise au dessus. Marcel
Prevôt des Marchands, ne pût travailler avec tant de
secret à l'execution de l'Arrest, que le menu peuple Catholique ne s'en apperçût. La sedition commença, mais
elle fut incontinent appaisée par le supplice d'un Ven-
deur d'Oranges qui s'estant mis à la teste des soulevez,
fut pendu à une fenestre de la maison la plus proche du
lieu où il avoit esté pris.

Claude Marcel, depuis Intendant des Fi-nances.

La Reine de Navarre & l'Amiral confirmez par tant
de marques exterieures que la Cour désormais lasse de
la guerre, vouloit sincerement entrer dans l'execution
du Traité, ne se hâterent pas neantmoins autant qu'elle
eût desiré, pour demander en mariage Madame, parce
que la Reine d'Angleterre qui vouloit tenir aussi longtemps qu'elle pourroit, toute l'Europe en suspens de
l'Epoux qu'elle choisiroit, avoit témoigné de l'inclination pour le Prince de Navarre.

ARGUMENT
du neufiéme Livre.

*E*Lisabeth d'Angleterre, pour amuser ses Sujets, feint de vouloir épouser le Duc d'Anjou & le Prince de Navarre. Elle donne le change par cét artifice aux Meres de ces Princes. La Reine de Navarre est la plus abusée, & élude les propositions de la Cour de France pour le Mariage de son Fils avec la Sœur de Charles : Mais enfin elle reconnoist son erreur, & va trouver leurs Majestez. On la charge du soin de préparer les Nôces ; elle meurt en y travaillant, & cét accident ne désille point les yeux de l'Amiral, parce qu'on l'amuse de l'esperance de faire la guerre aux Pàys-bas, & de luy en donner le Generalat. Il est tué avec plusieurs des principaux Calvinistes ; mais parce que l'on ne trouve pas assez-tôt la clef de la Porte de Néle, les autres se sauvent. La Cour desavoüe d'abord le carnage, & l'avoüe ensuite. Elle n'évite pas neantmoins la guerre civile, & les Calvinistes se trouvent plus irritez qu'affoiblis. Les Evêques d'Acqs & de Valence réüssissent admirablement chacun dans sa Négociation. L'Evêque d'Acqs n'ayant pû obtenir à Constantinople le Royaume d'Alger pour le

Duc d'Anjou, dispose le Grand-Seigneur à favori-
ser l'élection de ce Prince pour le Royaume de Polo-
gne ; & l'Evêque de Valence commence sa Négo-
ciation en Pologne par un déguisement adroit de la
Journée de Saint-Barthelemy.

CHARLES IX.

LIVRE NEUFIE'ME.

OV L'ON VOIT LES CHOSES LES PLVS remarquables arrivées fous fon Regne, durant les fept derniers mois de l'année 1571. & 1572.

1571.

POUR entendre les caufes qui obligeoient la Reine d'Angleterre à leurrer la Reine de Navarre, de l'efperance d'époufer le Prince de Navarre fon Fils, il faut fçavoir qu'elle eftoit abfolument refoluë de vivre dans le célibat, foit qu'elle eût une impuiffance naturelle de confommer le Mariage, ou que l'amour eût cedé dans fon cœur à la paffion de regner, & qu'elle crût ne devoir & ne pouvoir époufer aucun homme, fans partager avec luy fon autorité ; & c'eftoit là le fecret, ou pour mieux dire le fondement de fa Politique. Elle apportoit toutes les précautions imaginables pour le cacher ; mais l'on reconnut enfin qu'elle agiſſoit ainſi pour deux raiſons ; l'une, pour amu-ſer tous ſes ſujets en general, & pour empêcher les principaux d'entr'eux de remuer : car outre que les Anglois vouloient que leur Reine ſe mariât, ils eſtoient perſuadez que le mauvais ſuccés du Mariage de la Reine Marie ſa Sœur avec le Prince d'Eſpagne, la détourneroit de choiſir un mary hors d'Angleterre. L'autre raiſon eſtoit qu'en témoignant toûjours de l'inclination pour le mariage, & ne s'engageant jamais avec perſonne, quoyqu'il y eût beaucoup à redire à ſa naiſſance & à la maniere dont elle s'eſtoit eſtablie ſur le Trône, elle tenoit en ſuſpens les principales Puiſſances de l'Europe, & les empêchoit de faire aucune entrepriſe contr'elle, le Roy de France craignant de la reduire à ſe jetter, comme avoit fait ſa Sœur, entre les bras d'un Prince de la Maiſon d'Aûtriche, & le Roy d'Eſpagne ne luy voulant pas donner occaſion de choiſir un Epoux en France. Elle feignoit ainſi, avec une adreſſe incomparable, en écoû-tant avec joye les recherches des Grands d'Angleterre & des Princes Chrétiens, de quelque Païs ou Religion qu'ils fuſſent, à qui elle donnoit d'abord de grandes eſperances, qu'elle entretenoit le plus longtemps qu'elle pouvoit, & elle ne rompoit jamais ſi abſolument avec qui ce fût, qu'elle ne laiſſât plus d'une ouverture favorable pour renoüer : Ainſi la poſterité n'aura pas lieu de s'étonner qu'elle ébloüit pour un temps les deux plus habiles Princeſſes du monde, la Reine-Mere & la Reine de Navarre.

La Reine-Mere, comme l'on a vû, avoit une paſſion extraordinaire pour l'agrandiſſement du Duc d'Anjou ; & la jalouſie que le Roy avoit pour ſon Frere, la con-

Depuis le Roy Philippe II.

1571. traignoit de penser à l'établir hors du Royaume. La Couronne d'Angleterre eût esté tout-à-fait à sa bien-séance, & c'estoit-là l'unique moyen de réunir les deux Nations Angloises & Françoises, qui avoient esté si longtemps ennemies : même le principal article de l'Instruction donnée à la Mothe-Fenelon, lorsqu'il estoit allé en Angleterre, comme Ambassadeur ordinaire, avoit esté de proposer à la Reine Elisabeth, le Duc d'Anjou pour Epoux, & de negocier cette alliance, en cas qu'elle ne fût pas d'abord rejettée.

Bertrand de Salignac, depuis chevalier du.

Mais la Reine qui avoit fait dresser l'instruction, s'é-toit doublement trompée, car non-seulement Elisabeth n'avoit aucune inclination pour le mariage, mais quand elle en eût eu, ce n'eût pas esté avec le Duc d'Anjou. Elle connoissoit trop l'aversion invincible de ses Peuples pour un Roy François ; & quand l'antipatie n'eût pas esté si grande, il suffisoit que l'Angleterre appre-hendât de devenir un jour Province du Royaume de France, pour l'empêcher de consentir à l'Alliance de sa Reine avec le successeur présomptif de cette Couronne. De plus, le Duc d'Anjou n'avoit pû déguiser si bien son humeur, qu'Elisabeth à qui tous les Calvinistes François servoient d'espions, ne le tint pour un fin Ma-chiaveliste, qui pour l'épouser se soûmettroit aveuglé-ment à toutes les loix qu'elle voudroit luy imposer, quand même ce seroit celle de n'estre que le simple Mary de la Reine, & de n'entrer avec elle dans aucune autre société que celle du lit, mais qui s'occuperoit in-cessamment après son mariage, à chercher les occasions de n'executer rien de ce qu'il auroit promis : En quoy il estoit assuré d'estre d'autant mieux secondé, que les

François

François qui avoient de l'admiration pour sa valeur, supporteroient avec impatience que le Frere de leur Roy fût traité en Angleterre plus indignement que n'avoit esté le Prince d'Espagne. Ainsi la Reine d'Angleterre qui perseveroit dans ses resolutions, jugea qu'elle ne pouvoit plus adroitement r'alentir les poursuites du Duc d'Anjou, qu'en luy donnant pour rival le premier Prince du Sang de France, puisqu'elle diviseroit par cét artifice les inclinations des François ; que le Duc d'Anjou seroit moins à craindre, lorsqu'il ne seroit appuyé que par la moitié de ceux de sa Nation, & que tous les Calvinistes en general, & plusieurs Catholiques en particulier, qui luy souhaitoient avec tant d'ardeur l'alliance d'Angleterre, luy prefereroient le Prince de Navarre, aussi-tôt qu'ils verroient celuy-cy en concurence.

Le Comte de Beauvais fut la premiere dupe de cette intrigue ; & la Reine d'Angleterre qui prenoit plaisir à s'entretenir familierement avec luy, ne luy eut pas plûtôt tenu certains discours équivoques en faveur du Prince de Navarre, que le Comte qui n'avoit pas le rafinement d'esprit de l'Amiral son Frere, s'imagina que la Reine d'Angleterre, après avoir bien pensé au Mary qu'elle devoit choisir, n'en avoit pas trouvé de plus convenable. Il ne le crut neanmoins d'abord que comme une simple conjecture ; mais la suite des entretiens de mesme nature, & sur le même sujet qu'il eut avec Elisabeth, acheva bien-tôt de le convaincre qu'il n'y avoit rien de plus veritable. Il en écrivit à la Reine de Navarre en ce dernier sens ; & comme cette Princesse n'estoit pas plus difficile à persuader que l'avoit esté la Reine-Mere, elle ne le crut pas moins facilement : Et qui

Odet de Coligny, Cardinal de Châtillon, Evêque de Beauvais.

Dans la Négociation du Cardinal de Châtillon en Angleterre.

1571. plus eft, elle chercha deux raifons pour fe confirmer dans fon erreur; l'une fut tirée de la conformité de la Religion, & l'autre de l'exemple de l'incomparable Ifabelle Reine de Caftille, qui à l'âge de trente-deux ans accomplis, avoit épousé Ferdinand Prince d'Arragon qui n'en avoit que feize; ce qui convenoit admirablement à la Reine d'Angleterre & au Prince de Navarre, à caufe de l'âge & de plufieurs autres circonftances qu'il ne ferviroit de rien de rapporter icy. L'enteftement alla fi loin

Armand de Gontaut. que la Reine de Navarre éluda les follicitations de Biron que la Cour luy avoit envoyé pour concerter avec elle les Articles du Mariage de Madame avec le Prince de Navarre. Le pretexte même qu'elle prit pour differer, fut affez groffier; car elle le fonda feulement fur les avis de Rome, qui portoient que le Pape Pie V. n'accorderoit jamais la Difpenfe neceffaire pour celebrer ce Mariage, & fur la délicateffe de confcience qu'elle difoit avoir, à caufe de la Parenté & de la diverfité de Religion.

Cependant la Cour de France fe chargeoit d'obtenir la Difpenfe, & c'eftoit d'autant moins à la Reine de Navarre de s'en mettre en peine, que le Calvinifme dont elle faifoit profeffion, tenoit pour maxime que les Souverains féculiers dévoient accorder cette forte de Difpenfe,

a Quiétoit petite fille du Roy Frãçois I. b Quiétoit petit-fils de Marguerite de Valois, Sœur du Roy François I. & que les Papes en avoient ufurpé fur eux le pouvoir. Ils croyoient encore qu'il n'y avoit point d'autres dégrez de parenté défendus pour le Mariage, que ceux qui eftoient marquez dans l'ancien Teftament : Et comme celuy des Coufins germains n'y eftoit pas compris, il y avoit bien moins d'apparence que les iffus de germains y fuffent, côme eftoient a Madame & le Prince de b Navarre. Enfin le dernier Synode Calvinifte tenu à la Rochelle, où eftoit la Reine de Navarre, avoit décidé que la diverfité des Religions ne devoit point empêcher le Mariage, à caufe du paffage de S. Paul, *Qu'une Femme fidele fanctifioit un Mary idolâtre.*

Biron eftoit informé de ces chofes & les difoit à la Reine de Navarre, avec toute la vehemence qui luy eftoit naturelle. Cependant il fe fût ennuyé à la Rochelle dés le co.nemncement de fa Négociation, s'il n'y eût eu le divertiffement de deux nô:es qui s'y firent, la premiere fut de l'Amiral avec l'Heritiere de la Maifon d'Entremont, des plus riches & des plus illuftres de Savoye. L'amour de cette Dame tenoit du Roman, en ce qu'il n'avoit point eu d'autre caufe que la reputation de l'Amiral, & qu'il eftoit à peu prés femblable à celuy de l'Amazone Taleftris, pour Alexandre. Quatre Batailles perduës fans aucune diminution de gloire, avoient caufé cét amour, & la mort de Charlotte de Laval fa premiere femme, l'avoit fait éclater avec d'autant moins de referve, que de la naiffance, les grands biens, la beauté & la vertu fans tache de cette heritiere, la mettoient hors d'eftat d'eftre refufée. Le Duc de Savoye averty de cette capricieufe paffion, en fut d'autant plus furpris, qu'il fçavoit que la Maifon d'Entremont avoit de grandes pretentions fur le Domaine Ducal de Savoye, & qu'elle fe plaignoit que les Ducs l'avoient depouillée de plufieurs Terres qu'elle poffedoit en Souveraineté. Il voyoit l'Amiral en eitat de demander juftice & de fe la faire hautement luy-mefme, fi elle luy eftoit refufée. En l'un & l'autre de ces deux évenemens, il eftoit prefque également impoffible d'empêcher l'Herefie d'entrer dans la Savoye; & il s'introduiroit malgré le Duc dans

Iacqueline de Monbel Comt:ffe d'Entremont.

ſes propres Etats, un homme plus puiſſant que luy.

Cependant l'Amiral eſtoit devenu ſi redoutable, qu'il n'y avoit point de Prince dans l'Europe aſſez hardy pour le choquer directement ; & le Duc de Savoye ne voulant ny l'avoir pour ſujet ou pour voiſin, ny ſe l'attirer ſur les bras, crût éviter l'un & l'autre par cét expedient.

Tonſo dans la Vie de ce Prince.

Il fit une Loy qui deffendoit à ſes Sujets ſur peine de la vie, de ſe marier hors de ſes Etats ſans ſon conſentement : Mais ſoit que l'artifice fût trop groſſier, ou que la paſſion de cette Dame ſe fût augmentée par la réſiſtance, elle jugea bien que l'intention du Duc n'eſtoit que de la détourner de ſon deſſein ; & que s'il apprenoit qu'elle l'eût executé nonobſtant ſa deffenſe, il ſeroit le premier à la rechercher d'accommodement, & n'oſeroit permettre que l'on fiſt contre elle aucune procedure.

Sur cette préſuppoſition qui ſe trouva trés-bien fondée, elle fit negocier ſous main avec l'Amiral, les Articles de ſon Mariage, & aprés que tout eut eſté arrêté, elle ſortit de Savoye par les moyens que les amis de l'Amiral luy faciliterent, & fut conduite à la Rochelle, où les nôces furent ſolemniſées avec plus de gayeté, que de pompe. L'Amiral âgé déja de cinquante ans, acheva cette action par une autre de plus grand éclat faite le même jour, qui détourna le monde de penſer à ſon mariage, & étouffa l'envie qu'avoient de ſon Generalat, ceux de la Nobleſſe Calviniſte qui croyoient le meriter auſſi bien que luy.

a Charles Seigneur de Teligny. b François Seigneur de Teligny.

Le jeune a Teligny eſtoit ſorty d'une ancienne Maiſon de la Beauce, & les ſervices que ſon b grand-Pere avoit rendus ſous le Regne du Roy Loüis XII. avoient eſté recompenſez de la Charge de Seneſchal de Roüer.

gue. Il avoit toutes les qualitez du corps & de l'esprit,
que l'Amiral eût desiré en celuy qu'il eût destiné pour
son successeur, s'il eût esté prest de mourir, & qu'on luy
eût permis de disposer du Generalat ; & comme il découvroit tous les jours de nouveaux attentats sur sa vie,
il désesperoit avec raison, de la faire longue. Son Fils *François*
à la verité promettoit beaucoup, mais il estoit si jeune, *de Coligny*
qu'il ne pouvoit pas même porter les armes, bien loin *Comte de*
de commander dans un party si difficile à manier qu'é- *Châtillon,*
toit le Calviniste. Il avoit donc besoin d'un Gendre *a Louis*
capable de faire subsister sa Maison & sa faction, & il *Seigneur*
n'en trouvoit point qui le fût autant que Teligny. La *de Teligny*
seule chose qui luy manquoit, estoit le bien ; & le vieux *Seneschal*
de Rouer-
*Teligny son pere, le plus grand ennemy de l'Amiral, *gue.*
avoit dépensé celuy que ses Ancêtres luy avoient laissé, *Dans les*
& le mariage de sa *b* Femme : Mais le mauvais estat des *Lettres de*
affaires du jeune Teligny, n'empêcha pas l'Amiral de le *Teligny le*
préferer aux plus grands Seigneurs Calvinistes, & à di- *Pere, à*
l'Euesque
vers Princes d'Allemagne, qui recherchoient sa Fille *d'Acqs.*
aînée. C'estoit la même Loüise de Colligny qui se fit *b Aretuse*
depuis admirer sous le nom de Princesse d'Orange. Elle *Vernon.*
n'estoit pas fort belle, quoyqu'elle eût la mine majes-
tueuse, & qu'elle fût trés-bien faite, mais elle possedoit
toutes les qualitez de l'esprit en un degré aussi éminent
que son Pere ; & ce n'estoit pas trop la loüer, que de
dire qu'elle estoit digne de luy. Aussi l'Amiral qui la connoissoit mieux que les autres, avoit tant d'admiration
pour elle, qu'encore qu'il fût trés-éloigné de vanter ce
qui luy appartenoit, il luy échappoit quelquefois de dire
qu'il ne voyoit rien qui valût sa Fille. Cependant il la
donna à Teligny ; & si les applaudissemens qu'il en re-

1571. ceut, ne furent pas de longue durée, ils furent au moins univerfels dans fon party. Mais il fembloit que le malheur s'obftinât à le pourfuivre, comme il s'obftinoit à tirer avantage du malheur.

La Négociation du Mariage du Prince de Navarre avec la Reine d'Angleterre, eftoit trop enviée pour n'expofer pas au hazard celuy qui en eftoit chargé; & l'un des rivaux de ce Prince, dont on a affecté de fupprimer le nom, fuborna par fes Emiffaires un Bafque qui fervoit de Valet de chambre au Comte de Beauvais. Ce traître profita de l'occafion que fon Maître avoit pris congé de la Reine d'Angleterre, & fe purgeoit par précaution, à deffein de paffer immediatement aprés à la Rochelle, pour y rendre compte de ce qu'il avoit fait. Il empoifonna les pillules que le Comte prit de fa main, & défit ainfi les prétendans aux Nôces imaginaires d'Angleterre, du Miniftre qui leur eftoit le plus redoutable. Le crime

Dans le procez du Bafque. eût demeuré fecret, & par confequent impuny, fi le coupable ne fe fût luy-même aveuglé, au point que de retourner dans le feul endroit où il en pouvoit eftre recherché. Il aborda à la Rochelle, où fa gayeté extraordinaire fut l'unique fondement qui le fit arrêter. Il répondit fi mal dans fon interrogatoire, qu'on l'appliqua à la queftion. Il y confeffa plus que l'on ne vouloit fçavoir, & il fut puny de la peine des parricides. On a crû devoir rapporter icy toutes ces particularitez enfemble, quoyque la prife & le fupplice n'arriverent que longtemps aprés, & ce fut tant pis pour l'Amiral; car s'il eût fçû les veritables caufes de la mort de fon Frere, il ne fût point allé s'expofer fi facilement qu'il fit, à la difcretion de la Cour, où on machinoit toutes chofes contre luy.

Ligneroles Gentilhomme à qui rien ne manquoit que le secret, estoit devenu favory du Duc d'Anjou, & possedoit si bien le cœur de son Maître, que le Duc, pour montrer qu'il ne luy cachoit rien, luy fit confidence du dessein de la Reine-Mere contre les principaux Calvinistes. Ligneroles tira vanité du malheur qui luy estoit arrivé, & au lieu d'appliquer sur sa bouche le sceau qu'-Alexandre avoit mis sur celle d'Epheftion dans une semblable conjoncture, non seulement il ne craignit pas le danger qu'il y avoit de sçavoir ce secret, mais il ne pût même s'empêcher de faire connoître au Roy que personne n'estoit si avant que luy dans les bonnes graces de son Frere. On ne sçait s'il le fit par imprudence, ou dans la vûë de se faire valoir, au cas qu'il survînt de la mésintelligence entre les deux Freres, mais enfin il parla, & tout ce que l'on peut dire pour l'excuser, c'est que côme toutes choses sembloient flater l'envie qu'il avoit de se rendre necessaire, il arriva que le Roy lisant un Memoire des contraventions les plus signalées des Calvinistes au dernier Traité, sa Majesté ne pût retenir sa juste indignation, & s'écria, *Jusques à quand faudra t-il dissimuler tant d'injures ?* Ligneroles qui estoit present, fut assez indiscret pour dire que ce ne seroit pas pour longtemps. Le soûris dédaigneux dont il accompagna ces paroles, donna lieu à sa Majesté de le soupçonner d'en sçavoir davantage, & par consequent de le sonder par deux ou trois questions qui ne furent pas sans éfet : car Ligneroles qui n'avoit pas intention de ne s'expliquer qu'à demy, ne cela rien de ce que son Maître luy avoit confié ; mais il eut dés le lendemain sujet de s'en repentir, car il fut assassiné en plein midy par le Vicomte de la Guer-

1571. che dans l'Abbaye de Bourgueil, où la Cour eſtoit allé prendre le divertiſſement de la chaſſe; ce qui juſtifie que les marques de la confiance des Grands ne ſont pas toûjours une grace de la fortune, & qu'ils ne laiſſent pas de perdre ſouvent ceux qu'ils pretendent honorer par là. Comme les Calviniſtes eſtoient gens à s'alarmer de tout, on prit ſoin de prévenir leur défiance par le bruit que l'on fit courir que Ligneroles avoit ſuccombé ſous une querelle d'amour, & l'on réuſſit d'autant mieux à le perſuader, que les combats particuliers entre les Courtiſans venoient alors preſque tous de cette ſource.

On a déja remarqué que l'Amiral n'avoit point d'inclination pour une guerre civile, il eût mieux aimé une guerre étrangere, & il avoit formé contre la Maiſon d'Aûtriche, le même deſſein qui a rendu depuis ſi fameux le Cardinal de Richelieu. Il n'eſt pas aiſé de déterminer ſi c'eſtoit à cauſe de la haine que cette Maiſon avoit pour le Calviniſme, ou ſi c'eſtoit par un motif d'ambition ou d'amour pour la patrie; quoyqu'il en ſoit, la principale cauſe de ſon ſéjour à la Rochelle eſtoit pour équiper ſur ſon credit une petite Flote ſous la conduite de Mingue-tiere Gentilhomme de Poitou, qui devoit ſurprendre un Port dans les Indes Occidentales, d'où l'on pût enlever les Flottes d'Argent qui partoient tous les ans pour Seville.

Iean Re-nard.

Dans la Relation de Min-guetiere.

Le Comte Louïs de Naſſau qui eſtoit encore auprés de luy, le voyant dans une application continuëlle à nuire aux Eſpagnols, autant que ſa Charge luy en donnoit de pouvoir, dit que le moyen de les ruiner, n'eſtoit pas de les aller attaquer dans les Indes où l'on n'agiroit contre eux que foiblement, tant à cauſe des frais incroyables

pour

pour l'équipement d'une Flote suffisante, que parce que
les François qui n'estoient point accoûtumez aux voyages de long cours, seroient trop fatiguez en débarquant
dans le nouveau Monde, pour donner si-tôt des marques
de leur valeur ; & que cependant ils ne trouveroient sans
combattre aucun endroit propre à se reposer : Qu'il ne
faloit point aller si loin pour incommoder extraordinairement les Espagnols veritables ennemis de la Nation
Françoise ; & que comme les Pays-bas estoient la por-
tion la plus jalouse de la Monarchie Espagnole, elle ne
pouvoit recevoir par là de blessure qui ne fût mortelle.
Le Comte Louïs découvrit ensuite à l'Amiral qu'il avoit
une intelligence dans la Ville de Mons, Capitale de la
Province de Hainault, qui luy en faciliteroit la surprise,
lorsqu'il seroit resolu de l'executer, & ne demanda que
deux cens Chevaux pour s'en approcher. L'Amiral qui
avoit fait la guerre dans le Hainaut, & qui en connoissoit
parfaitement le pays, repartit que la difficulté ne consistoit pas à surprendre Mons, où il y avoit assez de Calvinistes pour se saisir d'une Porte au temps qui leur seroit marqué ; mais que l'importance estoit de la conserver aprés qu'elle auroit esté prise, parceque le Duc d'Albe
qui avoit une Armée prête & des Troupes logées aux environs, pouvoit la faire investir le même jour qu'il l'auroit perduë, & les Calvinistes qui n'y trouveroient aucunes munitions, & qui n'auroient pas le loisir d'y en met-
tte, seroient contraints d'en sortir presque aussi-tôt qu'ils
y seroient entrez. Il y avoit d'autant moins à repliquer
sur cét inconvenient, que le Comte Loüis sçavoit bien
qu'il n'y avoit dans Mons aucunes provisions de guerre,
ny de bouche, & qu'il seroit impossible d'en tirer d'ail-

Tome II.   Nn

1571. leurs que de la France. Ainſi il convint avec l'Amiral,
qu'il ne falloit penſer à executer l'entrepriſe, que de
concert avec le Roy ; & ils reſolurent enſemble que le
Comte Loüis feindroit de retourner en Allemagne, au-

Guillau-
me de
Naſſau.

prés de ſon frere le Prince d'Orange ; qu'il ſe traveſti-
roit pour ne pas donner d'ombrage aux Eſpagnols ;
qu'il iroit à la Cour de France, & qu'il y negocieroit
ſur les Lettres de creance de l'Amiral, pour obtenir du
Roy que l'on tînt prêtes ſur la frontiere de Picardie, des
munitions de guerre & de bouche, pour les faire entrer
dans une Place importante des Pays-bas, immediatement aprés qu'elle ſeroit ſurpriſe.

Le voyage & le ſéjour du Comte Louis à la Cour, furent ſi ſecrets, que l'Ambaſſadeur du Roy Catholique
n'en eut aucune connoiſſance. Il s'adreſſa d'abord à la
Reine-Mere qui luy facilita les moyens de conferer avec
le Roy en particulier. Il fut receu & écoûté avec d'autant plus de joye, que leurs Majeſtez reconnurent d'a-

Dans la
Négocia-
tion du
Comte
Louis.

bord que l'Amiral leur donnoit par là, ſans y penſer, les
moyens de l'attirer à la Cour, ſans qu'il pût honnêtement, & ſans même qu'il voulût s'en diſpenſer. L'affaire
fut examinée pendant ſix jours de conference, & le reſultat fut, que leurs Majeſtez approuverent bien le projet du Comte Louïs, & l'encouragerent à l'executer ; mais
elles luy repreſenterent qu'encore que la ſurpriſe de Mons
parût infaillible, elle eſtoit pourtant de la nature de tous
les deſſeins de la guerre, qui eſtoient ſujets à manquer,
non ſeulement par la moindre irregularité, mais encore
par une infinité de cauſes, ou étrangeres ou imprévûës :
Que la raiſon d'Etat ne permettoit pas à la France, au
ſortir de tant de guerres civiles, de rompre avec le Roy

Catholique, legerement & fans eftre affurée du fuccés;
& que par conſequent elle avoit à prendre toutes les précautions imaginables pour éviter que l'Eſpagne eût fujet
ou pretexte de ſe plaindre : Que les munitions que demandoit le Comte Louïs, ne pouvoient eſtre préparées
ſur la frontiere de Picardie, fans que les Miniſtres du Roy
Catholique en Flandres le ſçûffent ; & que pour les empêcher de s'en prendre à leurs Majeſtez, il faloit qu'il
parût que c'eſtoit l'Amiral qui les faiſoit : Qu'il faloit
encore tenir preſt ſur la même frontiere, un Camp volant
de Calviniſtes pour faire entrer ſeurement dans Mons
les munitions, lorſqu'il en ſeroit temps, & pour ſervir de
garniſon, en cas de beſoin à cette importance Place ; &
qu'enfin, puiſque la ſurpriſe de Mons r'allumeroit en ce
cas la guerre entre les deux Couronnes, comme la France
n'avoit pas trop de toutes ſes forces pour la ſoûtenir, elle
avoit beſoin d'une puiſſante Armée de Catholiques & de
Calviniſtes, qui fût en état d'agir au moment de la ſurpriſe : Que ces trois Articles ne pouvoient s'ajuſter qu'-
avec l'Amiral, & que ſa preſence à la Cour eſtoit abſolument neceſſaire, tant afin de faire courir le bruit que
ce ſeroit luy qui auroit préparé les munitions, & aſſemblé le Camp volant, que parceque ſi l'Eſpagne procedoit
ouvertement à la rupture, leurs Majeſtez eſtoient reſo-
luës de donner le commandement de toutes leurs forces
à l'Amiral.

Ce raiſonnement contenoit tout ce qui ſervoit pour
diſpoſer le Comte Louïs à joüer le perſonnage que la
Cour deſiroit, c'eſt-à dire à perſuader l'Amiral de venir
à la Cour. Il eſtoit agreable à celuy qui l'écoutoit, &
il eſtoit encore conforme à ſes intereſts. Le Comte

1571. Loüis aimoit la guerre pour elle-même, & il luy importoit péu contre qui ce fût, pourvû qu'il la fît. Il s'eſtoit imaginé que la ſurpriſe de Mons rendroit ſon nom immortel, & qu'elle donneroit à l'Eſpagne de l'occupation pour longtemps. Il ſe flatoit auſſi de l'eſperance de ſurprendre d'autres Places des Pays bas, ſi la France le ſecondoit, & ſi la rupture ſurvenoit à cette occaſion entre les deux Couronnes, le Prince d'Orange & luy eſtoient aſſurez d'en tirer les principaux avantages. Il voyoit, ou pour mieux dire, il luy ſembloit voir leurs Majeſtez affectionnées à tranſporter par forme de diverſion, la guerre en Flandre. Il ſuppoſoit que le choix de l'Amiral pour Chef, eſtoit tout-à-fait judicieux, non ſeulement à cauſe de ſa capacité & de ſon experience, mais encore parce qu'il attireroit ſous ſes Enſeignes tous les vaillans hommes du party Calviniſte, que l'on faiſoit monter à trente mille : Il ne reconnoiſſoit ny au dedans ny au dehors du Royaume, perſonne plus digne de cét employ que l'Amiral, & il ſe chargea volontiers de retourner à la Rochelle, pour le preſſer de venir l'accepter. Il l'ébranla beaucoup en luy portant une nouvelle ſi agreable ; mais il n'eût pas achevé de le déterminer, ſi la Cour ne l'eût ſecondé par des offices d'autant plus éficaces, qu'ils venoient des deux plus intimes amis de l'Amiral entre les Catholiques, les Maréchaux de Montmorency & de Coſſé, qui furent les premiers trompez : Et on y travailla avec d'autant plus d'application, que l'on avoit beſoin de leur miniſtere pour tromper l'Amiral. Montmorency fut perſuadé que l'Amiral commettroit une faute irreparable, s'il ne répondoit à la bonne volonté que témoignoient leurs Majeſtez, & luy en

écrivit en des termes qui ne pouvoient eftre plus pref-
fans. Coffé paffa plus avant, & fe chargea de porter à la
Rochelle, la Lettre de Montmorency, & de n'abandonner
point l'Amiral, qu'il ne l'eût difposé à venir auprés du
Roy. La précaution de leurs Majeftez s'étendit jufqu'à
prévoir que ceux de la Rochelle s'oppoferoient infailliblement au voyage de l'Amiral, s'ils le voyoient partir
fans efcorte, & quoyqu'il y allât de la Souveraineté de
ne pas communiquer à un Gentilhomme le privilege
d'avoir des Gardes, elle rendit toutefois Coffé porteur
d'un Brevet, qui permettoit à l'Amiral d'avoir autour
de luy, durant qu'il feroit à la Cour, cinquante Gentilshommes Calviniftes, tels qu'il voudroit choifir pour fe
garantir d'infulte.

Ainfi l'Amiral alla en Brie trouver le Roy qui s'y di- *Dans la*
vertiffoit à la chaffe, & l'accueil qu'il receut de leurs Ma- *Relation*
jeftez, acheva de diffiper ce qui luy reftoit de défiance. *du voyage*
Le Roy le releva avant qu'il eût eu le loifir de fe mettre *de l'Ami-*
à genoux, l'embraffa plus d'une fois, l'appella fon pere, *ral.*
l'affura de n'avoir jamais eu de fatisfaction fi pure qu'é-
toit celle de le revoir, & ajoûta en riant, que puifqu'il
le tenoit, il le ferreroit de fi prés, qu'il l'empêcheroit bien
d'échapper. La Reine & le Duc d'Anjou diffimulerent
auffi finement que le Roy : Mais le Duc d'Alençon dernier frere de fa Majefté, qui n'eftoit pas de l'intrigue, &
qui commençoit à devenir jaloux de la reputation du Duc
d'Anjou, agit tout de bon, & fit de veritables careffes à
l'Amiral, foit qu'il l'en eftimât digne, ou qu'il eût intereft de s'infinuër dans l'amitié d'un homme capab'e d'appuyer un Fils de France, mécontent de la Cour. Sa Mere
& fes Freres luy en fçûrent mauvais gré ; mais bien loin

de le témoigner, ils ajoûterent à l'accueil extraordinaire qu'ils faisoient à l'Amiral, les graces les plus solides : Ils luy donnerent cent mille livres d'argent comptant pour payer les debtes qu'il avoit contractées durant les dernieres guerres, & l'œconomat pour un an des riches Benefices qui vaquoient par la mort de son frere le Cardinal de Châtillon. On confera à sa recommandation la plûpart de ses Benefices, & on luy rendit dans le Conseil la place qu'il avoit euë autrefois au milieu des Marêchaux de France.

Les liberalitez de la Cour s'étendirent sur tout ceux de sa suite ; & lorsque l'on crut avoir levé tout ce qui luy pouvoit rester de soupçon, le Roy eut plusieurs entretiens avec luy sur la guerre des Pays-bas, luy proposa des objections, feignit d'estre content de ses réponses, & le pria de mettre par écrit le resultat de leurs entretiens, pendant qu'il y travailloit. Sa Majesté renouvella à sa priere le Traité avec les Anglois, & luy permit d'en négocier un plus étroit que ceux des Rois précedens, entre la France & les Princes Protestans d'Allemagne. Il n'eut pas si-tôt témoigné que ses affaires domestiques l'appelloient à sa maison de Châtillon, que l'on agréa qu'il y fit deux petits voyages : Mais on sçût adroitement l'empêcher d'y demeurer longtemps, en le r'appellant la premiere fois, sous pretexte de regler avec luy quelques differends survenus en Guyenne sur l'observation de la Paix ; & la seconde, sur une difficulté nouvelle qui traversoit la surprise de Mons.

Il survint incontinent aprés à la Cour une affaire qui persuada les Etrangers que l'Amiral y estoit tout-puissant, puisqu'il l'avoit terminée entierement à l'avantage des Calviniſtes. La Princeſſe Charlotte de Bourbon, Fille du Duc de Montpenſier , avoit eſté faite Abbeſſe de Joüarre pour ſoulager d'autant ſa Famille où l'on apprehendoit la dépenſe de la *a* marier. Elle avoit encore plus d'inclination que de qualitez pour le monde , & l'on ſoupçonna que ſa Mere l'avoit élevée dans les principes du Calviniſme , & ſur tout dans l'averſion pour le celibat. Elle s'y confirma ſi bien dans le Monaſtere, qu'elle en ſortit , & ſe refugia à la Cour de l'Electeur *b* Palatin. Le Duc ſon Pere, le plus grand ennemy qu'euſſent les Calviniſtes en France, follicita qu'elle luy fût renvoyée ; & l'Electeur y conſentit à la priere de l'Amiral, à condition qu'on ne la preſſeroit point de retourner à la communion des Catholiques ; mais le Duc aima mieux qu'elle demeurât en Allemagne , que de la r'avoir à cette condition.

La faveur de l'Amiral augmentoit de ſorte que rien ne ſe faiſoit plus à la Cour que par ſon credit, ou du moins par ſon conſeil , & la Maiſon de Lorraine qui ne ſçavoit encore rien du projet de leurs Majeſtez, prit alors occaſion de ſe bannir volontairement, afin de n'eſtre point obligée de voir combler tant de bienfaits celuy qu'elle croyoit auteur de la mort du feu Duc de Guiſe. On n'avoit point encore uſé à la Cour d'une diſſimulation ſi profonde, depuis que la Monarchie Françoiſe avoit eſté établie ; & on ne ſçauroit dire lequel du Roy, de la Reine-Mere, ou du Duc d'Anjou, s'en acquita le mieux.

Le Roy laiſſa partir tous les Princes de Lorraine, ſans témoigner le moindre chagrin de leur éloignement ; ce que la Reine-Mere & le Duc d'Anjou ne firent pas : Ils n'oublierent rien de ce qui pouvoit porter le Roy à les

(marginalia)
1571.

a Elle ſe maria depuis à Guillaume de Naſſau, Prince d'Orange

b Frederic II.

Dans les Memoires de l'Electeur Palatin.

1571. retenir. La Reine-Mere se piquoit de reconnoissance
pour les services que le feu Duc de Guise luy avoit rendus, & le Duc d'Anjou craignoit qu'on ne l'accusât de
pousser trop loin une jalousie d'amour qu'il avoit contre
le jeune Duc de Guise. Le Roy demeuroit toûjours in-
flexible, & tous les Calvinistes, tant en general qu'en
particulier, voyant que c'estoit-là la seule chose que sa
Majesté eût constamment refusée à sa Mere, acheverent
de s'aveugler eux-mêmes, en ne doutant plus que le Roy
ne les préferât aux Catholiques.

Ce fut sur ce même principe qu'ils se réjouïrent de
voir échoüer la Négociation du Cardinal Alexandrin,
Neveu du Pape, qui tendoit à trois fins. L'une, d'obliger le Roy de renoncer à l'Alliance des Turcs: L'autre,
de le disposer à donner sa Sœur au Roy de Portugal,
plûtôt qu'au Prince de Navarre; & la derniere, pour
rompre le commerce que sa Majesté commençoit de renouveller avec ses Sujets Calvinistes. Le Roy trouva
mauvais que ce Legat, en passant auprés de la Reine de
Navarre, eût dédaigné de la voir, & le receut à Blois
d'une maniere qui toute civile qu'elle estoit, ne laissoit
pas de faire connoître que sa presence n'estoit point
agreable à la Cour, dans le temps qu'il estoit venu. On
luy répondit froidement que l'Alliance des François avec
les Turs ne regardoit que la conservation des Lieux saints
de la Palestine, & le commerce: Que le S. Siege avoit
interest dans le premier de ces deux articles, & que le
second ne le regardoit point du tout: Que le Roy de [a]
Portugal, dont l'Etat estoit gouverné par son [b] ayeule,
Sœur de l'Empereur Charles-Quint, ne s'eloigneroit pas
de la coûtume de ses prédecesseurs si déterminez à prendre

dre des femmes dans la Maison d'Espagne, qu'ils avoient quelquefois mieux aimé épouser *a* les deux Sœurs, que d'en rechercher d'autres ; & qu'enfin, si le salut du peuple estoit une loy dont il n'estoit non plus permis aux Souverains de se dispenser, qu'aux moindres de leurs Sujets, il faloit plûtôt augmenter que diminuër les caresses que l'on faisoit en France aux Calvinistes, puis qu'il n'y avoit point d'autre voye pour les obliger à vivre en paix avec les Catholiques.

On ne manqua pas de faire valoir à l'Amiral une si froide réponse faite en sa consideration au Neveu du Pape, & l'Amiral qui se piquoit de reconnoissance, rendit la pareille à la Cour, en détournant, ou pour mieux dire, en désabusant la Reine de Navarre du Mariage prétendu du Prince son fils avec Elizabeth, en luy faisant accepter celuy de Madame avec les sentimens qu'elle devoit, & en disposant la Mere & le Fils à venir à la Cour pour l'achever. Comme c'estoit là ce que le Roy & la Reine-Mere desiroient avec plus de passion, ils accorderent à leur tour à l'Amiral la ligue offensive & défensive qu'il sollicitoit entre la France & l'Angleterre, à condition que l'une des deux Couronnes fourniroit à l'autre par quelque ennemy qu'elle fût attaquée, huit gros Vaisseaux avec tout l'équipage necessaire & six mille Fantassins, au lieu desquels l'Angleterre pourroit exiger trois mille Chevaux.

Le Mariage du Duc d'Anjou avec la Reine d'Angleterre fut aussi tellement avancé par les soins de l'Amiral, qu'il sembloit ne rester qu'une difficulté d'autant plus aisée à vaincre, qu'elle venoit seulement du côté du Duc : Elle consistoit en ce qu'il pretendoit que l'exercice de la

Tome II. Oo

---

1 5 7 1.

a Le Roy Dom Emanuel, bis-Ayeul de Dom Sebastien, épousa successivement Isabelle & Marie d'Arragon, toutes deux filles des Rois Ferdinäd & Isabelle & se remaria encore en 3. nôces avec Eleonore d'Autriche, depuis Reine de France, sœur ainée de l'Empereur Charles-Quint, & petite-fille des mémes Rois Ferdinand & Isabelle.

Dans l'Ambassade de la Mothe-Fenelon.

1 5 7 1.

Religion Catholique fût libre en faveur de fon Mariage, par toute l'Angleterre, & les Anglois le vouloient limiter à fa Maifon.

« Schomberg partit en même temps pour négocier en Allemagne une Ligue de même nature avec les Princes Proteftans, & eut ordre d'en faire donner le Generalat au Fils aîné du Comte Palatin, & d'offrir une groffe penfion au fecond : Enfin le [b] Baron de la Garde & Strozzy furent envoyez fur les côtes de la Mer Oceane, avec ordre d'y préparer la Flote dont l'Amiral difoit avoir befoin pour faire une defcente en Holande ; mais cette derniere démonftration fut fur le point de gâter tout le myftere, quoy qu'elle n'eût pas tant efté du choix de la Cour, qu'elle avoit efté accordée aux importunitez de l'Amiral.

Ceux de la Rochelle moins préoccupez, ou plus défians que luy, fe douterent en partie de la verité, & foupçonnerent que l'équipement de la Flote n'eftoit que pour le Siege de leur Ville. Ils luy en écrivirent en des termes qui marquoient qu'ils en eftoient perfuadez, & prirent enfuite la liberté de l'avertir qu'il avoit affez hazardé fa perfonne & celles des fiens, & qu'il eftoit temps de penfer à fa feureté. L'Amiral rejetta cét avis avec la même précipitation que fi on luy eût fait une propofition contraire à fa propre gloire, & s'il ne fe mit point en colere, ce fut parcequ'il attribua cette crainte à un veritable zele pour fa confervation. Il répondit à ceux qui luy donnoient cét avis, que leur défiance n'eftoit plus de faifon, & qu'au lieu qu'autrefois les Calviniftes eftoient obligez de prendre tout au pis, s'ils vouloient ne fe pas tromper,

a *Gafpard de Schomberg, Colonel des Reitres.* b *Antoine Efcalin, dit des Aimars, Baron de la Garde en Provence, General des Galeres, connu fous le nom du Capitaine Poulin. L'illuftre Nicolas Chorier, Avocat au Parlement de Grenoble, qui a écrit l'Hiftoire de Dauphiné, eft le premier qui a découvert le veritable pere du Baron de la Garde, & qui a appris au Public ;*

dans la 3e Partie de fon Etat politique du Dauphiné, qu'il eftoit fils naturel de Louis Adhemar le dernier de fa Maifon, Baron de Grignan en Provence.

il faloit maintenant tout interpreter favorablement pour
ne pas tomber dans l'erreur : Qu'il y avoit déformais plus
à efperer pour eux de la bonté du Roy, qu'à craindre de
fon indignation , & que le feul écueïl où l'on pouvoit
faire naufrage, eftoit de témoigner que l'on n'eftoit pas
affuré de fa Majefté aprés tant de preuves d'une fincere
reconciliation. Il tâcha enfuite de ces reproches, de perfuader la Bourgeoifie de la Rochelle de n'attendre pas
le délay de deux années qui luy avoit efté accordé, pour
fe remettre entierement fous l'obéïffance du Roy : Mais
comme cette affaire n'eftoit pas de nature à fe négocier
par écrit, il n'en vint pas à bout. Il eft vray que fi fes
perfuafions ne furent point affez éficaces à l'égard des
Rochelois, elles le furent à l'égard des trois autres Villes
de feureté, Montauban, Cognac & la Charité, qui receurent les Gouverneurs & la Garnifon qu'il plut à la
Cour de leur envoyer.

La Reine de Navarre, aprés avoir obtenu en échange
l'entier rétabliffement de fon autorité dans la Principauté de Bearn, & dans fes Pays de Foix, d'Albret, de
Cominge, d'Armagnac & de Bigorre, alla joindre la
Cour de France à Blois, où les honneurs extraordinaires
qu'on luy rendit, n'empêcherent pas la Reine-Mere d'a-
gir avec elle, dans toute la familiarité de deux Femmes
dont les Enfans alloient s'époufer : Mais fon efprit ne
parut pas fi tranquile que celuy de l'Amiral, aux efpions
qu'on avoit fçû mettre auprés d'elle ; & foit qu'elle
agift par un preffentiment fecret de ce qui luy devoit
arriver, ou qu'eftant Calvinifte jufqu'à l'excés, & per-
fuadée plus que tous les Miniftres enfemble de la Religion qu'elle profeffoit, elle fe confiderât avec les fiens

de la même maniere que les Juifs s'eftoient autrefois re-
gardez, c'eft-à-dire comme le feul peuple chery de Dieu,
& puifât dans cette dangereufe comparaifon une haine
auffi implacable pour les Catholiques, qu'eftoit celle des
Juifs pour les Gentils, l'on remarqua qu'elle eftoit à la
Cour dans une efpece de contrainte qu'elle ne diffimu-
loit pas affez; qu'elle ne frequentoit, outre les Princeffes,
que les perfonnes qu'elle ne pouvoit fe difpenfer de voir;
que la paffion qu'elle témoignoit de s'en retourner en
Bearn, ne pouvoit eftre plus violente, & que pour la fatisfaire elle preffoit extraordinairement les nôces de fon
Fils. Elle demanda même d'aller à Paris pour en preffer
les préparatifs, & leurs Majeftez y confentirent : Elle
voulut loger chez Charles Guillard Evêque de Chartres,
qu'elle connoiffoit pour Calvinifte; & ce fut-là que le
quatriéme de Juin 1572. elle tomba malade d'une fiévre
dont elle expira cinq jours aprés, à l'âge de quarante-
quatre ans. Ceux de fon party publierent qu'elle avoit
efté empoifonnée par des gands que Maître René fameux Parfumeur de Milan, luy avoit vendus; & la Cour
pour détruire, ou du moins pour décrediter cette nouvelle, manda que le corps de la défunte fût ouvert en
prefence des Calviniftes, & fur tout que l'on en vifitât le
cerveau, où le poifon, s'il y en eût eu, devoit avoir laiffé
des marques de fa principale operation : Mais les Medecins & les Chirurgiens des deux Religions, qui affifterent
à l'ouverture, trouverent dans le côté gauche une caufe
fi naturelle de fa mort, qu'ils tinrent pour fuperfluë la
vifite des autres parties. Ce fut un abcés qu'ils foûtinrent avoir efté formé par une application au travail &
aux affaires, plus grande que ne permettoit la délicateffe

Dans la
Relation
de cette
mort.

de fon temperament. Il y eut neanmoins des Calviniftes qui ne demeurerent pas fatisfaits de cette raifon, & qui ne pûrent s'empêcher de dire, *Qu'ils avoient mauvaife opinion d'un Mariage qu'ils voyoient éclairé par une torche funebre.*

L'Amiral eût peut-eftre efté du même fentiment, s'il eût eu le loifir de faire fur une avanture qui le touchoit de fi prés, toutes les reflexions dont il eftoit capable : mais comme d'autres chofes l'occupoient, la mort de la Reine de Navarre le toucha trés-peu, & il eftoit tellement remply de l'entreprife de Mons, que le Comte Loüis & la Noüë avoient heureufement furpris, qu'il negligea fes affaires particulieres, & celles de fon party, pour preffer la Cour de prendre hautement leur protection, fur ce que la Nobleffe Françoife n'oferoit autrement s'enrôler pour cette guerre, de peur de périr par quelque fupplice honteux, fi elle eftoit prife. Et le Roy, dont toutes les défaites eftoient épuifées, répondit à l'Amiral, que puifqu'il s'agiffoit de declarer la guerre à l'Efpagne, il eftoit neceffaire d'examiner dans le Confeil d'Etat, le Memoire qu'il s'eftoit chargé de dreffer fur cette importante matiere.

L'Amiral qui l'avoit achevé dans fa retraite à Châtillon, le fit prefenter au Roy, par Teligny. Il contenoit en fubftance, Que la Monarchie Françoife ne pouvoit fubfifter fans guerre, parce qu'au lieu que les autres peuples de l'Europe, aprés avoir pofé les armes, reprenoient aifement leur premier mêtier, lès François ne s'y pouvoient refoudre, & alloient chercher la guerre jufques dans la Suede, lorfqu'il y en avoit, ou la fufcitoient chez eux, pour ne pas demeurer en repos : Qu'on ne leur pouvoit oppofer d'ennemis plus declarez, plus aifez à vaincre & dont les dépoüilles fuffent plus riches, que celles des Efpagnols, & qu'il n'y avoit jamais eu de guerre plus jufte que celle qu'il s'agiffoit de leur faire : Qu'outre les Provinces & les Royaumes qu'ils avoient ufurpez fur les predeceffeurs de fa Majefté, ils venoient d'égorger de fang froid en Flandre, tous les François qui s'y eftoient ttouvez, & d'élever un trophée au lieu où le carnage s'eftoit commis, pour fervir de monument d'une action fi barbare : Qu'ils avoient forcé l'Empereur Maximilien II. d'accorder la préféance à leurs Ambaffadeurs, fur ceux de France ; & qu'il n'y avoit point d'artifice qu'ils n'euffent mis en ufage pour obtenir à Rome & à Venife, la même chofe, jufqu'à faire d'étranges menaces fi on les refufoit : Que la guerre contre les Turcs, où ils eftoient engagez, devoit d'autant moins empêcher la France de recouvrer ce qu'ils avoient ufurpé fur elle, que la même guerre ne les avoit point

Alfonfe Caretto fut dépoüillé par les Genois du Marquifat de Final, au mois de Iuin 1558. & fut depuis rétably par l'Empereur Ferdinand, l'an 1564

empêchez de dépoüiller le Marquis de Final, fous un faux bruit qui avoit couru, qu'il fe vouloit mettre fous la protection de la France ; & qu'il eftoit permis en tout temps de reprendre le fien : Que fa Majefté n'avoit pas moins irrité les Efpagnols, en fouffrant dans fon Royaume les Rebelles de Flandre, & en leur aidant à furprendre Mons, que fi elle les eût directement attaquez ; & que comme on eftoit affuré qu'ils n'attendoient que l'occafion d'en témoigner du reffentiment, il n'y avoit point d'autre expedient pour éviter leur vangeance, que celuy de la prevenir : Que la France n'avoit jamais eu un fi grand nombre de Soldats aguerris, & d'experimentez Capitaines ; & qu'il avoit affez paru à la reprife du Hâvre, que la diverfité de Religion ne les empêchoit pas d'agir dans une parfaite intelligence contre les Etrangers : Que les Soldats Efpagnols au contraire, eftoient fi rares que l'Empereur Charles-Quint n'en avoit pû mettre dans fes Armées plus de fept mille Fantaffins & de treize cens Chevaux en même temps, & que lors qu'on avoit voulu augmenter ce nombre en enrôlant des Payfans, on avoit eu lieu de s'en repentir par le peu de fervice qu'on en avoit tiré : Que la Nobleffe Efpagnole eftoit encore en poffeffion d'un privilege qui la difpenfoit de porter contre fon gré les armes hors de fon pays, & que la plûpart de ceux de fes Terres qui euffent pû fervir, fuivoient fon exemple : Que c'eftoit-là la veritable caufe, ou pour mieux dire, le défaut irreparable qui obligeoit les Rois Catholiques à bâtir tant de Citadelles dans les Etats qu'ils tenoient hors de l'Efpagne : Qu'il n'y avoit jamais eu de Monarchie dont les forces euffent efté fi divifées, & que quand par une impoffibilité morale elle feroit en pleine paix avec tous fes voifins, il luy faudroit encore deux cens mille hommes pour garder fes frontieres : Qu'elle avoit fur celles de Picardie, de Champagne & de Bourgogne, fans parler des autres endroits, vingt-fept Places d'importance, dont les garnifons coûtoient tous les ans des fommes immenfes à entretenir : Qu'elle ne pouvoit jamais donner de marque plus évidente de foibleffe, qu'en ne tirant aucun avantage de la Bataille de Lepante, que le frere naturel de fon Roy avoit gagnée l'année précedente ; & que les Compagnies d'Ordonnance des Pays-bas, autrefois compofées de trois mille Hommes-d'armes tous Gentilshommes braves & bien montez, qui avoient

1 5 7 2.

Dans le dernier Ecrit de l'Amiral.

Dom Jean d'Autriche.

Chaque Homme-d'armes avoit au-paravant trois Ar-chers à cheval.

remporté les victoires de Saint-Quentin & de Graveli-ne, estoient presentement reduites à mille Chevaux sans Archers, & presque tous montez sur des rosses : Que plus le Duc d'Albe prenoit de Places revoltées dans les dix-sept Provinces, plus il affoiblissoit son Armée par les gens affidez qu'il estoit contraint d'y jetter, & qu'en con-tinuant à vaincre de cette sorte, il s'exposoit au danger inévitable de tout perdre à la fin : Que la puissance des Espagnols par mer n'estoit redoutable que sur la Medi-terranée, & que sur l'Ocean ils cedoient aux Anglois, aux Danois, aux Flamans, & même aux Holandois : Que la seule chose qu'il y avoit à craindre, estoit que le Roy Catholique se voyant attaqué contre son attente par les François, n'achetât à quelque prix que ce fût la Paix du Sultan Selim, & ne tournât sa Flote contre les côtes de Provence & de Languedoc, sur l'opinion qu'il auroit conceuë de les trouver dégarnies : Mais outre que ces deux Provinces estoient celles du Royaume, aprés la Guyenne, où il resteroit plus de Soldats, quelques levées qu'on y fît, parce que tout le monde y estoit presque également aguerry, il y avoit apparence que les Espa-gnols seroient devenus sages à leurs dépens par le mau-vais succés des deux fameuses irruptions de l'Empereur Charles-Quint en Provence, & qu'à tout évenement la troisiéme ne seroit pas plus heureuse : Que les Espagnols n'estoient pas redoutables par leurs propres forces, mais par celles d'Angleterre, d'Alemagne, d'Italie & des Pays-bas, qu'ils avoient eu l'adresse de faire agir pour leurs in-terests ; & qu'en toutes les victoires qu'ils avoient rem-portées contre la France, il n'y avoit pas eu plus du quart d'Espagnols naturels ; mais que maintenant ils
estoient

eſtoient reduits à ſe défendre par eux-mêmes : Que le 1 5 7 2 changement de Religion avoit entierement ruiné leur correſpondance avec l'Angleterre : Que la Reine Eliza-beth eſtoit leur ſecrete ennemie, & qu'il n'y avoit rien qu'elle ne fiſt pour leur ôter les Provinces de Hollande & de Zelande : Que les Proteſtans d'Allemagne avoient conçû une haine irreconciliable contr'eux, depuis qu'ils avoient découvert que le Conſeil de Madrid avoit inſ-piré à l'Empereur Charles-Quint de reduire l'Allemagne en Province : Que les Catholiques du même pays ſe trouvant ſeuls, n'entreprendroient pas d'aſſiſter l'Eſpa-gne ; & que l'Empereur avoit beſoin de recevoir du ſe-cours pour conſerver les reſtes de la Hongrie, bien loin d'en donner aux autres : Que le Pape ne penſoit qu'à la guerre contre les Infideles ; qu'il avoit dépenſé en vain le fonds que ſes prédeceſſeurs avoient épargné pour em-pêcher Selim de conquerir l'Iſle de Chipre ; qu'il s'appli-queroit déſormais plus volontiers à payer ſes debtes, qu'à en contracter de nouvelles : Que la Cour de Rome s'eſ-toit ſi ſouvent repentie depuis cinquante ans d'avoir appellé & ſouffert les Eſpagnols dans l'Italie, qu'elle ai-meroit mieux intervenir en qualité d'arbitre dans les differends qu'ils auroient avec les autres Princes Chrê-tiens, pour ménager les occaſions qui ſe preſenteroient d'augmenter ſa puiſſance ſur eux, qu'en ſe joignant avec les uns ou les autres, entrer en communauté du danger & de la dépenſe : Que la Republique de Veniſe, quoyque liguée avec les Eſpagnols, s'accordoit ſi mal avec eux, qu'il eſtoit aiſé de prévoir qu'à la premiere ouverture d'accommodement avec les Turcs, elle concluroit le ſien ſans la participation du Roy Catholique, au lieu de s'en-

Tome II. Pp

gager dans une guerre contre les François qui luy avoient autrefois fait perdre tous les Etats qu'elle possedoit en Terre ferme : Que les autres Princes d'Italie ne se decla-reroient pas ouvertement, & que leur assistance indirecte serviroit de peu : Que le Domaine de la Monarchie Es-pagnole estoit engagé aux Genois , & que les Etats de Castille & d'Arragon ne pouvoient estre obligez à con-tribuër contre leur gré pour une guerre étrangere : Que les mines du Perou estoient épuisées , & que les troubles du Pays-bas ruinoient le credit du Roy Catholique, en faisant cesser le commerce : Que l'Espagne seroit ainsi privée des moyens de s'y défendre , & que cependant il ne coûteroit presque rien à la France pour l'y attaquer : Que la Cavalerie toute composée de Noblesse, serviroit sans solde , & que les revenus ordinaires du Royaume bien ménagez, suffiroient pour entretenir l'Infanterie.

D'où l'Amiral concluoit que la conquête de Flandres estoit infaillible, en usant de quatre précautions. La pre-miere, de payer régulierement l'Infanterie : La seconde, de conserver l'amitié des Flamans par l'observation d'une exacte discipline : La troisiéme, de s'avancer d'abord jus-ques dans le centre des Pays-bas, au lieu de s'amuser aux Villes frontieres ; & la derniere, de contenter en toutes manieres le Prince d'Orange, qui seul feroit plus de mal à l'Espagne, que toutes les forces des François ensemble.

Outre ce Memoire, on pretend que l'Amiral en fit presenter au Roy un autre plus secret, qui se reduisoit à deux considerations plus éficaces que les précedentes, qu'il n'avoit pas jugé à propos de mettre dans le premier. L'une, que si la France négligeoit de proteger les Flamans soûlevez, ils se jetteroient entre les bras de la Reine d'An-

gleterre qui ne feroit pas plûtôt devenuë maîtreffe d'un 1 5 7 2.
pays fi commode, pour porter quand il luy plairoit, la
guerre dans le cœur de la France, qu'elle renouvelleroit
les anciennes querelles de fes prédeceffeurs, & qu'il ne
ferviroit de rien d'avoir renvoyé les Anglois de-là la mer,
fi on leur permettoit d'y revenir d'une maniere plus
avantageufe pour eux, en s'établiffant dans le Pays-bas.

L'autre confideration eftoit qu'il y avoit en France
deux partis formez, dont le Roy avoit un intereft égal à
fe défaire, le party des Calviniftes, & celuy des Catholiques zelez : Q ie l'experience des trois dernieres guerres civiles, eftoit une preuve affez évidente que le Calvinifme ne pouvoit eftre ruiné par les forces des Catholiques, ny par celles du Roy jointes enfemble ; & que fa
Majefté, dans l'eftat où eftoient les chofes, n'oferoit
pas même attaquer le Catholique ; Qu'ainfi elle eftoit
reduite à defirer qu'une caufe imprevuë la défift de ces
deux partis, ou qu'ils fe détruififfent l'un l'autre, fans
qu'elle s'en mêlât ; & que fi elle avoit à attendre un
bonheur fi particulier durant fon regne, ce feroit uniquement de la guerre des Pays-bas, parce qu'il eftoit certain d'un côté, que la querelle de Religion y attireroit
trente mille perfonnes inquietes, & gens de main, qui
rendoient le party Calvinifte redoutable ; & de l'autre
que l'émulation & le defir de partager la gloire d'une
conquefte fi illuftre, y appelleroit à l'envy, autant de
factieux qui prenoient mal-à-propos le nom de Catholiques : Que fi, contre toutes les apparences humaines,
la guerre de Flandre n'eftoit point heureufe pour la
France, le Roy y profiteroit infiniment plus qu'il n'y
perdroit, puifqu'il feroit délivré de foixante mille en-

nemis domeſtiques, qui ne l'euſſent jamais laiſſé vivre
en paix ; & que les Eſpagnols, aprés l'avoir ſans y penſer, rendu maître abſolu dans ſon Royaume, n'y oſéroient
faire d'irruption, & ſe contenteroient d'avoir conſervé
les Pays-bas : Mais ſi les trente mille Calviniſtes entrant
par la Picardie, dans l'Artois, & les trente mille Catholiques par la Champagne, dans le Luxembourg, conque-
roient chacun ſa moitié des dix-ſept Provinces, le Roy
aprés en avoir tiré un ſi grand ſervice, n'auroit qu'à les
laiſſer faire, pour en eſtre incontinent défait ſans y rien
contribuer ; car au moment que les deux partis n'auroient plus à combatre d'ennemy commun, ils tourne-
roient leurs armes l'un contre l'autre, & la France ne
ſeroit plus intereſſée à les reconcilier, puiſque ce ne ſeroit plus à ſes dépens qu'ils vuideroient leur querelle.
S'ils ſe tailloient tous en pieces, ce qui eſtoit le plus pro-
bable, le Roy n'auroit qu'à porter à ſon aiſe, la Couronne la plus floriſſante qui fut jamais, qu'ils luy auroient arondie ; & ſi l'un triomphoit de l'autre, il demeureroit ſi foible, que le Roy l'opprimeroit ſans peine
avant qu'il eût le loiſir de reprendre ſes forces.

Le Roy ne communiqua à ſon Conſeil que le premier des deux Memoires, & le Garde des Sceaux de
Morvilliers, qui y tenoit la premiere place en l'abſence
du Chancelier de Lhoſpital, relegué dans ſa maiſon de
campagne, ſe mit en teſte d'y répondre. La Cour en fut
ravie, parce qu'elle prévoyoit que la conteſtation obligeroit l'Amiral à venir de Châtillon, où il demeuroit
trop longtemps, pour deffendre de vive voix ſes raiſons.

Mais une occaſion imprevuë l'en fit partir ſans cela,
plûtôt qu'il n'avoit reſolu. Chapin Vitelli Lieutenant

du Duc d'Albe, furprit les Troupes que ᵃ Genlis avoit
affemblées pour la levée du Siège de Mons, en tua une
partie, & prit l'autre où il y avoit trois cens Gentilshommes. Le dépit de l'Amiral en fut d'autant plus grand,
qu'il avoit perdu beaucoup d'amis & de gens de fervice;
& que fi le Comte Loüis de Naffau & la Noüe, qui
commandoient dans Mons, n'eftoient promptement fe-
courus, ils feroient contraints de fe rendre à difcretion,
au plus fevere des hommes, qui fans avoir égard ny à
leur naiffance, ny à leur merite, les condamneroit auffi-
tôt au plus honteux des fupplices. Cette crainte qui
n'eftoit pas fans fondement, r'amena l'Amiral à la Cour,
où le Roy continüa de le careffer extraordinairement,
& fa Majefté écrivit de fa propre main à Montdoucet,
fon Agent auprés du Duc d'Albe, de le prier d'élargir
les prifonniers, ou de les traiter au moins de bonne
guerre, & de les mettre à rançon : Mais les Efpagnols
qui vouloient fans doute, par un exemple fevere, détourner les François de fe mêler de leurs affaires de
Flandre, avoient de fang froid tué les prifonniers, en les
expofant en bute aux arquebufades de leurs Soldats, pour
éprouver, difoient-ils, combien l'arquebufe la plus chargée, en pouvoit percer à la fois. Ainfi les offices de
Montdoucet furent inutiles, & l'Amiral eut fujet de s'en
confoler par l'indignation que le Roy témoigna en apprenant que fa Nobleffe avoit efté fi indignement trai-
tée. Elle fut fi grande, que l'Amiral ne differa plus de
retourner à Paris, où le Roy, pour le confoler, luy donna la commiffion & le pouvoir neceffaire pour envoyer fecrettement un nouveau fecours aux Affiegez de
Mons. On renouvella en fa faveur les anciens Edits con-

margin notes:

1572.

ᵃ Iean de Hangeft.

Claude de Mondou-cet.

Dans l'Hiftoire de Conef-tagio.

tre les gens fans aveu, & contre les porteurs d'armes à feu. On luy promit de declarer la guerre à l'Efpagne, auffi-tôt que l'Armée Françoife feroit en eftat d'agir ; & cette Armée fe devoit former immediatement aprés les nôces de Madame.

Leurs Majeftez eurent un long entretien avec luy fur le choix de la perfonne qui luy feroit donnée pour Lieu-tenant, & ne luy déguiferent rien de leurs fentimens par-ticuliers pour ceux qui paroiffoient dignes de cette Char-ge. Le Marêchal de Coffé fut trop avare à leur gré, & Montluc & Biron trop faciles à fe mettre en colere. Ta-vannes paffa pour un homme d'ambition démefurée, & le Marêchal de Vieilleville pour un vieillard que les ex-cés de table achevoient de rendre inutile. Le Duc d'Au-male & plufieurs autres Officiers furent foupçonnez d'at-tachement au party des zelez Catholiques : On parla du Marêchal de Montmorency, & l'on trouva moins de dé-fauts en luy que dans les autres. Ce n'eft pas qu'il n'y eût pour le moins autant à redire, mais on luy faifoit grace en confideration de l'Amiral dont on fçavoit qu'il eftoit le meilleur amy. On ne laiffa pas neantmoins de luy re-procher fon inclination exceffive pour la chaffe ; mais il eft vray que ce fut d'une maniere fi foible, que l'Amiral n'eut befoin pour l'excufer, que de dire que c'eftoit faute d'employ. Leurs Majeftez fe contenterent de cette ré-ponfe pour deftiner la Lieutenance à Montmorency, & ne parlerent plus que du Secretaire d'Etat à qui elles con-fieroient la commiffion & le fecret de la guerre. Fizes *Simon Fi-* *zes, Baron* *de Sauve.* fut d'abord preferé à fes trois collegues, parce que leurs Majeftez avoient penetré qu'il eftoit le plus au goût de l'Amiral ; & les principales Charges militaires fe diftri-

buërent presque toutes aux meilleurs Officiers de la faction Calviniste.

L'Amiral en fut si satisfait, qu'il répondit à ses amis
qui le pressoient de penser à sa sureté, qu'il aimoit mieux
estre traîné sur une claye dans les ruës de Paris, que de
commencer une quatriéme guerre civile. On l'amusa de
cette sorte jusqu'à la my-Aoust 1572. que la Dispense
estant venuë pour le Mariage de Madame, le Roy de
Navarre l'épousa ; & sous pretexte d'en rendre la ceremonie plus éclatante, toute la Maison de Guise y fut in-
vitée. Le Roy fit agréer à l'Amiral qu'il entrât dans Paris d'autres Troupes que le Regiment des Gardes, sous
couleur que cette précaution estoit necessaire pour empêcher les Catholiques zelez de troubler la feste ; & de
fait, elle se passa sans tumulte, quoyqu'on n'y eût oublié
aucun des divertissemens qui estoient alors en usage.

*Les Let-
tres sont
imprimées*

Mais le vingt-deuxiéme jour d'Aoust, le Duc de Guise
qui ne sçavoit neantmoins autre chose du dessein de la
Cour, sinon qu'elle ne seroit pas fâchée qu'il le vangeât
de l'assassinat de son pere, aposta pour tuër l'Amiral,
l'homme du Royaume le plus propre à faire le coup.
C'estoit Maurevert homme hardy & d'humeur si vindicative, que la moindre injure receuë suffisoit pour luy
faire chercher toutes sortes de moyens d'en tirer raison.
Il avoit esté Page du feu Duc de Guise, & aprés en estre
sorty un peu devant la Bataile de Renty, pour avoir
assassiné son Gouverneur qui luy avoit donné le foüet, il
s'estoit sauvé dans le Camp des Espagnols, où il avoit
acquis tant de reputation par les armes, qu'il avoit obtenu sa grace du Roy, à condition de revenir dans ses
Troupes. Il y estoit demeuré jusqu'à la mort du Duc de

*Nicolas
de Lou-
viers, Sei-
gneur de
Maure-
vert en
Brie.*

1572. Guife ; & Poltrot ayant avoué dans fon interrogatoire qu'il avoît tué ce Prince à la follicitation de l'Amiral, Maurevert, fuivant fon genie, s'eftoit difpofé à tuër l'A_miral, & pour mieux réuffir dans fon entreprife, il s'ef-toit jetté dans le party Calvinifte ; mais il n'y avoit pas trouvé la facilité qu'il pretendoit, foit que l'Amiral prît alors un foin extraordinaire de fa perfonne, ou que ceux de fon party perfuadez de l'intereft qu'ils avoient de le conferver, y veillaffent avec une application incapable de furprife. Ainfi Maurevert ne pouvant à l'exemple de Poltrot, s'infinuër dans la maifon de celuy dont il pre-

Louis de Vaudray. tendoit fe défaire, fit amitié avec Mouy, fous efperance qu'il luy donneroît entrée chez l'Amiral dont il eftoit le plus intime amy ; mais Maurevert fe trompa dans fa conjecture, en ce que Mouy, quoyqu'il le traitât affez fa-milierement, & qu'il luy eût même fait prefent d'un Che-val de bataille, ne fe fervit pourtant jamais de luy pour ce qui regardoit l'Amiral ; ce qui le mit enfin dans une telle colere, qu'après avoir affaffiné Mouy, il demeura depuis caché fur la frontiere de Champagne, d'où ayant efté appellé par le Duc de Guife, & logé dans une mai-fon du Cloître S. Germain l'Auxerrois, d'autant plus fa-vorable à fon deffein, que l'Amiral paffoit pardevant lors qu'il alloit au Louvre, il l'épia au retour, & le bleffa de deux bales à la main droite & au bras gauche.

Les Calviniftes, au premier bruit qui s'en répandit, furent fur le point de fe réveiller de leur affoupiffement. Le Roy de Navarre & le Prince de Condé allerent trou-ver le Roy, & luy demanderent inftamment la permiffion de fe retirer. Si elle leur eût efté accordée, ceux de leur party auroient pris pretexte de les fuivre pour fe mettre

en

en feureté ; & fi elle leur eût efté refusée, il n'en auroit 1572.
pas fallu davantage pour les déterminer à fuïr. Le temperament que le Roy trouva, fut de feindre une colere
qui ne pouvoit eftre plus violente. Il entra dans une efpece de convulfion qui donna de la terreur à tous ceux
qui le regardoient : Il brifa la canne qu'il tenoit : Il fit
paroître fur fon vifage les marques les plus certaines
d'une extrême alteration au dedans, & l'on douta fi le
tranfport de fa Majefté ne pafferoit point jufqu'à la fureur : Elle pretendit avoir receu le coup qui avoit bleffé
l'Amiral : Elle jura d'en faire une juftice fi fevere, que
la pofterité n'apprendroit rien de plus étonnant : Elle
donna des ordres trés-exprés pour arrêter l'affaffin qui
s'eftoit déja fauvé fur un Barbe par la Porte S. Antoine,
& fe tournant vers le Roy de Navarre & le Prince de
Condé, les conjura d'attendre au moins qu'ils en euffent
vû l'execution : Enfin elle fe chargea de vifiter l'Amiral,
& y envoya en attendant, les Marêchaux de Montmorency & de Coffé.

Il n'y a pas lieu de s'étonner de ce que le Roy de
Navarre & le Prince de Condé, à l'âge de dix-huit ans
& fans experience, fe laifferent éblouïr par tant de marques exterieures de chagrin ; mais Teligny qui en avoit
vingt-fix, & que l'Amiral élevoit depuis dix ans dans la
pratique des affaires les plus rafinées, n'eft point excufable de s'y eftre laiffé tellement furprendre, que non
feulement il jugea la Cour innocente, mais encore il la
défendit avec tant d'éloquence dans le Confeil que les
Calviniftes tinrent l'aprés-dînée, pour refoudre s'ils fe
fauveroient ou non, que l'on y conclut à la pluralité des
voix de demeurer à Paris, quoyque le Vidame de Char-

Tome II. Qq

tres eût ouvert l'avis contraire, & l'eût confirmé par les raisons les plus propres à perfuader fes auditeurs, qui eftoient celles d'une jufte défiance. Elles eftoient fondées fur ce que les Courtifans Catholiques voyant fortir les Calviniftes de l'Eglife de Nôtre-Dame, de peur d'entendre la Meffe aux Nôces du Roy de Navarre, leur avoient dit que ce fcrupule ne dureroit pas longtemps ; & leurs efpions avoient appris des domeftiques de Gondy favory du Roy, qu'il fe répandroit aux mêmes nôces plus de fang que de vin.

Charles de Gondy, Seigneur de la Tour Maiftre de la Garderobbe du Roy.

La vifite du Roy à l'Amiral, fut d'une heure entiere ; mais les Relations les plus autentiques & les plus fecretes ne conviennent pas de ce qui s'y paffa. Il y en a qui pretendent que l'Amiral entretint le Roy de ce qu'il avoit écrit à fa Majefté dans le fecond Memoire dont on a rapporté l'extrait : & d'autres foûtiennent au contraire, que la Reine-Mere qui y eftoit prefente, fe mêla toûjours dans la converfation, de crainte que l'Amiral ne parlât à fon défavantage, & que l'Amiral ne pouvant s'expliquer avec le Roy feul à feul, fupprimât ce qu'il avoit à dire. Elles s'accordent toutes neanmoins, en ce que rien n'y fut oublié de ce qui fervoit à le confoler. Le Roy même en partant, l'affura d'une protection particuliere, & luy perfuada qu'on alloit prendre de nouvelles précautions pour le conferver (quoy qu'elles ne tendiffent en éfet qu'à le perdre d'une maniere plus inévitable.) On obligea les Calviniftes qui n'avoient point de maifon dans Paris, à loger aux environs de fon Hôtel. On y mit pour fa feureté une partie du Regiment des Gardes, & les Soldats eurent ordre de tirer fur les Catholiques qui en approcheroient armez.

Le lendemain vingt-troisiéme, les playes de l'Amiral parurent si belles, que les Chirurgiens répondirent de sa guerison; & l'avis qu'en receut la Cour, fit tenir le dernier Conseil pour la ruine des Calvinistes. On pretend qu'il ne fut composé que de ces huit personnes, le Roy, la Reine-Mere, le Duc d'Anjou, le *a* Grand-Prieur Fils naturel de Henry II. le *b* Duc de Nevers, *c* Tavannes, Charles de Birague & le Comte de *d* Rais : Mais la plûpart des Relations en mettent plus ou moins, quoy qu'il y ait plus d'apparence qu'il n'y eut que le Roy, la Reine-Mere & le Duc d'Anjou. Quoyqu'il en soit, l'execution y fut resoluë pour le lendemain 24. d'Aoust. On délibera longtemps si le Roy de Navarre & le Prince de Condé y seroient compris; & enfin on conclut à les sauver, sur ce que la Cour pretendoit faire passer l'action pour un attentat particulier de la Maison de Guise : ce qui n'eût point esté vray-semblable, si le Roy de Navarre & le Prince de Condé eussent esté tuez jusques dans le Louvre où ils logeoient : Et de plus, il paroissoit dans le Roy de Navarre peu d'attachement à la nouvelle Religion, & le Duc de Nevers répondoit de la soûmission aveugle du Prince de Condé son beaufrere, aux volontez du Roy.

Le Duc de Guise eut alors seulement la connoissance du secret de leurs Majestez, & se chargea volontiers de l'envie qu'en atireroit l'execution, pour le plaisir qu'il recevroit en vangeant la mort de son pere. Il la commença par une dissimulation qui ne pouvoit estre plus profonde, puisqu'il alla au Louvre accompagné de tous les Princes de sa Maison, & qu'il supplia trés-humblement le Roy de leur permettre de se retirer, afin de

a Henry d'Angoulême
b Ludovic de Gonzague.
c Gaspard de Saux, depuis Chevalier du S. Esprit.
d Albert de Gondy, depuis Duc, Pair & Maréchal de France.

Henry de Bourbon, marié avec Marie de Cleves, Sœur de Henrietta de Cleves, Duchesse de Nevers

1572. ne fervir pas plus longtemps de pretexte à la calomnie & aux infultes des Calviniftes. Le Roy répondit en public froidement, qu'il ne retenoit perfonne par force à fa Cour. Mais en fecret le Duc de Guife receut un commandement qu'il executa de cette forte Il affembla au fortir du Louvre, les Officiers des Gardes : Il leur marqua l'heure de l'execution pour le jour fuivant vingt-quatriéme, il donna deux differentes commiffions aux François & aux Suiffes, dont ce corps eftoit composé. Les Suiffes fe chargerent d'environner le Louvre, pour empêcher de fuïr ceux de la fuite du Roy de Navarre & du Prince de Condé ; & les François fous ᵃ Coffeins leur Meftre de Camp, promirent d'exterminer tout ce qui fe trouveroit de gens de même party dans le Faux-bourg S. Germain. On ufa d'une femblable précaution à l'égard de la Bourgeoifie de Paris, & les feize Colonels furent affemblez par ᵇ Marcel Serviteur particulier de la Reine-Mere, qui venoit de quitter la Charge de Prevôt des Marchands, & par ᶜ Charron qui luy avoit fuccedé. On préfuppofa qu'ils eftoient affez animez contre les Calvi-niftes, & l'on fe contenta de propofer ce qu'il y avoit à faire pour opprimer ceux-cy avec plus de facilité. Les Colonels convinrent de faire mettre la Bourgeoifie fous les armes, de s'emparer des Places publiques & des rües incontinent aprés minuit, de faire allumer par tout des chandelles & des flambeaux, & de s'abftenir neantmoins de toute violence jufques à ce qu'ils entendiffent la clo-che du Palais, deftinée pour donner le fignal. Le refte du temps fut employé aux préparatifs neceffaires, & rien d'extraordinaire ne s'y fût paffé, fans une circonftance qui fit changer l'heure & le fignal de l'entreprife, & qui

ᵃ Georges de Mont-lexun.
Dans la Relation Catholi-que de la S. Barthe-lemy.
ᵇ Claude Marcel.
ᶜ Jean Charon, Seigneur de Louas, Maiftre des Requê-tes & Pre-fident de la Cour des Aydes.

fut par conſequent la premiere & la principale cauſe de
toutes les irregularitez qui s'y commirent.

Le Roy avoit une inclination particuliere pour le
celebre Ambroiſe Paré ſon premier Chirurgien, qui en
eſtoit d'autant plus digne, qu'il y avoit lieu de douter
s'il eſtoit plus habile ou plus honneſte homme, quoy
qu'il fût reconnu pour le plus ſçavant, le plus adroit,
le plus heureux & le plus experimenté de ſa profeſſion.
C'eſtoit un vieillard de ſoixante & dix ans, Calviniſte
de bonne foy, & prévenu de la penſée que la Cour
eſtoit un lieu où l'on hazardoit ſon ſalut auſſi longtemps que l'on y demeuroit ſans neceſſité. Ainſi comme
on l'y voyoit toûjours aux heures où ſa preſence eſtoit
neceſſaire, on ne l'y voyoit jamais hors de-là. Le Roy le
r marquant entre les autres au petit coucher, luy dit de
faire porter un matelas auprés de ſon lit, & d'y paſſer la
nuit. Le bon homme qui n'avoit garde de ſoupçonner
que l'on penſât à luy ſauver la vie, s'obſtina tellement
à vouloir retourner chez luy, que le Roy pour l'arrêter,
fut contraint de feindre qu'il en avoit beſoin pour une
incommodité ſecrete.

La Reine-Mere avertie que le Roy avoit retenu Paré,
& ne ſçachant pas que c'eſtoit par des mouvemens particuliers d'eſtime & de pitié, ſuppoſa que le Roy commençoit à ſe repentir du conſentement qu'il avoit donné
au maſſacre des Calviniſtes ; & pour l'empêcher de donner des ordres contraires, hâta l'execution, en faiſant
ſonner la cloche plûtôt qu'il n'avoit eſté réſolu. Le Duc
de Guiſe ſe trouva preſt au ſignal, & marcha avec ſes
Troupes vers la Porte de Neſle : Le Portier eſtoit encore
couché, & profondément endormy : Il demeuroit aſſez

1572. loin de-là, & le temps que l'on employa à l'aller chercher, le réveiller & le faire lever, ne fut pas le seul que
l'on perdit ; car il se trouva lorsqu'il fut venu, que pour
avoir esté trop pressé, il avoit pris une clef pour l'autre. Il falut donc attendre qu'il allât chercher celle dont
on avoit besoin ; & le bruit qui se faisoit dans la Ville,
ayant cependant réveillé dans le Fauxbourg S. Germain

a *Iean de* plusieurs des principaux Calvinistes, comme *ᵃ* Frontenay-
Rohan Rohan, le *ᵇ* Vidame de Chartres, *ᶜ* Caumont, *ᵈ* Beauvais-
b *Iean de* la-Nocle, *ᵉ* Montgommery & Segur Pardaillan, ils eurent
Ferrieres. le loisir de se sauver. Ce manquement qui ne parut d'a-
c *Geoffroy* bord que leger, fut d'extrême importance dans la suite,
de Cau- puisqu'il empêcha seul la Cour de tirer le fruit qu'elle
mont. avoit pretendu de tant de meurtres, qui alloit à priver
d *Iean de* tout d'un coup l'Heresie des Chefs capables de la soû-
Salins, dit tenir.
de la Fin.
e *Gabriel*
Comte de L'Amiral, que la douleur de ses blessures empêchoit
Mongom- de dormir, se faisoit lire les Commentaires de Calvin
mery. sur Job. Il ne s'étonna pas d'abord du bruit que l'on
faisoit à la porte de son logis, quoyqu'il augmentât
toûjours, parce qu'il supposa que c'estoit des gens attirez par la Maison de Guise, à dessein de l'assassiner, qui
se retireroient aussi-tôt qu'ils appercevroient les Soldats
du Roy, destinez à sa garde : Il ne se détrompa que
lors qu'on luy vint dire que sa porte avoit esté forcée ;
que les Gardes se joignoient aux conjurez, que les
Suisses du Roy de Navarre, incapables de resister, s'en-
fuyoient, & que l'on enfonçoit déja la seconde porte
qui estoit celle du degré par où l'on montoit à sa chambre. La mort luy parut alors inevitable, mais la conviction qu'il en eut, le troubla si peu, que l'on n'apperceut

aucune alteration sur son visage. Il se leva, il se mit à
genoux, il fit une courte priere, & s'adressant à ceux de
ses domestiques que le péril avoit attirez dans sa chambre, comme dans un lieu de refuge, il leur dit qu'ils
tâchassent de se sauver par-dessus les tuilles, avant que
la porte du degré fût ouverte. Elle le fut incontinent
aprés, & les quatre premiers qui entrerent les armes à
la main & la cuirasse sur le dos, furent *a* Besme, Cosseins,
b Sarlabous & Asin. Besme ne voyant dans la chambre
qu'un homme en bonnet de nuit & en robbe fourée,
& ne le connoissant point, luy demanda s'il estoit l'Ad-
miral, & ne l'eût pas plûtôt entendu répondre d'un ton
ferme, le mot d'*Ouy*, qu'il luy enfonça dans le ventre
l'épée qu'il tenoit : Le coup fut mortel, & pourtant
Besme ne s'en contenta pas, il tira l'épée du corps pour
en donner au travers du visage, qui resta si défiguré,
qu'il n'estoit presque plus reconnoissable : Ensuite on
se mit en devoir de le jetter par la fenêtre, mais ses
jambes se prirent à la croisée, & s'y tinrent si fortement,
que l'on eut peine à les en détacher.

On avoit eu soin cependant de faire publier dans les
ruës que les Calvinistes avoient formé une conjuration
qui devoit estre executée le même jour contre les personnes sacrées de leurs Majestez, & contre toute la Famille Royale, sans en excepter le Roy de Navarre & le
Prince de Condé, pour se gouverner aprés en Republique, comme l'on faisoit à la Rochelle ; & que les Catholiques pouvoient les exterminer sans scrupule, puis
qu'ils ne feroient que les prévenir de quelques heures.
Cette supposition ne pouvoit estre ny plus étrange en
elle-même, ny plus dangereuse pour les consequences

1572.

*Dans la
Relation
d'Atigny.*
a *Charles
Dianovits
dit le Bes-
me, parce
qu'il estoit
du Royau-
me de Bo-
beme.*
b *Corberan
de Cardil-
lac.*

qu'il estoit aisé de prévoir. On donnoit à une infinité de seditieux & de gens sans aveu la licence de tuër impunément & par caprice, & les gens de bien n'estoient pas assurez de leurs vies, puisqu'elles dépendoient de la grace qu'il plairoit aux méchans de leur faire. Les vindicatifs avoient un pretexte plausible de se vanger de leurs ennemis, en leur imputant d'estre Calvinistes; & les avares, aussi bien que les pauvres n'avoient qu'à feindre que les riches estoient de la nouvelle Religion pour entrer les plus forts chez eux, pour les égorger & pour emporter tout ce qu'ils trouveroient à leur bienséance: Mais on n'eut point assez d'égard à la seureté publique, & l'on s'imagina peut-estre que le massacre des Calvinistes estoit un si grand bien pour l'Etat, qu'on ne pouvoit l'acheter assez cherement.

Dans la Relation Calviniste

Les Soldats aux Gardes ne s'amuserent pas tant à poursuivre les domestiques de l'Amiral, qu'à piller ses meubles qu'on leur abandonna tous, excepté les papiers qui furent conservez avec soin; & Cosseins fit admirablement sa cour, en les portant à la Reine-Mere, sans avoir ouvert les cassettes où ils estoient enfermez. Cette Princesse les examina avec toute la curiosité qui luy estoit naturelle, & l'on ne sçait ce qu'elle fit des Commentaires que l'Amiral avoit écrit de sa propre main, à l'imitation de César: Mais le menu peuple animé par les factieux, courut en foule au logis de l'Amiral, & trouvant son corps dans la court, exerça sur luy tout ce que la fureur inspire aux ames basses: Il le mutila; il le traîna par les ruës à la riviere, & il ne l'y eut pas plûtôt jetté, qu'il s'en repentit par la seule consideration qu'il ne le pourroit plus maltraiter. Il le pêcha, & le tira de l'eau pour

le

le traîner au gibet de Montfaucon, où il le pendit par **1 5 7 2.**
les cuiffes : Enfin on s'avifa pour achever de le tourmen-
ter par les quatre élemens, d'apporter du bois au deffous
& d'y mettre le feu, qui pour eftre trop éloigné le noir-
cit, & le rôtit bien, mais ne le confuma pas. Le Maréchal de Montmorency le fit tirer de-là par adreffe, &
enfevelir à Chantilly, où il s'eftoit retiré le jour de devant le maffacre, fous pretexte de fe délaffer de fon voyage
d'Angleterre, où la Cour l'avoit envoyé pour affifter au
ferment folemnel de la Reine Elizabeth pour l'obferva-
tion de la Paix. Quelques-uns luy attribuënt un preffentiment fecret de ce qui arriva le lendemain, & les autres
aiment mieux croire que ce fut par un pur hazard : mais
ils conviennent tous que fon abfence de Paris fauva la
vie à fes trois Freres, Damville, Meru & Thoré, dont
apparemment les ennemis de la Maifon de Montmorency
fe fuffent défaits, s'ils euffent eu l'aîné en leur puiffance,
comme ils avoient les cadets.

François Comte de la Rochefoucaud le plus confiderable des Calviniftes aprés l'Amiral, le fuivit de prés :
La grande eftime où il eftoit dans fon party, & l'opinion
que s'il furvivoit à l'Amiral, il luy fuccederoit, furent la
principale caufe de fa perte ; & comme il s'eftoit infinué
dans la familiarité du Roy par les graces de fon efprit, il
avoit encore paffé le foir précedent avec fa Majefté, &
s'eftoit couché fi tard, que fon premier fommeil duroit
encore lorfque fon Valet de chambre le réveilla, & luy
dit qu'il y avoit à la porte des perfonnes mafquées qui
demandoient à luy parler. S'imaginant que c'eftoit le
Roy qui venoit pour luy donner le foüet, il ne penfa
qu'à prendre fon haut-de-chauffe avant que de faire ou-

Tome II. Rr

vrir la porte, & ne fe défabufa qu'en voyant tirer le poignard dont il fut percé.

Teligny, pour eftre forty le dernier de la chambre de
l'Amiral, n'avoit pas efté le moins habile à fe fauver. Il
eftoit déja au faîte d'une maifon affez éloignée de celle
dont il eftoit forty, quand il fut apperçû d'un Garde du
Duc d'Anjou, qui luy tira le coup d'arquebufe dont il
tomba mort dans la ruë.

a Antoine de Clermont. Le Marquis *a* de Renel de la Maifon de Clermont-
Galerande, fut affez malheureux pour fe refugier dans
un lieu où il trouva le plus dangereux de fes ennemis.
b Louis de Clermont d'Amboife Buffi *b* d'Amboife eftoit fon proche parent: Ils portoient
le même nom & les mêmes armes ; mais un differend
pour leurs partages les avoit engagez dans une haine implacable, en excitant entr'eux un procez de longue durée & de trés-difficile difcution. Le plus court moyen de
le vuider, eftoit de mettre l'épée à la main ; & Buffi n'eut
pas plûtôt vû entrer le Marquis, qu'il l'attaqua feul, aprés
luy avoir donné le temps de fe préparer à fe défendre.
Les armes eftoient à peu prés égales, & le fuccés fut plus
d'un quart d'heure douteux ; mais enfin comme Buffi
eftoit le plus adroit & le plus heureux de fon temps dans
les combats finguliers, Renel tomba mort à fes pieds.

c Antoine de Marafin La *c* Guerche invefty dans fon logis par une troupe
de Soldats, crut qu'il y auroit moins de rifque à fortir
dans la ruë, qu'à laiffer enfoncer fa porte. Il l'ouvrit, &
chercha à fe faire voye l'épée à la main droite, & le bras
gauche enveloppé de fon manteau ; mais la partie eftoit
trop inégale d'un homme en pourpoint contre dix ou
douze armez de cuiraffes, qui l'environnerent & le tuërent par derriere.

Baudiné, Pluviault & Berny qui avoient esté les plus fameux Colonels de l'Infanterie Calviniste, périrent presque de même que la Guerche, & la resistance du Baron du [b]Pont fut si longue, que ceux qui ne le virent succomber qu'aprés avoir esté percé comme un crible, luy rendirent le témoignage qu'il estoit plus qu'homme dans ce combat, s'il ne l'estoit point assez dans le lit nuptial. Il avoit épousé l'heritiere de [c]Soubise, & la mere de sa femme luy avoit fait intenter un procez en matiere d'impuissance, qui n'estoit point encore jugé. Son corps fut traîné jusques devant la Porte du Louvre, où la pitié qu'il devoit inspirer, n'empêcha pas plusieurs Dames de la Cour de regarder curieusement s'il ne paroîtroit aucune marque du défaut qu'on luy reprochoit.

[d]Lavardin qui avoit esté Gouverneur du Roy de Navarre, tomba entre les mains d'une personne assez tendre, ou assez interessée pour tâcher de le sauver ; mais elle receut un ordre de le livrer à des Soldats qui le poignarderent sur le Pont aux Meûniers, & le jetterent dans la Seine.

De Briou Gouverneur du jeune Marquis de [e]Conty, fut tué entre les bras de son pupile, & eut la satisfaction de voir que cét enfant se mit en posture de le sauver, jusqu'à vouloir parer de son petit corps les coups que l'on portoit à son Gouverneur.

François Nompar de Caumont-la-Force dormoit profondément couché entre ses deux Fils, & fut tué avec [f]l'aîné. Le [g]cadet qui n'avoit que douze ans, s'avisa de contrefaire le mort, & réussit avec d'autant plus de facilité, qu'il estoit tout couvert du sang de son Pere & de son Frere. Il se tint auprés d'eux jusques à la nuit qu'on

1572.

a Jean de Crussol.
b Charles de Quellenec, Baron du Pont en Bretagne.
c Catherine de Partenay, depuis femme de René II. Vicomte de Rohan.

d Charles de Beaumanoir.

e François de Bourbon.

f Armand de Caumont.
g Jacques de Caumont.

Rr ij

le remua pour l'enſevelir. Son corps eſtoit admirablement bien formé, & la perſonne deſtinée à l'enſevelir,
ne pût s'empêcher de le conſiderer auparavant, & de le
plaindre. Elle le fit en des termes ſi touchans, que le
pretendu mort ſe hazarda de luy témoigner qu'il ne
l'eſtoit pas ; ce ne fut pourtant que peu à peu & par dégrez, afin de ne la pas trop éfrayer, & lors qu'il l'eut
r'aſſurée, il luy promit une recompenſe proportionnée
au ſervice qu'elle luy rendroit, ſi elle pouvoit le conduire à l'Arſenal. Elle le fit, & ſauva de cette ſorte une
vie qui devoit durer encore *a* quatre-vingts ans.

La Louviere ſe rompit le cou, s'eſtant précipité d'un
troiſiéme étage dans la ruë. Fontrailles-Montamar, Louviers, Montaubert, Colombieres, la Roche, Valavoire &
b Francour Chancelier de Navarre, furent tuez de ſang
froid.

La Charge de Lieutenant general d'Orleans fut fu-
neſte à *c* Grolot, & les grands biens le furent à *d* Garrault,
en ce que l'un & l'autre furent traînez à la riviere, &
noyez par des gens aſſeurez d'avoir l'Office du premier,
& la confiſcation du ſecond.

e Des Prunes Treſorier de France en Poitou, fut encore plus maltraité. Il excelloit en une vertu dont les
François ne ſe piquent gueres, qui eſt le ſoin de la commodité publique, & il l'avoit témoigné par la conſtruction du Pont de Châtelleraud. Il n'avoit point d'autre
ennemy qu'un homme de cette Province, appellé la
f Pataudiere, qui faiſoit dans la Province, les affaires du
Duc de Montpenſier qui en eſtoit Gouverneur : Et ce
fut là l'occaſion de ſa perte, parce que la Pataudiere perſuadé que s'il faiſoit tuer des Prunes, il luy ſeroit aiſé

a Il eſt
mort le 10
May 1652
Duc, Pair
& Maré-
chal de
France.
b Iean
Barbier,
dit Fran-
court,
Maiſtre
des Reque-
ſtes.
c Hierôme
Grolot.
d Thibault
Garrault,
riche
Marchäd
d'Orleans
e Eſtienne
Chevalier
Seigneur
des Prunes
f Eſtienne
Fergon.

d'obtenir fa Charge, à la recommandation du Duc, envoya chez luy des Soldats qui fe contenterent d'abord de le menacer. Des Prunes s'imagina qu'il les corromproit à force d'argent, & leur en offrit une fomme affez confiderable. Ils la refuferent fans emportement, afin qu'il en promît davantage, & continuerent de feindre jufqu'à ce que le prix eut monté fi haut, que des Prunes fut reduit à l'impoffibilité de l'augmenter. Ils receurent alors ce qu'il leur avoit offert; mais au lieu de luy tenir parole, ils porterent fa tefte à la Pataudiere, qui leur paya encore la fomme dont ils eftoient convenus, & obtint la Charge qu'il avoit fait vaquer.

Denis [a] Perrot fut affaffiné par une femblable perfidie; & l'on ne fit point d'autre grace aux Domeftiques du Roy de Navarre & du Prince de Condé, enfermez dans le Louvre, que de les tirer de l'appartement de leurs Maîtres, & de les tuer fur les degrez, ou de les livrer à la populace animée qui les mettoit auffi-tôt en pieces.

[a] *Fils de Miles Perrot, Confeiller au Parlemêt.*

Pardaillan, Bourry & Saint-Martin, qui fe trouverent enfemble, fe deffendirent jufqu'à l'extrêmité; & la reputation que [b] Piles avoit acquife en arreftant fi long-temps le Duc d'Anjou devant S. Jean d'Angely, n'empêcha pas qu'on ne le tuât, quoyque le Roy à qui il avoit tenu le menton, & montré à nager deux ou trois jours auparavant, eût quelque deffein de fauver un homme qui outre le fervice qu'il luy pouvoit rendre à la guerre, avoit le corps fouple comme un poiffon.

[b] *Armand de Clermont.*

Leran confident du Roy de Navarre, fut attaqué dans une chambre du Louvre, d'où il fortit dangereufement bleffé, & fon imagination toute prevenuë de la penfée de chercher une retraite, luy fit commettre une

Dans les Memoires de cette Reine.

1 5 7 2. indiscretion qui le sauva. Il entra dans la chambre de
la Reine de Navarre qui dormoit encore, quelque éfort
que fissent les Femmes de cette Princesse pour l'en empêcher, & se cacha sous le lit. La Reine réveillée par le
bruit, ne permit qu'on le tirât par force du lieu que la
peur luy avoit fait choisir pour azile, qu'aprés avoir obtenu sa grace : Elle eut de plus la bonté de faire venir
les plus habiles Chirurgiens pour l'y penser. Leur travail ne fut pas inutile : Leran guérit ; il tint exactement
la parole que sa liberatrice avoit donnée qu'il ne porteroit plus les armes pour le Calvinisme, & il fut toûjours
prest de perdre pour elle la vie qu'elle luy avoit conservée.

a Antoine d'Aure, dit de Gramont.
b Iean de Durfort.
c Nicolas Bouhault.
d Antoine de Bayen-court.

On exigea une semblable promesse de *a* Gramont, de
b Duras, de *c* Gamaché & de *d* Bouchavanes, en leur par-
donnant, & ils l'observerent avec la même exactitude.
Beauvais fut tué dans son lit, où il estoit horriblement
tourmenté de la goute ; & la mort qu'il appelloit à son
secours, arriva plûtôt qu'il ne pensoit.

Le Roy de Navarre & le Prince de Condé mandez à
la Chambre du Roy, receurent ordre de changer de Religion. Le Roy de Navarre ne répondit rien, mais le
Prince de Condé osa remontrer à sa Majesté, que l'autorité que Dieu luy avoit donnée sur luy, ne s'étendoit
pas jusqu'à sa conscience : ce qui mit le Roy en telle indignation, qu'il jura de le faire mourir, s'il n'obéissoit
dans trois jours.

e François de Brique-maut.
f Armand de Cava-gnes, Maî-tre des Requestes.
g Martial de Lomé-nies Gref-fier du Conseil.

e Briquemaut l'aîné, & *f* Cavagnes furent pris dans les
Bernardins où ils s'estoient refugiez ; & *g* Lomenie Secretaire du Roy, attaqué par un Catholique qui plaidoit
contre luy pour la Terre de Versailles, eut la douleur de

fe fentir poignarder aprés avoir fait une ceffion de fon droit en bonne forme.

Magdelaine Briffonnet, veuve d'un Maître des [a] Requêtes, fut furprife en fe fauvant avec fa [b] Fille & le Miniftre de [c] Lépine. Les Batteliers qui la reconnurent, la jetterent dans la riviere, aprés l'avoir feulement étourdie à coups de croc. L'eau la fit revenir, & elle tâchoit à gagner le bord, quand ces brutaux acheverent de l'affommer : Mais l'empreffement qu'ils avoient eu pour aller à elle, donna lieu à fa Fille & au Miniftre de fe tirer de leurs mains.

Pierre de la [d] Ramée fameux Profeffeur de l'Univerfité, & Principal du College de Prêle, avoit acquis beaucoup de reputation en plufieurs Sciences qu'il s'eftoit mêlé d'enfeigner, & fur tout par une excellente [e] Grammaire de la Langue Françoife qu'il avoit compofée. Sa generofité eftoit finguliere en fon temps pour un homme de College, puifque bien loin de vivre mefquinement, & de mettre en referve l'argent qu'il recevoit de fes Ecoliers, il en diftribuoit une partie à ceux qu'il fçavoit en avoir befoin, & refervoit l'autre pour un entretion honnefte. Non feulement il ne penfoit point à enrichir fes parens de fon gain, mais il les avoit même fruftrez d'une partie de fon patrimoine, en l'employant à fonder une Chaire pour les Mathematiques : Il ne fe foûmettoit pas aveuglément à l'autorité d'Ariftote, ou du moins il ne fe mettoit point en peine de l'éluder, par les diftinctions barbares que l'Ecole avoit inventées ; & c'eftoit là un crime irremiffible entre les Philofophes de l'Univerfité. Govean avoit efté le premier à luy faire querelle fur un fi foible fujet : Perionius l'avoit continuée,

1 5 7 2.

a Thibault de Longuejoue.
b Françoife de Longuejoue, depuis mariée à Pierre de Boiffi, Seigneur de Creray en Bourgogne, & en fecondes nopces à Robert de Harlay, Seigneur de Montglas.
c Il avoit efté du Colloque de Poiffi, & eftoit âgé de 78 ans.
d Plus connu fous le nom de Ramus.
e Elle a efté fouvent imprimée.

& Charpentier la termina par des voyes qui n'avoient
point encore esté pratiquées entre ceux qui se piquoient
de doctrine. Il envoya chez luy des Soldats, qui aprés
avoir tiré de luy tout ce qu'il avoit de meilleur, sous
promesse de luy sauver la vie, le poignarderent & le
jetterent par la fenêtre de sa chambre, dans la cour du
College, & les Ecoliers animez par leurs Regens, luy
arracherent les entrailles, & le traînerent par les rües.

Lambin, à qui Charpentier n'en vouloit pas moins
qu'à Ramus, quoyque pour un moindre sujet, puisqu'il
ne s'agissoit entr'eux que de quelques corrections sur
Horace, eut tant de peur d'estre assassiné à son tour,
encore que personne ne l'eût jamais soupçonné de Calvinisme, que la frayeur luy donna la fiévre, dont il
mourut un mois aprés.

Salcedé si celebre par la guerre Cardinale qu'il avoit
soûtenuë, ^bBertrandy Maître des Requêtes, & Roüillard
Conseiller au Parlement, qui n'estoient pas moins Catholiques que Lambin, furent tuez par des Soldats à
qui l'on avoit fait accroire qu'ils estoient Calvinistes.

La vie ^cd'Acier fut donnée au Duc ^dd'Usés son frere
aîné ; & ^eCugy, Saint-Romain & le jeune Briquemaut
trouverent à la Cour des amis assez puissans pour obtenir leur grace.

^fBiron passoit pour Calviniste secret, & la justice qu'il
avoit faite de sa propre main, des Soldats Catholiques
trouvez en violant la capitulation de Saint Jean d'Angely, n'avoient pas peu contribué à le persuader. Ainsi
rien n'eût esté capable de le sauver, s'il ne se fût trouvé pour lors grand Maître de l'Artillerie, & logé dans
l'Arcenal où estoient toutes les munitions de guerre
destinées

a Pierre de
Salcede
b Guillau-
me Ber-
trand Fils
unique de
Iean Ber-
trand Car-
dinal &
garde des
Sceaux de
France.
c Iacques
de Crussol
d Antoine
de Crussol
e Aimé
d'Vrre de
Glane.
f Armand
de Gon-
taud.

deſtinées pour le Siege de la Rochelle. Au premier avis qu'il eut du tumulte, il aſſembla tous les Officiers & les gens de travail qui y logeoient, prit des meſures avec eux pour la ſureté commune, garnit d'artillerie les ave-nuës, & fit ſi bonne mine, que les troupes de Bourgeois & de Soldats qui ſe preſenterent les unes aprés les autres pour forcer l'Arcenal, n'oſerent l'attaquer.

On en vouloit principalement au Chancelier de l'Hô-pital, & les plus échauffez des Catholiques coururent à ſa maiſon de Campagne, proche d'Eſtampes, où il eſtoit relegué. Il commanda qu'on leur ouvrît les portes, & ſe prepara à la mort, avec la même fermeté d'ame qu'il avoit vêcu ; mais il ne fut pas obéy. Hurauť-Bel-lebat ſon gendre, & ſes Domeſtiques ſe deffendirent avec tant de vigueur, qu'ils donnerent aux amis du Chan-celier le loiſir de les dégager.

Regnier jeune Gentilhomme de Quercy, évita le dan-ger par une avanture ſinguliere, qu'il eſt bon de rap-porter icy de ſuite, quoyque toutes les circonſtances n'en ſoient pas arrivées en même tempe. Il y avoit une inimitié irreconciliable entre luy & Veſines, Lieutenant de Roy dans la Province. On n'a pas ſçû d'où elle ve-noit, & il eſt à croire qu'elle ne ſubſiſtoit pas toute ſur l'antipatie de leur humeur, quoyque Regnier eût la ré-putation du plus civil, & Veſines, du plus brutal Gen-tilhomme de de-là Loire. Ils eſtoient extraordinaire-ment vaillans, & avoient tous deux beaucoup de ſer-vices, & c'eſtoit là ce qui avoit obligé leurs amis com-muns de travailler à l'accommodement : mais les renta-tives pour les reconcilier, n'avoient ſervy qu'à les aigrir d'avantage, & la Cour même y avoit employé inutile-

ment son autorité. Regnier comme Calvinifte & fervi-
viteur particulier du Roy de Navarre, l'avoit accompagné à Paris; & Vefines Catholique zelé, y eftoit auffi venu recevoir de nouveaux ordres fur fa Lieutenance de
Quercy. On l'avoit expedié la veille de la Saint Barthelemy, & il eftoit à cheval pour partir, fans eftre accompagné que de deux Domeftiques, dont l'un menoit
en main un Barbe, lors qu'il entendit la cloche de Saint
Germain, & qu'il vit commencer le maffacre des Calviniftes. Il feroit difficile d'exprimer les divers mouvemens dont fon cœur fut agité; mais il eft certain qu'il
changea de route, & qu'il prit celle de l'Hôtellerie où
logeoit Regnier. Il y trouva l'Hôte & les Domeftiques
fi éfrayez, qu'ils ne fe mirent aucunement en devoir de
l'empêcher de monter avec fes gens à la chambre de fon
ennemy. La porte en fut bien-tôt enfoncée; & Regnier
appercevant Vefines entrer le premier le piftolet en une
main, & l'épée nuë dans l'autre, fe mit à genoux pour
mourir en recommandant fon ame à Dieu. Vefines, au lieu
de le tuër, luy commanda brufquement de le fuivre; &
Regnier n'obéit que par force, tant il eftoit perfuadé
que fa mort n'eftoit differée que pour le faire languir
davantage, & pour ajoûter l'ignominie à la cruauté. Il
fortit de la chambre, il defcendit le degré, il traverfa
la cour, il entra dans la ruë au moment que Vefines
luy en faifoit figne, & fon étonnement augmenta fans
que fa crainte diminuât, lorfque Vefines montant à
cheval, luy dit de monter fur le Barbe que l'on menoit
en main, & le tira hors de Paris, avec cette précaution
que Vefines alloit feul le premier, & Regnier aprés fuivy
de deux hommes de Vefines, qui l'euffent tué à la moindre

démarche qu'il eût faite pour s'écarter. Lors qu'ils furent en pleine campagne, Vefines toûjours furieux exigea de Regnier une promeffe verbale qu'il ne s'en fui-
roit point, & le conduifit fans luy parler d'avantage,
jufques en Quercy. Regnier ne fçavoit encore ce que
l'on vouloit faire de fa perfonne, quand il fe vit mener
à la porte de fon Château ; & Vefines rompant alors le
filence, luy dit qu'il fçavoit bien qu'il avoit pû fe vanger feurement, mais qu'il ne l'avoit pû honnefte-
ment, parce que la haine qu'il avoit pour Regnier,
ne l'avoit pas empefché de voir qu'il eftoit affez
brave pour eftre traité en Cavalier ; qu'il luy donnoit donc la vie, & qu'il luy rendoit fa parole ; mais
qu'il entendoit que ce fût fans préjudice de leur querelle, & qu'il fe réfervoit à la vuider, lors qu'ils fe
trouveroient en un lieu où l'un n'eût point davantage
fur l'autre : Que Regnier n'avoit qu'à choifir, & qu'il
le trouveroit toûjours auffi difposé à luy faire raifon,
qu'il l'avoit trouvé preft à luy rendre office. Regnier
repartit à Vefines, qu'il mettoit à leur combat une condition impoffible, & que les chofes ne feroient jamais
égales des deux coftez ; que Vefines en le traitant d'une
maniere fi héroïque, luy avoit entierement ofté le courage, les forces & la volonté de fe deffendre, & qu'il
ne luy reftoit plus d'autre party à prendre que celuy de
fuivre fon bienfaiéteur volontairement par tout, aprés
l'avoir fuivy par force, depuis Paris jufques en Quercy.
En achevant ces paroles, il courut à Vefines les bras ouverts à deffein de l'embraffer ; mais Vefines refolu de
pouffer jufqu'au bout la fierté & l'indifference, repliqua
dédaigneufement qu'il luy laiffoit le choix de le traiter

d'amy ou d'ennemy, & donnant des éperons à fon cheval, s'éloigna fi vîte, que Regnier ne pût faire autre chofe que de luy renvoyer fon Barbe. Vefines ne voulut ny le recevoir, ny prendre l'argent qu'il avoit coûté; & fi la haine ceffa par une voye fi peu commune entre deux Gentilshommes, leur reconciliation n'arriva jamais jufqu'à la familïarité. Vefines fut tué fous le regne fui-vant, en deffendant Cahors avec une fermeté qui fit avouer aux Chefs des Calviniftes, qu'ils ne l'euffent point emporté s'il eût vécu : Et Regnier fut plus heureux dans la Ville de Villemur, où il commandoit peu de Bourgeois, & encore moins de Soldats Calviniftes. Il foûtint un long Siége, & fon obftination fut la prin-cipale caufe d'une trés-importante victoire que ceux de fon party remporterent.

a *Nicolas*
de Bau-
fremont.
b *Pierre*
de la Place
Prefident
à la Cour
des Aides.

Le Baron [a] de Seneçay fe mit inutilement en peine de fauver la vie au Prefident [b] de la Place, & les Archers de l'Hôtel envoyez pour le garder, devinrent fes boureaux. Il avoit eu la hardieffe de publier l'Hiftoire de fon tems, où beaucoup de perfonnes vivantes n'eftoient point épargnées, & l'on craignoit qu'il ne la continuât avec auffi peu d'égard. Il fut le dernier des Magiftrats affaffi-nez; & lorfque le maffacre eut finy dans Paris, le Roy, fuivant les mefures prifes avec la Maifon de Guife qui avoit confenty de fe charger de la haine & de l'envie de l'action, écrivit aux Gouverneurs & aux perfonnes pu-bliques des Provinces, que cette Maifon abufant de la permiffion qu'elle avoit euë d'affifter aux nôces de Ma-dame, avoit fuborné un affaffin pour tuër l'Amiral ; mais que le coup n'ayant pas efté mortel, & l'affaffin s'eftant fauvé, les Calviniftes dont les plus braves fe trouvoient

Dans la
premiere
Lettre du
Roy, fur le
Iour de la
S. Barthe-
lemy.

alors auprés de l'Amiral, n'avoient pas voulu attendre
qu'on leur fift juftice, & s'eftoient eux-mêmes ingerez
de fe la faire, en formant contre la Maifon de Guife une
conjuration qui devoit eftre executée le matin du vingt-
quatriéme Août ; mais que trois cens perfonnes en ayant
eu d'abord connoiffance, elle n'avoit pû demeurer fecrete : Que la Maifon de Guife l'avoit fçuë prefqu'auffi-
tôt qu'elle avoit efté refoluë, & que ne fe fentant point
appuyée de la Cour, elle avoit jugé qu'il n'y avoit point
d'autre moyen d'éviter fa ruine, qu'en la prévenant :
Qu'elle avoit touché d'une fi forte compaffion les feize
Colonels de la Bourgeoifie de Paris, en leur perfuadant
que la querelle qu'elle foûtenoit, eftoit purement de Religion, que cette grande Ville avoit pris les armes à l'in-
fceu de fa Majefté, & tué tous les Calviniftes qui n'a-
voient point efté affez diligens pour éviter fa premiere
fureur, en fuyant, ou pour fe cacher jufques à la fin de la
fedition : Que fa Majefté l'avoit calmée le même jour,
& que pour en prévenir les éfets, elle declaroit de nouveau vouloir exactement obferver la derniere Paix concluë avec les Calviniftes, & commandoit aux Magiftrats
d'y tenir la main.

Mais comme une Lettre fut trouvée entre les papiers
de l'Amiral, qui eftoit écrite de la main du Marêchal de
Montmorency, & ne contenoit que les termes ordinaires dont on ufe dans les confolations, excepté fur la fin
que le Marêchal offroit tous fes amis à l'Amiral pour tirer raifon des auteurs de fa bleffure, qu'il fuppofoit n'eftre que trop connus, la Reine-Mere par reconnoiffance
pour la Maifon de Guife, ou de peur de perdre fon credit en devenant moins neceffaire fi le party Catholique

fuccomboit, prit occafion de reprefenter en plein Confeil, que le Roy en imputant à la Maifon de Guife le
maffacre de la S. Barthelemy, alloit exciter une quatriéme
guerre civile pire fans comparaifon que les trois précé-
dentes que l'on avoit eu tant de peine à foûtenir, & plus
encore à terminer, parcequ'on fourniffoit fans y penfer,
deux dangereux pretextes; l'un, à cette Maifon vaillante
& extraordinairement délicate fur le point d'honneur,
de demeurer armée pour fe défendre ; l'autre, au party
Catholique de l'appuyer : Qu'en ce cas le party Calvinifte plus étourdy qu'affoibly de la perte qu'il avoit faite, trouveroit dans la Maifon de Montmorency les Chefs
& le fupplément des forces qu'il avoit perduës, & deviendroit ainfi pour le moins auffi formidable qu'il l'a-
voit efté : Que le Roy feroit alors reduit à la qualité oi-
five de fimple fpectateur des deux partis qui vuideroiét
fans luy leur querelle, au lieu que fi le Roy avouoit ce
qui s'eftoit paffé à la journée de la Saint Barthelemy, la
Maifon de Guife qui n'auroit agy que pour executer les
ordres de fon Souverain, feroit obligée à pofer les armes,
puifqu'en ce cas la protection publique luy fuffiroit, &
la Maifon de Montmorency n'ofant ny s'en prendre à
fon Maître, ny fe joindre aux Calviniftes par un motif
auffi leger que feroit celuy de vanger la mort d'un coufin germain, tué pour des raifons d'Etat, demeureroit
en repos : Qu'à la verité la haine & l'envie du maffacre
eftoient deux chofes de pernicieufe confequence pour
le Roy; mais qu'il le feroit infiniment davantage pour
fa Majefté, de perdre fa reputation chez les Etrangers,
aprés avoir perdu fon autorité chez luy, & de laiffer
dire par toute l'Europe, que les Maifons de Guife & de

Montmorency eſtoient les maiſtres de la France. Le diſcours de la Reine-Mere fit encore plus d'impreſſion ſur
le Roy, que ſur ceux de ſon Conſeil, parce que ce jeune Prince apprehendoit moins d'eſtre hay, que d'eſtre
mépriſé. Il tint dés le vingt-ſixiéme Aouſt, ſon Lit de
Juſtice au Parlement, où il déclara avoir eſté contraint
de commander le maſſacre ſur une conjuration de l'A-
miral & de ſes complices, pour attenter à ſa perſonne ſa-
crée & à celles de ſes deux Freres, & même du Roy de
Navarre premier Prince du Sang, qui ne paſſoit pas dans
leur eſprit pour aſſez fervent Calviniſte, & de faire Roy
le Prince de Condé, en attendant que l'Amiral eût achevé de prendre les meſures neceſſaires pour s'élever luy-
même ſur le Trône par un dernier parricide à l'égard
du Prince de Condé, & des autres Princes du Sang, plus
éloignez de la Couronne.

Dans les Regiſtres du Parle- ment, de 1572.

La premiere Lettre du Roy qui commandoit d'exterminer les Calviniſtes dans chaque Province, y avoit
eſté reçûë differemment, ſuivant le genie & l'interêt des
Magiſtrats. Les moderez avoient attendu un ſecond ordre, qui confirmât le premier, & les violens avoient
mis d'abord la main à l'œuvre. Ainſi Caſſet Procureur
du Roy à Meaux, ſe fit Chef des Catholiques de cette
Ville, qui tuërent une partie de leurs concityoens Calviniſtes & jetterent l'autre dans la Marne. Orleans & les
autres Villes ſur la Loire, ſe vangerent ſur les Calviniſtes,
des revolutions qu'elles avoient endurées à leur occaſion; & ceux d'Angers commencerent l'execution par
le fameux Jean le Maſſon de la Riviere, qui ſe vantoit
d'avoir fondé l'Egliſe Calviniſte de Paris; mais ils laiſſerent échaper un Gentilhomme encore plus fameux,

C'eſtoit René Breſſault de la Rouvraye, Seigneur en An-
jou, qui s'eſtoit fait un baudrier des parties ſecretes des
Anne de Eccleſiaſtiques. S. Phale y proceda dans Troyes avec
Vaudray, moins de bruit : Il fit fermer les Portes de la Ville, &
Seigneur arreſter toutes les perſonnes convaincuës de Calviniſme.
de S. Fale, On les enferma dans un lieu vaſte ; on en tira ceux qui
Bailly de voulurent bien changer de Religion, les autres y furent
Troyes. tuez avec cette precaution, que le meſme lieu qui leur
avoit ſervy de priſon, leur ſervit auſſi de tombeau. Il ne
ſe ſauva des Calviniſtes de Bourges, que deux Profeſſeurs
de droit, François Hotman & Hugues d'Onel, que cinq ou
ſix cens de leurs Ecoliers la plûpart Allemands enleve-
rent de leurs maiſons, ſous pretexte de les mener à l'Hôtel de Ville, & les mirent en lieu de ſureté.

François Mandelot ſe mit inutilement en devoir d'empêcher
de Man- à Lyon le maſſacre de treize cens Calviniſtes, & ſur tout
delot, de- de l'incomparable Muſicien Gaudinel, ſi connu ſous le
puis Che- nom de Claudin le jeune. Son plus grand crime fut d'a-
valier du voir inventé les plus beaux airs des Pſeaumes de Marot
S. Eſprit. & de Beze, qui ſe chantoient au Prêche ; & pour l'en
punir, on n'eut point d'égard à la Loy Romaine indul-
gente aux perſonnes ſingulieres en leur profeſſion, à
cauſe que le Public en s'en défaiſant, perdoit ſans comparaiſon davantage, qu'il ne profitoit par l'exemple de
leur ſupplice.

Claud: de Le Comte de Tende, Gouverneur de Provence, ré-
Savoye. pondit à celuy qui luy porta l'ordre d'exterminer les
Calviniſtes du Pais, qu'il avoit reçû du Roy quatre jours
auparavant, un ordre contraire ; & que dans la difficulté
d'obéïr où il ſe trouvoit reduit, il croyoit devoir s'en
tenir à celuy des deux qui paroiſſoit le plus conforme
aux

aux bonnes intentions de la Cour, comme eſtoit ſans doute le premier, puiſqu'il maintenoit la Paix dans l'E-tat, en épargnant le ſang des Sujets. Cette défaite toute reſpectueuſe qu'elle étoit, né fut point agreée, & le Comte mourut quelque temps aprés avec ſoupçon d'avoir eſté empoiſonné.

L'excuſe de Gordes Lieutenant de Roy en Dauphiné, *Bertrand*
fut plus plauſible & plus heureuſe tout enſemble, puis *deSimiane*
qu'il en fut quite pour remontrer que les Calviniſtes eſtoient ſi puiſſans dans la Province, que non ſeulement il ſeroit impoſſible de les maſſacrer par ſurpriſe, mais encore au moindre ſigne que l'on feroit d'en avoir le deſſein, il y avoit à craindre qu'ils ne traitaſſent les Catholiques de la même maniere qu'on auroit voulu les traiter, & ne s'érigeaſſent en Republique avec l'aſſiſtance que les Suiſſes ſeroient toûjours prêts de leur donner en ce cas. Saint-Herem Gouverneur d'Auvergne, parla avec plus de vigueur que Tende, & ne fut pas pourtant ſi malheureux. Il repartit que pour executer un ordre ſi ſangui-naire, il voudroit le recevoir de la bouche du Roy. Le maſſacre de Toulouze n'eut rien de particulier, ſinon que Corras & les autres Conſeillers du Parlement, ſuſpects de Calviniſme, furent pendus aux ormes plantez dans la cour du Palais. Et celuy de Roüen fut accompagné d'une devotion tout-à-fait bizare: Les meurtriers s'abſtinrent ſcrupuleuſement de piller, & prirent le ſoin de partager dans la derniere exactitude aux pauvres Catholiques, les depouïlles des morts Calviniſtes.

Ainſi finit l'action de la Saint Barthelemy, qui ſeroit unique en ſon eſpece, ſi elle n'avoit point eſté précedée par celle de Mithridate qui fit tuër en un jour quarante

mille Romains dans l'Afie, & par celle des Vefpres Sici-
liennes : Mais fi elle leur eft femblable en la plûpart de
fes circonftances, on ne peut nier qu'elle ne les furpaffe
dans les deux plus confiderables de toutes, qui font que
Mitridate & les Siciliens n'attaquerent que des Etrangers,
& qu'ils ne s'attacherent qu'à ceux qu'ils avoient intereft
de tuër ; au lieu que les François s'acharnerent contre
leurs compatriotes, & qu'il n'y périt gueres moins de Catholiques que de Calviniftes.

Le Roy de Navarre, le Prince de Condé, fa femme &
fa belle-mere furent obligez de retourner à la communion de l'Eglife Romaine ; & la Reine-Mere qui croyoit
avoir par là tellement abattu l'herefie en France, qu'il
luy feroit déformais impoffible de fe relever de fa chute,
reprit fes premiers deffeins de procurer au Duc d'Anjou
une Couronne étrangere. Elle déferoit trop aux prédi-
ctions de l'Aftrologie judiciaire, & les plus habiles en
cette fcience l'avoient affeurée qu'elle verroit regner fes
trois Enfans ; mais ils ne luy avoient pas dit que ce feroit l'un aprés l'autre : Et comme toutes les perfonnes
ont un penchant naturel à interpreter les chofes ambi-
guës en la maniere qui leur eft la plus favorable, la Reine-
Mere s'eftoit figurée que la promeffe des Aftres s'accordoit avec fon intention, & qu'elle n'avoit qu'à feconder
autant qu'elle pourroit, leur influence fecrete pour devenir la plus heureufe Princeffe du monde, en voyant
regner fes Fils en même temps. En quoy fon erreur eftoit
d'autant plus excufable, qu'il n'eftoit prefque pas poffible de juger autrement, en déterminant la prédiction
par les apparences, puifque le Roy eftoit d'un temperament extraordinairement vigoureux, & tel que les An-

ciens repreſentoient dans leurs Atletes, & que la groſ-
ſeſſe de la Reine ſa femme, avoit paru bien-tôt aprés ſon
Mariage. Il ne reſtoit qu'à découvrir en quel lieu le
Duc d'Anjou pourroit regner ; & aprés que les eſperances du Mariage de ce Prince avec la Reine d'Angleterre, eurent paſſé dans l'eſprit de la Reine-Mere pour
ce qu'elles eſtoient en éfet, c'eſt-à-dire pour une pure
illuſion, elle s'attacha à l'avis que les Marchands de Provence luy donnerent. C'eſtoit le Royaume d'Alger dont
ils luy repreſenterent la conquête aiſée par trois raiſons
aſſez convaincantes : La premiere, que les Turcs eſtoient
ſi occupez à rétablir leur Armée navale ruinée à Lepante, qu'il leur ſeroit impoſſible de prendre la protection
d'Alger : La ſeconde, que le Sultan Selim eſtoit alors
trés-mal ſatisfait des Corſaires de ce Royaume, qui n'o-
béiſſoient que par caprice, & n'avoient pas voulu joindre à point nommé leurs Vaiſſeaux aux ſiens, d'où s'eſtoit
enſuivie la perte de la Bataille ; & la derniere, que ceux
d'Alger perſuadez par les entrepriſes que l'Eſpagne formoit de temps en temps pour les ſurprendre, qu'ils ne
pourroient à la longue ſe maintenir dans l'eſpece de Republique qu'ils avoient établie ſous la protection du
Grand-Seigneur, aimeroient mieux s'aſſujetir à un Prince
François qui conſerveroit & augmenteroit même leur
Couronne, que de tomber ſous la domination des Eſpagnols qui n'aſpiroient à la conquête d'Alger, que pour
razer immediatement aprés leur Ville ſi riche & ſi peuplée, & en comblant le Port admirable que la nature y
avoit fait, mettre à l'avenir leurs côtes en ſeureté : Mais
la Reine-Mere n'eſtoit pas ſi prévenuë de la facilité d'acquerir Alger par voye de négociation, ou de s'en empa-

Tt ij

rer par force, qu'elle ne prévît que de quelque maniere que le Duc d'Anjou y pensât, il faloit toûjours commencer par une Ambaſſade extraordinaire à Conſtantinople, parceque ſi les Turcs ne ſe ſentoient pas aſſez forts pour proteger ceux d'Alger, ils aimeroient mieux les abandonner par accommodement, que de témoigner leur foibleſſe en les laiſſant perdre, & qu'en ce cas le Duc d'Anjou ſeroit preſqu'aſſuré du ſuccés ; & ſi les Turcs s'obſtinoient à maintenir en liberté une Ville qui ſeule faiſoit plus de mal à la Chrêtienté que le reſte des Infideles, il ſeroit toûjours bon de prendre des meſures à la Porte pour empêcher que la guerre d'Alger n'interrompît le commerce de la France dans le Levant.

Cét employ n'eſtoit propre qu'à un homme conſommé dans les negociations les plus difficiles ; & la Reine Mere, par un bonheur qui contribua plus que tout autre choſe à augmenter ſa reputation hors du Royaume, en avoit deux au lieu d'un, Jean de Montluc Evêque de Valence, & François de Noailles Evêque d'Acqs. Ces deux Prelats poſſedoient en un ſi haut degré toutes les qualitez neceſſaires, & même bien-ſeantes à un excellent Ambaſſadeur, qu'ils eſtoient incomparables pour le caractere & pour l'étenduë d'une fonction ſi difficile ; & ce n'eſt pas trop les loüer, que de dire que depuis que l'Ambaſſade eſt devenuë l'école de la politique, aucun étranger ne les a égalez, comme aucun François ne les a ſurpaſſez. On a trouvé dans la Vie de François premier, plus d'une occaſion de repreſenter le genie de l'Evêque de Valence, & l'on continüera dans ce Livre & dans le ſuivant. L'Evêque d'Acqs luy eſtoit ſemblable pour les qualitez de l'eſprit, & s'il luy cedoit en faveur,

il avoit l'avantage fur luy pour ce qui regardoit le courage & la probité. Le merite de ce Prelat eftoit connu
par toute l'Europe, quoyqu'on n'y eût pas eu pour luy
tous les égards qu'on luy avoit promis. Il eftoit puîné
de fa Maifon : Son merveilleux talent pour la negociation, avoit éclaté dés qu'Antoine Seigneur de *Noailles
fon Frere aîné, l'avoit introduit à la Cour ; & la Reine
Mere aprés l'avoir éprouvé en des affaires de moindre
importance, avoit obtenu fucceffivement pour luy, les
Ambaffades d'Angleterre, de Rome, de Venife & les
deux de Conftantinople, afin qu'il eût lieu de s'exercer
dans les quatre Etats de l'Europe, où elle eftoit alors en
ufage avec plus de rafinement. Il avoit difpofé dans la
premiere de Conftantinople, les Venitiens à feparer leurs
interefts d'avec ceux de l'Efpagne, & à traiter fans elle ;
& avoit enfuite tellement avancé leur reconciliation avec
le Grand-Seigneur, qu'il la conclut depuis en huit jours
dans fa deuxiéme Ambaffade. Une mediation fi difficile,
ménagée avec autant d'adreffe que de fuccés, luy avoit
acquis des habitudes particulieres avec les Miniftres de
la Porte, & la Reine-Mere pour en profiter, luy ordonna de fonder les intentions de Selim, à l'égard du Royaume d'Alger. Il ne confera pas longtemps avec Mufta-
pha premier Vifir, fans reconnoître que la Reine-Mere
s'eftoit trompée, & que les Turcs ne confentiroient jamais que le Frere d'un Roy de France, s'établît en Afrique : car ils demeurerent fermes fur la negative, & la
pretexterent fur la maxime de leur Religion, qui deffendoit d'abandonner aux Chrétiens, les lieux où il y avoit
eu des Mofquées. Ils ajoûterent neantmoins pour adoucir leur refus autant qu'il eftoit poffible, & peut-eftre

a *En Li-
moufin,
Confeiller
& Cham-
bellan du
Roy, Che-
valier de
l'Ordre,
Gouver-
neur des
Enfans de
France, &
Ambaffa-
deur en
Angle-
terre.*

aussi pour ne pas mécontenter tout-à-fait la France, en un temps où ils avoient encore les armes à la main contre l'Espagne, qu'ils seroient ravis de satisfaire le Duc d'Anjou en quelqu'autre chose ; & l'Evêque crût ne devoir pas laisser échaper ce témoignage de bonne volonté, sans en tirer avantage en poussant le premier Visir *Dans la* aussi loin qu'il se pouvoit en matiere d'intrigue. Il pressa *Lettre de* en tant de manieres Mustapha de s'expliquer davanta- *l'Evêque* ge, que ce Ministre, contre la coûtume de ceux qui *au Roy, sur* l'avoient precedé, fit confidence à un François, d'une *ce sujet.* partie trés-importante du secret de son Maître : Il dit à l'Evêque, que si le Duc d'Anjou vouloit entreprendre sur l'Italie, ou sur les Isles de la Mer Mediterranée, le Grand Seigneur luy donneroit à commander une Flote de deux cens Galleres, non plus avec les ordres limitez de celles qui avoient esté envoyées aux Rois François premier & Henry second, sous la conduite de Barberousse & de Dragut, mais avec un pouvoir absolu, & sur tout à condition que toutes les conquêtes qu'elle feroit, demeureroient au Duc d'Anjou sans tribut & sans redevance.

Une proposition si avantageuse, ne toucha pas l'Evêque autant qu'elle eût fait, s'il n'eût consideré qu'il ne falloit pas r'appeller les Turcs dans l'Italie, d'où l'on avoit eu tant de peine à les chasser lorsqu'ils s'estoient emparez d'Otrante, & qu'il n'y avoit aucune apparence que la Reine-Mere consentît que le Duc d'Anjou tournât ses pensées de-là les Alpes, où les Places extraordinairement fortifiées, rendroient leur conquête de trés-longue haleine. L'Evêque sçavoit encore que les Turcs n'aimoient pas à combatre pour les seuls interests d'au-

1572.

truy, quelque promeſſe qu'ils en fiſſent. Il remercia donc
le Vizir en des termes qui ne pouvoient eſtre plus hon-
nêtes, ny plus reconnoiſſans; & de crainte que ce Miniſtre ne ſe doutât de la veritable raiſon qui empêchoit
d'accepter ſes offres, il luy en ſuggera une ſuppoſée.
Elle conſiſtoit en ce que les François eſtoient ſi rebutez
d'avoir porté leurs armes en Italie ſans aucun fruit durant quatre-vingts ans, qu'ils ne voudroient pas s'enrôler ſous les Enſeignes du Duc d'Anjou, de peur de remplir à leur tour les cimetieres d'un pays qu'ils appelloiét
le ſepulchre de leurs peres. On n'oſeroit aſſeurer que le
Vizir fût ſatisfait de cette raiſon, mais il eſt certain qu'il
agit à peu prés de même que s'il l'eût eſté. Il témoigna
du regret de ce que l'affection du Sultan pour le Duc
d'Anjou devenoit inutile, & il ajoûta qu'il faloit penſer
à quelqu'autre expedient d'obliger la France, ſans violer
l'Alcoran. Il ne chercha pas longtemps cét expedient
ſans le trouver, & peu de jours aprés il manda l'Evêque
pour luy dire que ſi le Duc d'Anjou vouloit entreprendre la conquête des Pays-bas, où l'on ne doutoit pas
que les mécontens & generalement tous les peuples ennuyez de la domination Eſpagnole, ne le reçûſſent à bras
ouverts, le Sultan envoyeroit dans la Mer Mediterranée
ſa Flote qui tiendroit tellement en échec l'Italie & les
Iſles voiſines, que les Eſpagnols n'oſeroient ny en éloigner la leur, ny en tirer un Soldat pour le faire paſſer en
Flandres, d'où il arriveroit que les Pays-bas attaquez vigoureuſement par les Troupes aguerries qui ſe trouvoiét
alors en France, & ne recevant point de ſecours, chan-
geroient de Maître dés la premiere campagne, ou au
plus tard à la fin de la ſeconde, & que le Sultan donne-

1 5 7 2. roit par avance une declaration de ne rien pretendre
pour les frais de la guerre.

Dans la
derniere
Lettre de
l'Evêque
au Roy.

a Iagellon
Grand
Duc de
Lituanie,
ayant é-
pousé le 12.
Fèvr.1386
Hedvvige
Reine de
Pologne,
l'une des
filles de
Louis dit
le Grand,
Roy de
Hongrie
&dePolo-
gne, Prin-
ce de la
Maison de
France, de
la IV bran-
che d'An-
jon-Sicile,
Joignit ce
Duché au
Royaume
de Pologne
& après
son Bapté-
me, se fit
appeller
Ladislas
IV.

L'Evêque n'admira pas moins qu'il approuva cette seconde proposition ; & de fait, outre l'exacte connoiffance des affaires des Chrétiens, qu'elle présuppofoit en
celuy qui l'avoit faite, elle marquoit une franchise &
un desinteressement qui n'estoient pas ordinaires aux
peuples d'Orient. Il en avertit la Reine-Mere, & luy fit
un détail curieux de toutes les raisons politiques qui
sembloient obliger le Duc d'Anjou à profiter de l'inclination qu'avoient pour luy les Infidelles. Il ajoûta même
que ce Prince pouvoit mener en Flandre une puissante
Armée de François, sans donner aux Espagnols occasion
de rupture, & par consequent sans s'exposer à l'inconvenient que sa Majesté apprehendoit le plus, qui estoit
de commettre les deux Couronnes l'une contre l'autre.
Le Conseil de France ne fit point alors assez de reflexion sur sa Lettre, mais les raisons qu'il y marquoit, eurent plus d'effet dix ans après, sur l'esprit du Duc d'A-
lençon : Et l'on remet à les representer dans la Vie de
Henry III. parce qu'elles furent inutiles pour le dessein
que l'Evêque s'estoit proposé.

La Reine-Mere avoit deux pensées en même temps,
pour le Duc d'Anjou ; & les soins qu'elle prenoit de
luy procurer la Couronne d'Alger, ne diminüoient rien
des offices qu'elle faisoit pour l'élever sur le Trône de la
Pologne. Sigismond Auguste estoit le dernier de la Maison de ª Jagellon, qui avoit uny la Lithuanie à la Pologne : Il n'avoit point eu d'enfans de ses trois ᵇ Femmes ;
&

ᵇ Elizabeth d'Autriche, Barbe Radzivil, & Catherine d'Autriche, Sœur d'Elizabeth, & toutes deux filles de l'Empereur Ferdinand I.

& quoyqu'il n'eût que cinquante ans, il eſtoit devenu ſi **1 5 7 2**
infirme, qu'il n'y avoit point d'apparence qu'il vécuſt
longtemps. Ceux qui pretendoient luy ſucceder, faiſoiét
déja leurs brigues, & s'en cachoient d'autant moins, que
d'un côté la Couronne de Pologne eſtoit élective, & de
l'autre le Roy s'eſtoit declaré qu'il n'avoit point d'autre
intereſt à ménager dans cette affaire, que de donner ſa
Sœur en mariage à celuy qui ſeroit élû. Ainſi tous les
Princes Chrêtiens qui ſe trouvoient en état d'épouſer la
Princeſſe, y pouvoient aſpirer, & le Duc d'Anjou dans
la préſuppoſition de la Reine-Mere, y devoit avoir
d'autant plus de part, qu'il eſtoit beaucoup mieux fait
que les autres, & qu'il avoit infinîment plus de merite
& de reputation : Mais s'il l'emportoit ſur ſes autres rivaux par les qualitez perſonnelles, il cedoit par la faveur, c'eſt-à-dire par le nombre d'amis, au jeune Archiduc Erneſt, Fils de l'Empereur Maximilien ſecond. L'Archiduc avoit à ſa devotion la Nobleſſe Polonoiſe, attachée depuis cent ans à la Maiſon d'Aûtriche, & cette
Nobleſſe n'eſtoit pas en petit nombre. Il s'eſtoit de plu-
aſſeuré de la brigue de la Reine de Pologne, Sœur de
l'Empereur.

Ainſi il eſtoit le plus redoutable des rivaux du Duc
d'Anjou, & l'on ne pouvoit rompre ſes meſures ſans les
connoître. On ne ſçavoit même ſi pour regner en Pologne il n'uſeroit pas du ſtratagême dont s'eſtoit ſervy
l'Empereur Charles-Quint pour obtenir l'Empire, & s'il
ne feroit point marcher des Troupes vers la frontiere
de Sileſie, afin d'intimider les Electeurs. Pour en eſtre
ſuffiſamment éclaircy, il faloit envoyer ſur les lieux une
perſonne intelligente qui ne fût point ſuſpecte, & la

Reine-Mere preſſa l'Evêque de Valence de la choiſir.
Ce Prélat par une licence déplorable avoit eu un *Fils
d'une ᵇ Demoiſelle qui pretendoit eſtre ſa femme legitime : La queſtion de la validité de ce mariage qui demeura indéciſe durant ſa vie, l'a encore eſté longtemps
aprés ſa mort ; & le Marêchal de Montluc ſon frere qui
avoit le principal intereſt à le faire declarer nul, en parle
dans ſes Commentaires d'une maniere tout-à-fait obſ-
cure. Cét enfant qui fut depuis Marêchal de France &
Prince ſouverain de Cambray, avoit eſté élevé ſous le
nom de Balagny, avec autant de ſoin que s'il n'y eût eu
rien à dire à ſa naiſſance. Il achevoit d'apprendre dans
l'Academie de Padouë la plus celebre de l'Europe, ce
qui ſert à perfectionner les jeunes Cavaliers, lorſque ſon
Pere jetta les yeux ſur luy pour l'envoyer à la Cour de
l'Empereur faire la fonction d'un honnête obſervateur,
pour ne pas dire eſpion, & à la Cour de Pologne ſervir
de panegyriſte au Duc d'Anjou. Ces deux Commiſſions
eſtoient preſqu'également difficiles, quoyqu'elles ne fuſſent pas également dangereuſes. Balagny avoit tout ce
qu'il faloit pour s'en acquiter dignement, & le choix de
ſa perſonne ne venoit pas tant de l'amour paternel que
de la juſtice qu'on rendoit à ſon merite. S'il n'avoit pas
toute la ſolidité d'eſprit que l'on admiroit dans l'Evêque, il en avoit au moins toute la ſubtilité ; & s'il ne
poſſedoit pas encore toutes les qualitez requiſes pour
conduire à ſa fin par une infinité de détours les négociations les plus embarraſſées, il ne luy en manquoit aucune
pour les bien commencer : Et de fait, il partit de Padouë, aprés y avoir receu par écrit une ample inſtructiõ
de ſon Pere, & traverſa l'Allemagne, comme un jeune

a Iean de
Montluc.
b *Anne*
Martin.

Dans l'in-
ſtruction
de Balagny

Gentilhomme voyageant à deffein de fe former par la
connoiffance des mœurs étrangeres. Il arriva à la Cour
de Vienne, & y ménagea avec tant d'adreffe les habitudes que l'Evêque de Valence y avoit déja, que le fecret
de l'Empereur, en ce qui regardoit la Pologne, fut enfin découvert. Il confiftoit en ce que ce Prince penfoit
en éfet à la Couronne de Pologne pour l'Archiduc fon
Fils, & il doutoit fi peu de l'obtenir, en joignant la brigue de la Maifon d'Aûtriche à celle de la Reine fa Sœur,
qu'il ne fe mettoit point en peine de lever des Troupes,
ny de les envoyer en Silefie, foit qu'il apprehendât de
faire une dépenfe à contre-temps, celle qui eftoit neceffaire épuifant prefque tout l'argent qu'il tiroit de fes
Etats, ou qu'en faifant un armement extraordinaire, qu'il
évitât fur toutes chofes de donner tant foit peu d'ombrage aux Turcs, & de leur fournir ainfi le pretexte qu'ils cherchoient peut-eftre de rompre la Treve en Hongrie. Il re-
duifoit donc toute fa politique à tâcher d'élever fon Fils
fur le Trône de Pologne par la feule voye des offices, &
Balagny n'en eut pas plûtôt informé la Reine-Mere &
l'Evêque de Valence, que ces deux perfonnes éclairées
jugeant que l'obftacle que le Duc d'Anjou recevroit de
la Cour de Vienne, ne feroit pas invincible, dépêche-
rent à l'Evêque d'Acqs un Coutrier extraordinaire qui
le trouva au commencement de l'année 1573. à Ragufe,
où il eftoit arrivé en retournant de Conftantinople, &
luy porta l'ordre de reprefenter au premier Vizir, que fi
la Nobleffe de Pologne ne s'affujettiffoit point à élire
pour Roy celuy que le Grand-Seigneur luy recomman-
deroit, elle auroit du moins pour fa Hauteffe la déference de ne point élire celuy qu'elle fçauroit luy eftre

défagreable : Que fa Hauteſſe avoit ainſi le droit d'ex‑
cluſion, & qu'elle n'en pouvoit uſer d'une maniere plus
accommodée à ſes intereſts preſens, qu'en s'en préva‑
lant de bonne heure contre l'Archiduc : Que la Maiſon
d'Aûtriche eſtoit l'ennemie naturelle de celle des Otto‑
mans, & la ſeule de la Chrêtienté dont l'aggrandiſſement
leur eſtoit à craindre : Que le differend où elles eſtoiét
depuis tant d'années pour la Hongrie, ne ſe vuideroit
que par l'entiere ruine de l'une ou de l'autre ; & qu'en‑
fin il n'y avoit jamais eu de Maiſon qui entendît mieux
que celle d'Aûtriche, l'art de reduire inſenſiblement les
Etats électifs en hereditaires : Qu'elle avoit fait ſon ap‑
prentiſſage ſur l'Empire, où elle avoit tourné les eſprits
en ſa faveur d'une maniere ſi ingenieuſe, en ſouffrant
que l'hereſie les diviſât : Que ny les Catholiques, ny les
Lutheriens n'avoient plus de liberté de ſe choiſir un
Maiſtre hors de chez elle : Que l'Empereur travailloit
ſur le même deſſein, dans ce qui luy reſtoit de la Hon‑
grie & de la Boheme ; & que ſi ſon Fils montoit une fois
ſur le Trône de Pologne, il en changeroit auſſi-tôt la
forme du Gouvernement : Que s'il pouvoit diſpoſer à
ſon gré des ſoixante & dix mille Gentilshommes, dont
la Nobleſſe de ce Royaume eſt compoſée, & les joindre
aux forces d'Allemagne, de Boheme & de Hongrie, par
un lien plus eſtroit que n'avoient eſté ceux des ligues
precedentes entre ces Etats, il s'en formeroit un orage
ſi terrible contre les Turcs, qu'ils n'en auroient point
encore eſſuyé de ſemblable.

Le 2.iour de Mars 1573. Le premier Vizir penetré de la force de ces raiſons
que l'Evêque luy avoit expliquées plus au long le deu‑
xiéme jour aprés ſon retour à Conſtantinople, en con‑

vainquit le Sultan Selim, & receut de luy l'ordre d'assurer l'Evêque d'Acqs que la Porte ne manqueroit pas de
profiter en temps & lieu de l'avis qu'il luy avoit donné.
Balagny ne s'estoit point arrêté à Vienne, aprés y avoir
éventé le secret de l'Empereur. Il estoit allé par la Boheme & par la Silesie en Pologne, où il ne fut pas si
heureux qu'il l'avoit esté dans l'Autriche. Il trouva en
entrant dans la Ville de Varsovie, que le Roy de Pologne en estoit party pour visiter le grand Duché de Lithuanie. Il le suivit à grandes journées, mais il ne pût
l'atteindre qu'à Vilna capitale du pays, où sa Majesté fut
malade si dangereusement, que d'abord les Medecins
désespererent de sa guerison. Balagny contraint par cét
accident de hâter sa Négociation, fit pour le voir plusieurs instances qui furent inutiles. Il ne laissa pas neanmoins de s'insinuër à la Cour, d'y frequenter les Grands,
d'assister à leurs festins, & d'y boire souvent à la santé du
Duc d'Anjou, pour avoir occasion de parler & de faire
l'éloge de ce Prince. Il n'en disoit neantmoins qu'autant
qu'il faloit pour exciter la curiosité de le mieux connoître, & aprés il entretenoit amplement en particulier & à
loisir ceux qui n'estoient pas contens du peu qu'il leur
avoit dit à table, de la bonne mine & de la valeur de ce
Prince. Ceux qu'il avoit instruits de la sorte, ne manquoient pas d'en instruire d'autres, parce que ce qu'ils
venoient d'entendre estoit nouveau à leur égard, & a-
greable à repeter; & ce fut par là que les Courtisans de
Pologne furent tous persuadez avant la mort de leur
Roy, qu'il n'y avoit dans la Chrêtienté personne plus
digne de luy succeder que le Duc d'Anjou. Balagny qui
n'avoit plus de pretexte de demeurer à Vilna, aprés que

1 5 7 3. Sigifmond eut expiré, en partit à la verité pour retourner en France, mais ce fut en voyageur qui avoit la Pologne à traverser, & qui se piquoit de voir en passant les
maisons des Grands, de leur faire des civilitez, de prier
qu'on luy montrât ce qu'il y avoit de rare en chaque
lieu, & de se détourner souvent du droit chemin pour
satisfaire sa curiosité. Il eut ainsi la liberté d'entretenir
toutes les personnes considerables qu'il n'avoit pas trouvées à la Cour ; mais il luy fut impossible d'executer l'article le plus précis de son instruction. Il portoit de visiter la * Sœur du Roy, & de luy donner l'idée la plus a-
vantageuse du Duc d'Anjou, qui seroit possible ; mais
les Senateurs du Royaume avoient apprehendé que les
prétendans à la Couronne ne la fissent enlever, dans l'esperance que celuy qui en seroit le maître dût infailliblement estre preferé aux autres. Elle avoit esté priée de
demeurer dans le Château de Cracovie ; & on l'y obser-
voit avec tant d'exactitude, qu'aucun étranger n'avoit
la permission de l'aborder. Balagny fut compris inexo-
rablement sous cette loy, quoyqu'il fist pour s'en dispenser.

*Anne de
Pologne
mariée
depuis
avec
Estienne
Batory,
Prince de
Transsil-
vanie, &
Roy de
Pologne,
ell'an·
1576.*

　　L'Evêque de Valence son pere, estoit party de Paris
au premier bruit de la mort du Roy Sigifmond, en qualité d'Ambassadeur extraordinaire de France en Pologne ;
mais il avoit esté surpris à Saint-Disier d'une dissenterie,
dont il n'estoit pas encore tout-à-fait guery, lors qu'il
apprit l'execution de la Saint Barthelemy. Elle estoit en
toute maniere si contraire à son dessein, que toute autre que luy eût desesperé le succés, & s'en fut retourné
à la Cour y faire des plaintes, de ce qu'elle venoit de
mettre un obstacle presque invincible à l'execution des

ordres qu'elle donnoit. Il y avoit en Pologne beaucoup
de Gentilshommes Proteſtans, & ſi le Duc d'Anjou avoit
à eſtre éleu, on ne doutoit point que ce ne fût principalement par leurs ſuffrages, ceux de la plûpart des Catholiques zelez, eſtans acquis à l'Archiduc Erneſt. Cependant on eſtoit aſſuré que les mêmes Proteſtans chan-
geroient en une averſion implacable, la haute eſtime
que Balagny leur avoit donnée de ce Prince, au moment
qu'ils le regarderoient comme le parricide de leurs freres. Ceux des Catholiques qui n'avoient point encore
déterminé à qui ils donneroient leurs ſuffrages, ne ſeroient apparemment gueres mieux diſpoſez en faveur
du Duc d'Anjou, car encore qu'ils ne fuſſent pas fâchez
que l'hereſie eût receu en France le dommage qu'elle y
avoit ſouffert, il leur paroîtroit horrible que le Duc
d'Anjou en eût eſté l'un des principaux auteurs, & ils
craindroient de ſe donner un Maître qu'ils ſçauroient
avoir conſenty de ſang froid, au meurtre de trente mille
perſonnes. Enfin l'Evêque de Valence ne pouvoit s'exem-
ter de paſſer ſur les Etats des Princes Proteſtans d'Alemagne, qui le connoiſſoient pour le plus ſecret confident de la Reine-Mere, & qui ne pouvant douter qu'il
n'eût au moins ſçû le deſſein de la S. Barthelemy, van-
geroient ſur luy la mort de l'Amiral, dont ils avoient la
memoire en ſinguliere veneration, ou ſouffriroient que
les plus zelez de leurs Sujets pour la nouvelle Religion,
le déchiraſſent ; mais aprés tout, l'Evêque eſtoit redevable de ſa fortune à la Reine-Mere. Il ſçavoit mieux que
nul autre juſques à quel point cette Princeſſe eſtoit poſ-
ſedée de la paſſion de voir ſon ſecond Fils ſur le Trône
de Pologne : Il ſe connoiſſoit aſſez pour ſe juger ne-

ceſſaire dans une Négociation ſi difficile, & quoyqu'i fût avancé dans l'âge, & qu'il reſſentît déja les incommoditez de la vieilleſſe, il ſe laiſſoit encore flater par la gloire d'achever ſa vie, en ajoûtant aux treize Ambaſſades dont il s'eſtoit acquité dignement, une quatorziéme dont le ſuccés le mettroit infiniment au deſſus des François qui s'eſtoient ſignalez avant luy par cette voye.

Ces conſiderations le déterminerent à partir, & comme il y avoit moins de danger à le faire, avant que l'on fût bien informé dans les lieux par où il devoit paſſer, du maſſacre des Calviniſtes à Paris, il n'attendit pas qu'il fût guery pour continuër ſon voyage ; mais l'agitation eût augmenté peut-eſtre ſon mal, s'il n'eût eſté contraint de s'arrêter par une avanture imprévûë. Manegre Major de la Garniſon de Verdun, le vit paſſer ſur le Pont à Mouſſon, & s'imagina d'autant plus aiſément qu'il s'alloit refugier en Allemagne, qu'il le tenoit pour heretique. Il paſſa de cette fauſſe préſuppoſition dans une autre, & crut rendre un ſervice important à la Cour, en ſe ſaiſiſſant de ſa perſonne. Il le prit priſonnier, & le mena à Verdun, où il confera avec Macereau Secretaire de l'Evêque * du lieu, s'il tuëroit l'Evêque de Valence, ou s'il attendroit pour s'en défaire, des ordres de la Cour. Macereau avoit un frere Eccleſiaſtique & grand Theologien, qui avoit eſté Precepteur du Duc de Guiſe. Ce Prince avoit promis de demander pour luy le premier Evêché vacant, & Macereau qui le ſçavoit, s'imagina que s'il alloit en poſte à la Cour avant la mort de l'Evêque de Valence, il concluëroit plus ſeurement l'affaire de ſon Frere. Il obligea donc Manegre à differer de le tuër juſqu'à ſon retour ; mais il fut étrangement ſurpris de trouver

* Nicolas Pſaume.

trouver la Reine-Mere dans une extrême colere de la dé- 1 5 7 3.
tention de l'Evêque de Valence. Sa Majesté le menaça de
le punir exemplairement, s'il ne s'en retournoit avec la
même diligence qu'il estoit venu, pour délivrer son prisonnier ; & l'Evêque n'évita ce danger que pour tomber
incontinent aprés dans un autre. Il fut reconnu à Franc-
fort par des Colonels Allemands qui avoient servy dans
les guerres civiles, sans avoir esté tout-à-fait payez de
leur solde. Ces brutaux se saisirent de sa personne par
droit de represailles, & ne le mirent en liberté qu'aprés
qu'il leur eut donné trois cens écus. Le marché fut long
à conclure, parce que l'Evêque à qui la Cour n'avoit
donné que dix mil écus pour négocier en Pologne, mé-
nageoit sa bourse ; & la Reine-Mere craignant que les
Colonels Allemands ne le délivrassent point du tout, ou
ne le délivrassent trop tard, envoya en sa place à Cracovie, Giles de Noailles Abbé de Lisle, Frere puîné de
l'Evêque d'Acqs. Cependant l'Evêque de Valence se tra-
vestit pour éviter une troisiéme détention, & arriva par
de longs circuits sur la frontiere de Pologne, d'où il envoya Bazin son Secretaire, à la Diette avec une Lettre *Iean Ba-*
qui proposoit le Duc d'Anjou en qualité de pretendant *zin, Pro-*
à la Couronne, & qui répondoit aux bruits qu'elle di- *cureur du*
soit inventez par les ennemis de ce Prince, à dessein de *Roy à*
l'en exclure. Ils se reduisoient tous à la journée de Saint *Blois.*
Barthelemy, & l'artifice de l'Evêque consistoit en ce qu'il
ne se mettoit pas tant en peine de la désavoüer que de
l'excuser, ny de soûtenir que le Duc d'Anjou en fût innocent, que de l'en purger par voye de recrimination.
On y representoit d'abord ce que les Calvinistes avoient
commis en France de plus horrible, comme les meurtres

Dans la dépêche de Bazin.

de sang froid de la Mothe-Gondrin & des Catholiques de Pierrelatte, de Montbrison & de Mornac ; le Gouverneur de Cahors expirant sous les coups d'étrivieres, & les Ecclesiastiques de Nîmes précipitez dans les puits ; les Sepulchres des Rois & des Princes, violez à Clery, à Angoulême & à Vendôme ; vingt mille Eglises abattuës, deux mille Monasteres ruinez, & une infinité de Reliques des Saints brûlées, sans en excepter celles du grand S. Martin. On y dépeignoit ensuite le Duc d'Anjou comme le plus vaillant à la verité des Princes durant le combat, mais aussi comme le plus doux lors même qu'il remportoit la victoire ; & on en prenoit pour témoins les Soldats étrangers qui l'avoient vû tant de fois, & principalement à Moncontour, sauver la vie à des Compagnies & à des Regimens entiers de Calvinistes : Que le Roy & la Reine-Mere, bien loin d'avoir resolu la perte de l'Amiral & de ceux de son party, n'avoient point sçû qu'on les dût assassiner, jusques à ce que Maurevert l'ayant blessé, les Calvinistes estoient venus en foule au Louvre, demander qu'on leur livrât le Duc de Guise pour en faire justice, & avoient menacé de saccager Paris, en cas de refus : Que leurs Majestez s'estoient trouvées dans le plus étrange embaras que l'on puisse s'imaginer, parce que d'un côté, elles ne sçavoient pas si le Duc de Guise estoit coupable, & quand elles l'eussent sçû, il y avoit alors dans Paris trop de gens du party Catholique, pour souffrir que l'on sacrifiât ce jeune Prince au meurtrier de son pere ; & de l'autre côté, les Calvinistes n'estant pas satisfaits, profiteroient du pretexte specieux de se plaindre, que leur fournissoit la blessure de l'Amiral, pour commencer la quatriéme

guerre civile : Que le seul expedient que leurs Majeftez
penfoient avoir trouvé pour éviter ces trois inconveniens, avoit efté d'aller trouver l'Amiral, fous pretexte
de l'honorer d'une vifite, & qu'en effet elles n'avoient
rien oublié de ce qui fervoit à le perfuader de fouffrir
que l'on obfervât les formes judiciaires dans la recher-
che & dans la condamnation de celuy qui l'avoit bleffé :
mais que l'Amiral devenu plus fier après le rapport des
Chirurgiens, qui l'avoient affuré que fa bleffure n'eftoit
pas mortelle, avoit obftinément répondu que l'affaffin
n'eftoit que trop connu, & que leurs Majeftez ne pouvoient manquer en livrant le Duc de Guife, parce que
s'il n'avoit pas fait le coup, il avoit au moins commandé de le faire : Qu'alors leurs Majeftez avoient efté
confeillées de fe faifir de l'Amiral & des principaux Calviniftes, puifqu'il ne reftoit plus d'autre moyen de prévenir la guerre civile ; mais qu'en ayant parlé au Duc
d'Anjou, il leur avoit répondu qu'il ne connoiffoit point
d'autre voye que celle d'une guerre ouverte, pour achever de mettre à la raifon des gens qu'il avoit tant de
fois batus : Qu'ainfi le deffein de fe faifir des Chefs des
Calviniftes, n'avoit point efté fuivy, mais que cependant le Duc de Guife averty qu'ils en vouloient en toute
maniere à fa vie, avoit crût ne la pouvoir fauver qu'en
les prevenant : Qu'il avoit en un moment affemblé fes
amis, & que la Bourgeoifie s'eftant d'abord declarée
pour luy, il s'eftoit trouvé affez fort pour tuer l'Amiral
avec une partie des Calviniftes, & même pour contraindre la Cour de feindre qu'elle avoit commandé le meûr-
tre : car fans cette approbation, les feditieux Catholiques n'euffent jamais voulu pofer les armes qu'après avoir

achevé d'exterminer tout ce qui reſtoit de Calviniſtes en France.

L'Abbé de Liſle jugeant par l'approche de l'Evêque de Valence, que ſa Commiſſion alloit ceſſer, ſollicita ſon retour en France : Mais la Cour au lieu de le r'appeller, le donna à l'Evêque pour Collegue, avec le jeune Lanſac, Guy de Saint Gelais, Fils du [a] Seigneur de même nom, qui avoit eſté Chef de l'Ambaſſade au Concile de Trente.

a Louis de S. Gelais.

La Lettre de l'Evêque de Valence, n'eut pas d'abord à la Diéte de Pologne, tout l'effet que ce Prelat s'en eſtoit promis, parce que les nouvelles qui y venoient tous les jours de France, ne s'accordoient point avec l'expoſé de cette Lettre. On ſçavoit que longtemps aprés le carnage ceſſé, le Roy bien loin de témoigner qu'il luy eût déplû, avoit permis au Parlement de Paris, d'agir contre la memoire de l'Amiral, & de le faire executer en éfigie comme criminel de leze-Majeſté. On venoit encore de recevoir une relation exacte du procés & du ſupplice de [b] Briquemaut, & de [c] Cavagnes ; & les principales circonſtances y eſtoient exagerées avec tant d'artifice, qu'elles en faiſoient rejetter toute l'envie ſur la Cour. Il n'y avoit perſonne qui ne fût perſuadé que Briquemaut eſtoit Calviniſte de bonne foy, & qui ne le tinſt pour le plus homme de bien de la nouvelle Religion, aprés la Noüe. Ces deux qualitez ſi rares ſembloient demander grace en ſa faveur ; & puiſque l'on s'eſtoit contenté de l'arrêter dans la chaleur de l'execution, qui eſtoit le temps où l'on a accoûtumé de coïfondre les innocens avec les coupables, on pouvoit avec bien-ſeance le mettre en liberté aprés l'action

b François Seigneur de Briquemaut, âgé de 70 ans.

c Arnaud de Cavagnes Maître des Requeſtes.

cessée : Cependant il y avoit eu un ordre particulier
pour l'instruction de son procés & de celuy de Cavagnes ; & ces deux malheureux avoient esté condamnez
au dernier ͵ supplice comme complices de l'Amiral. *a Ils furẽt*
Cavagnes écouta prononcer son Arrest avec une immo- *tous deux*
bilité qui tenoit plus de la Philosophie Stoïque, que du *pendus.*
Christianisme : mais Briquemaut servit d'exemple pour *Dans la*
montrer que le foible des grands hommes se découvre *Relation*
presque toûjours par leur tendresse pour leurs enfans. *de leur*
Il oüit sans se plaindre, tout ce qu'il y avoit dans l'Ar- *supplice.*
rest de plus severe à son égard, mais la dégradation de
ses enfans, & la roture où ils seroient reduits, luy parurent si terribles, qu'il perdit en un moment toute
la fermeté d'ame que l'on avoit autrefois admirée en
luy. Il ne pût s'empêcher d'interrompre le Greffier, en
demandant qu'avoient fait tant de pauvres innocens ;
& il s'imagina un instant après la lecture, qu'il luy seroit aisé d'obtenir leur rétablissement en revelant un
secret d'importance. Il se vanta que l'Ingenieur Scipion
Vergan, qui avoit fortifié la Rochelle, luy avoit fait
confidence d'un deffaut qu'il y avoit laissé à dessein de
la faire prendre quand il luy plairoit ; & il ajoûta que
le deffaut estoit si considerable, que l'on n'y pouvoit
remedier en peu de temps. Il offrit de le montrer , en
demandant d'estre mené sur le lieu pour faire entrer
par là dans la Place, les Troupes du Roy, ou de demeurer prisonnier à Paris, jusques à ce que le Bastion où
estoit le manquement, se fût trouvé tel qu'il l'auroit
dessigné. La Cour se moqua de sa proposition, & luy
en fit un autre : Elle luy promit ce qu'il demandoit, à
condition qu'il déposeroit que l'Amiral avoit conjuré

1573. contr'elle : Briquemaut eut horreur d'une telle calomnie, & rejetta à fon tour avec tant d'indignation ce que l'on luy propofoit, que Cavagne crût qu'il eftoit temps de l'exhorter à fe défaire de ce qui luy reftoit de tendreffe pour fa pofterité. Il en vint aifément à bout, & l'on eut de la peine à difcerner lequel des deux fut le plus intrepide dans le fupplice.

ARGUMENT
du dixiéme Livre.

*L*A *Cour préſuppoſe qu'elle ruinera le party Cal-viniſte, ſi elle peut luy ôter la Ville de la Ro-chelle. Elle y envoye Biron en qualité de Gouver-neur, qui par voye de Negociation reduit preſque la Bourgeoiſie à le recevoir ; mais lorſqu'on eſt ſur le point de ſigner le Traité, une Lettre du Baron de la Garde le rompt, en donnant aux Rochelois de nouveaux ſujets de défiance. Leur Ville eſt donc aſſiegée, & le Duc d'Anjou la preſſe avec toute la vigueur imaginable. Il y perd vingt-quatre mille hommes : Mais deux raiſons l'empêchent de la prendre, l'extrême reſiſtance des Aſſiegez, & le peu de bonne volonté des Officiers Catholiques. Il y a apparence que le Siege ſera levé, quand l'élection du Duc à la Couronne de Pologne, luy ſauve l'honneur. L'Evêque de Valence l'avoit procurée par la nego-ciation la plus difficile & la plus heureuſe qui fut jamais ; & comme le Duc n'a pas de temps à per-dre pour en aller prendre poſſeſſion, on termine la quatriéme guerre civile, en accordant aux Rochelois tout ce qu'ils demandent non ſeulement pour eux,* mais encore pour leur party. Le Duc d'Alençon pretend la Lieutenance generale, & promet de se rendre protecteur des Calvinistes. La Cour évente ce projet, & le déconcerte par le supplice de la Mole & de Coconas. La Roy meurt à vingt-quatre ans, & se fait d'autant moins regreter, qu'il estoit sur le point d'abaisser sa Mere, & de ruiner les Maisons de Guise & de Montmorency.

CHARLES

CHARLES IX.

LIVRE DIXIE'ME.

OV L'ON VOIT LES CHOSES LES PLVS
remarquables arrivées sous son Regne durant l'an-
née 1573. & partie de 1574.

A journée de S. Barthelemy n'avoit pas esté resoluë dans la seule intention d'opprimer les Chefs du party Calviniste; & ceux qui en avoient esté les auteurs, s'estoient de plus imaginé que ce seroit l'unique moyen de recouvrer les quatre Ville de seureté, la Rochelle, Montauban, Cognac & la Charité, cedées par le dernier Traité : Mais les trois dernieres de ces Places n'estoient pas de l'importance de la premiere, où il s'agissoit principalement de rétablir l'autorité souveraine presqu'entierement abolie. La Rochelle pretendoit s'ériger en Republique depuis qu'on l'avoit fortifiée à la moderne. Il y avoit moins de risque

Tome II.   Yy

à profiter de la consternation où l'on supposoit que fussent les Bourgeois, qu'à se mettre en devoir d'y former
un Siege regulier. Il n'y avoit que deux voyes pour les
reduire, la crainte & la douceur ; & la Reine-Mere fut
d'avis que l'on usât de l'une & de l'autre en même temps.
On avoit déja fait approcher de la Rochelle, sous pretexte de porter la guerre en Flandre, les Vaisseaux du Roy
commandez par Strozzy, & les Galleres du Baron de la
Garde. Strozzy passoit pour cruel depuis qu'il avoit fait
jetter dans la Loire, les Courtisanes de l'Armée Catholique ; & ceux de la Rochelle avoient de l'horreur pour
la Garde, à cause qu'il avoit exterminé leurs freres
de Cabrieres & de Merindol. Il ne s'agissoit donc plus
que de trouver un homme qui fût dans la confiance de
la Cour, sans estre suspect à la Bourgeoisie de la Rochelle. Il n'y en avoit point d'autre que Biron, & ce
fut autant par necessité, que par choix, que l'on jetta
les yeux sur luy, dans le ressentiment où l'on croyoit
qu'il fût du danger qu'il avoit couru à la S. Barthelemy.
Ceux de la Rochelle avoient sçû qu'il avoit esté plusieurs
fois attaqué dans l'Arcenal, & qu'il ne s'estoit garanty
de la mort, que par son extrême resistance. Il paroissoit
évidemment par là, qu'il n'avoit rien sçû du complot
contre les Calvinistes, & que les Catholiques zelez le
tenoient pour un ennemy d'autant plus redoutable, qu'il
ne laissoit pas d'aller à la Messe, quoyque selon eux il
fût persuadé de la nouvelle Religion. Ces deux circonstances le rendoient extraordinairement agreable aux
Rochelois ; & il y ajoûta tout ce que l'on pouvoit attendre d'un habile Negociateur. Il ne fut pas plûtôt
arrivé à Saint Jean d'Angely, qu'il écrivit à ceux de la

Rochelle, que le Roy l'avoit honoré du Gouvernement
de leur Ville, & qu'il les conjuroit de luy envoyer des
Députez, pour concerter avec eux la maniere dont il
entreroit dans l'exercice de cette Charge. La Bourgeoisie de la Rochelle répondit à sa civilité, en faisant ce
qu'il desiroit, & il combla leurs Députez d'honneur &
de caresses. Il s'enferma dans une chambre avec eux:
Il détesta le carnage des Calvinistes à Paris : Il répandit
force larmes dans la relation qu'il en fit : Il exagera l'infamie qui en rejailliroit sur toute la Nation Françoise ;
mais il évita de parler du péril où il avoit esté luy-même
exposé, soit qu'il ne voulût point alarmer ces esprits
défians, en leur donnant lieu de croire qu'il n'estoit pas
en grande consideration à la Cour, puisqu'elle l'avoit
si facilement abandonné à la fureur des Catholiques
zelez, ou qu'il apprehendât qu'il ne prît envie aux Députez de le solliciter d'estre leur Chef, s'il leur témoignoit les causes des mécontemens qu'il avoit receus du
party Catholique. Sa Compassion changea ensuite d'objet, & il avoüa que leur Ville luy faisoit pitié dans la
conjoncture presente. Il en considera le Port bloqué,
le Siege sur le point d'y estre formé par terre, les Troupes disposées exprés dans les Provinces voisines, ayant
ordre de partir incessamment à dessein de l'investir. Il
opposa les seules forces de la Rochelle à celles du reste
du Royaume, & il avertit les Députez de prendre leurs
mesures sur cette énorme disproportion, puisqu'en éfet
ils ne pouvoient estre secourus que du côté du Ciel. Il
ajoûta que le party Calviniste se trouvoit désormais abbatu, & que les Anglois n'estoient pas d'humeur à favo-
riser des gens qu'ils verroient trop foibles pour tenir la

*Dans la
Negocia-
tion de
Biron à la
Rochelle.*

1573.

Yy ij

campagne, non plus que les Allemands à relever une faction qui n'avoit plus d'argent à leur donner. Il conclut de toutes ces choses, en leur conseillant comme amy de s'accommoder avec la Cour, pourvû qu'ils y trouvassent leur seureté & la conservation de leurs privileges. Il leur proposa un expedient qu'il jugeoit infaillible pour arriver à cette fin ; il consistoit à le recevoir dans la Ville accompagné de deux ou trois personnes seulement, afin qu'il pût ensuite retourner à la Cour dire que le Roy avoit esté obéy. Il promit en ce cas de faire retirer la Flote, de suspendre la marche des Troupes, & de négocier un accommodement avantageux aux Rochelois.

Les Députez approuverent l'expedient, & le proposerent à l'Hôtel de Ville, où il eût esté infailliblement accepté, parce que les Marchands qui y avoient la principale autorité, apprehendoient sur tout l'interruption de leur commerce, si on n'eût apporté dans l'Assemblée, lors qu'elle estoit sur le point d'acquiescer au sentiment de Biron, une Lettre qui ne pouvoit arriver plus à contretemps. Elle estoit du Baron de la Garde, & meritoit une reflexion d'autant plus serieuse, que la Garde disoit l'a-
Dans la sommation de la Rochelle. voir écrite par le commandement exprés du Roy. Elle contenoit une sommation en bonne forme, & une declaration authentique que si Biron n'estoit receu dans la Ville sans aucune condition, il avoit ordre d'y mettre incontinent le Siege. Les Bourgeois de la Rochelle estoient encore plus défians que les autres Calvinistes, & croyoient en avoir deux raisons particulieres ; les nouvelles fortifications de leur Ville, & l'exemple de se cantonner qu'elle avoit donné aux autres du Royaume. Il leur vint en pensée là-dessus que Biron estoit un fourbe,

& que la Cour l'avoit choisi comme un instrument d'autant plus propre à les tromper, qu'il avoit un sujet plausible de se plaindre d'elle. Ils fonderent leur fausse conjecture sur la contradiction manifeste qu'ils voyoient entre ce qu'il avoit dit à leurs Députez, & la Lettre du Baron de la Garde, & ne voulurent plus écoûter aucune proposition de Paix. La Cour ne se rebuta pas neantmoins pour n'avoir pas réussi dans sa premiere tentative, parceque le hazard, ou pour mieux dire le bonheur luy fournit presque en dépit d'elle, un homme plus propre en toute maniere à la servir à l'égard des Rochelois, que n'avoit esté Biron.

La Noüe s'estoit engagé d'abord à surprendre Mons, & depuis à y soûtenir un long Siege, sur les promesses du Roy & de l'Amiral qu'il seroit secouru, & il avoit attendu si tard à capituler, qu'il n'avoit obtenu qu'à peine la vie & la liberté. Les Espagnols l'avoient pourtant conduit jusques sur la frontiere de Picardie, mais il n'y estoit pas en sureté. Il avoit appris peu de jours auparavant les nouvelles de la Saint Barthelemy, & il ne doutoit point qu'estant le plus consideré des Calvinistes qui restoient en vie, la Cour ne cherchât à le perdre en toute maniere. Il n'avoit point d'argent pour se refugier en Angleterre ou en Allemagne, & quand il en eût eu, il luy eût falu pour aller en Allemagne, traverser les Terres des Espagnols, où il eût pery infailliblement s'il eût esté reconnu, & pour l'Angleterre, il n'eût pas couru moins de risque en allant à Calais, dans le dessein de s'y embarquer. Il y avoit encore moins d'apparence pour luy de trouver un azile en France, puisqu'il faloit passer toute la largeur du Royaume pour arriver à la Rochelle, & que

les Catholiques eſtoient les maîtres preſque par tout ailleurs. Il ſe ſouvenoit bien à la verité d'avoir en Picardie
un amy en la perſonne de Leonor d'Orleans Duc de
Longueville, mais il ſçavoit que ce Prince avoit trois
obligations ſignalées aux perſonnes qui avoient contribué le plus à l'execution de la S. Barthelemy. Le Duc
d'Anjou luy avoit accordé aprés la Bataille de Jarnac, le
corps du Prince de Condé ſon beau-frere, dont les ennemis particuliers qu'il avoit dans l'Armée Catholique,
euſſent eſté ravis de prendre une vaine vangeance. La
Reine-Mere luy avoit fait donner deux declarations
confirmatives de ſa qualité & de ſon rang immediatement aprés les Princes du Sang, & le Roy venoit de luy
donner le Gouvernement de Picardie avec une autorité
ſi peu limitée, que le Parlement n'en avoit voulu verifier les proviſions qu'aprés deux ou trois Lettres de
juſſion. Ainſi la Nouë n'avoit apparemment pas lieu de
pretendre que le Duc de Longueville hazardât pour luy
d'irriter la Cour, & s'il ne laiſſa pas de l'aller trouver, ce
ne fut pas tant par confiance que par deſeſpoir, ou pour
uſer des mêmes termes qu'il prononça depuis, par impoſſibilité de mieux faire. Il ſe preſenta donc inopiné-
ment devant le Duc qui ne fut pas moins fâché que ſurpris de le revoir ſi à contre-temps. Ce Prince avoit en
éfet receu trois ordres particuliers du Roy, de la Reine-
Mere & du Duc d'Anjou, de faire tuër la Nouë s'il ren-
troit en Picardie ; mais outre que ſon courage repu-
gnoit à ce qui paroiſſoit de lâche dans l'action, la tendreſſe de ſa conſcience ne luy fourniſſoit point d'autre
voye legitime pour exterminer les Calviniſtes, qu'en
agiſſant contr'eux de bonne guerre, & il avoit l'exemple

des Gouverneurs de Dauphiné, de Provence, d'Auvergne, de Bourgogne & de l'Isle de France, qui n'avoient point eu d'égard à de semblables commandemens. Il ne délibera pourtant sur ce qu'il devoit faire, que dans le temps qu'il conduisoit la Nouë dans son cabinet, où il luy montra les ordres de la Cour. La Nouë acheva pour lors de se persuader que sa derniere heure estoit venuë, & se mit à genoux pour recevoir la mort dans la posture où les Martyrs avoient autrefois accoûtumée de l'attendre, tant il estoit convaincu que le Calvinisme estoit conforme à la constance des premiers Chrêtiens : Mais le Duc le releva, & luy reprocha doucement qu'il meritoit d'estre traité comme il s'attendoit de l'estre, pour avoir douté de la generosité de son amy. Il l'embrassa ensuite, & le commit à la garde d'un domestique si fidele & si secret, que l'on ne sçavoit où estoit la Nouë, lorsque la Cour informée du mauvais succés de la négociation de Biron avec ceux de la Rochelle, fit reflexion que le seul la Nouë estoit capable de la r'accommoder, & se repentit d'avoir ordonné de le tuër. Elle écrivit aux Gouverneurs des Provinces frontieres, & principalement au Duc de Longueville, que s'ils pouvoient découvrir l'endroit où la Nouë s'estoit retiré, ils luy donnassent toutes les assurances qu'il desiroit d'estre bien traité, & l'invitassent d'aller trouver leurs Majestez qui le recevroient d'autant mieux, qu'elles avoient un extrême besoin de son ministere pour achever de mettre la paix dans le Royaume.

Le Duc de Longueville confirmé par des avis certains que le Roy agissoit sincerement, persuada la Nouë d'aller à la Cour, & luy donna liberalement ce qui estoit ne-

ceffaire pour y paroître en homme de fa qualité. L'ac-
cuëil qu'il y receut, eut toutes les marques d'une veritable eſtime & d'une entiere confiance ; & leurs Majeſtez
commencerent à la luy témoigner en luy rendant la confiſcation de Teligny, dont il avoit épouſé la Sœur, aprés
qu'elles eurent pris toutes les precautions imaginables
pour adoucir ſon eſprit, qu'elles croyoient avoir irrité
en le comprenant autant qu'il avoit dépendu d'elles,
dans le maſſacre de la S. Barthelemy. Elles luy propo-
ſerent enſuite de rendre à ſa patrie le ſervice le plus ſi-
gnalé qu'elle pouvoit attendre de ſa probité, en allant à
la Rochelle diſpoſer les Habitans à retourner ſous l'o-
béiſſance de leur Souverain legitime. La Nouë connoiſſoit trop les Rochelois, pour croire qu'ils fuſſent capables de ſe démettre autrement que par force, du pouvoir
qu'ils avoient uſurpé, & n'avoit pas d'ailleurs aſſez bonne
opinion de ſa ſuffiſance, pour eſperer d'y réuſſir. Il conjura
leurs Majeſtez de le diſpenſer d'une cómiſſion ſi difficile :
Il remontra le peu d'apparence qu'il y avoit d'en charger
Dans la Negociation de la Nouë à la Rochelle. un vieux Soldat dont la maniere d'agir eſtoit des plus
groſſieres, aprés y avoir vû échoüer Biron, un des plus
habiles hommes pour l'intrigue, qui fuſſent alors en
France : Il nomma ceux qu'il croyoit y eſtre plus propres que luy, & il n'acquieſça qu'aprés que leurs Majeſtez luy eurent avoué ingenuëment qu'elles perdoient
l'eſperance de faire r'entrer les Rochelois dans leur de-
Iean-Baptiſte de Gadagne. voir, par toute autre voye que la ſienne. Elles luy donnerent Gadagne pour l'accompagner, ſous pretexte de
mettre auprés de luy un homme de confiance & de vigueur, qui feroit en poſte les voyages neceſſaires de la
Rochelle à la Cour, & de la Cour à la Rochelle ; mais

en

en éfet pour obſerver ſa conduite. Là Noüë eſtoit aſſez 1573. éclairé pour appercevoir qu'on luy donnoit un eſpion : Il prévôyoit encore que la perſonne de Gadagne nuiroit plus qu'elle ne ſerviroit à ſon deſſein, parce que les Rochelois entreroient en ſoupçon qu'on ne les voulût ſurprendre, auſſi-tôt qu'ils verroient la Noüë accompagné d'un des Italiens dont la Reine-Mere avoit accoûtumé de ſe ſervir dans les affaires les plus fines ; mais il y conſentit pour deux raiſons. L'une, qu'il augmenteroit la défiance de la Cour, en témoignant qu'il s'en appercevoit : L'autre, qu'il eſtoit ravy d'avoir un homme irreprochable qui pût rendre compte à leurs Majeſtez de la ſincerité de ſes intentions. Il leur fit neantmoins entendre à ſon tour, qu'il ſeroit au deſeſpoir ſi elles ſe ſervoiét de ſon entremiſe pour tromper ceux de la Rochelle, comme elles avoient employé le Marêchal de Coſſé pour attirer l'Amiral à Paris ; & il ne partit qu'aprés qu'elles luy eurent juré que leur intention eſtoit d'obſerver exactement tout ce qu'il traiteroit en leur nom.

La majeſté de l'Hiſtoire ne permet de rapporter qu'en paſſant, la maniere indigne dont il fut receu à la Rochelle par des Bourgeois inſolens, qui ſçachans qu'il venoit de la part de leurs Majeſtez, s'imaginerent qu'elles l'avoient gagné, & luy refuſerent l'entrée de la Ville. On le fit loger pluſieurs jours dans le Fauxbourg : On luy envoya des gens qui feignirent de ne le pas connoître, quoyque le bras qu'il avoit perdu pour eux, le diſtinguât aſſez ; & ce ne fut qu'aprés avoir inutilement tenté toutes ſortes de voyes pour laſſer ſa patience, qu'on le manda pour eſtre ouy dans l'Hôtel de Ville. On luy propoſa de choiſir l'une de ces trois conditions, de vivre en ſimple

Dans la
Vie de la
Noüe.

Bourgeois, d'accepter le commandement des armes de la Rochelle, ou de paſſer en Angleterre. Gadagne fut d'avis qu'il acceptât la ſeconde, parce qu'il y ſeroit en état de ſervir le Roy, & que dans les deux autres il demeureroit inutile. Il accepta par cette ſeule conſideration la Charge de Chef des Rochelois, la plus ingrate & la plus difficile à exercer qui fut jamais, & s'il n'en pût rien faire de bon, il empêcha du moins la plûpart des maux qui ſeroient infailliblement arrivez ſous les ordres d'un autre. La fierté des Rochelois eſtoit fondée ſur ce que les Calviniſtes plus irritez qu'affoiblis par le maſſacre de la Saint Barthelemy, avoient commencé une quatriéme guerre civile, en ſurprenant Caſtres, Nîmes, Millau, Villemur, Montauban, Cauſſade, Bioule, Negrepeliſſe, Saint-Antonin, Malhauſe, Flaugnac, Belleperche, Puylaurens, Mazeres, le Mas-d'Azil, Sancerre, Buzet & Chelar.

Un progrés ſi prompt & ſi contraire à la conſternation où l'on ſuppoſoit que la mort de leurs Chefs les eût jettez, fournit au Roy un pretexte plauſible pour éluder les pourſuites de la Cour de Rome. Elle s'eſtoit propoſée de tirer de la S. Barthelemy le fruict qu'elle avoit attendu en vain des ſolicitations continuelles de ſes Nonces durant neuf ans, en excitant leurs Majeſtez à preſſer les Parlemens de France de recevoir le Concile de Trente, dans une conjoncture qui ne pouvoit eſtre plus favorable; car les Officiers de ces Compagnies intimidez par le mauvais traitement qu'ils avoient vû faire à leurs Colegues, tant ſoit peu ſuſpects d'hereſie, n'auroient garde d'attirer ſur eux un ſemblable ſoupçon, en s'oppoſant à la verification de ce Concile, que l'on eſtoit par conſequent comme aſſuré d'obtenir tout d'une voix.

On avoit refolu d'envoyer en France un Légat pour cét unique fujet, & l'on ne s'eftoit mis en peine que de choifir celuy des Cardinaux qui feroit le plus agreable au Roy. On avoit jetté les yeux fur le Cardinal Urfin, parce qu'il eftoit forty d'une Maifon de tout temps attachée aux interefts de la France, & on luy avoit ordonné de fe preffer le plus qu'il luy feroit poffible, afin de profiter de l'occafion ; mais le Légat arrivant en France, ne trouva pas les chofes dans l'état où le faint Siege s'eftoit figuré qu'elles fuffent. Le party Calvinifte, bien loin d'eftre abbatu, n'avoit jamais eu tant de Places, ny fi regulierement fortifiées, & la Rochelle feule eftoit en état d'arrêter pour longtemps toutes les forces Catholiques. Le Roy qui en eftoit perfuadé, ne penfoit qu'à la reduire par le miniftere de la Nouë ; & la verification du Concile eftoit le plus grand obftacle que la Cour eût fçû mettre à la conclufion du Traité, puifqu'il y eftoit abfolument défendu de donner liberté de confcience en matiere de Religion. Auffi le Roy s'en excufa, tant fur cette raifon que fur celle de n'éfaroucher pas les efprits paffionnez pour les libertez de l'Eglife Gallicane, dans une rencontre où fa Majefté avoit befoin de réunir tous les Catholiques, fi elle vouloit promptement terminer la quatriéme guerre civile.

Les careffes extraordinaires que l'on fit au Legat, fuppléerent au peu de fatisfaction qu'il receut d'ailleurs ; mais elles contribuërent auffi beaucoup à l'intention qu'avoient les ennemis de la France de la décrier. Les Émiffaires de la Maifon d'Aûtriche travailloient avec toute l'application imaginable à élever l'Archiduc Erneft fur le Trône de la Pologne, & ils fçavoient bien que ce

Zz ij

Prince n'avoit point de concurrent plus redoutable que le Duc d'Anjou. Ils defefperoient de trouver à redire à la perfonne de ce Duc, & ils eftoient reduits à chercher dans les affaires de France le pretexte de le décrediter. Ils s'imaginerent que l'arrivée du Legat à Paris, eftoit le plus fpecieux que la fortune leur pouvoit offrir, & publierent par toute l'Alemagne, où les faux bruits eftoiét receus avec plus d'avidité que les veritables, que le Legat eftoit allé faire figner au Roy Trés-Chrêtien une Ligue avec la Maifon d'Aûtriche, pour opprimer tous les Proteftans d'Allemagne. Cette nouvelle toute ridicule qu'elle eftoit, n'eut pas plûtôt efté publiée avec les circonftances propres à cacher ce qu'elle avoit de moins vray-femblable, que l'Evêque de Valence en reffentit le contre-coup dans fa Négociation. La Nobleffe heretique de Pologne qui luy avoit promis fes fuffrages, retira fa parole ; & la Catholique qui avoit de fecretes liaifons avec les Proteftans d'Allemagne, ne voulut plus entretenir de commerce avec luy. Ce changement qui luy avoit ôté tout d'un coup les trois quarts des perfonnes qu'il

a Gafpard de Schomberg, Cöte de Nanteüil, marié avec Ieanne Chafteigner, veuve d'Henry Clutin, Seigneur d'Oifel, Ambaffadeur à Rome.

penfoit avoir gagnées, l'obligea de dépecher à la Reine Mere un Courier extraordinaire, pour reprefenter à fa Majefté qu'il eftoit abfolument neceffaire d'envoyer en Allemagne un homme de creance & de merite, pour détromper les Proteftans, & qu'il n'y avoit point d'autre voye que celle-là pour défabufer la Nobleffe heretique de Pologne. La Reine-Mere jetta les yeux fur *a* Schomberg Gentilhomme Allemand, qui s'eftoit habitué en France, où il avoit époufé une Fille de la Maifon de la Rochepofay. Schomberg s'adreffa d'abord à l'Electeur Palatin, comme à celuy de qui la France avoit receu plus de tra-

verfes dans les dernieres guerres civiles. Il le trouva fi
prévenu, qu'il n'en pût obtenir d'audiance ; mais le
Prince Cafimir fon Fils, qui avoit efté en France, & connoiffoit mieux par confequent le peu d'intelligence de
cette Monarchie avec celle d'Efpagne, n'avoit pas efté fi
credule : Il traitoit de chimerique la Ligue pretenduë
des deux Couronnes avec le S. Siege, contre les Proteftans ; & Schomberg n'eut pas tant de peine à le défabufer, qu'à luy perfuader de détromper fon Pere qu'il
craignoit de mettre en colere. Il en accepta neantmoins
la commiffion à force de prefens, & reprefenta à l'Electeur de la part de Schomberg, que la France n'eftoit
point affez aveugle pour ne pas voir l'extrême befoin
qu'elle avoit des Princes Proteftans d'Allemagne, quand
ce ne feroit que pour empêcher les deux branches de la
Maifon d'Aûtriche de l'attaquer en même temps avec
toutes leurs forces, comme les Princes d'Allemagne a-
voient befoin reciproquement de la France, pour empêcher la Maifon d'Aûtriche de reduire l'Empire en une
Monarchie abfoluë : Que cette raifon invincible devoit
empêcher les Allemands de s'alliener des François, comme elle avoit empêché les François de rompre avec les
Allemands, fur les grands fecours que ceux-cy avoient
donnez aux Calviniftes rebelles : Que toute la froideur
qui pouvoit arriver entre deux peuples que la neceffité
naturelle de fe conferver uniffoit fi étroitement, procederoit tôûjours d'un mal-entendu de part ou d'autre ; &
que pour montrer qu'il y en avoit dans l'affaire dont il
s'agiffoit, l'Electeur n'avoit qu'à obferver de plus prés la
conduite du Roy Trés-Chrêtien, pour juger que fa Majefté n'en vouloit qu'à l'efprit de revolte & de Republi-

Dans la
Negocia-
tion de
Schomberg

1573. que, qui dominoit dans la plûpart des Calvinistes : Qu'à la Saint Barthelemy il n'y avoit eu de tuez que les Religionnaires de cabale, & que l'on y avoit épargné tous ceux qui passoient pour Calvinistes de bonne foy : Que ceux de la même profession qui s'estoient depuis abstenus de prendre les armes, & de commencer la quatriéme guerre civile, avoient esté maintenus dans tous les privileges dont la Cour les avoit gratifiez par le dernier Traité ; & que le Roy estoit prest d'accorder aux Rochelois tout ce que les Princes de l'Empire jugeroient necessaire, tant pour la Religion de cette Ville, que pour ses immunitez, pourvû que la forme du Gouvernement qui y avoit esté changée depuis huit ans, fût rétablie comme elle l'avoit esté sous les Regnes précedens.

Ces raisons ne furent point assez fortes pour persuader l'Electeur Palatin & les autres Princes Protestans, à qui Schomberg les communiqua, d'écrire à la Noblesse de Pologne en faveur du Duc d'Anjou : mais elles le furent assez pour les empêcher de traverser la Negociation de l'Evêque de Valence ; & comme c'estoit là la principale pretention de Schomberg, il eut sujet d'en estre content, ou du moins il feignit de l'estre, pour tromper les Emissaires de la Maison d'Aûtriche, en leur faisant accroire que sa Negociation estoit heureusement terminée. Il la continua neantmoins par un voyage à Volfembutel, sous pretexte de quelques affaires domestiques, & il y vit la Princesse veuve du Duc Henry de Brunsvic, Sœur aînée du feu Roy & de la Princesse de Pologne. Il s'insinua si avant dans son amitié, qu'elle se chargea de rendre au Duc d'Anjou deux services importans, qu'il n'eut pû esperer d'aucun autre. L'un, fut

Sophie de Pologne.

d'engager dans fa brigue tous les amis que fa Maifon s'eftoit faits en Pologne, & d'affoiblir ainfi la brigue de la Maifon d'Aûtriche, qui les comptoit pour autant de perfonnes dévoüées à l'Archiduc. L'autre, de vaincre la difficulté que faifoit la Princeffe de Pologne, qui avoit déja quarante-fix ans, d'époufer un jeune Prince extraordinairement galant, tel qu'eftoit le Duc d'Anjou, dont le moins mauvais traitement qu'elle pouvoit attendre, feroit de fe voir méprifée : Mais les Femmes réuffiffent mieux en intrigue que les Hommes, lorfqu'il s'agit de fe fatisfaire elles-mêmes en fervant autruy. La Ducheffe de Brunfvic s'eftoit faite Lutherienne par principe de confcience, & haïffoit horriblement la Maifon d'Aûtriche par le même principe : Ainfi la crainte d'avoir l'Archiduc Erneft pour Beau-frere, la fit travailler avec tant d'application pour la France, fur les Memoires que Schomberg & l'Evêque de Valence luy fournirent, que l'un & l'autre avoüerent depuis, que le Duc d'Anjou luy avoit la principale obligation de la Couronne de Pologne.

Ce Prince, pour montrer qu'il réüffiffoit auffi bien à réduire les Places les mieux fortifiées, qu'à vaincre en pleine campagne, affiegeoit la Rochelle dans le même temps que le Marêchal Damville avoit invefty Sommieres en Languedoc, & que la [a] Châtre aprés avoir empêché ceux de Sancerre de fe pourvoir de vivres, tâchoit de les réduire par famine. Le Marêchal ne prit Sommieres qu'au commencement du mois d'Avril 1573. aprés un Siege de deux mois, où il perdit entr'autres perfonnes de qualité, le Comte de [b] Candal fon Beau-frere, qui eftoit le Chef de la feconde Maifon de Foix : Et la Châ-

[a] Claude Seigneur de la Châtre, depuis Marêchal de France.
[b] Henri de Foix marié avec Marie de Montmorency.

tre ferra de fi prés les Affiegez dans Sancerre, qu'ils en-
durerent avant que de capituler une grande partie des
maux que les Juifs avoient foufferts pendant le Siege de
Jerufalem. La Rochelle pourvûë d'une Garnifon plus
confiderable que Sommieres, & mieux munie que Sancerre, ne s'eftonna point à la vûë des principales forces des
Catholiques qui la preffoient par mer & par terre. Elle
fut attaquée par toutes les voyes que la fcience & l'in-
duftrie fuggéroient ; & l'on envoya des Soldats affidez
prendre party dans la Ville, fous pretexte d'y eftre attirez par la reputation du Colonel le Normand , qui y
commandoit un Regiment d'Infanterie. Ils devoient fe
foulever au fignal d'un Bourgeois gagné par la Cour,
qui avoit promis de livrer une Porte lorfqu'il en auroit
la garde ; mais ils entrerent dans la Place en trop grand
nombre pour ne pas donner de foupçon. Le premier
d'entr'eux qui fut arrefté fur une fimple conjecture, découvrit tout le myftere, & fe fit déchirer avec fes complices par le menu peuple. Coffeins & de ª Gua qui commandoient l'Infanterie des Affiegeans, poufferent fi avant
leurs travaux, que les Affiegez crûrent qu'il y alloit de
leur honneur à les interrompre, quoyque la Noüe l'eût
deffendu. Ils firent une fortie fi vigoureufement pouffée
de leur côté, & fi obftinement deffenduë de l'autre, que
Biron qui s'y trouva, avoüoit de n'en avoir jamais vû de
femblable, & la preferoit à l'efcarmouche de Jaffeneüil.
Les Affiegez y eurent d'abord du pire ; mais la Noüe qui
eût trop perdu en les laiffant perir, fortit luy-même pour
les dégager : Il les retira d'entre les Catholiques qui achevoient de les envelopper, & les r'amena dans la Rochelle
fans perdre leurs rangs ; mais ny les fortifications les plus
regulieres,

régulieres, ny les plus braves Soldats ne rendent point imprenables les meilleures Places, lorsqu'elles ne reçoivent point de secours ; & le Roy persuadé qu'il n'en entreroit point par terre dans la Rochelle, parce que la S. Barthelemy avoit retranché aux Calvinistes les moyens de mettre sur pied une Armée considerable, tâcha d'ôter aux Assiegez la seule esperance qui leur restoit d'estre assistez par mer.

Elizabeth Reine d'Angleterre avoit les mêmes raisons pour sauver la Rochelle, qui l'avoient jusques-là portée à maintenir les Calvinistes de France ; & l'on devoit supposer que le Traité qu'elle venoit de signer, ne l'en empêcheroit non plus qu'avoient fait les précedens, si elle n'en estoit détournée par de nouveaux égards. On prit pretexte de l'inviter à estre Maraine d'une Fille dont la Reine venoit d'accoucher, & on luy envoya le Comte de [a] Rais favory, en qualité d'Ambassadeur extraordinaire. Ce Comte qui s'estoit déja fait connoître sous les noms de du Perron & de Gondy, tenoit de son [b] Pere tout le rafinement de l'esprit Italien, & de sa [c] Mere toute la gentillesse Françoise ; & comme c'estoit-là les deux qualitez dont la Reine d'Angleterre se piquoit, il s'insinua plus avant dans son amitié que n'avoient fait les autres Ambassadeurs, excepté le Cardinal de Châtillon. Sa maniere de négocier fut nouvelle, en ce qu'il ne s'amusa point à representer à la Reine d'Angleterre, qu'elle ne pouvoit assister les Calvinistes de France sans violer sa foy, & sans exciter à la revolte ses propres Sujets, en secourant les Sujets rebelles du Roy. Il presuppposa que ces deux considerations n'auroient pas plus d'éfet dans sa bouche, qu'elles en avoient eu dans celles de tant de

[a] *Albert de Gondy.*

[b] *Antoine de Gondy, Maître d'Hôtel du Roy Henry II.*

[c] *Marie de Pierre-vive.*

Dans la premiere Négociation du Maréchal de Rais.

Tome II.   Aaa

perſonnes habiles qui les avoient expoſées dans toute
leur force, & il aima mieux imiter l'adreſſe des Mariniers
qui cedent quelquefois à demy à l'impetuoſité du vent
pour s'en garantir : Il feignit d'approuver la compaſſion
d'Elizabeth pour les Rochelois, & ajoûta ſeulement que
les choſes n'eſtoient plus en état que ſa Majeſté Angloiſe
la pût témoigner en la maniere dont elle en avoit uſé
juſques-là, & dans le temps que le party Calviniſte avoit
des Armées en campagne : Qu'alors il y avoit eu lieu de
n'épargner rien pour le ſoûtenir ; mais que maintenant
la dépenſe ſeroit inutile, parce qu'elle ne reculeroit ſa
perte que de quelques mois : Que l'Angleterre l'aſſiſte-
roit mieux déſormais par la voye des offices, en luy pro-
curant une entiere liberté de conſcience, qu'en luy rele-
vant le courage par la montre d'une Flote qui empêcheroit les Rochelois de capituler de bonne heure, & les ex-
poſeroit au peril d'eſtre emportez par aſſaut : Que les Catholiques en ce cas n'épargneroient ny l'âge, ny le ſexe,
& confondroient les innocens avec les coupables.

On a déja remarqué que la Reine d'Angleterre n'aimoit pas les dépenſes ſuperfluës ; & l'on doit ajoûter icy
qu'encore qu'elle crût que la S. Barthelemy n'avoit pas
tellement affoibly les Calviniſtes, qu'ils ne fuſſent encore
aſſez puiſſans pour ſe relever de leur chute, elle trouvoit
neantmoins dans leur party un défaut qu'elle jugeoit irreparable. Il conſiſtoit en ce que le Roy de Navarre &
le Prince de Condé l'ayant abandonné, il n'y reſtoit plus
de perſonnes aſſez qualifiées pour retenir ſous ſes Enſeignes la Nobleſſe qui en compoſoit la principale force ;
& que cependant il y avoit une neceſſité abſoluë que le
même party ſe fiſt un Chef, s'il pretendoit ſauver la Ro-

chelle. Elle prévoyoit encore que les brigues des pretendans à cette Charge, retarderoient l'élection ; & comme l'Angleterre avoit refolu de l'attendre pour obferver quelque bien-feance dans le renfort qu'elle preparoit pour les Rochelois, fi le Comte de Rais n'eût une réponfe auffi favorable qu'il defiroit, il obtint au moins de la Reine d'Angleterre, qu'elle fufpendroit fa bonne volonté pour les Calviniftes, jufqu'à ce qu'elle eût vû plus diftinctement le train que prendroit les affaires de la Rochelle.

Le Comte de Montgommery qui s'eftoit fauvé à Londres, eut beau demander les vaiffeaux, les munitions, l'argent & les hommes qu'on luy avoit fait efperer pour les mener aux Affiegez, & pour meriter par ce grand fervice, de fucceder à l'Amiral, au Generalat des Calviniftes. L'on differa fous divers pretextes, de luy tenir parole ; & le Duc d'Anjou n'ayant plus rien à craindre au dehors, commença le premier jour de Mars 1573. à preffer extraordinairement laRochelle, aprés avoir offert par un Trompette aux Affiegez, tous les avantages qu'ils pouvoient defirer pour leur Ville en particulier.

La Nouë eftoit d'avis qu'ils les acceptaffent, & il les y eût infailliblement portez, fans l'oppofition d'environ cinquante Miniftres, qui n'ofant demeurer à la campagne dans leurs Eglifes, parce qu'ils y avoient preché directement contre la Monarchie, & qu'ainfi, ils eftoient affurez de la corde fi on les prenoit, n'oublioient rien de ce qui fervoit à détourner la Bourgeoifie d'entendre à aucune compofition. Ils pafferent même jufqu'à accufer d'avarice & de trahifon, ceux des Affiegez qui faifoient dans leurs forties des prifonniers Catholiques.

Ils pretendirent qu'il faloit tout tuër, & firent un Ecrit pour juſtifier leur barbare opinion par des paſſages tronquez de l'Ecriture ſainte, & par des raiſonnemens de Sophiſte. La Noüe qui ne trouvoit plus de Chriſtianiſme dans le lieu où ceux de ſa ſecte pretendoient l'obſerver dans toute ſa pureté, s'ennuya d'y vivre, & preſſa la Cour de l'en tirer ; mais la Cour luy repartit qu'il y eſtoit encore neceſſaire, & que s'il en ſortoit, les Miniſtres luy donneroient un ſucceſſeur qui pour les ſatisfaire, porteroit les affaires à l'extremité. Cette réponſe qu'il prenoit pour un refus honnête, le jetta dans un chagrin inconcevable. Il ſe voyoit condamné à s'acquiter long-temps de deux Charges auſſi incompatibles qu'eſtoient celles de Chef des rebelles, & de l'homme du Roy dans la Rochelle, ſans perdre ſa reputation, & même ſans donner de ſoupçon ; & il ne les avoit acceptées que pour obéir à ſon Souverain, & dans l'eſperance d'en eſtre promptement déchargé : Cependant on le continüoit malgré luy, & la défiance de ſa propre vertu luy donnant lieu de craindre de ne pouvoir tenir toûjours la balance ſi droite, qu'elle ne penchât enfin d'un côté, il prit la *Dans le Iournal du Siege.* reſolution de chercher une mort honorable dans les furieuſes ſorties que les Aſſiegez faiſoient preſque tous les jours, & il ſe mêla une fois ſi avant entre les Catholiques, qu'il y eût eſté tué ſans un Gentilhomme nommé Marcel, qui ſe mit au devant du coup mortel dont il alloit eſtre percé.

Le Duc d'Anjou irrité de l'obſtination des Aſſiegez, ne penſoit qu'à les battre en ruine, lorſqu'un accident imprévû l'obligea de leur propoſer des articles encore plus avantageux que n'avoient eſté les précedens. Le Roy &

la Reine-Mere luy avoient donné le Duc d'Aumale pour
Chef de fon Confeil, & ce Prince avoit conçû une haine
implacable contre les Calviniftes, depuis qu'ils avoient
affafiné le Duc de Guife fon frere. Il n'avoit pardonné
à aucun de ceux que le hazard de la guerre avoit fait
tomber entre fes mains, & s'eftoit montré le plus animé
des Catholiques contr'eux à la S. Barthelemy. Il eftoit à
la tranchée couvert d'un gabion, d'où il obfervoit l'endroit du baftion de l'Evangile, contre lequel il feroit
pointer l'artillerie avec plus d'éfet, lorfqu'un boulet forty
de la coulevrine monftrueufe que les Rochelois appelloient la Vache, aprés avoir perdu prefque toute fa violence à percer des bariques pleines de terre, & le gabion frapa le Duc à l'eftomac, & quoyqu'il n'eût pas la
force d'y entrer, il en eut affez pour luy faire perdre la
refpiration & pour l'étouffer. Sa perte & le loifir qu'il
faloit donner à la Cour de remplir fa place, obligerent
le Duc d'Anjou de demander à la Noüe une conference
que le peuple de la Rochelle accorda, quoyque fiffent
les Miniftres pour l'en diffuader. La Noüe à la tefte des
Députez de la Ville, alla trouver le Duc d'Anjou dans
fon quartier, & fut preffé d'entendre pour les Affiegez,
à un accommodement particulier. Il s'en excufa fur le
dernier Refultat de l'Hôtel de Ville, qui deffendoit d'é-
couter aucune propofition où tous les Calviniftes du
Royaume ne fuffent pas compris ; & le Duc d'Anjou le
voyant refolu de s'en retourner, luy fit une propofition
fi raifonnable, qu'elle ne pouvoit eftre rebutée que par
des gens ennemis de leur propre bien. Ce Prince luy dit
que ceux de la Rochelle n'ayant point d'armée en campagne, ny de puiffance étrangere declarée pour eux, &

toute leur reſſource conſiſtant dans la force de leurs ramparts, le Roy ne pouvoit ſans perdre ſa reputation en
donnant des marques d'une extrême foibleſſe, leur accorder d'autres articles que pour eux ; mais que ſa Majeſté engageroit ſa parole de donner enſuite aux autres
Villes Calviniſtes, la liberté de conſcience, à meſure
qu'elles la demanderoient chacune par ſes Députez.

La Nouë eſtoit ſi convaincu que la Cour ne pouvoit
alors faire rien de plus avantageux pour la nouvelle Religion, qu'il tint l'affaire pour accommodée. Il prit congé du Duc, en l'aſſurant de revenir bien-tôt avec un
ample pouvoir de conclure : Et de fait, il importoit peu
aux Calviniſtes de France d'obtenir l'exercice libre de
leur Religion avec ceux de la Rochelle, ou immediatement aprés. Il n'y avoit que les cinquante Miniſtres refugiez dans cette Ville, qui n'y trouvoient point leur
compte, parce que n'ayant plus de pretexte d'y demeurer, on les obligeroit d'en ſortir pour retourner chacun
à ſon Egliſe, & lorſqu'ils ſeroient en chemin, on les pouvoit arrêter & les punir, ſans que leur party eût ſujet
de s'en plaindre, parce que la Paix n'auroit point encore
eſté donnée à leurs Egliſes. Ainſi la neceſſité de ſauver
leurs vies, les reduiſit à mettre tout en œuvre pour diſpoſer le menu peuple à rejetter la propoſition de la Nouë.
Ils en vinrent à bout ; & comme il n'eſt rien de plus
ordinaire que de paſſer juſqu'à l'inſolence, aprés qu'on
a réuſſi en quelque choſe au de-là de ce qu'on avoit
eſperé, le plus emporté des cinquante, nommé la Place,
n'eſtant pas ſatisfait d'avoir par ſes intrigues reduit la
Nouë à eſtre ſeul de l'avis de la Paix dans le Conſeil de
guerre, le ſuivit juſqu'en ſon logis à deſſein de l'inſulter.

Il y entra avec luy, & luy dit toutes les injures que la fureur & la malice inventent lorſqu'elles agiſſent de concert. Il l'irrita par toutes les voyes qui ſervent à cauſer de l'indignation ; & voyant que cela ne ſuffiſoit pas pour le mettre en colere, le dépit qu'il en eut fut ſi grand, qu'il luy donna un ſouflet. La Noüe receut le coup ſans rien perdre de ſa moderation : Il eut pitié de celuy qui le frapoit ; il empêcha les Gentilshommes qui l'avoient accompagné par honneur, de le tuer, & il eut la charité de mander à la femme de ce Miniſtre, qu'elle prît de luy un ſoin particulier, parce qu'il eſtoit à craindre qu'il n'achevât de perdre l'uſage de la raiſon. La prediction ſe trouva vraye, & le Miniſtre fut longtemps aprés dépoſé & renfermé comme un fou. La Cour avertie de l'affront que la Noüe avoit receu dans la Rochelle, jugea d'un côté qu'il ne luy eſtoit plus utile dans un lieu où il n'y avoit plus de diſpoſition à l'accord, & craignit de l'autre qu'il ne luy arrivât quelque choſe de plus fâcheux lorſque les affaires des Rochelois ſeroient en plus mauvais eſtat. Le Roy ne luy avoit permis de s'y renfermer qu'à condition d'en ſortir au premier ordre qu'il recevroit, & ſa Majeſté luy en envoya un de ſa propre main. Il ſe démit du Generalat des Rochelois, avec autant d'indifference qu'il en avoit eû à l'accepter, & il fut également loüé par les Catholiques & par les Calviniſtes, pour s'eſtre comporté ſi admirablement, que ny les uns ny les autres n'avoient rien à dire contre ſa conduite. Les Aſſiegez ne purent convenir de la perſonne qui luy ſuccederoit, & la Charge fut partagée entre ſix Officiers qui firent une ſortie ſi à propos, que peu s'en falut qu'ils ne nettoyaſſent la tranchée. Ils mirent en fuite

divers Corps d'Infanterie Catholique qui s'estoient avancez pour les combatre, & ils ne furent repoussez que par
le Duc de Guise & le Marquis de Mayenne son frere,
qui estant accourus à cheval, & ayant mis pied à terre,
donnerent tant de courage aux Soldats de Cosseins, qu'ils
pousserent à leur tour les Assiegez jusques dans leurs
portes.

Les cinquante Ministres persistant dans leurs détesta-
bles principes, corrompirent alors des assassins pour tuër
ces deux jeunes Princes : mais le complot avoit esté communiqué à trop de gens pour réussir. Un de ceux qui
s'estoient engagez à l'executer, s'en repentit & en donna luy-même avis aux Princes. Il ne les obligea pas
neantmoins à se ménager avec plus de soin, parce que
Loüis de Gonzague Duc de Nevers, que la Cour avoit
nommé pour succeder au Duc d'Aumale, n'eut pas plûtôt resolu l'assaut pour le huitiéme du mois d'Avril, en
suite d'une mine creusée sur le bastion de l'Evangile,
qu'ils voulurent estre de la partie, de quelque remontrance que l'on usât pour les en détourner. Les Assiegeans avoient enfin gagné la contrescarpe du fossé qui
couvroit ce bastion, & y avoient fait en plusieurs lieux
des ouvertures de sept pieds de haut & d'autant de large, par où ils avoient passé avec les choses necessaires à
se couvrir. La mine eut un éfet assez grand, mais l'accés
en demeura si raboteux qu'il estoit difficile d'y grimper,
encore plus difficile de s'y tenir de pied ferme lorsqu'on
estoit dessus, & tout-à-fait impossible de resister au moindre choc des Assiegez qui tâcheroient de précipiter leurs
ennemis. La descente dans le fossé n'estoit gueres moins
dangereuse ; car outre qu'il y avoit de l'eau & de la
bourbe

bourbe jufqu'à la ceinture, & que le fond eſtoit garny 1573. de crochets & de pointes de fer, il y avoit à prendre avant que de s'attacher au baſtion, fept caſemates d'où les Afſiegez à couvert euſſent tiré en flanc, & tué par derriere ceux qui fuſſent montez à la bréche, comme ils tuoient impunément ceux qui deſcendoient dans le foſſé. La conteſtation entre le Duc de Nevers qui ne vouloit point que la jeune Nobleſſe Catholique montât la pre-miere à l'aſſaut, & cette même Nobleſſe qui le vouloit en toute maniere, dura ſi longtemps qu'il ne commença qu'à midy. Coſſeins & Goüas devoient la ſoûtenir, & Strozzy faire la troiſieme attaque avec l'élite de ſon In-fanterie. Le Duc de Guiſe, le Marquis de Mayenne, du Gua, [a] Bellegarde, [b] Châteauvieux & [c] Saint-Sulpice em-porterent de vive force chacun ſa caſemate, mais ils ne les garderent pas longtemps. Clermont qui ne voyoit pas une tourelle qui commandoit au lieu où il eſtoit, re-ceut de-là un coup de coulevrine qui le bleſſa à mort; & le Duc de Guiſe, aprés avoir perdu tous ceux qui l'ac-compagnoient, eût enfin eſté brûlé par les feux d'artifice & par l'huile bouïllante des Afſiegez, ſi le Duc de Nevers ſon beau-frere n'eût accouru pour le dégager, & ne l'eût remené dans la tranchée, quoy qu'il eût receu une dangereuſe bleſſure au bras gauche en deſcendant dans le foſſé. Le Marquis de Mayenne abandonna ſa caſema-te, aprés y avoir receu une arquebuſade au travers de la cuiſſe. Saint-Sulpice fut tué dans la ſienne; & le Gua, Châteauvieux & Bellegarde furent ſi maltraitez dans les leurs, que ceux qui les emporterent les croyoient morts. Goüas arriva jufqu'au bas de la bréche, mais il fut bleſſé mortellement, & ſes gens intimidez n'agiſſant pas avec

Dans la Relation de cet aſſaut.

[a] *Roger de S. Lary.*
[b] *Ioachim Seigneur de Châ-teauvieux en Breſſe, depuis Chevalier du Saint Eſprit.*
[c] *Armand d'Ebrard, frere de Bertrand, qui fut depuis Chevalier du Saint Eſprit.*

assez de vigueur, Montluc qui prenoit le soin de l'assaut au défaut du Duc de Nevers, commanda à Strozzy de faire descendre ses gens dans le fossé. Strozzy n'obéit qu'en partie, & en la maniere que son courage luy inspiroit : Au lieu de se mettre à la queüe de ses Fantassins, il s'avança jusqu'à leur teste : Il rencontra Gohas qui l'assura que la bréche estoit raisonnable ; mais Gohas se trompoit, & il n'y avoit point d'homme pour agile qu'il fût, qui se démêlât de la fange qui estoit au bas, sans tomber quatre ou cinq fois au moins. Strozzy ne laissa pas neanmoins d'aller, supposant que ses Soldats le suivroient plus aveuglement, lorsqu'ils le verroient marcher le premier, & montrer l'exemple aux autres ; mais la blessure de Gohas les avoit rendus presque tous immobiles, il n'y avoit que [a] Brantôme, [b] Sourdeac & [c] Lancome qui eussent suivy leur Colonel, & qui grimpassent avec luy sur le bastion, lorsqu'ils le virent tomber renversé d'une arquebusade. Ils s'imaginerent qu'il estoit mort, quoyqu'il fût seulement étourdy du coup. Sourdeac & Brantôme se coulerent en bas pour le porter dans sa tente. Lancome continüa de monter, & ne trouva sur le haut du bastion que des femmes qui rouloient en bas des pierres, & lançoient des feux d'artifice. Il reconnut alors que si les Catholiques l'eussent suivy, la Place eût esté emportée ; mais la conjoncture ne dura pas longtemps, & les Assiegez accoururent en si grand nombre, qu'ils le contraignirent de décendre avec plus de précipitation qu'il n'estoit monté. Les Rochelois ne perdirent ny le cœur, ny le jugement, ils porterent sur la bréche de la poix raisine & d'autres matieres combustibles propres à exhaler une épaisse fumée. Ils y mirent le feu, & reparerent le dommage que

[a] *Pierre de Bordeille, Abbé de Brantôme Autheur des Memoires.*
[b] *René du Rieme, Marquis de Sourdeac en Bretagne, depuis Chevalier du Saint Esprit.*
[c] *Claude Savary, Seigneur de Lancome en Touraine.*

la mine avoit fait, en ôtant aux Affiegeans la connoiffance
de leur travail. La rufe n'eftoit pas neceffaire, parce que
fur un faux bruit femé dans le Camp, que les Affiegez
faifoient une fortie generale, la confternation s'y mit, &
la plûpart des Soldats Catholiques fuyoient par les marais avec d'autant plus de honte pour eux, qu'on les reconnut enfuite à leurs chauffes couvertes de boüe.

Biron ne réuffit pas mieux le lendemain à la Porte S.
Nicolas, mais en recompenfe il y acquit de l'honneur à
la mode des avanturiers. Le Baron de Saujon le plus
rude & le plus déterminé des Cavaliers enfermez dans la
Rochelle, reconnoiffant de loin Biron, le défia à faire le
coup de piftolet. Biron le prit au mot, & ces deux Chefs
commencerent au milieu de leurs Troupes, un combat
fingulier dont le fuccés fut que le cheval de Saujon
tomba, & le Maître fe trouva deffous engagé de forte,
qu'il luy fut impoffible de fe relever. Il demanda la vie,
& Biron le mena prifonnier au Duc d'Anjou, qui fut
ravy de l'avoir en fa puiffance pour cette raifon fecrete.
Saujon s'eftoit vanté de tirer une vangeance fignalée de
la Barthelemy ; & le Duc perfuadé que la menace s'a-
dreffoit particulierement à luy, commanda que l'on menât Saujon fous bonne garde à Niort, où il l'auroit fait
punir dans les formes, fi Saujon fe doutant du mal qu'on
luy preparoit, ne l'eût évité par fa fuite.

Les Affiegeans travaillerent enfuite à la fape, fans dif-
continuer les batteries, & donnerent neuf affauts generaux. Le Duc de Montpenfier, le Prince Dauphin d'Auvergne fon Fils, les Ducs de Guife, le Marquis de Mayenne, les Ducs de Nevers, de Boüillon & d'Ufés, le Maréchal de Coffé, Biron & Bajordan, s'y fignalerent : mais

N... de Campes, Baron de Saujon en Xaintöge.

1573. les Catholiques furent toûjours repouffez, & s'ils eurent de l'avantage, ils ne le conferverent pas longtemps. Coffeins fameux pour avoir efté un des plus ardans au carnage de la S. Barthelemy, & pour y avoir profité de plus de dix mille écus, fut tué en allant à la tranchée, par un endroit où les Rochelois ne tiroient prefque jamais; & l'Ingenieur ScipionVergas qui avoit fortifié la Rochelle, & qui fuivant le genie des Mercenaires étrangers, travailloit pour de l'argent, à détruire fon propre ouvrage, fut enfevely fous les ruines d'une mine où l'on avoit mis trop de poudre.

La refiftance des Affiegez donna le loifir à la Reine Elifabeth, d'appercevoir la faute qu'elle avoit faite en s'engageant à ne les pas fecourir ; & comme les Souverains ne manquent jamais de pretexte pour fe difpenfer de tenir parole lorfqu'ils fe repentent de l'avoir donnée, la Reine d'Angleterre trouva un expedient pour affifter ceux de fa Religion, fans que le Roy la pût convaincre d'avoir violé le dernier Traité conclu avec la France. Elle fit par de fecretes voyes que des particuliers Anglois Calviniftes zelez, fe cottiferent pour foulager la mifere de leurs Freres, qu'on leur figuroit reduits à l'extrêmité en haine de la Religion, & la fomme confiderable que l'on tira de cette charité pretenduë, fuffit à Montgommery pour équiper une Flote de cinquante-trois Vaiffeaux de guerre, fans qu'il parût que l'Angleterre s'en mêlât. La Mothe Fénelon, Ambaffadeur de France à Londres, qui avoit découvert toutes les intrigues de l'armement, en fit affez de bruit; mais la Reine d'Angleterre luy reparty toûjours que ce que les Calviniftes François faifoient fur fes côtes, eftoit fans fa participation. Elle les

traita de Corſaires : Elle deſavoüa les Soldats & les Ma-
telots Anglois, qui prenoient party avec eux : Elle proteſta qu'on luy feroit un double plaiſir de leur courir
ſus, & de les punir par la corde, & elle offrit d'en donner une déclaration par écrit. La Mothe-Fenelon la prit
au mot, & ceux qui le voyoient dans l'impoſſibilité de
mieux faire pour lors, admirerent ſa prudence.

Il ne pouvoit détourner Eliſabeth d'aſſiſter les Rochelois, & il prévoyoit qu'en inſiſtant au contraire, bien loin
d'obtenir ce qu'il pretendoit, il obligeroit les Anglois à
convertir en une aſſiſtance directe & publique, le renfort
qui n'eſtoit encore qu'indirect & ſecret. Il connoiſſoit
le préjudice qu'en recevroient les affaires du Roy ſon
Maître, & il eſtoit perſuadé que ſi la France ne pouvoit
obtenir que l'Angleterre vît ſans ſe remuër, reduire les
Rochelois, il luy eſtoit au moins de conſequence que le
monde le crût, & que les Proteſtans d'Allemagne fuſſent
par là diſſuadez d'envoyer aux Calviniſtes de nouvelles
Armées. Ainſi vers la fin de May 1573. dans le même
temps que l'on publioit par tout les défenſes de la Reine
d'Angleterre à ſes Sujets, de porter les armes en faveur
des Calviniſtes de France, Montgommery arriva avec
une Flote Angloiſe pour ravitailler par mer la Rochelle.
Le Baron de la Garde reſolu de la combatre, chargea ſes
Galleres de l'élite des Aſſiegeans, & ſe fiant à ſon experience, alla quoyque beaucoup plus foible, chercher les
ennemis. Montgommery refuſa la bataille, ſoit qu'Elizabeth luy eût ordonné en ſecret de ne rien hazarder, ou
qu'il pretendît ſeulement faire entrer dans la Rochelle les
vingt-cinq Vaiſſeaux chargez de vivres qu'il eſcortoit, en
profitant de la haute marée ; mais il trouva l'entrée du

Port fi bien fermée par une Caraque de Venife, bordée
d'artillerie qui battoit les Vaiffeaux Anglois à mefure
qu'ils en approchoient, qu'aprés plufieurs tentatives inutiles il fut contraint de s'en retourner fans avoir rien
executé de ce qu'il avoit promis à la Reine Elizabeth. Sa
retraite ne r'allentit point le courage des Affiegez, quoy
qu'elle leur eût ôté l'efperance, & ils ne répondirent que
par des actes d'hoftilité à la fommation qu'on leur fit
immediatement aprés.

Le Duc de Nevers voulut au commencement de Juin
rabattre cette fierté par un dixiéme affaut general qui ne
pouvoit eftre mieux concerté. Il n'y avoit rien d'extraor-
Dans la Relation de Mont-gommery. dinaire, finon que l'entreprife devoit eftre executée en
plein jour & à fix heures du matin ; mais on eut foin la
nuit précedente de laffer les Affiegez par tant de fauffes
allarmes, que la plûpart de ceux qui devoient garder la
bréche, dormoient deffus, ou s'eftoient retirez pour fe
coucher dans les maifons voifines. L'on accorda à la dignité & au rang du Roy de Navarre, que fes Gardes donneroient la premiere attaque : La feconde eftoit dûë par
l'ordre du Siege au Duc de Longueville, parcequ'il eftoit
de jour ; & Strozzy en qualité de Colonel de l'Infanterie,
avoit obtenu la troifiéme. Le Duc de Nevers avoit averty
les trois Troupes d'agir avec un profond filence, & de ne
parler que lorfqu'elles feroient entrées au nombre de
quatre ou cinq cens pour le moins dans la Ville ; mais
l'impatience Françoife, ou le zele de la Religion empêcha qu'on ne luy obéit.

Le Roy de Navarre avoit receu de nouveau entre fes
Gardes, deux vieux Soldats Gafcons, nommez la Tour
& la Chaffagne. Il y avoit plus de trente ans qu'ils por-

toient les armes : Ils s'eſtoient ſignalez dans le Piémont
& dans les guerres civiles de France. L'âge ne leur avoit
encore rien ôté de leur vigueur ; & la Nouë qui les avoit
menez dans Mons, témoignoit qu'ils y avoient fait durant le Siege, au de-là de ce que l'on devoit attendre
d'une valeur conſommée : Mais ils eſtoient Calviniſtes,
& d'ailleurs perſuadez que le ſalut de leur Religion,
conſiſtoit en celuy de la Rochelle. Comme ils eſtoient
plus déterminez que leurs camarades, & que les belles ca-
ſaques de velours jaune, chamarées de paſſement d'argent
dont ils eſtoient revêtus, augmentoient leur fierté, ils
monterent les premiers ſur la brèche, & le deſir de s'y faire
remarquer, ou de réveiller ceux qu'ils voyoient endormis,
les fit incontinent crier de toutes leurs forces, *Dedans,*
dedans, ils ſont à nous. Ces paroles non ſeulement firent
monter à la hâte le reſte des Troupes Navarroiſes, mais
elles réveillerent auſſi les Rochelois qui ne voyans que
cent hommes montez, ſe r'aſſurerent. Ils reconnurent que
la Place eſtoit perduë, s'ils ne les repouſſoient avant qu'il
en entrât davantage, & les chargerent avec une impetuoſité que les Aſſiegeans ne ſoûtinrent que foiblement,
parce que l'épouvante ſe mit entr'eux. Ils tournerent le
dos, & coururent aux échelles qu'ils venoient de quitter : Ils les trouverent chargées du Duc de Longueville
& de ſa troupe qu'ils renverſerent, & ce Prince ſe trouva
dans le foſſé au plus grand danger qu'il eût couru depuis
qu'il portoit les armes. Il avoit le corps froiſſé de ſa chute
& de la peſanteur de ceux qui eſtoient tombez ſur luy : *Dans le*
Il eſtoit étourdy, les Aſſiegez tiroient de toutes parts, & *recit de*
deux grenades venoient déja d'éclater à ſes pieds. Per- *cet aſſaut,*
ſonne ne penſoit à le ſoulager, tant la conſternation avoit

troublé les esprits, & bien luy servit de trouver assez de vigueur dans luy-même pour se débarasser de tant d'obstacles, & pour retourner dans sa tente.

Tant d'attaques repoussées avoient presque consumé tout ce que les Rochelois avoient de poudre, & ce manquement les eût obligez à se rendre dés le lendemain, si un de leurs Bourgeois appellé Mirande, trés-expert à la Navigation, qui avoit prévû le besoin de ses concitoyens, n'eût obtenu de Montgommery un Navire chargé de poudre & de salpêtre qu'il conduisit avec tant d'adresse, qu'il le fit entrer dans le Port de la Rochelle au milieu de la nuit. Les Assiegez en avertirent aussi-tôt les Catholiques par un feu extraordinaire qui blessa le Duc d'Anjou, & l'eût tué si Vins Gentilhomme Provençal, qui avoit vû l'Arquebusier coucher en joüe ce Prince, ne se fût mis au devant du coup.

Jean Garde, Seigneur de Vins.

Mais les Princes ne s'exposent pas inutilement aux plus grands dangers, quand leur hardiesse sert à meriter une Couronne. La meilleure recommandation que pouvoit avoir le Duc d'Anjou pour estre élû Roy de Pologne, consistoit dans l'occupation actuelle à commander une Armée aguerrie, dont les grandes actions fournissoient tous les jours de nouveaux sujets d'entretien ; & l'Evêque de Valence en distribuoit les Relations avec d'autant plus de soin, qu'il décreditoit mieux par là les autres competiteurs, que s'il y eût travaillé par des voyes directes. Ils n'estoient plus que trois ; l'Archiduc Ernest, Sigismond de Vasa, Fils de Jean Roy de Suede, & Jean Basilovits, Fils puîné de Basile Grand Duc de Moscovie. La Reine d'Angleterre n'ayant pas voulu que le celebre Philippe Sidney se mit sur les rangs pour le quatriéme,

quoyque

quoyque plusieurs Gentilshommes Polonois l'y eussent 1573. invité.

On a remarqué dans le Livre precedent, que l'Evêque de Valence avoit trouvé la voye la plus sûre pour donner l'exclusion à l'Archiduc, en obligeant le Grand-Seigneur, par le ministere de l'Evêque d'Acqs, à traverser son élection. Mais comme il estoit important de tenir la chose secrete, & que la Noblesse Polonoise eût esté fâchée que l'on sçût qu'elle deferoit à la Porte, pour ce qui regardoit l'exclusion, elle estoit ravie que l'Evêque de Valence luy remontrât que l'Archiduc n'avoit aucune experience militaire, & que le Duc d'Anjou en avoit acquis à vingt-deux ans autant que les plus anciens Capitaines : Outre que l'on ne sçavoit point encore si l'Archiduc ne tiendroit point de son ᵃ Pere & de son ᵇ Ayeul, qui n'avoient jamais réussi une seule fois à la guerre : Au lieu que le bonheur du Duc d'Anjou ne pouvoit estre revoqué en doute, puisqu'il avoit gagné des Batailles, forcé des Villes, reduit des Provinces, & negocié des Traitez d'extrême consequence.

a *Maximilien II.*
b *Ferdinand I.*

Le Prince de Suede avoit un avantage de naissance, qui faisoit d'autant plus de peine à l'Evêque de Valence, que ce Prelat n'osoit parler ny directement, ny indirectement au contraire. La ᶜ Sœur aînée du dernier Roy de Pologne, avoit épousé Jean Roy de Suede, & le Prince de ᵈ Suede estoit sorty de ce Mariage. Sa Mere vivoit encore : La Noblesse de Pologne l'aimoit, & se souvenoit de la promesse faite à Jagellon, lorsqu'il avoit uny la Lituanie à la Pologne, de considerer tous ses descendans, & même de les preferer aux autres, en cas qu'ils eussent les qualitez requises. Il est vray que le Prince de Suede ne les avoit

c *Caterine Princesse de Pologne*
d *Qui fut élû Roy de Pologne, le Decembre 1581. après la mort d'Etienne Batory, qui succeda au Roy Henry III.*

Tome II. Ccc

1573. pas toutes, puifqu'il n'eftoit âgé que de neuf ans : Mais outre que ce deffaut n'eftoit pas de ceux qui peuvent eftre imputez aux perfonnes qui les ont, il y avoit des exemples qu'on avoit élû des Princes de même âge, fans que leur minorité eût fait de préjudice, parce qu'on leur avoit donné un Confeil qui avoit maintenu l'Etat dans une profonde tranquilité. L'Evêque de Valence qui ne vouloit ny demeurer d'accord de ces exemples, ny les contredire, fe contenta de remontrer que la conjonĉture prefente de la Pologne, demandoit un homme, & non pas un enfant, parce que le Grand Duc de Mofcovie, pour appuyer l'élection de fon Fils, faifoient approcher des frontieres de la Lituanie, une Armée de cent mille hommes, qui ne manqueroit pas d'y porter le fer & le feu, fi le Prince de Mofcovie eftoit exclud. Enfin le Mofcovite offroit de réünir à la Couronne de Pologne, ce que fes ancêtres avoient ufurpé de la Livonie. Mais l'Evêque de Valence trouvoit en luy deux étranges inconveniens : L'un eftoit la Religion Greque, & l'autre la maniere de vivre des Mofcovites dans l'efclavage, directement contraire à la liberté Polonoife.

L'inftruction que l'Evêque de Valence donna par écrit aux trois Agens, l'Abbé d'Elbene, Bazin & Choüen, qu'il envoya à la petite Diete, ne contenoit que ces confiderations exprimées avec plus d'étenduë, & ne devoient eftre reprefentées qu'en fecret. Ces Agens s'acquiterent de leur commiffion avec tant de fuccés, que les Nonces terreftres de la petite Diete, fans en excepter les moins éclairez, reconnurent d'abord que de tous les pretendans à la Couronne, le Duc d'Anjou eftoit celuy qui l'obtiendroit plus aifément. Les Miniftres de l'Archiduc & des Princes de

Dans l'inftruction des trois Agens.

C'eft le nom qu'on donne aux Députez de chaque Palatinat qui s'af-

Suede & de Moscovie, en furent tellement persuadez, que la diversité de leurs interests ne les empêcha pas de s'unir, dans le dessein de procurer en toute maniere l'exclusion de ce Duc. Ils confererent ensemble, & convinrent que le meilleur expedient pour arriver à leur fin, estoit de rendre inutiles les intrigues de l'Evêque de Valence, en obligeant ce Prelat à comparoître devant la petite Diete, & à faire là toutes les fonctions de son Ambassade, afin de le renvoyer ensuite sur la frontiere de Pologne, où il seroit contraint de demeurer jusqu'aprés la conclusion de la Diete generale, dans laquelle le nouveau Roy seroit élû. Ils prévoyoient assez que si la Diete particuliere prenoit ce party, elle l'étendroit aux Ambassadeurs des autres Princes, aussi bien qu'à celuy du Roy Trés-Chrétien ; mais ils sçavoient que les Ambassades des autres Princes ne servoient que de parade, & que tout le succés de l'Ambassade du Roy Trés-Chrétien dépendoit au contraire de l'éloquence & de l'adresse de l'Evêque de Valence : D'où ils concluoient qu'en l'empêchant d'estre ouy & d'agir à la Diete generale, ils supplanteroient infailliblement le Duc d'Anjou.

semble pour preparer les matieres qu'on doit examiner ensuite dans la Diete generale.

Leur raisonnement estoit juste, mais le trop de précaution qu'ils apporterent à le faire réussir, le rendit inutile. Ils apprehenderent qu'en le proposant d'abord à la petite Diete, il ne fût traversé par les trois Agens de France, sous pretexte qu'on ne leur en avoit rien communiqué, & que d'ailleurs il faloit du temps pour en informer l'Evêque de Valence. L'expedient estoit plus court de s'adresser directement à ce Prelat, & de tâcher, s'il estoit possible, de le tromper. L'artifice dont on usa à son égard, fut de luy faire entendre par des personnes apo-

Ccc ij

1573. ftées, que fon intereft eftoit de parler à la petite Diete, où fon éloquence feroit admirée ; où les Senateurs & les Députez de chaque Province écoûteroient attentivemét ce qu'il avoit à dire, pour le rapporter fidellement à la Nobleffe de leurs Palatinats ; où il infpireroit une haute idée du nom François, & où il eftoit affuré de charmer les oreilles, de forte qu'on luy manderoit de fe trouver à la Diete generale pour y eftre entendu une autre fois.

L'Evêque de Valence reconnut d'abord l'artifice de la propofition qu'on luy faifoit, & n'ofa neantmoins ny la traiter de ridicule, de peur d'offenfer les perfonnes qui s'en eftoient chargées, ny differer d'y répondre, de peur qu'on ne travaillât cependant à la perfuader aux Nonces de la petite Diete. Il repartit donc que le Roy fon Maître luy avoit ordonné trés-expreffement de ne comparoître & de ne parler qu'à la Diette generale, & il écrivit en même temps à fes trois Agens d'empêcher à quelque prix que ce fût, que la petite Diete ne le mandât. Les Agens prirent leurs mefures avec les Nonces de la faction Fran-çoife, & lorfque les Nonces des trois autres factions, aprés avoir indiqué la Diete generale au commencemét d'Avril 1573. s'ingererent de demander que les Ambaffa-deurs des Princes étrangers fuffent ouïs, afin qu'il ne re-ftât plus d'autre chofe à faire dans la Diete generale que l'élection, les Nonces de la faction Françoife s'en excu-ferent, fur ce que leur pouvoir ne s'étendoit pas jufques-là, & rompirent la Diete. Le temps qui s'écoula depuis la petite jufqu'à la generale, fut employé à briguer de tous côtez. Les Emiffaires de la Maifon d'Aûtriche y proce-derent fi ouvertement, que le Senat de Pologne fut obligé d'y remedier, en les empêchant de vaguer dans

Vn Nonce quand il feroit feul de fon a-vis, peut rompre une Diete.

les Provinces, & en donnant des espions aux Ambassadeurs de l'Empereur, sous pretexte d'une garde honorable.

L'Evêque de Valence s'en exempta, parcequ'il se comporta si modestément, ou pour mieux dire si secretemét,
que l'on ne pût rien trouver à reprendre dans sa conduite. Il ne laissa pas neantmoins d'envoyer Bazin dans la
petite Pologne, où il gagna presque toute la Noblesse de
Mazovie, la plus nombreuse du Royaume. Les competiteurs du Duc d'Anjou firent alors courir deux sortes d'é-
crits supposez pour le décrediter. Le premier estoit une
Lettre du Cardinal de Lorraine au Cardinal Commendon
que le Pape avoit envoyé en qualité de Legat au Roy Sigismond, pour le disposer à se joindre avec le S. Siege &
l'Espagne contre les Turcs, & qui depuis la mort de ce
Roy avoit eu ordre de demeurer en Pologne jusques à
ce que l'élection eût esté faite. Le Cardinal de Lorraine
luy remontroit qu'il ne pouvoit servir plus à propos le
S. Siege, qu'en contribuant à l'élection du Duc d'Anjou,
parce que ce Prince ne seroit pas plûtôt reconnu pour
Roy, qu'il travailleroit à rétablir la Religion Catholique
dans la Pologne, par les mêmes voyes qui luy avoient acquis tant de reputation en France, c'est-à-dire par les armes & par un massacre semblable à celuy de la S. Barthelemy.

Le second estoit une Lettre que l'on disoit écrite de la
propre main du Roy à l'Empereur son beau-pere. Le Roy
témoignoit qu'on l'avoit surpris en luy faisant accroire
que sa Majesté Imperiale ne pensoit point à mettre la
Couronne de Pologne sur la teste de l'Archiduc Ernest
son second Fils ; mais que puisqu'elle l'assuroit du con-

*La Lettre
est impri-
mée.*

1573. traire, il fe défifteroit de folliciter pour le Duc d'Anjou ſon Frere, & reuoqueroit l'Euêque de Valence ſon Ambaſſadeur.

L'impoſture de l'un & de l'autre de ces Ecrits fut renduë publique, & l'Euêque de Valence voyant approcher le temps de la Diete, partit pour s'y trouuer auec un équipage magnifique. Il fit en paſſant par la Ville de Poſnanie, mettre en liberté le jeune Lanſac un de ſes collegues, qui y auoit eſté arrêté pour s'eſtre auancé juſques-là ſans la permiſſion du Senat, & demeura quelques jours à Cracouie pour une affaire qui ne pouuoit eſtre plus importante. On a déja vû qu'il attendoit de ſa harangue le principal éfet de ſa Négociation ; cependant il eſtoit aiſé de préuoir que le nombre de ceux qui l'entendroient dans une aſſemblée de tant de Gentilshómes, ne feroit pas le plus grand, & que neanmoins il dépendroit de ceux-là d'en faire aux autres tel rapport qu'il leur plairoit. Ce n'eſt pas que le Senat de Pologne n'eût tâché de remedier à cét inconuenient, en obligeant les Orateurs à fournir trente-deux copies de leur Harangue aux trente-deux Palatins du Royaume, afin que chacun d'eux inſtruſiſt de ce qu'elle contenoit, la Nobleſſe de ſon Palatinat ; mais le remede n'eſtoit ny feur, ny ſuffiſant : Car outre qu'il dépendroit de la diſcretion de chaque Palatin de donner à l'affaire le tour qu'il luy plairoit, en augmentant, diminuant ou changeant ce qui luy auroit eſté communiqué, quoyque toute la Nobleſſe ſe piquât d'entendre & de parler facilement la Langue Latine, il ne luy eſtoit pas neanmoins poſſible de comprendre d'abord ce que l'Euêque de Valence ne manqueroit pas de luy dire en un ſtile élegant & châtié. L'expedient qui le tira d'embaras, fut de compoſer en Latin ſa Harangue, en la maniere la plus élegante & la plus pathetique qui luy fût poſſible, & de prier Socolouſky de la traduire en Polonois.

Socolouſky eſtoit un Gentilhomme d'humeur & d'inclination Françoiſe, qui avoit fait il n'y avoit pas long-temps le voyage de Paris pour voir la Cour de France, & qui avoit eſté charmé des belles qualitez du Duc d'Anjou : Comme il aimoit ſa Langue, perſonne ne la parloit & ne l'écrivoit avec plus de pureté & de délicateſſe que luy, & il avoit aſſez étudié les belles Lettres pour exprimer en Polonois toute la force, & méme toutes les graces du Latin.

L'Evêque de Valence ſe ſervit de luy pour Traducteur, & trouva dans Cracovie un Imprimeur aſſez fidele & aſſez diſcret pour luy en fournir un prodigieux nombre de copies, ſans que perſonne le ſçût. Il les fit porter à Varſovie où ſe tenoit la Diete, & dés qu'il eut rendu viſite aux principaux de la Nobleſſe, il découvrit de nouvelles difficultez plus embaraſſantes que celles qu'il avoit préveuës. Le Cardinal Commendon, Miniſtre le plus rafiné de tous les Venitiens qui paſſerent jamais au ſervice de la Cour de Rome, avoit commencé des intrigues pour l'Archiduc Erneſt, qui n'auroient pas manqué de réuſſir, ſi la Maiſon d'Aûtriche ne ſe fût éloignée de ſes anciennes maximes par un égarement qu'il faut icy repreſenter dans toute ſon étenduë, aprés avoir averty que ce ſera peut-eſtre le plus bel endroit de cette Hiſtoire.

Ses eſpions l'avoient informé d'une Aſſemblée ſecrete des Heretiques de Pologne, qui eſtoient convenus de ne conſentir à l'élection d'aucun Roy qui fût de la Commu-

Il y a des Relations qui en mettent iuſqu'à trente mil

Dans le
Refultat
de cette
Conferêce

nion Romaine, ou qui ne jurât au moins de donner une entiere liberté de croire & de difcourir de la Religion ; d'accorder par tout le Royaume des Temples aux Sectes qui prefenteroient aux Magiftrats leur Confeffion de Foy, & de les laiffer en poffeffion des biens ufurpez fur les Catholiques. Il y avoit apparence que cette demande n'avoit efté faite que fur les offres d'un des pretendans à la Couronne, de donner aux Proteftans tout ce qu'ils

Le 5e des
Terres de
Pologne,
ou envi-
ron, ap-
partient à
la Cou-
ronne.

demanderoient, à condition qu'ils l'élevaffent fur le Trô-ne ; & le foupçon le plus violent tomba fur l'Evêque de Valence qui paffoit par tout, & principalament à Rome, pour un heretique fecret. Commendon en fut fi perfuadé qu'il tâcha de défunir les Proteftans, afin d'affoiblir leur faction.

Elle eftoit principalement composée de deux des plus confiderables Familles de Pologne pour la naiffance, pour les Charges & pour les biens ; les Sboroüis & les Firleïs. Tous les Sboroüis eftoient Calviniftes, excepté le plus jeune nommé André, qui eftoit retourné à la commu-nion de l'Eglife Catholique. L'aîné avoit obtenu le Pa-latinat de Sandomir, & les autres jouïffoient outre leur domaine, de plufieurs Terres de la Couronne.

Les Firleïs eftoient tous Lutheriens, & leur aîné s'eftoit élevé à la premiere dignité de l'Etat, qui eftoit celle de Grand-Marêchal. Le Palatin de Sandomir avoit peu de temps avant la mort du Roy, pretendu au Palatinat de Cracovie, beaucoup meilleur que le fien ; mais aprés de preffantes follicitations le Grand-Marêchal qui luy avoit promis d'agir pour luy, eftoit devenu fon concurrent, & l'avoit même fupplanté par la faveur de la Maîtreffe du Roy. Cette préference que le Palatin de Sandomir im-
putoit

putoit à trahison, ou du moins à supercherie, avoit rompu l'ancienne amitié de ces deux Seigneurs; & le Palatin plus emporté que le Grand·Marêchal, cherchoit impatiemment l'occasion de se vanger durant l'interregne. Il meditoit de surprendre le Château de Cracovie, où il estoit asseuré de trouver son ennemy, lorsque son jeune Frere qui ne celoit rien à Commendon, l'en avertit. Commendon eût esté ravy de l'execution de ce projet, s'il ne l'eût regardée comme un commencement de troubles qui eût donné occasion aux seditieux d'entreprendre sur les Ecclesiastiques, d'autant plus exposez à l'envie, qu'ils estoient extraordinairement riches. Il remontra au jeune Sboroüy, & l'obligea de representer au Palatin de Sandomir, qu'en pensant vanger une querelle particuliere, il ruineroit tout d'un coup sa Maison & le party Calviniste en Pologne : Qu'il uniroit les Catholiques avec les Lutheriens, & qu'il s'attireroit ainsi sur les bras presque toutes les forces du Royaume : Qu'il perdroit beaucoup de sa reputation, dans le temps qu'il avoit le plus de besoin de la conserver : Qu'il offenseroit la Noblesse Polonoise, & qu'il donneroit sur luy trop de prise ; mais comme il n'estoit pas possible d'ôter au Palatin le solide de la vangeance, sans luy en laisser au moins l'ombre, Commendon ajoûta que le Palatin pouvoit sans rien hazarder, punir suffisamment le Grand-Marêchal d'une maniere qui luy seroit plus sensible que s'il luy ôtoit la vie, en observant ses démarches durant l'interregne, & en s'y opposant, puisque le Grand-Marêchal faisoit des assemblées secretes à dessein de former une liaison entre les Lutheriens, les Calvinistes & les Trinitaires, pour donner leurs suffrages à quiconque feroit leur condition plus avantageuſe.

Le Palatin qui avoit des eſpions auprés de ſes averſai-
res, apprit que l'avis qu'il avoit receu de Commendon,
n'eſtoit que trop veritable ; & comme il n'y avoit point
d'autre moyen de rompre leurs meſures, qu'en leur ôtant
toute l'eſperance de réuſſir, il ſe declara ouvertement
pour l'élection d'un Roy Catholique : Ce qui dans l'opinion de Commendon, eſtoit preſque la même choſe que
de s'engager dans le party de l'Archiduc Erneſt.

Le party des Eccleſiaſtiques de Pologne, que leur intereſt tenoit attachez à Commendon, eſtant ainſi fortifié des Lutheriens, Commendon s'imagina qu'il ne reſtoit
plus pour aſſurer la Couronne à l'Archiduc, que de luy
procurer les ſuffrages de Lithuanie. Il avoit beaucoup
d'aſcendant ſur les Chefs des deux Familles les plus conſiderables de cette grande Province, Nicolas Radzivil &
Jean Cotchevic. Le Pere de Radzivil, aprés s'eſtre fait
Calviniſte, ne s'eſtoit pas contenté d'employer ſes biens
& ſon credit pour ruiner la Foy Catholique en Lithuanie, mais il eſtoit encore devenu le Predicateur de ſa
Secte à la Cour & dans toutes les Provinces de Pologne.
Le ſoin qu'il avoit pris de faire inſtruire ſon Fils aîné
dans les mêmes principes, n'avoit réuſſi que pour un
temps, parceque ſon Fils s'eſtoit enfin rebuté de l'étrange
diverſité & de l'inconſtance perpetuëlle de ſes Docteurs.
Il eſtoit allé à Rome, où la converſation de Commendon & de quelques autres perſonnes qu'il avoit conſul-
tées pour ſçavoir ce qui eſtoit du fond de la Religion
Catholique, & ce qui n'en eſtoit pas, l'avoit r'amené à la
Foy de ſes ancêtres. Il eſtoit retourné en Lithuanie, où
ſa principale occupation avoit eſté de reparer les maux

que fon Pere avoit caufez à la Religion. Il avoit rendu aux Ecclefiaftiques les Eglifes, les biens & les honneurs qui leur avoient efté ôtez, & il avoit travaillé heureufement à défabufer fes Freres de leur erreur.

Cotchevic avoit luy-même embraffé l'herefie que fon pere avoit perfecutée, mais il s'eftoit depuis défabusé, lorfqu'un âge plus meur l'avoit r'appellé des égaremens de la jeuneffe ; & comme les hommes ne font jamais unis plus étroitement que par des liens fpirituëls, Commendon s'eftoit fait deux amis folides de ces deux illuftres Seigneurs, en travaillant à la converfion du premier, & en recevant le fecond dans la Communion de l'Eglife. Il fe promettoit de les attirer aifément dans la brigue de l'Archiduc, pourvû qu'il diffipât les jaloufies que leurs Maifons avoient l'une de l'autre, & il obtint *Dans la* d'eux d'eftre l'arbitre de leurs démêlez. Il les régla de leur *fixiéme* confentement avec une prudence qui ne fera jamais affez *Négocia-* loüée ; & l'union qu'il forma entr'eux, luy fervit à fe les *tion du* attirer d'une maniere plus étroite. Il reconcilia enfuite *Legat.* Cotchevic avec le Palatin de Vilna fon oncle paternel ; & après qu'il l'eut mis de cette forte dans l'état d'agir avec toute l'autorité qu'il avoit dans la Lithuanie, il eut avec luy & avec Radzivil une conference fecrete, dont le refultat fut, Que l'on procureroit à l'Archiduc les fuffrages de la Nobleffe de Lithuanie, & que l'Archiduc s'engageroit par reconnoiffance à rétablir la Province dans deux privileges anciens dont elle eftoit décheuë : L'un, de n'eftre point obligée à fournir des Terres pour l'entretien de la Maifon Royale ; l'autre, de laiffer les Chapitres dans le droit de nommer aux Evêchez, dont les trois derniers Rois s'eftoient infenfiblement emparez:

Mais afin que l'Archiduc fût plus asseuré du Trône, on resolut que les Lithuaniens dans une Assemblée Provinciale l'éliroient Grand-Duc (c'estoit-là la qualité de leurs Souverains, avant qu'ils fussent devenus Rois de Pologne) qu'ils leveroient pour maintenir leur choix, une Armée de vingt-quatre mille hommes, & qu'ils reduiroient par là les Polonois à la necessité de s'y conformer, ou de souffrir le démembrement des deux Etats.

C'est le mesme Gratiany qui a depuis écrit sa Vie qui a esté traduite par M.l'Abbé Fléchier, de l'Academie Françoise, Aumônier ordinaire de Mad-la Daufine.

Commendon dépêcha son Secretaire Gratiany à l'Empereur, pour l'informer de cette convention, & pour le presser d'envoyer promtement en Pologne des Ambassadeurs considerables par leur naissance, par leur sagesse & sur tout par la magnificence de leur train ; de faire tenir de l'argent à quelque prix que ce fût, aux Seigneurs Polonois de sa faction, pour lever des Troupes ; de s'avancer luy-même avec de la Cavalerie sur la frontiere de Silesie, ou d'y envoyer l'Archiduc Ernest assez puissament accompagné, pour se rendre considerable à la Diete ; & que moyennant ces trois précautions on luy répondoit que l'Archiduc seroit élû Roy de Pologne, avant que ses competiteurs eussent eu le temps de former leur brigue, & de traverser son élection : Que ce jeune Prince recevroit la Couronne sans aucune condition qui luy fût à charge, sans aucune limitation nouvelle, & dans le même pouvoir qu'avoit eu Sigismond Auguste : Que le bon succés de ce projet dépendoit absolument d'une promte execution, & que si on donnoit le temps à la petite Noblesse de s'appercevoir de l'ascendant qu'elle avoit sur la haute, dans cette conjoncture singuliere, elle se rendroit maîtresse de la Republique, & donneroit des marques de son antipatie pour les Allemands en general, & pour les Princes de la Maison d'Aûtriche en particulier, auſſi-tôt qu'elle pourroit le faire avec impunité.

L'Empereur écoûta Gratiany avec autant de joye que d'attention, & le retint cinq jours à Vienne, en luy faiſant de continuëlles queſtions ſur les affaires de Pologne. Il exagera les obligations qu'il avoit à Commendon : Il promit d'envoyer au premier jour ſes Ambaſſadeurs, avec une inſtruction fort ample & avec un ordre précis de communiquer toutes choſes à ce Legat, & de n'agir que par ſes conſeils.

Dans la Relation de Gratiany.

Commendon crut que ſa Majeſté Imperiale manqueroit d'autant moins à ſes promeſſes, qu'elle avoit plus d'intereſt que luy de les accomplir, & reduiſit toute ſa politique à veiller ſur l'Aſſemblée que les Proteſtans tenoient à Cracovie. Sa proximité leur donna de l'ombrage, de la jalouſie & de l'indignation, qui furent fortifiées par les divers voyages que faiſoit le jeune Sboroüy au Monaſtere où Commendon s'eſtoit retiré. Ils publierent que ſi l'on ſouffroit que le Miniſtre de la Cour de Rome aſſiſtât à la Diete, les artifices de cét Etranger y ſurprendroient la ſincerité Polonoiſe : Que ſa Legation avoit ceſſé par la mort du Roy, & que n'eſtant plus qu'un ſimple particulier, il n'avoit ny droit de s'ingerer dans l'affaire la plus importante d'une Republique étrangere, ny pretexte pour demeurer dans le Royaume. D'où ils concluoient qu'il falloit avant toutes choſes qu'il en ſortît, & qu'il délivrât la Nobleſſe des juſtes ſoupçons qu'elle avoit de ſa conduite. Les Proteſtans paſſerent des plaintes aux menaces, & députerent deux Gentilshommes de leur Corps, dans la premiere Aſſemblée qu'ils tinrent pour avertir Commendon de ſe retirer,

Les espions de Commendon l'avoient informé de ce que l'on machinoit contre luy, & il y avoit remedié en s'éloignant du Monastere où il demeuroit, pour passer en des lieux où les Heretiques eussent moins de pouvoir, où il pût recevoir plus commodément les visites de ses amis, & d'où il pût comme du centre du Royaume, envoyer ses gens dans les Provinces. Il avoit déja fait six lieuës, lorsque les Députez le joignirent, & il ne s'arrêta point pour leur donner audiance. Il les fit monter dans son carrosse, où il les écoûta avec d'autant plus d'attention, qu'ils n'oublierent rien pour adoucir ce qu'il y avoit de rude dans leurs commissions : Ils luy remontrerent que les soins de la Diete alloient tellement occuper la Noblesse, qu'elle n'auroit le loisir de le traiter ny selon sa dignité, ny selon son merite : Qu'il auroit de la peine à se garantir dans un temps de licence, des ennemis que son caractere luy avoit attirez : Qu'il n'estoit plus en asseurance parmy des gens persuadez qu'ils pouvoient impunément luy faire insulte, & qu'il surviendroit peut-estre des momens si fâcheux, que les plus gens de bien n'oseroient luy répondre de sa personne. Commendon les remercia de la crainte obligeante qu'ils avoient pour luy, & ajoûta que s'ils luy eussent parlé au nom de toute la Noblesse de Pologne, il auroit examiné ce qu'il y eût eu à faire, & que n'estant députez que de quelques particuliers qui n'avoient aucune autorité, il les prioit d'agréer la continuation de son ministere.

Mais l'Empereur n'executa qu'avec sa lenteur ordinaire ce qu'il avoit promis à Commendon, pendant que Commendon hazardoit tout pour l'Empereur. Ce Prince le plus difficile des hommes à émouvoir, s'arrêta à des

difficultez qu'il eût dû negliger. Il voulut fonder les volontez de la Nobleffe de chaque Province, & s'affurer du
fuccés, avant que de mettre la main à l'œuvre. Il attendit à fe declarer qu'il eût receu d'elle des nouvelles plus
certaines ; & comme on ne luy en apportoit aucune,
parce que les frontieres du Royaume eftoient exactemét
gardées, il envoya des Agens fecrets dans tous les Palatinats, avec des inftructions & des Lettres de creance aux
principaux Seigneurs, pour reconnoître leur intention,
& pour les attirer à fa brigue. Ces Agens tomberent
prefque tous entre les mains des Soldats qui gardoient
les frontieres, & furent mis en lieu de feureté jufqu'à la
conclufion de la Diete. Ceux qui échapperent, ne furent
pas plus heureux, puifque les mêmes Seigneurs qu'ils
eftoient allé trouver de la part de l'Empereur, les découvrirent, de peur qu'on ne les accusât d'intelligence avec
les Etrangers, & qu'on ne les privât fous ce pretexte, de
leur droit de fuffrage. On obligea les uns & les autres à
dire en prefence du Senat, ce que portoient leurs Commiffions, & à nommer les Gentilhommes qu'ils avoient
ordre de vifiter. Ils les rendirent fufpects en les découvrant, & refroidirent ainfi par leur trop de facilité la
premiere ardeur des partifans de la Maifon d'Aûtriche.

Ces contre-temps furent fuivis d'une avanture qui
feule déconcerta plus les intrigues de l'Archiduc, que
n'euffent pû faire les follicitations de tous fes concur-
rens. L'Abbé Cire Religieux de Citeaux, eftoit le chef
de la brigue Imperiale en Pologne : Comme il avoit demeuré longtemps à la Cour de Sigifmond Augufte en
qualité d'Ambaffadeur de l'Empereur, il y avoit eu le
loifir de fortifier fa faction ; mais il avoit fi mal pris fes

1573. mefures, qu'il s'eſtoit trouvé à Vienne où ſon Maître
l'avoit mandé, lorſque Sigiſmond mourut, & on l'amuſa
ſi longtemps à luy donner de nouvelles inſtructions, que
les chemins ſe trouverent gardez lorſqu'il voulut retourner à Varſovie. Il s'ingera de paſſer déguiſé en Cavalier,
& fut reconnu dans la Pruſſe. Ceux qui l'arrêterent, trouverent entre ſes papiers toutes les propoſitions & les
promeſſes que faiſoit la Maiſon d'Aûtriche à ceux de ſon
party ; & les Gentilshommes de Pologne en conceurent
une averſion contr'elle, qui détourna les plus zelez de ſes
amis de parler en ſa faveur.

L'Evêque de Valence ne perdit pas une occaſion ſi
favorable, & acheva d'aliener la Nobleſſe Catholique, en
luy remontrant que la Religion de l'Archiduc luy devoit eſtre ſuſpecte, à cauſe des ſentimens favorables que
ſon Pere avoit eus pour celle de Luther. Il ajoûta que
ce Prince n'eſtant encore que Roy de Boheme, avoit
eſté corrompu par la frequentation qu'il avoit euë avec
les Proteſtans : Qu'il avoit ſouvent aſſiſté à leurs prieres
& à leurs ceremonies : Qu'il avoit receu dans ſon Palais,
Brence le plus éloquent de leurs Docteurs, & l'avoit ſouvent ouy prêcher dans Vienne ; & qu'enfin il avoit eſté
ſur le point de ſortir de la Communion des Catholiques, & ne s'en eſtoit abſtenu que par les menaces de
Ferdinand ſon pere, de le desheriter. Ces faits qui
n'eſtoient que trop veritables, firent échoüer l'Ambaſſade
de Rotemberg & de Bernſtein, Seigneurs de Boheme,
envoyez avec un train magnifique, pour demander la
Couronne de Pologne en faveur de l'Archiduc. Le Palatin de Sandomir qui avoit toûjours eſté oppoſé aux
pretentions de l'Empereur, ſe trouva ſur la fontiere par
ordre

ordre du Senat, lorſque ces Ambaſſadeurs y arriverent, 1 5 7 3.
& tâcha de les empêcher d'entrer dans le Royaume, juſ-
qùes à ce que la Diete fût en état de leur donner une
Audiance publique. Il ne ceda qu'à peine aux inſtances
qu'ils firent pour obtenir la permiſſion de paſſer outre,
ſur les propoſitions extraordinairement avantageuſes à
la Pologne, qu'ils diſoient avoir à faire au Senat, & il les
conduiſit neanmoins trés-civilement à Sandomir. Il leur
y donna des Gardes, ſous pretexte que c'eſtoient des
gens pour les ſervir, & les retint dans ſon Palais, comme
dans une honnête priſon, puiſque perſonne n'y entroit
& n'en ſortoit ſans ſon conſentement. Ils furent une fois
aſſez adroits pour ſe ſauver ; mais on courut aprés eux,
& on les ramena à Sandomir.

Ce mépris rendit ſi foible la faction de l'Archiduc,
qu'un Nain ſe trouva aſſez fort pour la rompre. Cra-
zoſky le plus petit homme qui fut jamais, & le mieux
fait dans ſa petiteſſe, eſtoit paſſé jeune de Pologne en
France, où il avoit ſervy de divertiſſement à la Cour. Il
avoit de l'eſprit & de la conduite : La Reine-Mere à qui
on l'avoit donné, eſtoit liberale : Il n'avoit perdu aucune occaſion de s'enrichir, & il s'en eſtoit preſenté pluſieurs ſous les Regnes de Henry, de François & de Charles, qui ſe piquoient de magnificence, ſur tout à l'egard
des Etrangers. Il ne fut pas plûtôt en état de rentrer
dans ſa patrie en meilleure poſture qu'il n'en eſtoit ſorty, qu'il luy prit fantaiſie d'y retourner. Tous les Seigneurs Polonois furent curieux de le voir & de l'entretenir, & il leur parla du Duc d'Anjou, comme d'un
Prince qui meritoit mieux ſans comparaiſon leur Couronne, qu'aucun autre. Il en perſuada la plûpart, & ce

Tome II. Eee

fut principalement par fon miniftere que les Polonois s'accoûtumerent à dire du bien, & même à vouloir pour Maître un inconnu. Il les entretint dans cette difpofi-tion, en leur découvrant ce qu'il importoit qu'ils fçuffent des affaires de France, & en cachant adroitement le refte. Il leur expofa la jaloufie du Roy Charles IX. pour le Duc d'Anjou, & il ajoûta que le Roy n'ofant abattre la puiffance du Duc fon frere, & fuppofant neantmoins qu'il eftoit expedient pour fon repos & pour le bien du Royaume, de ne pas fouffrir qu'elle s'élevât davantage, feroit ravy de l'éloigner fous des apparences d'honneur, & d'ôter à la France un Prince qui eftoit prefqu'auffi Roy que luy, tant il avoit charmé par fa bonne mine les peuples dans les jours de ceremonie, le Clergé par fa pieté, & la Nobleffe par fa valeur : Mais il ne dit qu'à l'Archevêque de Gnefne & à l'Evêque de Cujavie, que le Duc d'Anjou avoit formé avec la Reine fa Mere, le deffein de la S. Barthelemy.

On en eftoit là, lorfque Commendon fut introduit à la Diete pour haranguer, & ce Cardinal habile, s'il en fut jamais, ayant penetré les intentions de la Diete, s'y eftoit ajufté pour deux raifons ; l'une, qu'en s'oppofant au torrent, il eût paru partial à contre-temps ; l'autre, que fi le Duc d'Anjou ne profitoit de l'exclufion de l'Ar-chiduc Erneft, la Couronne de Pologne feroit donnée à un Heretique, les autres pretendans eftant Calviniftes ou Lutheriens. Il ne parla neantmoins que de la neceffité d'élire un Roy Catholique, mais ce fut avec tant de cha-leur, que le Palatin de Sandomir crut eftre obligé de l'in-terrompre. Les Ambaffadeurs de l'Empereur eurent la feconde Audiance ; & comme la Maifon d'Aûtriche

Dans la Vie de Commen-don.

eftoit en poffeffion de profiter de tout, ils firent de 1573. grandes inftances pour obtenir qu'on laiffât entrer avec eux dans l'Affemblée, Dom Pedro Faxardo Ambaffadeur d'Efpagne, venu pour recommander l'Archiduc. Leur raifon eftoit que dans l'affaire dont il s'agiffoit, les Miniftres de l'Empereur & ceux du Roy Catholique ne faifoient qu'une même Ambaffade, & n'avoient receu qu'une même inftruction. L'artifice eftoit fi groffier que les moins intelligens de la Nobleffe apperceurent que la Maifon d'Aûtriche s'eftoit propofée deux fins ; l'une, de fupplanter les François pour la Couronne de Pologne ; l'autre, en cas qu'elle n'en pût venir à bout, de les fupplanter au moins pour la préféance. L'Orateur de la Diete repartit que la Nobleffe ne jugeoit pas à propos de rien innover, & que fi l'Ambaffadeur d'Efpagne avoit à parler, il y auroit affez de temps pour l'entendre en fon rang. Les Ambaffadeurs de l'Empereur ne pouvant mieux faire, enttrerent feuls, & harangueront ; & l'Ambaffadeur d'Efpagne qui ne voyoit pas que fa recommandation dût eftre fort confiderée après le refus qu'il venoit de recevoir, aima mieux fe retirer fans avoir eu Audiance, que de la recevoir après les Ambaffadeurs de France.

Ainfi l'Evêque de Valence fut introduit en troifiéme lieu dans l'Affemblée, & la joye que fa prefence infpira à la plûpart de ceux dont elle eftoit compofée, fut un preffentiment de l'avantage qu'il y devoit remporter. Le difcours qu'il y prononça, ne contenoit que deux chofes qui n'avoient point efté inferées dans les Apologies dont on a rapporté l'Extrait. La premiere eftoit le dénombrement des Terres données en Appanage au Duc d'Anjou, dont on faifoit monter le revenu à qua-

Eee ij

1573. tre cens cinquante mille écus. On pretendoit que cette
somme suffiroit pour équiper & pour entretenir une
Flote capable de conserver aux Polonois, la Livonie &
le commerce de Moscovie, à l'exclusion de toutes les
autres Nations de l'Europe. La seconde estoit une justi-

Dans la harangue de cet Evêque. fication indirecte du meurtre de l'Amiral, fondée sur
ce que ce François rebelle avoit infecté sa patrie des er-
reurs de Calvin : Qu'il faisoit profession de ne respecter
ny les Loix, ny les Magistrats : Qu'il autorisoit l'impunité par les armes : Qu'il preferoit ses vaines imagina-
tions à tous les droits divins & humains : Qu'il s'estoit
mis à la teste d'une multitude de Soldats oisifs, qui
aimoient mieux avoir la guerre civile, que de ne plus
porter les armes : Qu'il leur avoit fait changer de Religion pour les entretenir dans la revolte, & pour repan-
dre par toute la France le sang de leurs concitoyens, afin
de les rendre ensuite irreconciliables avec les Catholiques : Qu'il s'estoit élevé par là à une si grande puissance,
qu'elle estoit devenüe formidable à son Maître ; & que
comme personne n'avoit jamais reduit à de telles extremitez la Maison Royale de France, cette Maison n'avoit
jamais eu tant de sujet de se défaire d'un particulier,
sans observer les formes ordinaires de la Justice.

L'effet de la Harangue fut tel, que si on eût procedé
immediatement aprés à l'Election, le Duc d'Anjou eust
remporté tous les suffrages ; mais l'ardeur de ceux qui ne
luy estoient acquis que par l'eloquence de l'Evêque, se
r'alentit bientôt ; & les aversaires du Duc eurent le loisir de faire distribuer autant de réponses, que Montluc
avoit donné d'exemplaires de son Discours. Leur artifice
même fut plus malin, en ce qu'ils persuaderent la No-

bleffe de faire de nouvelles Ordonnances pour établir leur 1573.
liberté fur la diminution de l'autorité Royale, dans l'efperance que s'ils ne laiffoient que le titre de Roy à la
perfonne qui feroit élue, le Duc d'Anjou ne perfifteroit
pas à demander une Couronne de grand poids, & de
peu d'éclat. Mais l'Evêque de Valence découvrit la rufe
cachée fous les apparences de zéle pour la liberté publique. Il en avertit les amis du Duc, & leur donna tant
d'indignation d'un procedé fi peu honnête, qu'ils allerent trouver le Senat, & luy protefterent que fi on ne
procedoit promptement à l'election d'un Roy, ils pour-
voiroient eux-mêmes à leurs affaires & à celles de l'Etat,
qui ne pouvoit plus fe paffer de Maître.

Ceux qui favorifoient les competiteurs du Duc d'Anjou, répondirent inutilement, que la hardieffe des amis
de ce Prince, eftoit infupportable de vouloir prefcrire
au Sénat ce qu'il avoit à faire. Le Senat fut obligé de
fuivre la pluralité des voix; & comme elles alloient à
n'impofer aucun joug nouveau à celui qui feroit élû, le Senat ordonna que l'on y procederoit à la maniere accoûtumée. L'ouverture des Avis fe fit le quatriéme jour de
May 1573. par les Evêques, & la Nobleffe enfuite donna les fiens, fuivant qu'elle eftoit diftribuée par les Palatinats. Le Prince de Mofcovie n'y eut aucun fuffrage,
quoique la Nobleffe de Lituanie luy eût promis les fiens,
afin de l'empêcher de ravager la Province durant l'interregne. Le Prince de Suede eut pour luy, prés de cent
Gentilshommes, qui fe piquoient de reconnoître en fa
perfonne, les bienfaits que leurs Ancêtres, ou eux-mêmes avoient reçû de Jagellon, dont il fortoit du côté de ᵃ *Albert*
fa Mere. Le Duc de ᵃ Pruffe en eut jufqu'à deux cens, *Frideric*
de Bran-
debourg.

1 5 7 3. parce qu'il fe trouva autant de perfonnes perfuadées que
ce feroit un coup d'Etat de reünir par là, la Pruffe Du-
cale, avec la Pologne, comme c'en avoit efté un, d'unir
la Lituanie avec cette Couronne, en élevant Jagellon
fur le Trône. Le nombre fut encore plus grand de ceux
qui vouloient un Roy Polonois, fur ce que c'étoit avoir
une opinion trop mauvaife de fa patrie, que de fupofer
qu'elle manquât de Seigneurs capables de regner, & qu'il
y avoit de l'imprudence à choifir un Maître, qui n'entendoit ny leur langage, ny leurs Loix; Mais la faction
la plus confiderable fut celle de l'Archiduc Erneft, que
l'on croyoit tout-à-fait éteinte. Pierre Mifcou Evêque
de Plofco, Prelat grave, moderé, judicieux & des plus
éloquens de fon temps, avoit inclination pour ce Prin-

Dans les Actes de la Diete. ce, & connoiffant que s'il le propofoit directement, la
Nobleffe prévenuë le refuferoit d'abord, il fit adroite-
ment fon portrait fans le nommer: Il le reprefenta d'une
Famille Royale qui commandoit à plufieurs peuples, &
qui avoit tous les Rois & tous les Princes Chrétiens pour
Vaffaux, ou pour Alliez: Il expofa les avantages que la
Pologne en pouvoit tirer; & il accufa de prefomption
l'Ambaffadeur de France, qui faifoit des promeffes que
ny luy, ny fon Maître ne pouvoient executer. On le
preffa de nommer ce Prince, & il répondit qu'il le feroit, s'il ne les voyoit plus attachez aux noms, qu'aux
chofes, & il s'excufa longtemps de fatisfaire leur curio-
fité, afin de l'augmenter: Mais il n'eut pas plûtoft prononcé le mot d'*Archiduc*, que toute la Nobleffe s'é-
cria qu'encore que les promeffes de la France fuffent
mille fois plus vaines, que l'Evêque de Plofco ne les publioit, elle aimoit mieux le Duc d'Anjou fans biens, que

l'Archiduc avec des montagnes d'or. L'Evêque persista 1 5 7 3.
dans son sentiment, quoyque ses amis & ses propres domestiques l'eussent abandonné ; mais tout ce qu'il y gagna, fut de passer pour opiniâtre. L'exageration qu'il fit
des Etats que la Maison d'Autriche possedoit dans les
deux Mondes, ne servit qu'à faire craindre que si elle
montoit sur le Trône de Pologne, elle ne reduisît en
Province ce grand Royaume ; & la distance des lieux
que l'on s'imaginoit devoir ruiner les pretentions du
Duc d'Anjou, luy fut d'un grand secours, & décida
presque l'affaire en sa faveur.

Les Polonois estoient ravis de trouver dans le Prince
qu'ils choisiroient, la qualité d'estre né dans un pays tellement éloigné, qu'il n'en pût tirer aucun des moyens
necessaires à changer leur Republique en Monarchie absoluë, quand même il en auroit la volonté. Les aversaires de ce Duc le voyant le plus fort en suffrages, eurent
recours au dernier moyen de l'exclure, qui consistoit à
se réunir tous contre luy, & à tâher d'élever sur le Trône
un Polonois. Ils suspendirent l'élection jusqu'au lendemain que les pretendans devoient estre proposez en
plein Senat. L'Evêque de Valence apprehenda cette derniere conspiration plus que les précedentes, & trouva
cét expedient pour la déconcerter. Ses amis à sa priere,
proposerent en pleine Diete, que celuy qui s'estimeroit
digne de regner, se levât, afin que la Noblesse procedât
par Palatinats à son élection ; & il n'y eut dans l'Assemblée personne assez hardy pour se lever, parcequ'il y eût
eu de l'orgueïl & de l'impudence à s'estimer au dessus de
trente mille Gentilshommes presens. Ceux qui favorisoient quelque Grand en particulier, repartirent qu'il ne

faloit pas reduire une action folemnelle à une telle extremité, que la pudeur, la modeftie, le défintereffement
& l'honneur empêchaffent le merite de fe produire ; mais
que l'Affemblée pouvoit choifir un des principaux Seigneurs, & l'obliger à recevoir le Royaume. On leur repartit malicieufement qu'ils prefentaffent donc eux-mêmes ceux qu'ils jugeoient fi dignes de bien regner : Ils
s'en défendirent longtemps, & nommerent enfin par dépit ceux qu'ils voyoient les plus attachez au Duc d'Anjou ; mais les Seigneurs qui s'ouïrent nommer, declarerent qu'ils n'y pretendoient pas, & l'un d'eux plus fpiri-
tuël, ou plus fenfible à la raillerie que les autres, ajoûta
qu'on le propofoit peut-eftre à deffein de mandier par là
fon fuffrage. La conteftation ne s'appaifa que par le choix
de neuf perfonnes qui receurent ordre de propofer un
fujet ; & l'Evêque de Cujavie qui eftoit de leur nombre,
s'eftant chargé de porter la parole pour eux, propofa de
leur confentement le Duc d'Anjou. Ce Prélat éloquent
& plein de bonne opinion de luy-même, n'eut pas plûtôt apperceu, premierement par l'attention & par le filence, & puis par la gayeté qui paroiffoit fur les vifages
de la Nobleffe, qu'elle approuvoit fon difcours, qu'il ufa
des plus grands fecrets de l'art pour le rendre plus éficace. Il s'accommodoit infenfiblement à l'inclination de fes
Auditeurs, à mefure qu'il la voyoit croître, & il s'arrê-
toit tant foit peu pour leur donner le loifir d'applaudir,
ou de battre des mains, lorfqu'il penfoit en avoir dit affez
pour exciter ces mouvemens ; & les plus proches obfer-
verent qu'il paffoit quelquefois la main fur fon front &
fur fa bouche, comme pour en donner le fignal. Aprés
que la multitude eut fuffifamment expliqué ce qu'elle
avoit

avoit dans l'ame par les applaudissemens extraordinaires dont la Harangue de l'Evêque fut suivie, & que chaque Gentilhomme eut opiné en son rang, le Duc d'Anjou eut le douziéme de May, tous les suffrages, excepté ceux du Palatin de Cracovie, & d'environ cent cinquante Gentilshommes qui s'estoient retirez de l'Assemblée, aprés avoir declaré qu'ils reconnoîtroient pour Roy celuy que le Senat auroit agreé. Il estoit déja tard, & Ucange Archevêque de Gnesne, & Primat du Royaume, qui devoit proclamer le Roy, fut d'avis de differer jusqu'au lendemain, ne se souvenant pas que ce seroit le jour de la Pentecôte, & que le Senat ne s'assembleroit pas. Ce défaut de reflexion fut sur le point de ruiner l'élection du Duc d'Anjou & la Monarchie de Pologne tout ensemble, en ce que les aversaires de ce Prince eurent le temps de former de nouvelles intrigues pendant les Festes, & de troubler la Diete lorsqu'elle se r'assembla. Ils refuserent ensuite de s'y trouver, & firent un party separé. Les autres Gentilshommes irritez de cette division, crierent qu'il ne s'agissoit plus de reduire ces rebelles par la raison, & qu'il faloit punir par les armes leur insolence. Ils sortirent promptement de l'Assemblée *, & coururent aux armes. Cotchevic Seigneur de Lithuanie, dont on a déja parlé, fit ranger devant sa tente les canons qu'il y avoit fait traîner par ostentation, & commanda à prés de cinq cens Cavaliers qui l'avoient suivy, de monter promptement à cheval. Lasty & les autres Palatins l'imiterent, & l'on vit en un moment ce grand Corps de Noblesse en bataille au milieu de la plaine. Les amis de l'Archiduc, quoyque plus foibles en toute maniere, se mirent aussi en posture de combatre, & ce ne fut qu'avec une extrême

* On n'a pû mieux exprimer en François le mot de COLO.

1573. difficulté que les Evêques & les plus anciens Senateurs les en détournerent. On les appaifa neantmoins : On les fit appercevoir du danger où ils vouloient expofer leur patrie : On donna le loifir à leur reffentiment de s'évaporer ; & lorfqu'on les eut pleinement reconciliez, on quitta les armes de part & d'autre, & l'on retourna au Senat. L'Archevêque proclama le Duc d'Anjou Roy de Pologne. Les Ambaffadeurs de France furent introduits, &

L'Evê- que de Valence, l'Abbé de l'Ifle, & le jeune Lanfac. prêterent le ferment en la maniere accoûtumée. Le Palatin de Cracovie fe mit inutilement en devoir de les obliger à promettre par un ferment particulier, au nom du nouveau Roy, de ne pourfuivre jamais criminellemēt ceux qui auroient changé de Religion ; mais l'Archevêque s'y oppofa, & foûtint que le Roy n'eftoit obligé qu'aux Loix qui avoient efté publiées d'un commun confentement. Les Ambaffadeurs ne furent plus importunez, & l'on ordonna pour aller en France complimenter le nouveau Roy, une Ambaffade de douze perfonnes, dont les Chefs furent l'Evêque de Pofnanie, le Prince Radzivil & le Palatin de Siradie.

La nouvelle en fut portée au Duc d'Anjou devant la Rochelle, & remplit d'une joye à peu prés égale, les Affiegez & les Affiegeans. Ceux-cy n'étoient gueres plus avancez au bout de fix mois, que le Siege avoit duré, qu'ils l'avoient efté au commencement, & la faute en eftoit attribuée à deux caufes. L'une, qu'il ne fe formoit aucun deffein pour l'attaque, qu'il ne fût incontinent fçu dans la Ville, & par confequent déconcerté. L'autre, qu'au lieu de travailler à gagner le terrain pied à pied, on y alloit avec fi peu d'ordre, & tant de precipitation, que l'on eftoit toûjours repouffé. Les Affiegez reduits à de fâcheuses extremitez, estoient ravis de voir que le Duc d'Anjou fût obligé à se retirer de devant leurs murailles, & presupposoient qu'il leur accorderoit les conditions les plus avantageuses en effet, qu'ils pouvoient souhaiter, pourvû qu'ils l'aidassent à sauver les dehors, ou pour mieux dire les apparences de sa reputation. Ils ne furent pas trompez dans leur conjecture, & la Reine-Mere envoya Villeroy au Duc d'Anjou, pour luy dire de traiter à quelque prix que ce fût avec les Rochelois. Cette Princesse estoit encore dans les transports de joye où l'avoit jettée la Lettre de l'Evêque de Valence, qui luy donnoit avis du succés de sa negociation. Elle se figuroit que la Pologne estoit un Paradis terrestre : Elle aimoit uniquement son fils : Elle croyoit qu'il n'y seroit jamais assez-tost, & son éloignement luy paroissoit un remede également innocent & necessaire pour ôter au Roy le sujet ou le pretexte de sa jalousie. Le Roy ne desiroit pas moins, que le Duc d'Anjou allât promptement en Pologne, afin de n'avoir plus de compagnon dans son Etat : Sa passion dominante estoit de commander en personne ses Armées, & il ne pouvoit honnêtement ôter à son Frere le Generalat, aprés le gain de deux Batailles. La Reine-Mere qu'il respectoit toûjours beaucoup, quoiqu'il commençât à ne la plus tant aimer, n'y eût jamais consenty, & s'il se fût obstiné à la déposition, il eût exposé sa Personne & sa Couronne à des dangers encore plus grands que ceux qu'il avoit évitez durant sa minorité. Ainsi la Noüë fut employé pour negocier avec les Rochelois ; & afin de prevenir les obstacles qui eussent pû traverser le Traité, l'on conclut d'abord une suspension d'Armes. Biron qui avoit eu le principal soin du

Nicolas de Neuville, Seigneur de Villeroy, Secretaire d'Etat.

Fff ij

* Dans la
Vie du
premier
Maréchal
de Biron,
a Charles
de Gon-
taut, Duc
de Biron.
Iean de
Gontaut ,
Baron de
Biron.
Armand
de Gon-
taut, Sei-
gneur de
S. Blan-
cart.
† Philberte
de Gon-
taut, Da-
me de
Pierre-
Bufiere.
Charlotte
de Gon-
taut, Du-
cheſſe de
la Force.
Anne de
Gontaut,
Dame de
la Roche-
chalais.
Claude de
Gontaut,
Comteſſe
de Roucy.
Et Louiſe
de Gon-
taut Mar-
quiſe de Monclar.

Siege y avoit eſté doublement infortuné, puiſqu'outré une arquebuſade tres-dangereuſe qu'il avoit reçuë dans la même cuiſſe dont il eſtoit auparavant eſtropié, on le ſoupçonnoit de s'entendre avec les Aſſiegez, & de les avertir à point nommé de toutes les reſolutions priſes contr'eux dans le Conſeil de guerre. Il ſeroit difficile de juger ſi cette calomnie eſtoit un artifice de ſes enne-mis, ou ſi elle n'étoit qu'une ſuite de la prévention où l'on eſtoit que Biron approuvoit la Doctrine de * Cal-vin, quoiqu'il ne l'oſât profeſſer : mais il eſt certain que ſes intereſts en eſtoient alors tout-à-fait éloignez. Il avoit pour le moins, autant d'ambition que de merite: Son bien ne répondoit ny à la vaſte étenduë de ſes projets, ny au grand nombre de ſes * enfans. Les emplois qu'il avoit obtenus juſques-là, avoient eſté des occaſions de nouvelles dépenſes, & il eſtoit temps de penſer à ſe dé-dommager. Le Gouvernement de la Rochelle s'il l'eût priſe, ne luy eût point eſté refuſé, & il y eût acquis en peu d'années, beaucoup de richeſſes, par le commerce où il auroit pû entrer indirectement : outre l'extrême conſideration où il eût eſté, en devenant le maître de la plus importante Place du Royaume.

Et de fait, il n'oublia rien de ce qui ſervoit à perſua-der la Cour de ne pas conclure l'Accommodement. Il remontra que quelque ſoin que l'on apportât à couvrir l'honneur du Roy de Pologne, il ſeroit toûjours hon-teux pour ce Prince, de ne prendre point une Place qui luy avoit coûté vingt-quatre mille hommes, & il ſe char-gea de la reduire à ſe rendre à diſcretion, en ſix ſemai-nes au plus tard ſans rien hazarder, & ſans faire autre choſe que d'empêcher qu'il n'y entrât aucune proviſion

ce qui n'avoit point esté encore pratiqué dans la derniere exactitude. La Cour ne répondit rien à Biron, & ne
discontinua pas de traiter. Tout autre que luy se fut rebuté de ce silence, mais les personnes de son tempe-
ramment, poussent ordinairement les affaires aussi loin
qu'elles peuvent aller : Il écrivit au Cardinal de Lorraine ce qu'il avoit mandé à la Cour, & il ajoûta que la ruine
du Calvinisme en France, estoit uniquement attachée à la
prise de la Rochelle. Le Cardinal n'en estoit pas moins persuadé que luy, & le desiroit plus ardemment. Il cabala dans
le Conseil, & disposa la plûpart des Ministres à dire que
l'honneur de la Nation estoit si engagé à prendre la Rochelle, qu'elle s'attireroit une infamie éternelle en levant le Siege, sans l'avoir contrainte de retourner sincerement à l'obeïssance du Roy. La Reine-Mere embaraf-
sée par cette nouvelle opposition, employa tant d'espions pour en découvrir la cause, qu'elle sçut que c'étoit
le Cardinal de Lorraine à la sollicitation de Biron. Elle
en avertit aussitost le Roy de Pologne, qui suivant le
genie de toutes les personnes prevenuës contre leur attente de l'éclat d'un avantage nouveau, s'en laissoit
éblouïr. Comme il estoit encore plus charmé de la
Royauté de Pologne que la Reine sa Mere, il fut tellement indigné contre Biron, qu'il le menaça de luy passer son épée au travers du corps ; & Biron n'osant se
commettre contre un Prince qui pouvoit devenir son
Maître, se desista de sa poursuite. Les Lettres du Roy
de Pologne aux Ministres que le Cardinal de Lorraine
avoit gagnez, les intimiderent ; & personne n'osant plus
traverser la Negociation de la Rochelle, elle fut terminée le sixième de Juillet, à ces conditions d'autant plus

1 5 7 3. étranges, que les Affigez par une hardieffe fans exem=
ple, ne fe contenterent pas de leurs interêts particuliers,
mais procurerent de plus ceux de leur party. On laiffa
les villes de la Rochelle, de Nîmes & de Montauban,
vivre dans l'exercice public du Calvinifme ; & on leur
accorda tant d'autres Privileges, que c'étoit proprement
établir dans le Royaume autant de Republiques libres.

Dans le Traité de la Rochelle On permit à toute la Nobleffe de la même Religion,
qu'elle fift faire chez elle toutes les fonctions contenuës
dans le Livre de la Difcipline des Miniftres, pourvû qu'elle
y eût droit de haute Juftice : On déclara nulles toutes
les Sentences données durant la quatriéme guerre contre les Calviniftes : On les rétablit dans leurs biens &
dans leur reputation, & l'on crût mettre fuffifamment à
couvert l'honneur de leurs Majeftés, en obligeant durant deux ans les Bourgeois de la Rochelle, de Montauban & de Nîmes, d'entretenir à la fuite du Roy quatre notables Habitans, qui feroient changez tous les trois
mois pour y fervir comme d'ôtages de la fidelité de leurs
concitoyens. Le Roy de Pologne ainfi débaraffé d'un Siege où il luy eftoit fi rude de demeurer depuis fon élection, retourna à Paris par Nantes, par Blois & par Or-
leans. Il perdit à Blois le Duc *a Leonor d'Orleans* de Longueville qui mourut fubitement à trente ans, & dans toutes les apparences
d'avoir efté empoifonné, & il en témoigna d'autant moins
de déplaifir, qu'il le tenoit pour Confident du Roy fon
frere dans les deffeins que l'on va reprefenter.

La S. Barthelemy n'avoit reüffi pour aucune des fins
qui l'avoit fait entreprendre, & le Roy bien loin de fe
rendre par-là plus abfolu, & de rétablir fon Royaume
dans une profonde tranquilité, avoit vû recommencer

une quatriéme guerre civile plus prejudiciable à la Monarchie Françoise que les trois precedentes, puisqu'une seule Ville avoit arrêté plus d'un an, & rendu inutiles toutes les forces Catholiques. Ce n'est pas que sa Majesté n'eût approuvé l'accommodement honteux qui s'en estoit suivy; mais ce n'avoit esté que pour lever le seul obstacle qui eût pû retenir le Roy de Pologne en France, & l'empêcher d'aller promptement prendre possession de ses Etats. Il estoit presentement sur le point de partir, & le Roy & les deux Reines l'allant conduire sur la frontiere de Champagne, il sembloit que la conjoncture ne fût pas fort éloignée d'achever ce que le Roy s'estoit proposé pour regner en paix. C'étoit d'inspirer à sa Mere le desir d'aller en Pologne visiter le Roy son fils, aussi-tôt que l'on sçauroit qu'il y seroit arrivé, & de se défaire ainsi de cette Princesse, dont il sçavoit que l'ambition luy attireroit tous les jours de nouvelles affaires. Il vouloit user ensuite du même remede d'éloignement à l'égard des deux Maisons qu'il tenoit après la Reine-Mere, pour les principales causes, ou du moins pour les occasions de tout le mal; celle de Guise, & celle de Montmorency. La premiere devoit estre renvoyée en Lorraine, & la seconde dans les Pays-bas, où l'une de ses branches estoit établie. Comme l'une & l'autre estoient fort riches, il eût fallu beaucoup d'argent pour achepter les grandes Terres qu'elles possedoient en France; mais on esperoit que les Peuples seroient ravis de contribuër pour un sujet si plausible, & de se délivrer pour toûjours de la guerre civile, en ne payant pas plus que leur auroit coûté un logement de gens de guerre. Le Comte de *Rais n'estoit pas participant du secret : car encore que le Roy

a *Albert de Gondy.*

l'eût fait depuis peu Marêchal de France, fa faveur eftoit diminuée, foit que fon Maître fe fût apperceu qu'il l'avoit fait trop grand, ou qu'il n'osât luy confier un fecret où la Reine-Mere fa bienfaictrice eftoit intereffée. On l'exila honnêtement, fous pretexte de l'envoyer dire aux Polonois que leur Roy partoit ; mais la Reine-Mere avoit trop d'efpions auprés du Roy, pour ne pas découvrir ce qu'il avoit de plus caché. Elle en fceut une partie par leur moyen, & fa profonde experience luy fervit pour en deviner l'autre. Elle ne voyoit neanmoins aucune voye humaine fuffifante pour l'éviter, lors que le même bonheur qui l'avoit déja tirée de tant de mauvais pas, luy aida encore à franchir celuy-cy.

Le Roy fut dangereufement malade, & ceux qui le connoiffoient particulierement, en difoient à l'oreille deux caufes. La premiere, eftoit fa courfe précipitée de Paris à Orleans, pour voir la belle * Marie Touchet fa [a] Maîtreffe ; & la feconde, le poifon qu'ils pretendoient luy avoir efté donné par la [b] Tour, frere puîné du Marêchal de [c] Rais & de l'Evêque de [d] Paris.

La vigueur extraordinaire de ce Prince fembla pourtant depuis avoir furmonté la force de fon mal, & l'apprehenfion que la Tour conceut du bruit qui s'eftoit répandu contre luy, le jetta dans une frenefie qui fut caufe de fa mort [e] peu de temps aprés.

Cependant le Roy fe trouva fi bien, qu'il accompagna le Roy de Pologne fur la frontiere ; & ce fut au retour, que le Duc d'Alençon fon fecond Frere luy demanda la Lieutenance generale vacante par le départ du Roy de Pologne. Le Roy n'avoit garde de l'accorder, parce que c'eût efté retomber dans l'embaras dont il ne venoit

venoit que de fortir, & fe donner un compagnon d'autant plus redoutable, que le Duc d'Alençon eftoit né
avec toutes les qualitez requifes pour exciter de grands
troubles, & fans aucune de celles qui pouvoient fervir à
les appaifer. Il avoit beaucoup d'efprit, mais trés-mal
tourné : Il aimoit la prodigalité & le luxe : Il cherchoit
du rafinement & de nouveaux ragoûts dans tous les plai-
firs qu'il prenoit : Il ne fe laiffoit toucher ny par le merite, ny par les bienfaits : Il n'eftoit fenfible qu'à la haine
& à la vangeance : Il ne refpectoit les Loix qu'autant
qu'elles luy eftoient avantageufes, & rien de ce qui fo-
mentoit fon ambition, ne luy paroiffoit défendu. La
Reine-Mere avoit toûjours eu moins d'inclination pour
luy que pour fes autres Enfans. Il y avoit longtems qu'il
s'en eftoit apperceu, & le dépit d'une telle préference
l'avoit engagé dans une liaifon particuliere avec l'Amiral, & depuis avec le Comte Louïs de Naffau, qu'il connoiffoit pour deux des plus grands ennemis de cette Princeffe. Le Duc d'Anjou luy eftoit devenu infupportable
pour la même raifon ; & ç'avoit efté principalement pour
l'empêcher de réuffir devant la Rochelle, qu'il avoit pris
des mefures avec le Roy de Navarre & le Prince de Condé, par l'entremife du Vicomte de ª Turenne, pour former un tiers party dans l'Etat. Il avoit concerté d'abord
avec eux de furprendre les Villes d'Angoulême & de S.
Jean d'Angely, & les difficultez invincibles qui s'y prefenterent, l'ayant rebuté, il avoit refolu de fe faifir de la
Flote du Roy fon Frere, & d'entrer dans la Rochelle où
il fe feroit déclaré Chef des Calviniftes. Ce fecond projet n'ayant point efté approuvé non plus que le premier, il en avoit propofé un troifiéme, de fe retirer en

ª Henry
de la Tour
depuis
Duc de
Bouillon
& Maré-
chal de
France.

Tome II, Ggg

Angleterre, & d'aller demander à la Reine Elifabeth les moyens de fe faire confiderer en France felon fa qualité; & il ne s'en eftoit déporté, qu'aprés qu'on luy avoit reprefenté qu'il fe rendroit par là méprifable à la Reine, bien loin de meriter fon alliance. L'élection du Duc d'Anjou à la Royauté de Pologne, qui eftoit alors furvenuë, avoit fufpendu pour un temps le projet du Duc d'Alençon, parcequ'il s'eftoit imaginé qu'on luy offriroit la Lieutenance generale. Il l'avoit attenduë en vain, & s'eftoit enfin hazardé de la demander. Le refus luy en avoit augmenté le defir, & fes domeftiques fâchez qu'il eût échappé à leur Maître une Charge qui les eût tous avancez, acheverent de l'irriter. Il n'eût pas neantmoins fait éclater fi-tôt fon reffentiment, s'il n'en eût d'abord trouvé deux occafions fi favorables, qu'il y eût eu de l'imprudence à les negliger.

L'une, fut un nouveau fujet de brouïllerie entre les Maifons de Guife & de Montmorency, qui rompit toutes les mefures que des amis communs avoient prifes pour les accommoder. Ventabren Gentilhomme de Provence, avoit efté Page du Connêtable, & s'eftoit depuis infinué dans l'amitié du Duc de Guife, jufques à entrer dans tous les divertiffemens de ce Prince : Mais il eft rare de voir durer longtemps cette forte de laifon. Le Duc de Guife fut averty que Ventabren ne s'attachoit auprés de fa perfonne que pour trouver la conjoncture propre à l'affaffiner, fans courir de rifque. L'avis venoit de fi bon lieu, qu'il y eût eu de l'inconfideration à le revoquer en doute : Mais le Duc de Guife n'eftimoit point affez Ventabren pour le juger digne de fa vangeance. Il fe contenta de luy défendre de fe prefenter jamais de-

Gaucher de Qui-queran, Seigneur de Ventabren.

Dans l'interrogatoire de Ventabren.

vant luy, & de le menacer en ce cas de luy paſſer ſon épée au travers du corps.

On ne ſçait ſi Ventabren n'eut point d'égard à l'indignation du Duc, ou s'il ſuppoſa que ce qu'il luy avoit dit, ne s'étendoit pas juſqu'aux Maiſons Royales, où le reſpect que l'on devoit avoir pour elles, ſuffiſoit pour empêcher d'y décider les querelles particulieres ; mais il il eſt conſtant que le Duc de Guiſe ſortant un jour de l'Appartement du Roy, trouva ſur le degré Ventabren. La colere à cette veuë, le tranſporta de ſorte en ce dangereux moment, qu'elle l'empêcha de faire aſſez de reflexion ſur le lieu où il eſtoit : Il mit la main à l'épée ; & comme il eſtoit le plus vîte, auſſi bien que le plus fort & le plus adroit des hommes, il pourſuivit Ventabren qui fuyoit à toutes jambes, & l'eût infailliblement atteint, s'il n'eût eſté retenu par une troupe de Courtiſans qui l'arrêterent. Ils modererent la premiere ardeur de ſon reſſentiment ; le firent ſouvenir du reſpect pour le lieu, & l'obligerent à remettre l'épée dans le foureau. Thoré le plus jeune des Montmorencis, fut celuy qui l'en preſſa avec plus d'inſtance ; & la particularité de s'eſtre trouvé là à point nommé, jointe à celle de s'intereſſer à la conſervation de Ventabren, augmenta le ſoupçon que cét homme eſtoit un aſſaſſin aux gages de la Maiſon de Montmorency.

Guillaume de Montmorency.

Le Roy qui apparemment n'eût pas eſté fâché que Ventabren eût fait le coup, ne laiſſa pas perdre l'occaſion de s'emporter contre le Duc de Guiſe ; le traita d'inſolent & de temeraire, & menaça de le pouſſer à bout. Sa Majeſté diſſimuloit, mais la Reine-Mere luy demanda avec tant d'inſtance la permiſſion d'approfon-

dir l'affaire, qu'il ne l'ofa refufer. Cette habile Princeffe
avoit déja penetré que le Roy avoit intention de fe défaire des Maifons de Guife & de Montmorency. Elle ne
pouvoit fe maintenir dans le Confeil, qu'en les protegeant ; & fi elle en eût fait paroître une plus coupable
que l'autre, elle eût fourny au Roy le pretexte qu'il
cherchoit pour opprimer celle-là, fous couleur de juftice. L'expedient qui la tira de ces deux extremitez, fut
de faire arrêter & interroger en fecret Ventabren. L'on
ne fçait rien de ce qu'il répondit, finon que la Reine-
Mere dit qu'il avoit d'abord avoué de s'eftre chargé
d'affaffiner le Duc de Guife à la follicitation des Montmorencis ; mais qu'il l'avoit conftamment nié dans la
fuite. Les Montmorencis à qui ce rapport n'eftoit pas
favorable, demanderent d'eftre confrontez à leur accu-
fateur, afin que la verité parût plus évidente. On ne l'accorda pas, & un refus fi déraifonnable ayant achevé de
les perfuader que la Reine-Mere eftoit d'intelligence
avec la Maifon de Guife, les porta dés le même jour à
s'unir avec le Duc d'Alençon.

La feconde conjonđure favorable à ce Prince, fut
une apprehenfion de tous les Calviniftes de France, caufée apparemment par le Vicomte de Turenne & par
Beauvais-la-Nocle, que comme la Paix ne leur avoit efté
accordée que pour fauver l'honneur du Roy de Pologne,
elle feroit violée bien-tôt aprés fon départ. Ce faux bruit
joint à une conjuration que les Rochelois pretendirent
avoir découverte contre leur liberté, donna lieu à tout
le party de penfer ferieufement à fes affaires. Turenne
reprefenta aux principaux, que fi le Siege de la Rochelle
eût efté pouffé avec autant de vigueur que ceux de Som-

mieres & de Sancerre, le Calvinifme eût infailliblement
fuccombé à la quatriéme guerre civile : Et il conclut de-
là qu'il periroit à la cinquiéme, s'il n'eftoit foûtenu par
d'autres forces que les fiennes. Il tira de ces deux principes la neceffité de fe joindre aux Montmorencis, &
offrit fur ce fujet fa mediation qui fut acceptée : Car
outre qu'on ne pouvoit confier l'affaire à de plus déli-
cates mains, on fçavoit encore qu'il eftoit l'intime amy
des Montmorencis, &ᵃ Fils d'une de leurs Sœurs. Il né-
gocia donc avec Thoré le plus jeune de fes Oncles, &
n'y trouva fon compte qu'à demy. Tous les ᵇ Montmorencis, excepté l'aîné, avoient une averfion invincible
pour l'Herefie, & ne pouvoient fe refoudre de donner
pretexte à leurs ennemis de les en accufer : Il fut impoffible de les engager à aucun commerce avec les Calviniftes, & tout ce que put obtenir Turenne, fut de tirer
parole d'eux qu'ils ne fe fepareroient pas du Duc d'A-
lençon, en cas que les Calviniftes traitaffent avec ce
Prince. Il ne s'obftina point alors à pretendre davantage des Montmorencis, parce qu'il craignit de les irriter,
& qu'il fuppofa que le temps les obligeroit à de nouvelles démarches. Il s'adreffa au Duc d'Alençon ; &
comme il fçavoit que ce Prince afpiroit aux Nôces de
la Reine d'Angleterre, il luy remontra que pour y parvenir, il faloit furmonter l'obftacle qui avoit déconcerté
les pourfuites de fon Frere, & qui ruineroit encore les
fiennes : Que cét obftacle venoit de l'averfion de la
Reine d'Angleterre pour un Mary qui ne feroit pas Souverain, quoy qu'il fût d'ailleurs le plus accomply des
hommes ; & du genie des Anglois qui vouloient un Roy
de leur Nation : Qu'infailliblement il furmonteroit la

ᵃ *Fils de*
François
de la Tour
Vicomte
de Turéne
& d'Elea-
nore de
Montmo-
rency, fille
aînée du
Cônêtable
ᵇ*François*
Duc de
Montmo-
rency,
Maréchal
de France.
Henry de
Montmo-
rency, Sei-
gneur de
Damville
Maréchal
de France,
depuis
Connéta-
ble.
Charles de
Montmo-
rency, Sei-
gneur de
Meru, de-
puis Duc
de Damp-
ville, &
Amiral
de France.
Et Guil-
laume de
Montmo-
rency, Sei-
gneur de
Thoré.

1574.
*Dans la
Négocia-
tion de
Turenne
avec Toré*
premiere de ces difficultez, & feroit cesser la derniere, en s'élevant à la Souveraineté des Pays-bas, parce que la Reine d'Angleterre ne trouveroit plus d'inégalité entre sa personne & celle d'un Prince, Maître de dix-sept belles Provinces; & les Anglois n'auroient garde de s'opposer à une aliance qui apporteroit à leur Monarchie un sucroît si considerable de forces par mer & par terre: Que la conquête des Pay-bas luy seroit facile, en acceptant la protection & le Generalat des Calvinistes de France, puisqu'il ne se feroit pas plûtôt mis à leur teste, que la Cour seroit obligée à leur accorder une Paix solide; & qu'ainsi toutes les forces du Royaume estant réünies, il les meneroit aux Pays-bas, dont la meilleur partie se revolteroit contre les Espagnols à la vûe de ses Troupes; & l'autre le reconnoîtroit aisément pour Souverain, après que le Prince d'Orange l'y auroit disposée. Le Duc d'Alençon deffera volontiers à ces raisons, & se chargea de proteger les Calvinistes: mais il attendit pour se declarer l'effet de la negociation dont le Maréchal de Montmorency s'estoit chargé.

Le Maréchal toûjours affectionné pour la tranquilité publique, quoyque l'interest de sa Maison semblât estre alors de la troubler, estoit allé trouver le Roy, & luy avoit si fortement remontré les malheurs dont le Royaume estoit menacé, s'il s'obstinoit à refuser la Lieutenance generale à son Frere, que le Roy à demy ébranlé, ne voulant pas neantmoins ceder sur le champ, avoit demandé du temps pour se resoudre, lorsque la precipitation des Calvinistes, mit l'affaire hors d'estat d'estre r'accommodée. Ils s'imaginerent que le délay du Duc d'Alençon, procedoit de l'incertitude où ils soupçonnoient

qu'il eſtoit encore aprés avoir accepté leur Generalat ; 1574
& ils ſuppoſerent que pour le contraindre de ſe declarer,
ils n'avoient qu'à envoyer à Saint Germain, où la Cour
eſtoit alors, une troupe de Cavalerie capable de ſervir
d'eſcorte à ce Prince, & de favoriſer ſa retraite, Ils choi-
ſirent là-deſſus Guitry, le plus hardy & le plus experi- *Iean de*
menté de leurs Officiers, & l'obligerent le Mardy gras *Chau-*
de l'année mille cinq cens ſoixante & quatorze, de ſe *mont, Sei-*
preſenter à la vûe de S. Germain, à la teſte de deux cens *gneur de*
Lances ſeules à la verité, mais en recompenſe les plus *Guitry en*
belles que l'on eût vûës, depuis celles qui avoient fait *Vexin.*
la premiere attaque à la Bataille de Dreux. Le Duc d'A-
lençon fut en même temps averty de l'arrivée & du deſſein de Guitry, & délibera avec ceux de ſa confidence,
qui ſe trouverent auprés de luy, ſur ce qu'il y avoit à
faire. Le ſentiment preſque general, fut que les Calvi- *Dans le*
niſtes avoient commis une grande imprudence, en venant *recit de*
en trop grand nombre pour ne pas découvrir ce qu'ils *l'entre-*
devoient tenir caché, & en trop petit nombre pour eſ- *priſe du*
corter la perſonne d'un Prince que les ſeules Troupes *Mardy*
deſtinées à la garde du Roy, enleveroient avant qu'il *gras.*
pût ſe refugier à la Rochelle. D'où l'on conclut que le
plus ſeur eſtoit de n'avoir aucune liaiſon avec Guitry, &
de le laiſſer morfondre devant S. Germain, juſques à ce
que la crainte & la neceſſité l'obligeaſſent à ſe retirer.

La Mole Gentilhomme Provençal, eſtoit alors favory *Ioſeph de*
du Duc, & ne cherchoit qu'à ſe maintenir. Il n'appre- *Boniface,*
hendoit d'eſtre ſupplanté que par les intrigues de la *Seigneur*
Reine-Mere, qui n'avoit rien contribué à ſa fortune, & *de la*
affectoit de témoigner à cette Princeſſe une dépendance *Mole.*
auſſi entiere que s'il eût eſté ſon ouvrage. Il crut luy

1574. faire admirablement fa cour, en l'allant avertir le premier, de l'équipage & de l'intention de Guitry ; & il le fit avec cette précaution néantmoins, qu'il n'informa fa Majefté ny de l'engagement du Duc d'Alençon avec les Montmorencis, ny de fes intelligences avec les Calviniftes : Mais il n'eft rien de fi dangereux que de faire confidence à plus grand que foy, de la moitié d'une intrigue, & de luy en cacher l'autre moitié, lorfqu'il peut apprendre le tout, par une autre voye.

La Reine-Mere avoit affez d'experience pour juger que les Calviniftes ne fe fuffent point ingerez de rompre une Paix qui leur eftoit fi avantageufe, s'ils n'euffent efté affurez d'un nouveau party, qui fe joignant au leur, le rendroit beaucoup plus fort que le Catholique. Elle communiqua fa pensée au Roy, & le fit entrer dans fa défiance, à caufe qu'il devenoit tous les jours plus chagrin du mal qu'il reffentoit, quoyqu'il n'en témoignât rien au dehors. On diffimula durant tout le Carême, pour avoir des lumieres plus certaines du nouveau Party, & de peur d'éfaroucher ceux que l'on foupçonnoit d'en eftre ; & le Samedy faint, dixiéme d'Avril 1574. la Mole & le Comte

Hannibal Comte de Coconas. de Coconas Piémontois, furent arrêtez. La Mole interrogé à l'ordinaire, ne confeffa rien ; mais le Roy ayant voulu affifter à l'interrogatoire de Coconas, l'intimida de forte, qu'il luy fit dire tout ce qu'il fçavoit du complot. Il commença fa dépofition par les intelligences fecretes du Duc d'Alençon avec l'Amiral, & par les divers projets de ce Prince pour la Rochelle, d'où il paffa aux efperances que les Calviniftes luy avoient données de le faire Archiduc de Flandres, & de le marier enfuite avec la Reine d'Angleterre. Il ajoûta que le Roy de Navarre,

le

le Prince de Condé, les Montmorencis, le Maréchal de 1574.
Coſſé, Turenne, la Mole & Beauvais-la-Nocle eſtoient
de la partie, & que Guitry n'eſtoit venu que pour eſcorter le Duc d'Alençon & le Roy de Navarre, lors qu'ils
ſe retireroient de la Cour : Que le Prince de Condé les
devoit joindre ſur la Frontiere de Champagne, & entrer
avec eux dans Sedan où le Duc de Boüillon avoit promis
de les recevoir : Qu'ils y devoient attendre la Nobleſſe
Françoiſe de leur faction, qui s'eſtoit retirée dans ſes
Terres, pour ſe mettre en équipage; & qu'aprés ils entreroient dans le Liege pour y joindre un renfort conſiderable, conduit par le Prince d'Orange & par le Comte
Louis de Naſſau : Que de-là ils devoient revenir en France
auſſi-tôt qu'ils ſeroient en eſtat de tenir la Campagne :
Que les Calviniſtes accoureroient de toutes parts pour _Dans l'expoſi-tion de Coconas._
groſſir l'Armée, & que le Mareſchal de Coſſé leur devoit
livrer celle que le Roy luy euſt donné à commander
contr'eux : Que le Duc d'Alençon s'eſtant ainſi rendu
maiſtre de toutes les forces de l'Eſtat, devoit reduire en
peu de jours le Roy ſon Frere à luy accorder la qualité
de Lieutenant General, dont il auroit déja fait les fonctions , & le libre exercice du Calviniſme par tout le
Royaume; & qu'aprés avoir attiré dans ſes intereſts par
ces deux eſtroites liaiſons, les Politiques & les Calviniſtes, il ſeroit entré dans les Pays-bas qui avoient promis
de ſe ſoulever ; en auroit chaſſé les Eſpagnols, & pris
place par le conſentement des Peuples, & ſeroit paſſé en
ſuite en Angleterre, où la Reine Eliſabeth n'eût plus eu
aucun pretexte de le refuſer pour Mary.

Le Duc d'Alençon avoüa la pluſpart de ce qui eſtoit
contenu dans l'interrogatoire de Coconas ; & le Roy de

Tome II.   Hhh

a Marguerite d'Aûtriche, fille naturelle de l'Empereur Charles-Quint, & Infante d'Octave Farnefe Duc de Parme.
b Ives Brinon, Gentilhomme ordinaire de la Chambre du Roy, fils de René Brinon, Confeiller au Parlement, puis premier Prefident au Parlement de Bordeaux

Navarre demeura d'accord d'avoir voulu figner la Requeste que les Politiques & les Calviniftes fe propofoient de prefenter au Roy, conceüe prefque dans les termes de celle des Gueux à la Ducheffe de Parme Gouvernante des Pays-bas. b Brinon trouva de nouveaux témoins contre la Mole, & l'ouverture de fa caffette acheva de le perdre. Il y avoit nne figure de cire dont le cœur eftoit percé de coups d'aiguille. On luy demanda ce que c'eftoit, & il repartit qu'à fon dernier voyage en Provence, il avoit éperduëment aimé une Demoifelle de fon voifinage, & que n'ayant pû en eftre aimé, il s'eftoit adreffé à Cofme Rugieri, qui paffoit à la Cour pour Magicien: Que cét Italien luy avoit donné l'invention d'une Image de cire, formée avec de tels enchantemens, qu'en mefme inftant que la Mole luy enfonceroit une aiguille dans le cœur, la Demoifelle devoit devenir amoureufe de luy: Que l'operation avoit efté faite dans toutes les regles de l'Art magique, & que l'Image eftoit demeurée dans une caffette, en attendant les nouvelles de l'effet qu'elle auroit produit par fimpatie. Rugieri confronté avec la Mole, dit prefque la mefme chofe; & l'on n'adjoufta foy ny à l'un, ny à l'autre, parce qu'il y avoit plus d'apparence que l'Image eût efté faite contre la vie du Roy. On fe contenta neantmoins de faire rafer Rugieri, que la faveur de la Reine-Mere preferva du feu. Coconas avant que l'Arreft de mort luy fuft prononcé, avertit le Roy que la conjuration que fa Majefté venoit de defcouvrir, n'eftoit pas la feule, ny mefme la plus dangereufe de celles qui avoient efté formées contre fa perfonne, & l'exhorta à redoubler les foins neceffaires pour la confervation de fa vie. Ce zele qu'il

tefmoignoit à contre-temps, ne diminüa rien de la rigueur de fon fupplice. Il fut condamné avec la Mole, à
avoir la tefte tranchée, & leurs corps à eftre expofez par
quartiers dans les Places publiques.

Le Marefchal de Coffé, quoy qu'informé de ce qui a-
voit efté dépofé contre luy, n'ofa fortir de la Cour, foit
qu'il apprehendaft plus que la mort la confifcation des
grands biens qu'il avoit acquis durant fa Sur-Intendance
des finances, ou qu'il fût affez affeuré de la faveur de la
Reine-Mere, pour fuppofer que cette Princeffe ne le laifferoit pas périr. Le Marefchal de Montmorency fut
mandé, & partit de fa Maifon de Chantilly pour aller
trouver le Roy à Vincennes, quoyque fa *femme qui penetroit plus avant que luy dans les intrigues de la Cour,
tafchaft de l'en diffuader. Il ne fnt pas d'abord arrefté,
parce que le Roy n'y confentit qu'après avoir reconnu
que fa maladie eftoit mortelle : ce n'eft pas qu'il euft aucune bonté pour la Maifon de Montmorency, mais il ne
vouloit pas que celle de Guife en profitaft ; & comme il
efperoit de fe défaire de l'une par l'autre, il penfoit à
les animer reciproquement à leur ruine, & les occafions
ne luy en euffent pas manqué dans un plus long regne :
mais lors qu'il fe fentit diminuër de forte que la vie commençoit à luy eftre à charge, il perdit en un moment la
paffion violente qu'il avoit euë jufques-là pour la confervation de fa Couronne. Il n'eut plus ny chagrin, ny
jaloufie pour le Roy de Pologne, & il defira le voir avec
autant d'empreffement qu'il en avoit tefmoigné pour le
faire fortir du Royaume. Il ne luy fut plus defagreable de
l'avoir pour fucceffeur, & on adjoufte mefme qu'il fe
réjoüit pour cela de ne laiffer qu'une *Fille. Il apprehenda

a Diane legitimée de France.

b Marie Elizabeth de France, morte le 2. Avril 1578

Hhh ij

que fi les Marefchaux de Montmorency & de Coffé demeuroient en liberté, ces deux Officiers de la Couronne les plus eftimez du Royaume par leur credit, ne gagnaffent les gens de guerre en faveur du Duc d'Alençon, & ne l'élevaffent fur le Trône. Sa Majefté dans cette difpofition d'efprit, fut ravie de trouver l'occafion de faire arrêter l'un & l'autre, & en donna l'ordre au Vicomte *a* d'Auchy qui fe faifit de leurs perfonnes, & les conduifit à la Baftille.

a Euftache de Con- flans, Ca- pitaine des Gardes du Corps, & Chevalier de l'Ordre

L'indifference qu'en témoigna le peuple, encouragea la Reine-Mere à une action qui paffera fans doute pour une des plus hardies des fiennes, fi on fe donne la peine d'en examiner de prés toutes les circonftances. Sa tendreffe particuliere pour le Roy de Pologne, avoit redoublé lorfqu'elle l'avoit vû en état de regner en France ; & comme cette forte d'inclination ne va jamais jufqu'à l'excés, fans eftre mêlée de crainte, le Duc d'Alençon eftoit devenu redoutable à fa Mere, lorfqu'elle l'avoit vû affifté d'amis affez puiffans pour difputer au Roy de Pologne l'entrée du Royaume, s'il luy en prenoit envie. Il ne fuffifoit pas pour l'en empêcher, de luy avoir ôté les Marêchaux de Montmorency & de Coffé, parce que les Politiques & les Calviniftes qui l'avoient reconnu pour Chef, ne manqueroient pas de Capitaines capables de les commander. Ils avoient affez de forces pour maintenir la rebellion, pourvû qu'on leur laiffât le pretexte dont ils avoient befoin pour la commencer, c'eft-à-dire pourvû que le Duc d'Alençon, le Roy de Navarre & le Prince de Condé fuffent en état de fe mettre à leur tefte. Il ne reftoit donc plus d'autre voye pour conferver la Couronne de France au Roy de Pologne, que de fe faifir

de ces trois Princes ; & la Reine-Mere y fit confentir le 1574
Roy avec d'autant plus de facilité, que les deux premiers
fe trouvoient alors à la fuite de fa Majefté, & que le troifiéme qui eftoit allé prendre poffeffion du Gouvernement de Picardie, y feroit aifément arrêté, les Efpagnols
n'ayant garde de luy donner retraite en Flandres, parce
qu'ils le tenoient pour Calvinifte des plus zelez. Ainfi
l'on s'affura des perfonnes du Duc d'Alençon & du Roy
de Navarre ; & lorfque ces deux Princes fe voulurent plaindre de leur détention, on leur montra qu'ils
eftoient chargez par les dépofitions de la Mole & de
Coconas, & on les menaça de faire travailler à leur procez, fi l'on découvroit qu'ils penfaffent à fe mettre en
liberté.

Ceux qui furent envoyez pour arrêter le Prince de
Condé dans Amiens, manquerent leur coup par cette
avanture. On avoit mis auprés de la Reine, la Mere des *
Montmorencis, en qualité de Dame d'honneur, & cette
Dame avoit le défaut commun de la plûpart de celles
de fon fexe, d'aimer le dernier de fes enfans avec plus
de tendreffe que les autres. C'eftoit Thoré qui avoit accompagné le Prince de Condé en Picardie ; & comme il
avoit le plus contribué à former le party des Politiques,
fa Mere ne douta point que la Cour ne fe faisît de luy,
lors qu'elle vit donner des Gardes au Duc d'Alençon,
& au Roy de Navarre. Elle luy dépêcha en toute diligence un Gentilhomme, pour l'avertir de fe fauver : Elle
luy envoya de l'argent, & l'affura de luy en faire tenir
par des Lettres de change, en quelque lieu qu'il fe retirât ;
en quoy elle ne promettoit rien au deffus de fes forces,
puifqu'elle avoit encore l'adminiftration des biens de fes

*a Magde-
leine de
Savoye-
Tende.*

Enfans. Thoré communiqua l'avis qu'il venoit de recevoir, au Prince de Condé, & luy conseilla de se déguiser. Il offrit de partager avec luy l'argent qu'il tireroit
de sa mere, & le Prince qui sans ce secours n'eût pû sortir du Royaume avec toutes les précautions necessaires
pour n'estre pas connu, tant ses affaires domestiques estoient en mauvais ordre, prit au mot Thoré. Ils se tra-
vestirent : Ils trouverent de bons Guides qui les laissoiés
reposer le jour, & les conduisoient la nuit : Ils traverserent ainsi les frontieres de Picardie & de Champagne,
& ne s'arrêterent que lorsqu'ils furent à Strasbourg. La
Reine-mere qui s'estoit inutilement opposée à leur éva-
sion, ne les apprehenda pas beaucoup, lors qu'elle les
sçut hors du Royaume. Elle supposa que leur indigence
détourneroit les Allemans de s'enrôler sous leurs Enseignes, & qu'ils seroient par consequent contraints de vivre à Strasbourg en simples Bourgeois. Elle ne pensa

Gabriel Comte de Mont-gommery. qu'à chasser au plûtôt de Normandie le Comte de Montgommery, qui suivant les mesures prises avec le Duc
d'Alençon, avoit surpris les Villes de Saint-Lo, de Ca-
rentan & de Domfront. Elle envoya contre luy les meil-

Jacques Seigneur de Mati-gnon, de-puis Ma-réchal de France. leures Troupes du Royaume, sous la conduite de Matignon qui l'assiegea dans Domfront, & luy persuada de
se rendre sur la parole qu'il luy donna de le recevoir en
qualité de prisonnier de guerre : mais la Reine-mere dé-

a Il eut la teste tran-chée à Pa-ris, le 26. Juin 1574. savoüa Matignon, & *a* Montgommery fut traité de même
que l'avoient esté Castelnau & Mazere à la capitulation
de Nosay. La Cour pretendit que Matignon n'avoit pû
promettre une chose de telle consequence sans son con-
sentement, & écrivit à Matignon de luy envoyer Montgommery. Matignon obéit, ravy de se defaire sous un

pretexte fi efpecieux, du feul homme de fon pays, qui luy faifoit ombre.

Le Roy en reçût la nouvelle avec une indifference qui fit juger qu'il eftoit plus proche de fa fin, que les Medecins ne difoient. Il preffa la Reine-mere d'accepter la Regence, & voulut que les Princes & les Parlemens l'en priaffent. Les Provifions qui en furent expediées à cette Princeffe, luy donnoient un pouvoir abfolu & fans referve, durant la maladie de fon Fils, à continuer en cas que Dieu l'appellât à foy, jufqu'au retour du Roy de Pologne.

On y ajoûtoit que le droit de fucceder à la Monarchie Françoife eftoit confervée à ce Prince, fuivant la Declaration en bonne forme qui luy avoit efté donnée en partant, que fon abfence ne préjudicieroit en aucune maniere à fon droit de fucceder ; comme s'il eût eu befoin de cette Declaration, & qu'il n'eût pas efté tout-à-fait mal confeillé de la demander & de l'accepter ; l'éloignement ne luy pouvant ôter ce que fa naiffance luy avoit acquis, & la Loy fondamentale de l'Etat l'appellant à la Couronne au moment que le Roy Charles neufiéme mourut, qui fut le matin du trentiéme de May mille cinq cens foixante & quatorze.

Il fut peu regreté, foit que ceux qui le connoiffoiét, apprehendaffent que la colere dont il eftoit fi fouvent tranfporté, ne dégenerât avec le temps en fureur, ou que la grande efperance que l'on avoit conçûë de fon Frere, le fift également défirer pour Roy par tous les Ordres du Royaume : Ce n'eft pas qu'il n'eût échappé à Charles de dire plus d'une fois, que le Roy de Polo-

1574. gne ne meritoit pas toute la reputation qu'il avoit acquife, & que s'il luy fuccedoit, il y auroit bien du
monde trompé ; mais on eftoit fi prevenu du contraire,
que l'on s'imaginoit que le Roy n'avoit parlé que par un
motif de jaloufie.

F I N.

www.ingramcontent.com/pod-product-compliance
Lightning Source LLC
Chambersburg PA
CBHW072341030726
47505CB00013B/152